집 단 상 담

집단상담

장성화 · 김기복 · 구승신 · 이주연 · 김민숙 · 김소린 · 김지현 · 박미숙 · 박지현 · 유소영 · 윤진아 · 황윤미 공저

Group Counseling

동문사

최근에 청소년들은 신체적·정신적으로 그 어느 시기보다 빠른 발달을 이루는 시기로, 이전에 경험하지 못했던 생물적·인지적·사회적·도덕적, 그리고 심리적인 측면에서 처리해야 할 많은 문제들에 직면하는 모습들이 나타나고 있다. 이러한 급격한 발달과 해결해야 할 다양한 문제들은 청소년기를 생애주기 중에서 다른 어느 시기보다 정서적으로 민감한 혼동을 줌으로써 작은 역경에도 심각한 스트레스로 반응하는 결과가 보이고 있다. 그러한 스트레스가 적절한 방식으로 해결될 수 없었던 청소년들은 학교폭력, 공격성, 집단따돌림, 약물남용, 등교거부, 성폭력, 학업부작용, 자살 등을 통해서라도 자신이 겪고 있는 스트레스를 해결하고자 하는 심각한 문제들이 많이 나타나고 있는 실정이다.

따라서 일선학교 현장에서 학교폭력, 집단따돌림, 왕따, 학교부적응 등의 학생들에게 다양한 집단상담을 시행하고 있다. 또한 우리나라 대부분의 교직원 연수 및 기업체에서 집단상담을 많이 활용하고 있는 것으로 나타나고 있다. 이처럼 집단상담이라는 용어가 넓게 사용되고 있지만 쉽게 집필된 서적은 많지 않아 고민을 많이 하였다. 특히 본 저서는 대학에 들어와 처음으로 집단상담이라는 수업을 접하는 대학(원)생, 교사, 목회자, 그리고 사회복지사들이 자연스럽게 집단상담을 이해하고 더 나아가 집단상담에 필요로 하는 상담 이론, 상담실습, 집단과정, 진로상담, 발달심리, 상담윤리, 상담기법 등에 정확한 지식과 기술을 습득하기 위해 조금이나마 도움이 되기를 소망한다.

본 저서는 총 4부 11장으로 구성되었다. 제 I 부 집단상담의 개관에 속하는 내용들을 살펴보면, 1장 집단상담의 개념을, 2장 집단상담의 역사를 다룬다. 제II부 집단구성원의 역할 및 과정에 속하는 내용들을 살펴보면, 3장 집단상담자의 역할과 기능을, 4장 집단원의 역할과 기능을, 5장 집단상담의 과정(집단형성단계~종결단계)을, 6장 집단상담의 기술(변화촉진기술, 과정기술, 내용기술 및 집단단계별 기술)에 대해 알아본다. 제III부 집단상담의 이론 및 기법에 속하는 내용들을 살펴보면, 7장 집단상담의 이론과 기법(1)은 개인심리학에 근거한 집단상담, 행동치료에 근거한 집단상담을, 8장 집단상담의 이론과 기법(2)은 인간중심에 근거한 집단상담, 게슈탈트에 근거한 집단상담, 그리고 실존주의에 근거한 집단상담을, 9장 집단상담의 이론과 기법(3)은 교류분석에 근거한 집단상담, 현실치료에 근거한 집단상담, 인지·정서·행동에 근거한 집단상담에 대해 알아본다. 제4부 집단상담의 실제에 속하는 내용들을 살펴보면, 10장 집단상담의 슈퍼비전에 대해, 11장 집단상담 프로그램에 대하여 살펴본다. 끝으로 부록에는 집단상담의 윤리적 내용 및 상담자료로 구성하였다.

본서를 집필한 저자들은 상담을 공부하는 학생들에게 조금이나마 도움을 주기 위하여 최대한 쉽게 접근하도록 노력하였으며, 수업시간에 꼭 알고 넘어가야 되는 내용과 범위를 빠뜨리지 않고 작성하였다. 특히, 어렵고 재미가 없다고 생각하는 집단상담 과목을 흥미와 관심을 가지고 수업에 참여할 수 있도록 집필하였지만, 저자들의 능력의 한계와 시간적인 부족으로 보완할 점이 많은 줄로 안다.

부족한 점에 대해서는 독자 여러분의 지도와 편달을 부탁드리며, 여러분의 의견을 토대로 추후에 수정할 것을 이 자리를 빌려 약속하는 바이다. 끝으로 본 저서가 나오기까지 도움을 준 김기복 이사장님, 이지현 사모님, 그리고 부족한 원고를 출판하도록 끝까지 도와주신 동문사 이중수 사장님과 편집부 여러분께도 깊은 감사를 드린다.

2013년 7월 공군사관학교 쌍수리 연구실에서

대표저자 장성화

부록 01

한국상담학회 윤리강령

부록 02

한국상담심리학회 윤리강령

부록 03

집단상담자들의 윤리적 지침
(ASGW 1989년 개정판, 집단지도 전문가 협회)

Part 01

집단상담의 개관

Chapter 01

집단상담의 개념

1 집단상담의 정의

집단상담은 한 사람의 상담자가 동시에 몇 명의 내담자들을 상대로 각 내담자의 관심사, 대인관계, 사고 및 행동양식의 변화를 가져오는 것이 상담이다. 즉, 집단구성원 간의 상호작용적 관계(역동적 관계)를 바탕으로 내담자 개개인의 문제해결 및 변화가 이루어지는 집단적 접근방법이다(김영봉·권순희·장성화·황인호·김옥진·유홍위, 2011). 집단상담은 전문적인 훈련을 받은 전문상담자가 집단구성원을 조력하기 위해 상담 이론, 상담실습, 집단과정, 진로상담, 발달심리, 상담윤리, 상담기법 등에 정확한 지식과 기술을 습득하기 위해 끊임없이 노력하여야 한다. 집단상담자들은 집단에 참여한 내담자들을 이해하기 위해 끊임없이 연구하는 모습과 새로운 지식을 활용하여 집단구성원들의 변화를 위해 노력하여야 한다. 이때 집단상담자는 내담자들의 변화에 대한 확실한 믿음을 갖고 집단구성원들을 조력하기 위해 최선을 다하는 집단상담의 주체자가 되어야 한다.

최근 학교현장에서 학교폭력, 집단따돌림, 왕따, 학교부적응 등의 학생들에게 다양한 집단상담을 시행하고 있다. 또한 우리나라 대부분의 교직원 연수 및 기업체에서 집단상담을 많이 활용하고 있는 것으로 나타나고 있다. 이처럼 집단상담이라는 용어가 넓게 사용되고 있지만 학자들의 의견에 따라 매우 다양하게 쓰이고 있는 것을 볼 수 있다. 따라서 집단상담에 관한 몇몇 학자들의 의견을 제시하면 다음과 같다.

TIP

➤ 집단상담은 한 사람의 상담자가 동시에 몇 명의 내담자들을 상대로 각 내담자의 관심사, 대인관계, 사고 및 행동양식의 변화를 가져오는 것이 상담이다.

TIP

➤ Gazada, Duncan과 Meadow(1967)는 집단상담은 의식적인 사고와 행동에 초점을 두고 허용, 현실지향, 정서적 정화, 상호신뢰 지향적인 치료기능을 이용해서 배려, 이해, 수용 및 지지하는 역동적인 대인관계를 형성한다.

➤ 집단상담은 심리적인 문제가 없는 내담자들이 집단을 형성하여 집단상담의 전문가의 도움을 통하여 집단구성원들 사이에서 역동적인 상호작용을 통하여 자신의 행동, 생각, 감정 등을 변화시켜 직접적인 문제를 해결해 나아갈 수 있는 잠재적 능력을 찾도록 도와주는 과정이다.

Gazada, Duncan과 Meadow(1967)는 집단상담은 의식적인 사고와 행동에 초점을 두고 허용, 현실지향, 정서적 정화, 상호신뢰 지향적인 치료기능을 이용해서 배려, 이해, 수용 및 지지하는 역동적인 대인관계를 형성한다. Mahler(1969)는 집단상담을 자기이해와 자기수용을 촉진시키기 위해 집단의 상호작용을 적용하는 과정이다. 집단의 분위기는 존경과 수용이 허용되며, 개인들의 행동의 의미와 새로운 행동방식을 탐색하기에 충분할 정도로 자신의 방어를 늦출 수 있게 된다. Bates와 Johnson(1972)은 집단상담은 6~12명의 학생들이 집단지도성 훈련을 받은 한 전문가의 지도 아래 교육적·직업적·사회적·개인적 가치 등에 관한 그들 상호간의 의미 있는 대화(multi-dialogue)를 나누는 과정이다. Cohn, Combs, Cibian과 Sniffen(1973)은 집단상담을 정상적인 수준에 있는 사람들이 일종의 동료집단 내에서 전문적으로 훈련받은 상담자와 함께 그들의 태도가 변화되어 보다 능률적으로 발달상의 문제를 원활히 처리할 수 있도록 상호간의 문제와 감정을 탐색하는 역동적인 대인관계를 형성하는 과정이다.

윤관현, 이장호와 최송미(2006)는 집단상담을 생활과정의 문제를 해결하고 보다 바람직한 성장발달을 위하여 전문적으로 훈련받은 상담자의 지도와 집단원들과의 역동적인 상호 교류를 통해 각자의 감정, 태도, 생각 및 행동 양식 등을 탐색하여 보다 성숙된 수준으로 향상키는 과정이라고 정의하였다. 천성문 외 6인(2009)은 집단상담이란 심리적 문제가 심각하지 않은 사람들이 모여 집단을 형성하고 그들이 전문적인 상담자와 함께 서로를 신뢰하고 허용적인 분위기 속에서 자기이해와 수용 및 개방을 촉진하는 상호작용을 함으로써 개인의 태도와 행동을 변화시키고 문제를 해결하며 나아가 잠재능력의 개발을 꾀하는 활동이라고 정의하였다. 따라서 집단상담은 심리적인 문제가 없는 내담자들이 집단을 형성하여 집단상담의 전문가의 도움을 통하여 집단구성원들 사이에서 역동적인 상호작용을 통하여 자신의 행동, 생각, 감정 등을 변화시켜 직접적인 문제를 해결해 나아갈 수 있는 잠재적 능력을 찾도록 도와주는 과정이다.

집단상담이란 용어는 1931년 Allen이 고등학교에서 집단생활 지도(A

TIP

Group Guidance Curriculum in the Senior High School)라는 논문에서 처음으로 사용하였다. 그러나 오늘날의 집단상담은 비교적 작은 수의 정상인들이 집단상담전문가의 지도 아래 집단 혹은 상호연계성의 역할을 토대로 신뢰할 만한 공감과 수용적인 분위기 속에서 자신의 태도(행동)의 변화 혹은 한층 더 높은 수준의 자신의 성장과 대인관계 능력을 위해 노력하는 역동적인 관계를 형성하는 과정이다. 따라서 집단상담은 집단원 간의 역동적 관계 속에서 내담자 자신의 문제해결과 변화가 이루어지도록 도움을 주는 집단적 접근방법이라고 볼 수 있다. 몇몇 학자들의 정의를 살펴보면 다음과 같은 몇 가지 공통된 내용을 가지고 있다(이형득·김성회·설기문·김창대·김정희, 2002).

첫째, 집단상담의 대상은 비교적 정상범위의 적응 수준에 속해 있는 사람들로 구성되어 있다.

둘째 상담자는 훈련받은 전문 상담자들이다.

셋째, 집단상담은 따뜻함과 신뢰적인 모습을 갖춘 수용적인 분위기이다.

넷째, 집단상담은 하나의 역동적인 대인관계의 과정이다.

2 집단상담의 목표

집단상담은 집단구성원이 개인의 성장을 목표로 삼아야 한다. 따라서 집단구성원은 압력이나 위압감을 받지 않는 상태에서 구성원들은 자신의 문제를 충분히 토의하고 비판할 수 있어야 한다. 이때 집단구성원들은 집단의 리더도 되어 보고 집단에 반항하는 대항자의 역할을 수행하기도 한다. 따라서 집단구성원들은 자신의 감정을 자유롭게 표현하며, 동정과 비판을 주고받으면서 정서적 긴장을 해소하고 마음의 평정심을 찾는다. 이러한 집단경험을 통하여 자신과 구성원을 이해하게 되고, 자신의 문제점을 통찰함으로써 문제를 해결할 수 있는 능력이 생긴다.

이장호(2005)는 집단상담의 목표를 개인으로 하여금 자기이해를 시키고,

TIP

➤ 집단상담의 목표를 집단구성원들이 다양한 대인관계 경험을 통해 자신의 일상생활 적응력을 성장시키는 데 목표가 있다. 이는 집단상담의 경험을 통해 집단구성원은 자신의 욕구를 스스로 인지함으로써 집단상담이 진행하는 과정 속에서 자신의 욕구를 충족시키는 방법을 터득하는 것이다.

대인관계 능력을 향상시키고, 보다 건강하게 적응할 수 있도록 환경을 조성하는 것이라고 하였으며, Corey와 Corey(1977)는 집단상담의 목표를 집단구성원의 감정을 다루는 것에 최대의 관심을 기울일 때 가장 효과적이며, 내담자로 하여금 나는 누구인가, 나는 사랑을 받을 수 있는가, 그리고 다른 사람들이 나에게 어떻게 반응하는가 등의 질문에 해답을 얻도록 하는 데 목표를 제시하고 있다.

본 저서에서 집단상담의 목표를 집단구성원들의 다양한 대인관계 경험을 통해 자신의 일상생활 적응력을 성장시키는 데 목표가 있다. 이는 집단상담의 경험을 통해 집단구성원은 자신의 욕구를 스스로 인지함으로써 집단상담이 진행하는 과정 속에서 자신의 욕구를 충족시키는 방법을 터득하는 것이다. 자신과 집단구성원의 다양한 문제를 이해함으로써 문제해결 능력을 자신이 스스로 배우도록 하는 방법이다.

Corey와 Corey(1977)가 제시한 집단상담의 목표는 다음과 같다.

① 선정된 다른 구성원과 더불어 더 개방적으로 솔직하게 된다.
② 친밀성을 저해하는 책략이나 조작을 줄일 수 있다.
③ 자신과 타인의 관계에서 신뢰성을 쌓는 방법을 배운다.
④ 진실 되고 진지한 모습을 배운다.
⑤ 외부 압력에서 해방되어 지배를 덜 받게 된다.
⑥ 자신을 수용할 수 있게 되고, 자신에게 완전무결함을 요구하지 않는다.
⑦ 자신의 양극성을 인식하고 수용한다.
⑧ 친밀감을 표현하는 것에 대한 공포를 줄이고 가까워지고 싶은 사람과 관계형성을 배운다.
⑨ 대인관계에서 다른 사람의 기대에 늘 맞추려고 하던 기준을 자신의 기준으로 결정한다.
⑩ 다른 사람을 배려하는 자세가 나타나며, 진실성 있게 대하는 방법을 배운다.
⑪ 자신이 요구하는 것을 직접 요구할 수 있도록 배운다.
⑫ 스스로 선택과 행동에 대한 책임성을 배운다.

⑬ 느낌과 느낌대로 행동하는 것의 차이점을 배운다.
⑭ 자신이 할 수 있거나 하고 싶은 만큼 하지 못하게 하는 부적합한 초기 결정을 하지 않도록 한다.
⑮ 다른 사람들도 문제를 가지고 있다는 것을 인식하게 한다.
⑯ 자신의 가치관을 명료화하고 이러한 가치관을 변화시킬 것인가를 스스로 결정하게 한다.
⑰ 선택의 갈림길에서 어느 쪽인가는 선택하는 것을 배운다.
⑱ 자신의 문제를 스스로 해결하는 방법을 배운다.
⑲ 자신이 내재한 잠재력과 창의성을 탐색한다.
⑳ 다른 사람을 배려하는 모습을 통하여 개인의 역량을 증대시킨다.
㉑ 다른 사람에게 봉사하는 방법과 베푸는 방법을 배운다.

또한 Gazda(1989)가 제시한 집단상담의 목표는 다음과 같다.

첫째, 학생의 중대한 발달적 요구를 충족시켜 줄 수 있다.

둘째, 학생의 동일성 추구과정을 조력할 수 있게 관계를 수립한다.

셋째, 자신에 대한 이해와 보다 효율적인 생활과 행동의 기회를 제공한다.

넷째, 학생으로 하여금 자신의 감정과 태도, 그리고 자신과 세계에 대한 개념을 점검할 수 있는 기회를 제공한다.

다섯째, 학생들이 자신의 지각으로 타인과 함께 이야기하는 방법을 익히고, 점진적으로 행동에 대한 책임을 받아들여서 자신에 대해 생각하도록 한다.

여섯째, 자기 자신 및 다른 사람들의 행동에 대하여 단순한 표면적 관찰만으로는 만족하지 않는 태도를 배우게 한다.

일곱째, 다른 구성원들의 견해가 자신과 일치하지 않아도 그들의 의견과 권리를 존중하도록 도와준다.

TIP

➤ 학생으로 하여금 자신의 감정과 태도, 그리고 자신과 세계에 대한 개념을 점검할 수 있는 기회를 제공한다.

TIP

3 개인상담과 집단상담의 비교

개인상담과 집단상담에 대하여 구체적으로 살펴보기 위해 어느 경우에 개인상담과 집단상담이 필요하며, 두 상담의 유사점과 차이점을 살펴보면 다음과 같다(김영봉·권순희·장성화·황인호·김옥진·류홍희, 2011; 윤관현·이장호·최송미, 2006).

1) 집단상담이 필요한 경우

첫째, 여러 사람들을 보다 잘 이해하고 다른 사람이 자기를 어떻게 보는가를 알아야 하는 것으로 판단되는 내담자이다.

둘째, 자신의 성격, 생활배경 등이 다른 사람들에 대한 배려와 존경심을 습득해야 할 것으로 판단되는 내담자이다.

셋째, 다른 사람과의 대화를 포함한 사회적 기술의 습득이 필요한 내담자이다.

넷째, 다른 사람과의 유대감, 소속감 및 협동심의 향상이 필요한 내담자이다.

다섯째, 자기의 관심사나 문제에 관한 다른 사람의 반응, 조언이 필요한 내담자이다.

여섯째, 동료나 타인의 이해와 지지가 도움이 된다고 판단되는 내담자이다.

일곱째, 자기문제에 관한 검토와 분석을 기피하며, 자기노출에 관해 필요 이상의 위협을 느끼는 내담자이다.

➢ 자기문제에 관한 검토와 분석을 기피하며, 자기노출에 관해 필요 이상의 위협을 느끼는 내담자이다.

TIP

2) 개인상담이 필요한 경우

첫째, 자신의 문제가 위급하고 원인과 해결방법이 복잡하다고 판단되는 내담자이다.

둘째, 내담자 자신과 관련된 인물들의 신상을 보호할 필요가 있는 경우이다.

셋째, 자아개념 또는 사적인 내면세계와 관련해서 심리검사 결과를 해석해주는 면담의 경우이다.

넷째, 집단에서 공개적으로 발언하는 것에 대한 심한 불안과 두려움이 있는 내담자이다.

다섯째, 집단구성원들로부터 수용될 수 없을 정도로 대인관계가 좋지 못한 내담자이다.

여섯째, 자기 자신에 대한 탐색, 통찰력이 극히 제한되어 있는 내담자이다.

일곱째, 상담자나 다른 사람들로부터의 주목과 인정을 강박적으로 요구하는 내담자이다.

여덟째, 폭행이나 비정상적 성적 행동을 취할 가능성이 있는 내담자이다.

따라서 집단상담은 개인상담과 비교할 때 자기에 대한 타인의 지각과 반응을 알고자 하거나 알아야 할 경우와 특히 대인관계에서의 자신감과 사회적 기술의 경험이 필요한 경우에 더욱 필요하다고 볼 수 있다.

3) 집단상담과 개인상담의 유사점

첫째, 집단상담이나 개인상담 모두 내담자로 하여금 자기관리, 인격의 조화로운 통합상태, 생활문제 해결 등을 달성하도록 도와주며, 자기이해를 촉진한다.

둘째, 내담자들의 자기공개, 자기수용을 촉진하기 위해 모두 이해적이고 허용적인 상담분위기의 조성과 유지를 강조한다는 점과 내담자 스스로 선택한 일에 책임을 인정하는 면에서도 비슷하다.

TIP

➤ 내담자로 하여금 자기의 감정과 태도 등을 자각·검토하도록 유도하기 위하여 상담자의 여러 기법이 활용된다는 면에서, 집단상담이나 개인상담은 근본적으로 동일하다. 내담자의 감정을 명료화하고 반영하고 해석하는 상담자의 역할 면에서 똑같다고 할 수 있다.

➤ 집단상담의 상담자는 개인상담에서보다 복잡한 과제를 짊어진다. 집단상담의 상담자는 집단원의 감정을 이해하고 집단원 스스로 자신을 지각할 수 있도록 유도해야 할 뿐만 아니라 한 집단원의 발언이 다른 집단원과 상담집단 전체에 어떤 영향을 미치는지를 유심히 관찰해야 한다.

셋째, 상담의 기법 면에서 유사한 것이 많다. 내담자로 하여금 자신의 감정과 태도 등을 자각·검토하도록 유도하기 위하여 상담자의 여러 기법이 활용된다는 면에서, 집단상담이나 개인상담은 근본적으로 동일하다. 내담자의 감정을 명료화하고 반영하고 해석하는 상담자의 역할 면에서 똑같다고 할 수 있다.

넷째, 내담자들의 개인적 자질과 개성을 발휘하도록 하기 위해 집단상담이나 개인상담 모두 내담자의 사적인 정보의 비밀을 보장하고 있다.

4) 집단상담과 개인상담의 차이점

첫째, 개인상담에 비해 집단상담은 타인을 대하는 바람직한 태도나 행동반응을 즉각적으로 시도하고 확인할 수 있으며, 타인과의 친밀감에 관한 경험을 가질 수 있다.

둘째, 집단상담에서는 개인상담과는 달리 참여자들이 다른 사람들로부터 도움을 받을 수 있을 뿐만 아니라 참여자 자신이 다른 사람을 도와주는 경험을 가질 수 있다.

셋째, 집단상담의 상담자는 개인상담에서보다 복잡한 과제를 짊어진다. 집단상담의 상담자는 집단원의 감정을 이해하고 집단원 스스로 자신을 지각할 수 있도록 유도해야 할 뿐만 아니라 한 집단원의 발언이 다른 집단원과 상담집단 전체에 어떤 영향을 미치는지를 유심히 관찰해야 한다.

4 집단지도, 집단상담, 집단치료의 비교

집단지도, 집단상담, 그리고 집단치료는 집단과정에서 모든 상담이 이루어진다. 집단지도는 학습 및 생활 태도를 촉진하기 위해 주로 교육적·직업적 정

TIP

보와 자료를 제공하며, 집단상담은 유형이나 형태에 따라 집단 참여자 개인들에게 초점이 주어지고 상담자가 집단구성원들과 협력하여 촉진자, 안내자 역할을 하면서 개인의 문제해결과 성장을 제공한다. 그리고 집단치료는 임상적인 원리에 따라 성격이상, 정신신경증, 정서적 장애, 그리고 심리적 갈등 등이 있는 내담자들이 정상적인 생활을 할 수 있도록 도움을 주는 것이다. 이러한 내용을 바탕으로 집단지도, 집단상담, 그리고 집단치료의 차이점을 살펴보면 <표 1-1>과 같다(김충기, 1998).

표 1-1 집단지도, 집단상담, 집단치료의 비교

구분	집단지도	집단상담	집단치료
정의	개개인에게 필요한 객관적 정보를 제공하는 하나의 방법이요 절차다. 정보제공의 직접적·인지적과정이다.	집단구성원으로 하여금 그들의 자기이해, 자기수용, 본질적인 발달과업을 성취 실현할 수 있도록 돕기 위한 과정이다.	임상적으로 훈련된 전문가가 정신적·성격적 장애를 일으킨 내담자들을 교정치료를 위해 노력하는 방법이요 절차다.
목적	집단구성원들이 알아야 된다고 생각되는 교육적 내용을 제공함으로서 그들의 지적영역 발달을 꾀한다.	성원 개개인의 실제적 생동의 변화다.	내담자가 갖고 있는 심각한 문제의 교정과 장애의 치료 방법이다.
관심사	정보제공을 포함한 교육적 경험의 내용을 주제로 취급하여 관심을 갖는다.	어떤 주제에 관심을 갖기보다는 집단구성원 개개인 자체에 관심을 갖는다.	내담자의 무의식적 동기에 더욱 관심을 갖는다.
목표	다양한 정보의 제공과 지식의 증대, 의사결정에 대한 조언을 한다.	자기이해와 자기탐색의 추진, 문제해결 방안의 모색과 실천이다.	성격·정서 치료적 변화, 이상행동의 수정과 치료를 한다.
취급	교육의 정보이다.	정상인의 발달적 문제이다.	심각한 성격 정서장애이다.
집단 형성의 동기	지원 혹은 타인의 의사에 의해 선발된다.	지원 또는 타인의 소개나 의뢰를 받는다.	자원 또는 타인의 의뢰를 받는다.
집단의 규모	20명 이내이다.	10명 이내이다.	5명 내외이다.
강조점	정보의 획득, 새로운 문제에 대한 오리엔테이션, 학생활동의 계획실천, 직업 및 교육적 결정에 필요한 자료의 수집이다.	부적응 행동과 문제를 집단구성원 간의 상호작용에 의해 해결한다(개인적·정서적 문제 해결).	깊은 수준의 심리적 갈등과 장애, 이상행동의 명료화와 그 치료이다.
시간적 비중	현재나 미래에 비중을 둔다.	현재나 미래에 비중을 둔다.	과거(부적응 행동)에 비중을 둔다.
집단 용어	지도집단, 토의집단 용어이다.	상담집단 용어이다.	집단요법, 치료집단 용어이다.
지도자 역할	상담자 1명이 지도의 방향과 내용을 정한 후 이끌어	상담자 1~2명이 구성원들의 본질적인 발달과업을 성취	상담자(치료자) 1~2명이 부적응 행동의 변화, 심리적

TIP

> 집단지도는 학생들의 건전한 학습 및 생활태도를 돕기 위해 필요한 정보와 자료를 제공하고, 자기 스스로 새로운 문제에 대한 예방 및 대처방식을 전달하는 데 목적이 있다.

	가게 함에 따라 모든 지도의 내용이나 책임을 지게 된다.	할 수 있도록 돕고, 다양한 환경의 적응과 선택 및 의사결정과 관련하여 야기되는 문제나 갈등을 취급하기 위하여 지시적 혹은 집단중심적 접근을 한다.	긴장과 갈등을 해소하고 치료시킨다. 즉, 치료자는 허용적이고 분석적·지시적 역할을 한다.
소요 시간	20분~60분 정도 소요된다.	60분~120분 정도 소요된다.	60분 내외 소요된다.
장소	강의실 및 소강당 등이 적당한 장소이다.	집단상담실 및 교실 등이 적당한 장소이다.	진료실 및 임상실이 적당한 장소이다.

▷▶ 출처 : 김충기(1998). 교육심리와 생활지도. 서울: 동문사. p.246.

1) 집단지도(group guidance)

집단지도는 학교상담 장면에서 학생들을 대상으로 지도 교사 및 학교 상담사가 집단구성원의 오리엔테이션, 진행방법, 집단목표, 집단원의 조직에 대한 모든 책임을 지며 교육적 및 직업적·사회적 지도와 여가활동, 성격문제, 이성교제 등의 프로그램에 관한 정보를 제공하여 추후지도 활동까지 책임진다. 따라서 집단지도는 학생들의 건전한 학습 및 생활태도를 돕기 위해 필요한 정보와 자료를 제공하고, 자기 스스로 새로운 문제에 대한 예방 및 대처방식을 전달하는 데 목적이 있다. 집단구성원을 지도하는 방법으로는 강의식, 토론식, 공개좌담, 심포지엄, 그리고 극화법 등이 주로 이용되고 있다.

2) 집단상담(group counseling)

집단상담은 1~2명의 상담자가 6~12명의 내담자를 대상으로 어떤 주제가 아니라 개인적인 관심사, 대인관계, 사고 및 행동양식, 성장촉진의 변화를 돕는 방법이다. 즉, 집단상담은 성장과 예방적인 차원에서 개인의 문제해결을 목적으로 상담자는 안내자의 역할하며, 집단상담은 집단지도와 집단치료의 중간단계에 속한다고 볼 수 있다. 집단지도는 심포지엄에서 토의되는 주제에 초점이 비추어진다면, 집단상담은 내담자들의 성장과 행동의 변화에 초점이 있다. 따라서 집단상담은 부적응 행동과 문제를 집단구성원 간의 상호작용에 의해 변화가 일어나 개인이 가지고 있던 정서적 문제의 해결에 치중한다. 주로 학교, 청소년상담센터, Wee 센터 등과 같은 비의료기관에서 실시되며, 집단치료보다는 짧은 기간이 소요된다.

3) 집단치료(group therapy)

집단치료는 임상적으로 훈련된 전문가가 성격적 장애, 정신신경증, 정서적 장애, 심리적 갈등 등의 정신적 장애를 일으킨 내담자들을 교정 및 치료를 해줌으로써 정상적인 생활을 할 수 있도록 돕는 방법이다. 즉, 집단치료는 비정상적인 내담자를 대상으로 과거에 경험한 무의식적으로 억압된 자료를 탐색하고 해석하게 된다.

집단상담은 개인의 행동변화에 초점이 맞추어진다면, 집단치료는 무의식적 동기에 더욱 많은 관심을 갖는다. 그러므로 집단치료는 성격·정서 치료적 변화, 그리고 이상행동의 수정과 치료에 집중한다. 주로 병원에서 정신과 의사, 임상심리사 등에 의해 전문 의료기관에서 실시되며, 집단지도나 집단상담에 비해 치료하는 데 많은 기간이 소요된다.

5 집단상담의 형태

집단상담은 그 형태와 접근방식에 따라 지도집단, 상담집단, 치료집단, 참만남집단, T집단 등으로 구분된다.

TIP

➤ 집단상담은 개인의 행동변화에 초점이 맞추어진다면, 집단치료는 무의식적 동기에 더욱 많은 관심을 갖는다.

TIP

1) 지도집단(guidance group)

지도집단은 정의적이거나 심리적인 문제를 집단으로 토의하는 것이다. 이 집단은 교육적·직업적·사회적 정보 같은 학생의 개인적 요구나 관심사에 적절한 정보를 제공한다. 지도집단은 주로 학교장면에서 이루어지며, 이 집단의 크기는 12~40명 정도다. 지도집단의 특징은 비교적 구조화되어 있고 논의될 주제가 일반적으로 집단 지도자에 의해 선정된다는 점이다. 그리고 심리적 문제를 치료하기보다는 문제의 예방에 주로 관심을 두고 있다.

2) 상담집단(counseling group)

상담집단은 지도집단과 대조적으로 주제나 문제보다는 개인에게 초점을 둔다(Mahler, 1969). 이 집단은 개인적·교육적·직업적·사회적 문제에 초점을 맞추고 치료적인 목표 외에도 예방과 교육적인 목표를 설정하여 상담을 실시한다. 집단의 크기는 6~12명의 소규모이며 덜 구조화되어 있다. 상담자의 역할은 집단구성원이 가족관계, 대인관계, 자아개념, 개인적·사회적·교육적 문제 등과 관련된 개인적 문제를 다룰 수 있도록 분위기를 만들어 내는 것이다.

3) 치료집단(therapy group)

치료집단은 치료적 목적으로 사용된 최초의 집단으로 제2차 세계대전 중에 급격히 증가되는 정신질환과 개인치료를 담당할 전문가의 부족함에 따라 발달하게 된 치료이다(이현림·김순미·천미숙, 2007; 장성화·구승신·정옥희·이주연·신성철·정희정, 2012; 한상철·이수연·임순선·류수현·김우철, 2012). 이 집단은 먼저, 구성원들의 심각한 우울, 불안, 분노, 공포, 심리 및 신체적 증상을 동반한 문제를 안고 있다. 둘째, 문제의 심각성으로 구성원들이 스스로 문제를 해결하기 어려워하는 경향이 있다. 셋째, 치료기간이 상담집단에 비해 장기적이다. 넷째, 발달적 혹은 예방적 접근보다는 의학적 모델에 가깝다. 다섯째, 무의식적 요소와 성격 재구성에 초점을 맞춘다. 여섯째, 초기 경험으로서의 퇴행을 유도하거나 무의식적 역동을 다룬다. 일곱째, 감정정화가 일어나도록 정신적 외상 생활을 재경험할 수 있는 분위기는 유도한다. 집단의 크기는 5~8명 정도로 구분되며, 다른 사람집단보다 상담기간은 장기간 소요되며, 지도자의 다른 집단상담보다 더 많은 훈련을 받고 전문적인 기술이 필요하다.

4) 참만남집단(감수성훈련집단; encounter group)

참만남집단, 감수성 훈련집단, 개인성장집단 등은 개인의 자아의식을 확장하고 개인의 잠재력을 발전시키는 데 초점을 둔 인간 잠재력 개발운동의 일부이다. 이들 집단들은 치료집단과는 반대의 연속선상에 있으며 전적으로 이질적인 사람들을 대상으로 한다.

참만남집단은 경험 과정을 통해서 개인의 심리적 성장, 개인과 개인 사이의 의사소통 및 대인관계 상황에서 인간관계에 대한 재고 및 발전과 개선을 촉진할 것을 강조하는 집단이다(Corey & Corey, 2006). 참만남집단의 목적은 건강하고 잘 기능하고 있는 사람에게 자아인식과 대인관계에서 자신의 잠재력을 탐색하고 실현할 기회를 제공하는 것이다. 그리고 참만남집단은 구성원들에게 신뢰, 개방, 공유, 모험적인 행동으로 인해 신체접촉이나 감각, 지각 경험 같은 비언어적인 활동이 친밀감을 촉진하기 위해서 사용되며, 대면집단은 지도자가 구조화된 경험으로 참여자들을 지도함으로써 구조화시킬 수 있다.

참만남집단의 크기는 8~30명 정도이고, 1~10일간 지속되며, 보통 8~10시간 정도의 시간이 필요하다. 특히, 산업, 종교, 교육, 의료기관의 회의실, 숙박형태의 수련활동 프로그램으로 바람직한 대인관계의 체험학습 및 정서순화에 목적이 있다.

TIP

➤ 참만남집단은 경험 과정을 통해서 개인의 심리적 성장, 개인과 개인 사이의 의사소통 및 대인관계 상황에서 인간관계에 대한 재고 및 발전과 개선을 촉진할 것을 강조하는 집단이다

TIP

5) T집단(training group)

T집단은 훈련집단의 약자로 초기에 기업체에서 작업집단의 효율성과 능률성을 증진시키기 위해 집단기능의 과정으로 사용되었다(Foreman, 1967). T집단은 집단 내에서 집단구성원의 역할을 강조하고 일정한 시간에 집단 내에서 각 성원 간의 관계에 초점을 둔다. 그리고 다른 집단들과는 대조적으로 T집단은 과업 지향적이고 집단의 기능에 관심을 두어 참여자들을 더 훌륭한 성원이 되도록 교육시키는 데 관심을 둔다. T집단의 학습목적은 집단에 따라 다르나 대체로 공통점은 다음과 같다(Hansen·Warner·Smith, 1976). 첫째, 학습하는 방법에 대한 이해이다. 둘째, 자기 이해력의 증진이다. 셋째, 집단기능에 대한 통찰력의 증진과 효과적인 집단원의 역할이다. 넷째, 구체적인 행동기술, 즉 커뮤니케이션 및 피드백 기술이다.

6 집단상담의 장단점

개인상담을 비롯한 다양한 상담접근 이론들에 비해 집단상담의 장단점을 살펴본 내용은 다음과 같다(강진령, 2005; 장성화·구승신·정옥희·이주연·신성철·정희정, 2012; 이시용·정환금·허승희·홍종관, 2003).

1) 집단상담의 장점

➤ 집단상담은 개인상담과 다르게 소수의 상담자가 여러 명의 내담자들에게 짧은 시간 내에 많은 상담 서비스를 구성원들에게 제공할 수 있어서 노력과 시간적으로 경제적이다.

① 집단상담은 개인상담과 다르게 소수의 상담자가 여러 명의 내담자들에게 짧은 시간 내에 많은 상담 서비스를 구성원들에게 제공할 수 있어서 노력과 시간적으로 경제적이다.

TIP

② 집단상담은 구성원들 간에 상호작용을 통해 서로의 사고, 행동, 생활양식 등을 자유롭게 탐색하면서 자신의 문제를 내어놓음으로써 인간적 성장의 기틀을 마련할 수 있다.

③ 집단상담은 건강한 가족과 같은 분위기를 통해 친밀감, 심리적 안녕감, 수용성, 격려하는 분위기이기 때문에 개인으로 하여금 아무런 거리낌 없이 자신의 행동을 나타낸다.

④ 집단상담은 구성원들 간의 상호관심사나 감정들을 터놓고 대화할 수 있기 때문에 소속감과 동료의식을 발전시킬 수 있다.

⑤ 집단상담은 자기만 문제를 가지고 있는 것이 아니라는 인식을 하면서 자신이나 타인을 더 이해하고 수용하려는 마음을 갖는다.

⑥ 집단상담은 성장배경, 사회계층, 흥미, 문제의 종류 등이 다른 개인들과 접촉하게 되어 다양한 경험을 풍부하게 한다.

⑦ 집단상담은 구성원 간에 경청, 수용, 지지, 대립, 해석 등의 상담자의 역할을 하기 때문에 개인적으로 발전된다.

⑧ 집단상담은 구성원 간에 제 문제의 논의과정에서 현실을 직시하고 동일시하여 자신의 문제를 의식하고 해결하려는 의욕을 갖는다. 따라서 개인적 성장, 성숙, 그리고 타인과의 대인관계를 형성할 수 있다.

⑨ 집단상담은 지나치게 방어적·폐쇄적·의존적 성격의 내담자들과 문제행동을 일으키는 특정인에게 쉽게 상담을 할 수 있다.

⑩ 집단상담은 규모에 관계없이 사회상황의 축소판이므로 성원들은 그 같은 사회생활 장면에서 자신의 행동과 대인관계를 점검하고 재 생활할 수 있다.

⑪ 집단상담은 상담에 대해 잘 알지 못하거나 막연하게 부정적인 인식을 가지고 있던 사람들이 집단 경험을 통하여 긍정적인 인식을 갖게 된다.

TIP

> 집단상담에서 상담자나 집단구성원이 집단경험에 너무 많은 희망을 가지면, 집단상담을 만병통치약으로 여기는 경우가 있다.

2) 집단상담의 단점

집단상담은 어느 내담자에게나 적합한 방법이 아니다. 즉, 주요 우울증과 망상적 성격장애를 가지고 있는 내담자들처럼 다른 집단구성원들에게 많은 의심을 하거나 지나친 적대적인 감정에 사로잡힌 사람, 심한 정서적 장애로 인해 대인관계의 형성이나 집단생활이 곤란한 정신분열증 내담자들에게는 적합하지 않다. 이와 같이 집단상담의 제한점은 다음과 같다(Shertzer · Stone, 1974).

① 집단상담 전에 개별적인 도움을 받아야 할 내담자들이 생기는 경우가 있다. 처음에는 1:1의 상담과정의 경험이 없이는 집단상담 환경에 들어갈 수 없거나 안정감을 느끼지 못하는 내담자들이 있기 때문에 집단구성원의 오리엔테이션 때 문제들을 파악한 후 자신의 문제가 집단상담의 목표에 적합하면 집단에 참여할 수 있다.

② 집단상담에서 상담자나 집단구성원이 집단경험에 너무 많은 희망을 가지면, 집단상담을 만병통치약으로 여기는 경우가 있다.

③ 집단상담에서 집단과정의 문제점들에 집착하는 경우가 있어, 집단구성원의 개인적인 문제 등을 놓치는 문제점이 발생할 수 있다.

④ 집단상담에서 어떤 내담자들은 집단상담의 경험을 이해와 수용을 오용하는 경우가 있다. 이들은 집단상담을 진행하는 과정 중에 자신의 문제를 집단구성원들에게 노출은 하지만, 자신의 행동을 변화하려고 하지 않는다.

⑤ 집단상담에서 내담자 문제의 유형이 개인상담보다 집단상담에 더 적합한가에 대한 논란이 아직도 계속되며, 이에 대한 정보가 부족하다.

⑥ 집단상담의 경험을 통해 지금까지 개인생활의 리듬을 상실하고 가치관의 변화로 현실 부적응을 일으키는 사람도 있을 수 있다.

⑦ 집단상담에서 상담자의 역할은 내담자의 문제가 동시에 집중되고, 집단구성원 간의 상호작용에 반응하고 집단역동을 살펴보아야 한다.

⑧ 집단상담과정에서 도움이 필요한 특별한 집단구성원에게 개별적인 주의가 어렵다.

⑨ 집단상담에서 어느 내담자는 집단에 대한 신뢰감을 발전시키는 것이 어려울 수 있다. 그러므로 수용되지 못할 감정, 태도, 가치관과 행동 등을 논의의 대상으로 제기하지 못할 수 있다.

7 집단상담에서 변화촉진 요인

집단상담에서 변화촉진 요인은 집단구성원들의 성장과 변화를 촉진시키는 요인으로 집단상담자와 집단구성원 간의 상호작용, 집단구성원 간의 상호작용, 그리고 개인상담과 구별되는 독특한 변화촉진 요인들이 집단구성원의 현재 상태의 개선, 변화, 성장 등을 촉진하는 기제이다. 따라서 집단상담에서 치료적 효과를 나타낼 수 있는 변화촉진 요인을 살펴보면 다음과 같다(김계현·김동일·김봉환·김창대·김혜숙·남상인·천성문, 2009; 김영봉·권순희·장성화·황인호·김옥진·유홍희, 2011; 박성수·김창대·이숙영, 2000).

① 정보교환

정보교환은 집단상담의 주제와 관련된 정보를 교환하거나 필요한 충고나 조언을 상호 간에 주고받는 것을 의미한다. 이때 충고의 내용보다는 충고를 주고받는 과정 속에서의 상호 관심이나 배려를 느낄 수 있는데 이러한 면이 중요한 변화 기능을 한다.

② 희망주입

희망주입은 집단상담을 통해서 유사한 처지, 태도, 습관, 감정, 가치관을 가진 집단구성원의 이야기를 듣고 뭔가 자신에게 변화가 일어날 것이라는 희망을 가지는 것을 의미한다.

TIP

➤ 희망주입은 집단상담을 통해서 유사한 처지, 태도, 습관, 감정, 가치관을 가진 집단구성원의 이야기를 듣고 뭔가 자신에게 변화가 일어날 것이라는 희망을 가지는 것을 의미한다.

TIP

> 피드백은 집단상담이 진행되는 집단구성원으로부터 피드백을 받음으로써 다른 사람들에게 보이는 그들의 행동 효과를 점검과 조절하게 한다.

③ 보편성

보편성은 집단상담에서 문제가 자신만의 경험이 아니라 또래 간에 보편적인 문제인줄 알았던 것을 집단과정에서 서로 터놓고 이야기함으로써 다른 사람들도 유사한 생각과 고민을 가지고 있음을 알게 되는 것을 의미한다.

④ 모방행동

모방행동은 집단상담과정 중 집단구성원들이 집단상담을 진행하면서 다른 집단원이나 집단 지도자의 행동 가운데 받아들일 만한 것은 모방을 통해 습득하는 것을 의미한다.

⑤ 피드백

피드백은 집단상담이 진행되는 집단구성원으로부터 피드백을 받음으로써 다른 사람들에게 보이는 그들의 행동 효과를 점검과 조절하게 한다.

⑥ 사회화 기법 발달

사회화 기법은 집단상담과정 중 동등한 입장을 가진 집단구성원들과 사회적 관계를 형성하면서 다양한 사회화 기법들을 체득하는 것을 의미한다.

⑦ 이타주의

이타주의는 집단상담이 진행되면서 상호지지, 위로, 제안, 조언 등을 제공하는 과정에서 다른 사람에게 도움이 되는 자신을 발견할 수 있다. 이러한 경험에 기초하여 이타심은 개인의 자긍심을 고양시키며, 자신감을 가지도록 도움을 줌으로써 스스로 어려움을 극복할 수 있다.

⑧ 대인관계 학습

대인관계 학습은 집단상담 시 집단구성원이 많을 경우 실제 대인관계에서 일어날 수 있는 다양한 문제들을 집단 내에서 집단구성원들과 함께 시연함으로써 새로운 행동을 습득할 수 있다.

⑨ 집단의 응집성

집단의 응집성은 집단구성원이 다른 구성원들에 대하여 갖는 매력을 의미하며, 효과적인 집단작용을 하기 위한 필수조건이다. 집단의 응집성은 개인에게 소속감과 안정감을 준다.

TIP

⑩ 감정정화

감정정화는 집단상담과정 중 집단분위기 속에서 전에 경험할 수 없었던 감정, 사고의 표출, 감정정화를 경험함으로써 마음의 억압을 제거하고 안정감을 찾으며, 현실에 대한 객관적인 시각을 갖게 된다.

8 집단상담의 기법

집단상담은 많은 집단구성원으로 구성되어 있어 상담자의 역할이 매우 중요하다. 집단상담자는 집단 분위기, 집단역동의 관찰, 복잡한 상호작용의 파악, 개인감정에 대한 공감 등을 다룰 수 있어야 하며, 집단상담에서 활용할 수 있는 일반적인 기술은 다음과 같다(김영봉·권순희·장성화·황인호·김옥진·유홍휘, 2010).

① 관심 기울이기

관심 기울이기는 의사소통을 할 때 내담자에게 관심을 나타내며 전하고자 하는 메시지를 경청하는 것이다. 집단상담자는 자신의 태도나 행동이 집단구성원에게 어떤 인상을 주는지에 민감해야 한다.

② 경청하기

경청하기는 집단구성원들이 대화하는 내용을 적극적인 자세로 경청하며, 감정의 변화, 비언어적인 행동의 의미까지 파악할 수 있어야 한다. 따라서 효과적인 경청은 신뢰감을 형성하고 상담자가 내담자를 수용하고 있다는 것을 전달한다.

> 경청하기는 집단구성원들이 대화하는 내용을 적극적인 자세로 경청을 하며, 감정의 변화, 비언어적인 행동의 의미까지 파악할 수 있어야 한다. 따라서 효과적인 경청은 신뢰감을 형성하고 상담자가 내담자를 수용하고 있다는 것을 전달한다.

③ 지각확인

지각확인은 상담자가 내담자의 감정을 지각하고 있다는 것을 확인시키는 것이다. 지각확인 과정에서 상담자는 지각된 내담자의 감정을 나타내어 자신이 지각한 내용이 정확한가를 확인해야 한다.

TIP

④ 보호하기

보호하기는 집단에 참여한 내담자에게 심리적·신체적 위험이 있을 때 내담자를 보호한다. 집단의 감정이 한 사람에게만 쏠리거나 공정하지 못하게 다루어질 때 집단상담자의 보호가 필요하다.

⑤ 연결 짓기

연결 짓기는 집단구성원의 한 내담자의 문제나 진술을 다른 집단구성원과 연결한다. 이러한 연결은 집단구성원 사이의 의사소통을 고무하기 위한 것으로 집단구성원들이 가진 경험의 공통점을 지적한다.

⑥ 개방적 유도

개방적 유도는 질문을 통해 집단구성원의 감정을 구체적으로 표현하게 하고 감정의 근원을 밝히도록 한다.

⑦ 직면

직면은 내담자의 행동이 집단의 기능을 방해하거나 말과 행동이 일치하지 않을 때 이를 지적한다. 자신을 돌아보고 각성하게 하는 상담기법으로 주의를 기울여 잘 사용하면 좋은 상담기법이 될 수 있다.

⑧ 요약

요약은 집단상담자가 집단의 모든 상호작용을 주의 깊게 관찰하여 다른 측면의 상호작용이 가능하도록 요약한다. 즉, 요약을 통해 집단구성원이 나아갈 올바른 방향으로 도움을 주며, 집단과정이 교착상태에 빠졌을 때 계속 집단상담이 진행될 수 있도록 기본적인 논의사항을 요약한다.

⑨ 행동 제한하기

행동 제한하기는 집단상담자가 집단구성원의 바람직하지 못한 행동을 제한할 책임이 있다. 그러나 개인을 비난하거나 공격하는 것이 아니라 비생산적인 행동만을 제한한다.

⑩ 해석

해석은 집단구성원들의 행동, 사고, 감정에 대해 설명해 주는 것으로 집단구성원이 새로운 관점 및 대안을 볼 수 있도록 해석한다.

⑪ 모델링

모델링은 집단상담자가 집단구성원의 모델이 되어 주는 것이다. 집단상담자의 행동을 관찰함으로써 집단구성원은 학습할 수 있다. 즉, 집단상담자의 행동이 집단의 규범이나 참여 방법의 실제적인 사례가 될 수 있다.

⑫ 자기노출

자기노출은 집단상담자가 자신에 대한 정보를 집단구성원에게 노출하는 것이다. 즉, 자기노출은 집단구성원에게 유사성과 친근감 등을 전달하며, 깊은 자기 탐색의 모범을 보여줄 수 있다. 집단상담자 개인의 과거사 노출이나 지금-여기의 개인적 감정이나 생각에 대한 노출이 가능하다.

⑬ 촉진하기

촉진하기는 집단과정 내 저항에 초점을 두고, 집단구성원들이 저항의 이유를 알도록 한다. 집단구성원들의 기대와 감정을 개방적으로 표현하도록 격려하고, 자신과 자신의 감정에 초점을 두도록 가르친다. 또한 집단구성원들끼리 직접적으로 대화하도록 하기 위해 심리적으로 안전한 분위기를 만들며, 모험을 격려하고 새로운 행동을 시도하는 구성원을 지지한다.

⑭ 피드백

피드백은 집단상담의 중요한 목적 중 하나는 집단구성원(타인)들이 자신을 어떻게 보고 있으며, 어떻게 반응하고 있는가에 대해 학습할 기회를 제공하는 것이다. 이러한 목적을 위해 집단상담자는 집단구성원에게 피드백을 제공한다. 또한 집단구성원은 서로가 타인의 행동에 대한 자신의 반응을 솔직하게 이야기하도록 한다.

TIP

> 자기노출은 집단상담자가 자신에 대한 정보를 집단구성원에게 노출하는 것이다. 즉, 자기노출은 집단구성원에게 유사성과 친근감 등을 전달하며, 깊은 자기 탐색의 모범을 보여줄 수 있다.

TIP

9. 집단상담의 고려사항

집단상담의 과정을 가장 효과적으로 진행하기 위해서는 계획이 매우 중요하다. 그 집단이 어떤 목적을 가지고 구성되어 있는가를 먼저 살펴보고, 집단계획에 따라 상담자는 집단상담의 설명, 접수면접, 집단구성원 선정, 집단상담의 장소 및 크기, 모임의 시간과 횟수, 개방집단과 폐쇄집단, 집단경험 보고서 등에 관심을 가져야 한다.

1) 집단상담의 설명

집단상담에서 설명은 상담자는 집단상담 장면에서 무엇이 일어날 것인지를 명시하고 집단 참여의 장단점을 설명한다. 상담자는 상담 장면이 토의와 동료 간의 사적인 대화가 왜 다른지에 대하여 구체적으로 전달해야 한다. 상담자는 이전 집단에서 다루어진 내담자들의 문제점에 대하여 구체적으로 설명하며, 이전에 집단상담에 참여한 경험자가 자신의 경험을 직접적으로 설명할 수 있다. 집단상담에 참여한 구성원에게 비밀보장, 모임의 빈도와 길이, 출석요구사항 같은 과정에 대하여 구체적으로 질문할 기회를 제공한다.

Ohlson(1977)은 집단상담의 신청자는 두 가지의 목적을 가지고 있다고 하였다. 첫째, 내담자로 하여금 집단 내에서 그들의 책임을 받아들이게 하고, 상담자는 내담자 자신의 문제를 개방적으로 정직하게 논의할 것을 기대한다. 둘째, 집단상담이 가지고 있는 매력을 높여 준다.

2) 접수면접

집단형성에서 중요한 절차인 접수면접은 내담자를 선발하는 과정이다. 집단상담의 역동성이 미치는 영향이 매우 크므로 내담자의 선발은 집단의 결과에 영향을 미친다. 접수면접 동안에 상담자는 참여 후보자가 집단상담에서 논의해야 할 구체적인 문제나 관심사를 공개하도록 경청기술을 사용한다. Mahler(1969)은 접수면접의 주요 기능은 예비내담자가 문제를 공개적으로 논의할 수 있도록 도와주어야 한다. 접수면접 후 상담자는 집단을 구성하고 구조화한다. 상담자는 연령·성·성격의 분포, 집단의 크기, 모임의 길이·빈도·횟수·개방적 집단으로 할 것인가, 폐쇄적 집단으로 할 것인가 등을 고려한다.

TIP

➤ 접수면접의 주요 기능은 예비내담자가 문제를 공개적으로 논의할 수 있도록 도와주어야 한다. 접수면접 후 상담자는 집단을 구성하고 구조화한다. 상담자는 연령·성·성격의 분포, 집단의 크기, 모임의 길이·빈도·횟수·개방적 집단으로 할 것인가, 폐쇄적 집단으로 할 것인가 등을 고려한다.

3) 집단구성원 선택

집단구성원은 비슷한 사람끼리 모여서 이루어지기도 하고 아주 다양한 특성을 가진 사람들로 이루어진다. 이처럼 비슷한 유형을 가진 사람들끼리 모여서 이루어진 집단을 동질집단이라고 하며, 서로 다른 유형을 가진 사람들끼리 모여서 이루어진 집단을 이질집단이라고 한다.

집단구성원을 선택하기 위하여 지도자는 성별, 연령, 성격구조 등을 고려해야 한다. 천성문 외 6명(2006)은 연령과 사회 성숙도에서는 동질적인 편이 좋으나, 성별은 발달 수준에 따라 고려해야 한다. 즉, 아동의 경우에는 남녀를 따로 모집하는 것이 좋으며, 청소년기 이상에서는 남녀가 섞인 집단이 더 바람직하다. 일반적으로 직업이나 취미가 비슷한 사람들은 모아야 한다고 생각하지만 꼭 그런 것은 아니다. 때로는 문제의 다양성이 집단의 경험을 더 풍부하게도 할 수도 있는 것이다.

TIP

4) 집단의 장소 및 크기

집단상담의 장소는 너무 크지 않으면서 심리적 안정감을 줄 수 있으면 친밀감 형성에 도움이 되며, 집단과정에 적극적으로 몰입하는 데 외부의 방해를 받지 않는 편한 곳이 좋다. 집단 초기에는 집단원의 어색함과 불안감을 덜어 줄 수 있도록 서로 얼굴을 볼 수 있는 원형으로 앉는 것이 효과적이다. 또한 바닥에 앉거나 의자를 사용하게 되는데, 의자는 등받이가 있는 것으로 선택하며, 집단구성원은 자신의 자리를 선택하여 앉도록 한다.

집단상담의 크기는 6~12명의 집단구성원이 바람직하다. 집단의 크기가 너무 작으면 집단구성원들의 상호교류 및 행동의 범위가 좁아진다. 그리고 침묵한다든지 일시적으로 집단과정에서 빠져나온다든지 하는 자유로움이 박탈되는 등 집단구성원들 각자가 받는 압력이 너무 커져서 오히려 비효율적일 수도 있다. 반면, 집단상담의 크기가 너무 커지면 집단구성원들의 일부는 전적으로 참여할 수 없게 되고 지도자가 집단구성원들 개개인에게 충분한 주의를 기울이지 못하게 된다. 그리고 집단구성원 간의 친밀한 관계를 유지하기 힘들며, 8명을 넘는 집단으로 구성되어 있는 경우에는 공동 지도자가 한 명이 더 필요하다.

5) 집단상담 시간과 횟수

집단상담 시간은 집단구성원의 연령이나 모임의 종류, 크기 및 모임의 빈도에 따라 달라진다. 그러나 한 회기의 길이는 참여자들이 상호 간에 의사소통을 할 수 있도록 분위기 조성과 그 회기의 주요 작업이 충분히 이루어질 수 있도록 한다. 적어도 일주일에 한 번 만나는 초등학교 저학년의 경우에는 20~30분 정도가 적당하지만, 고학년의 경우에는 40~50분, 그리고 청소년의 경우에는 60~90분 정도가 적당하다. 1회의 상담시간은 준비시간을 포함하여 60분 내지 120분 내에 잡는 것이 일반적이다. 주간 간격에 맞춰 집단상담 시간은 주 1회에서 내지 2회로 하는 것이 바람직하다. 그리고 학교에서 집단상담의 경우에는 한 학기를 단위로 하는 것이 좋다. 일반적으로 집단상담의 전체 지속 횟수나 기간은 최소한 8~10회 정도로 하는 것이 바람직하다. 아동이나 청소년의 경우에는 단기간으로 5~6회로 진행되는 것이 일반적이다.

6) 개방집단과 폐쇄집단

집단의 목표에 따라 개방집단과 폐쇄집단으로 운영할 수 있다. 폐쇄집단은 집단을 시작할 때 참여한 집단구성원들만으로 끝까지 집단상담을 진행하고 새로운 집단구성원은 받아들이지 않는다. 그러나 개방집단은 상담이 진행되는 동안 아무 때나 새로운 집단구성원을 받아들인다. 따라서 개방집단은 집단 내의 의사소통, 신뢰, 수용, 그리고 지지 등에서 많은 문제가 발생될 수 있으며, 집단 응집력이 약해질 수 있으므로 집단상담자는 이 점을 고려하여 집단을 구성해야 한다(George·Cristiani, 1981).

김청자와 정진선(2006)은 개방집단은 집단구성원들이 처음 그대로 유지되는 것이 아니기 때문에 중도에 탈락하더라도 적절한 인원을 유지할 수 있다는 장점이 있다. 특히, 장기집단의 경우에 유용할 수 있으며, 개인의 문제해결이 이루어져서 집단에서 탈퇴했을 경우 새로운 구성원으로 교체되는 경우도 유용하다고 볼 수 있다.

TIP

➤ 폐쇄집단은 집단을 시작할 때 참여한 집단구성원들만으로 끝까지 집단상담을 진행하고 새로운 집단구성원은 받아들이지 않는다. 그러나 개방집단은 상담이 진행되는 동안 아무 때나 새로운 집단구성원을 받아들인다.

7) 집단경험 보고서

집단경험 보고서 작성은 매 회기가 끝난 후 각 집단구성원이 그날의 집단경험에 대해 일기를 써서 다음 모임 때 제출하도록 하면 많은 효과성이 나타난다. 집단경험이 끝난 직후에 쓰는 것이 내담자의 느낌이나 생각을 있는 그대로 담을 수 있어서 효율성이 좋다. 그리고 집단경험이 시작되기 전, 경험 중,

TIP

경험이 끝난 후 현재까지의 과정을 통해 일어났거나 일어나고 있는 일에 대한 자신의 느낌을 작성하도록 한다(장성화·구승신·정옥희·이주연·신성철·정희정, 2012). 김영봉 외 5인(2011)은 그날의 집단상담 경험을 통해 얻은 지적인 학습이나 자신 및 타인에 대해 새롭게 깨닫고 학습한 것을 작성한다. 제출된 보고서는 집단상담자가 격려, 강화, 반영, 혹은 맞닥뜨림, 그리고 명료화 등의 기술을 사용하여 그 집단원의 행동변화와 성장 및 발달에 도움이 될 피드백을 기록하여 돌려주기도 한다.

요 약

✓ 집단상담은 한 사람의 상담자가 동시에 몇 명의 내담자들을 상대로 각 내담자의 관심사, 대인관계, 사고 및 행동양식의 변화를 가져오는 것이 상담이다. 즉, 집단구성원 간의 상호작용적 관계(역동적 관계)를 바탕으로 내담자 개개인의 문제해결 및 변화가 이루어지는 집단적 접근방법이다.

✓ Cohn, Combs, Cibian과 Sniffen(1973)은 집단상담을 정상적인 수준에 있는 사람들이 일종의 동료집단 내에서 전문적으로 훈련받은 상담자와 함께 그들의 태도가 변화되어 보다 능률적으로 발달상의 문제를 원활히 처리할 수 있도록 상호간의 문제와 감정을 탐색하는 역동적인 대인관계를 형성하는 과정이다.

✓ 집단상담의 경험을 통해 집단구성원은 자신의 욕구를 스스로 인지함으로써 집단상담이 진행하는 과정 속에서 자신의 욕구를 충족시키는 방법을 터득하는 것이다. 자신과 집단구성원의 다양한 문제를 이해함으로써 문제해결 능력을 자신이 스스로 배우도록 하는 방법이다.

✓ 집단상담의 상담자는 개인상담에서보다 복잡한 과제를 짊어진다. 집단상담의 상담자는 집단원의 감정을 이해하고 집단원 스스로 자신을 지각할 수 있도록 유도해야 할 뿐만 아니라 한 집단원의 발언이 다른 집단원과 상담집단 전체에 어떤 영향을 미치는지를 유심히 관찰해야 한다.

✓ 집단지도는 학습 및 생활 태도를 촉진하기 위해 주로 교육적·직업적 정보와 자료를 제공하며, 집단상담은 유형이나 형태에 따라 집단 참여자 개인들에게 초점이 주어지고 상담자가 집단구성원들과 협력하여 촉진자, 안내자 역할을 하면서 개인의 문제해결과 성장을 제공한다. 그리고 집단치료는 임상적인 원리에 따라 성격이상, 정신신경증, 정서적 장애, 그리고 심리적 갈등 등이 있는 내담자들이 정상적인 생활을 할 수 있도록 도움을 주는 것이다.

✓ 참만남집단은 참여자들에게 주로 신뢰, 개방, 공유, 모험적인 행동으로 길러지는 집중적이고 개인적이며 친밀한 경험을 제공한다. 신체접촉이나 감각, 지각 경험 같은 비언어적인 활동이 친밀감을 촉진하기 위해서 사용된다. 대면집단은 지도자가 구조화된 경험으로 참여자들을 지도함으로써 구조화시킬 수 있다.

✓ T집단은 집단 내에서 집단구성원의 역할을 강조하고 일정한 시간에 집단 내에서 각 성원 간의 관계에 초점을 둔다. 그리고 다른 집단들과는 대조적으로 T집단은 과업 지향적이고 집단의 기능에 관심을 두어 참여자들을 더 훌륭한 성원이 되도록 교육시키는 데 관심을 둔다.

✓ 집단상담은 자기만 문제를 가지고 있는 것이 아니라는 인식을 하면서 자신이나 타인을 더 이해하고 수용하려는 마음을 갖는다. 그리고 성장배경, 사회계층, 흥미, 문제의 종류 등이 다른 개인들과 접촉하게 되어 다양한 경험을 풍부하게 한다.

✓ 집단상담에서 어떤 내담자들은 집단상담의 경험을 이해와 수용을 오용하는 경우가 있다. 이들은 집단상담을 진행하는 과정 중에 자신의 문제를 집단구성원들에게 노출은 하지만, 자신의 행동을 변화하려고 하지 않는다.

- ✓ 모방행동은 집단상담과정 중 집단구성원들이 집단상담을 진행하면서 다른 집단원이나 집단 지도자의 행동 가운데 받아들일 만한 것은 모방을 통해 습득하는 것을 의미한다.

- ✓ 이타주의는 집단상담이 진행되면서 상호지지, 위로, 제안, 조언 등을 제공하는 과정에서 다른 사람에게 자신이 도움이 되는 자신을 발견할 수 있다. 이러한 경험에 기초하여 이타심은 개인의 자긍심을 고양시키며, 자신감을 가지도록 도움을 줌으로써 스스로 어려움을 극복할 수 있다.

- ✓ 경청하기는 집단구성원들이 대화하는 내용을 적극적인 자세로 경청을 하며, 감정의 변화, 비언어적인 행동의 의미까지 파악할 수 있어야 한다. 따라서 효과적인 경청은 신뢰감을 형성하고 상담자가 내담자를 수용하고 있다는 것을 전달한다.

- ✓ 직면은 내담자의 행동이 집단의 기능을 방해하거나 말과 행동이 일치하지 않을 때 이를 지적한다. 자신을 돌아보고 각성하게 하는 상담기법으로 주의를 기울여 잘 사용하면 좋은 상담기법이 될 수 있다.

- ✓ 피드백은 집단상담의 중요한 목적 중 하나는 집단구성원(타인)들이 자신을 어떻게 보고 있으며, 어떻게 반응하고 있는가에 대해 학습할 기회를 제공하는 것이다. 이러한 목적을 위해 집단상담자는 집단구성원에게 피드백을 제공한다. 또한 집단구성원은 서로가 타인의 행동에 대한 자신의 반응을 솔직하게 이야기하도록 한다.

- ✓ 집단구성원은 비슷한 사람끼리 모여서 이루어지기도 하고 아주 다양한 특성을 가진 사람들로 이루어진다. 이처럼 비슷한 유형을 가진 사람들끼리 모여서 이루어진 집단을 동질집단이라고 하며, 서로 다른 유형을 가진 사람들끼리 모여서 이루어진 집단을 이질집단이라고 한다.

- ✓ 집단경험 보고서 작성은 매 회기가 끝난 후 각 집단구성원이 그날의 집단경험에 대해 일기를 써서 다음 모임 때 제출하도록 하면 많은 효과성이 나타난다. 집단경험이 끝난 직후에 쓰는 것이 내담자의 느낌이나 생각을 있는 그대로 담을 수 있어서 효율성이 좋다. 그리고 집단경험이 시작되기 전, 경험 중, 경험이 끝난 후 현재까지의 과정을 통해 일어났거나 일어나고 있는 일에 대한 자신의 느낌을 작성하도록 한다.

연습문제

- 집단상담의 정의 및 목표에 대하여 설명하시오.

- 집단상담과 개인상담의 차이점에 대하여 논하시오.

- 집단상담의 형태에 대하여 논하시오.

- 집단상담의 변화 촉진에 대하여 논하시오.

- 집단상담의 고려사항에 대하여 설명하시오.

Chapter 02 집단상담의 역사

TIP

집단상담에 관심을 갖고 있다면 집단상담이 어떻게 시작되었고, 어떤 과정을 통해 발전되어 오늘에 이르고 있는지를 아는 것은 매우 중요한 일이다. 집단상담의 역사는 사람들이 갖고 있는 문제를 해결하기 위해 집단상담이 어떠한 역할을 해 왔는지 알려주고, 앞으로 어떤 방향으로 변화될 수 있는지 추론할 수 있게 해 주기 때문이다.

집단상담의 이론적 토대는 미국의 상담자들에 의해 만들어져 왔다는 점을 감안하여, 본 장에서는 미국 집단상담의 역사를 살펴보고, 상대적으로 역사가 짧지만 우리나라 현장에서 집단상담이 어떻게 적용되어 왔는지 국내에서의 집단상담의 역사를 살펴보고자 한다.

1 미국 집단상담의 역사

미국에서의 집단상담은 상담의 한 영역으로서, 사회과학 내의 여러 분야와 상호 연관되어 발전해 왔다. Gazda(1975)는 집단상담과 함께 발전해 온 사회과학 분야로 아동지도, 직업지도, 사회사업, 집단작업, 집단역동, 인간잠재력 운동 등을 제시하였다. 집단적 접근을 취하는 이와 같은 사회과학 분야의 발전 과정은 집단상담의 발전 과정과 함께 이해되어야 한다.

TIP

> 20세기 이전에 조직된 집단은 주로 기능적·프로그램적 이유로 만들어졌다. 대부분 집단을 구성하는 구성원이 많은 대형 집단이었고, 주요 기능은 정보를 효과적으로 전달하는 데에 있었다.

> 집단치료와 집단지도를 집단상담과 동등한 개념으로 혼용하여 사용하기도 하지만 집단치료는 주로 의학적으로 치료를 목적으로 접근한 반면 집단지도는 진로지도 등 교육적 목적으로 접근하였기 때문에 엄격하게 구분하여 사용하기도 한다.

1) 집단상담의 태동기(~1940년)

20세기 이전에 조직된 집단은 주로 기능적·프로그램적 이유로 만들어졌다. 대부분 집단을 구성하는 구성원이 많은 대형 집단이었고, 주요 기능은 정보를 효과적으로 전달하는 데에 있었다. 이민자들이나 빈민들이 집단 구성의 주요 관심대상이었고, 그들을 돕기 위해 사회사업가나 의사가 집단을 구성하는 경우가 많았다. Jane Addams는 Chicago에 Hull House를 만들고 이민자와 빈민들이 그들의 환경을 이해하고 적응해 나갈 수 있도록 도와주었다. 그녀는 독서, 공예, 클럽활동 등 목적이 있는 집단을 조직했고, 그룹 참여자들과 함께 위생이나 영양과 같은 분야에 대한 토론을 통해 개인적 변화를 이끌어 냈다. Addams는 공통의 기원, 목적, 필요를 갖고 있는 대형 집단을 강조했는데, 이는 구성원의 멤버십을 강조하는 치료집단의 형태로 나중에 나타나게 된다. Addams가 구성한 집단은 사회적 집단활동(Social Group Work)의 시초로 인정되고 있으나, 집단상담의 역사에 편입시키기에는 어려움이 있다.

집단상담과 비슷한 개념으로, 20세기에 들어와서 집단치료(Group Therapy)와 집단지도(Group Guidance)라는 개념이 등장하였다. 학자들에 따라서는 집단치료와 집단지도를 집단상담과 동등한 개념으로 혼용하여 사용하기도 하지만, 집단치료는 주로 의학적으로 치료를 목적으로 접근한 반면 집단지도는 진로지도 등 교육적 목적으로 접근하였기 때문에 엄격하게 구분하여 사용하기도 한다. 특히, Gazda(1975)는 미국 집단 운동의 발전 역사 도표를 통해 집단지도로부터 집단상담의 개념이 도출되어 발전해 왔다는 입장을 제시하고 있다.

공립학교에서의 집단지도는 1907년 Jesse B. Davis가 아이오와 주의 한 고등학교에서 직업과 도덕 지도를 한 것으로부터 출발하였다. 1908년에는 코네티컷 주의 웨스트포트 고등학교에서 William A. Wheatley가 1학년 학생들에게 직업정보를 제공하는 과목을 도입했고, 1912년에는 같은 주의 다른 고등학교에서 George Boyden이 직업에 관한 교과목을 가르쳤다. 비록 이러한 활동이 수업의 한 형태로 이루어지기는 했지만, 집단지도의 시초로 간주할 수 있다(이형득 외, 2002).

1908년 Frank Parsons의 사망 이후 상담자들은 보스턴 직업 사무국과 같은 기구를 통해 무직자들로 구성된 소집단을 구성하였다. 그들은 학교에서의 직업지도와 마찬가지로 정보의 제공, 교육지도 및 직업지도를 강조하였다.

1934년에는 McKown이 처음으로 『홈룸지도(Homeroom Guidance)』라는 책을 저술했는데, 이는 홈룸 활동이 집단지도적인 차원에서 이루어지는 활동으로 인식되는 계기가 되었다. 홈룸 활동은 수업시간마다 교실을 옮겨 다니는 미국 교육제도의 특성에 따라 나온 제도로서 하루 일과의 시작 또는 마감, 점심식사 시간 등에 교과목과 상관없이 규정된 클래스 내에서 활동을 수행하는 것을 말한다. 출석 확인 등 관리적 활동이 주가 되지만 홈룸교사의 역할은 단순한 정보전달자가 아니라 학생들의 생활지도 및 의사소통 등을 포함하고 있어 홈룸은 집단지도와 집단상담의 경계선에 해당하는 현장으로 볼 수 있을 것이다.

집단상담이라는 용어가 처음 등장한 것은 명확하지는 않지만, 문자로 기록된 것은 1931년에 Allen이 Education이라는 잡지에 발표한 논문 'A Group Guidance Curriculum in the Senior High School'이다. 그가 사용한 집단상담이라는 용어는 집단지도와 같은 개념으로 적용되었다고 볼 수 있으며, 그의 논문에서도 집단지도, 사례협의회, 집단상담의 용어를 혼용하고 있어 엄밀하게는 오늘날 통용되고 있는 집단상담의 의미를 제대로 살리는 차원에서의 용어를 사용했다고는 보기 어렵다(Gazda, 1975: 이형득 외, 2002에서 재인용).

한편, 1905년에 Jeseph Hersey Prett이 결핵환자들을 대상으로 학급방법(Class Method)을 도입한 사례가 최초의 형식적인 집단치료로 간주되고 있다. Prett은 보스턴 병원(Boston Dispensary)의 내과 의사로서 결핵환자를 치료하던 중 환자의 정서적 반응, 질병에 대한 부끄러움이나 낙담과 같은 감정이 자기관리 요법을 준수할 수 있는 능력을 방해한다는 것을 관찰하였다. 그래서 처음에는 환자들의 가정을 방문하였으나, 곧 병원에 많은 환자들을 모아 환자들의 태도에 대해 토론하고 자신에게 교육도 받는 프로그램을 운영하기 시작했다. 이 프로그램은 1905년 7월 1일부터 시작되었으며, 프로그램의 목적은 환자들이 질병의 본질이 무엇인지 이해할 수 있도록 돕고, 그들 스스로 치료

TIP

▸ 집단상담이라는 용어가 처음 등장한 것은 명확하지는 않지만, 문자로 기록된 것은 1931년에 Allen이 Education이라는 잡지에 발표한 논문 'A Group Guidance Curriculum in the Senior High School'이다. 그가 사용한 집단상담이라는 용어는 집단지도와 같은 개념으로 적용되었다

TIP

에 기여할 수 있도록 교육하는 것과 만성질환에 대항하여 용기를 가질 수 있도록 영감을 부여하는 것이었다. 환자들에 대한 교육에서 Prett은 주로 '삶에 대한 낙관적인 관점'을 강조했다. Prett의 집단 구성은 80~100명의 대형 집단이었고 자리가 정렬되어 있는 교실에서 강사가 있는 정면을 바라보도록 자리를 구성하였다. 참석률이 높은 사람은 점점 앞좌석으로 이동하도록 했고, 그 중 특별히 치료 경과가 좋은 'star' 환자들은 Prett의 옆에 청중들을 마주보고 앉도록 배치했다. 이렇게 자리배치를 통해 환자들의 정서적인 요소를 자극한 것이 학급방법의 효시가 되었다. 이 방법이 성과가 있자 Prett은 당뇨병이나 심장병 환자들에게도 확대 적용하였다(American Group Psychotherapy Association, 1971).

제1차 세계대전 기간(1914~1918) 동안 집단에 대한 관심은 군사적 영역에서 크게 확장되었다. 교육을 위해 집단을 구성하였고, 팀워크가 더욱 강조되었으며, 이는 사회적 분위기에도 이어졌다. 또한, 전쟁 피로를 겪고 있는 군인들을 다루기 위해서도 집단이 사용되었다.

1920년대의 주요 사건들은 유럽에서 발생하였다. 1922년, Alfred Adler는 집단지도 및 집단상담을 위한 새로운 방법을 제시했고, 이는 곧 'Collective Counseling'으로 알려졌다. Adler는 이 방법론을 아동지도와 범죄자 지도에 활용하였다. 아동지도를 위해 Adler는 정신과 의사, 심리학자, 사회사업가로 구성된 전문가 집단을 만들어 아동을 인터뷰했는데, 이를 통해 아동과 부모는 전문가 집단으로부터 도움을 받아 가족 내의 문제와 관련이 있는 아동의 문제를 발견하고 해결방안을 찾을 수 있었다. Adler의 방법은 자연적으로 발생한 가장 기본적인 집단인 가족에 대한 최초의 집단상담 방법론으로서의 의미를 갖는다고 볼 수 있다.

1920년대 또 하나의 사건은 1921년 Jacob L. Moreno의 즉흥극으로, 후에 사이코드라마로 발전하게 된다. Moreno는 이후에 나타난 다른 이론가들에게 영향을 주었는데, 특히 Fritz Perls의 게슈탈트 기술과 William Schutz의 직면 기술에 영향을 주었다(Shaffer & Galinsky, 1989).

1920년대에는 소규모 집단에 대한 연구가 활발히 진행되었다. 소집단 세팅에서의 일반적인 상호작용에 대한 연구가 진행되었고, 어떻게 집단이 개인에게 영향을 주는지 연구되었다. 이러한 연구는 1930년대와 1940년대에 그 수와 중요도 면에서 성장했고, 이러한 시도들로 인해 집단 개념이 인정받게 되었으며, 그 영향력이 인식되게 되었다.

1930년대 말에는 첫 번째 자조집단(Self-help Group)인 Alcoholics Anonymous (AA)가 설립되었다. AA는 개인이 갖고 있는 잠재력이 함께 모여서 서로 지원해주는 방향으로 상호작용할 때 변화를 일으킨다는 것을 깨달은 사람들이 설립한 것이다. AA는 알코올중독자들이 맑은 정신을 유지하고 그들의 삶을 컨트롤할 수 있도록 지원하는 조직으로 성장하였다.

TIP

➤ 1920년대에는 소규모 집단에 대한 연구가 활발히 진행되었다. 소집단 세팅에서의 일반적인 상호작용에 대한 연구가 진행되었고, 어떻게 집단이 개인에게 영향을 주는지 연구되었다. 이러한 연구는 1930년대와 1940년대에 그 수와 중요도 면에서 성장했고, 이러한 시도들로 인해 집단 개념이 인정받게 되었으며, 그 영향력이 인식되게 되었다.

2) 집단상담의 발전기(1940~1970)

1940년대는 현대적 집단 운동이 시작된 시점으로 볼 수 있다. 이 시기의 집단활동과 관련된 흐름은 크게 두 가지로 볼 수 있는데, 첫째는 Kurt Lewin과 Wilfred Bion에 의한 이론적 저술활동이고, 또 하나는 집단 조직의 설립이다. Lifton(1972)는 이 시기의 집단활동이 권위주의 독재에 대해 항거하고 민주주의를 지향하는 미국 및 영국의 사회적 분위기를 반영하여 발전해 왔다고 언급하였다.

Lewin(1948)은 이 시기에 집단역동에 대해 연구한 대표적인 학자이다. 나치 독일로부터 망명한 이후 Lewin은 집단 역동에 대해 계속 연구를 했고, 1940년대에 이르러 그의 연구결과가 영향을 미치기 시작했다. Lewin이 주창한 '장 이론(Field Theory)'은 환경 내에서 개인 간의 상호작용에 대해 강조하고 있다. 그의 이론은 게슈탈트 심리학으로부터 발전되었으며, Lewin에게 있어 집단이란 그것을 구성하는 부분들보다 더 큰 전체를 의미한다. Lewin은 1946년 코네티컷 주의 New Britain에서 그룹 내부의 관계에 대한 워크숍을 열었고, 이 워크숍을 계기로 NTL(National Training Laboratories)이 설립되었

➤ 1940년대는 현대적 집단 운동이 시작된 시점으로 볼 수 있다. 이 시기의 집단활동과 관련된 흐름은 크게 두 가지로 볼 수 있는데, 첫째는 Kurt Lewin과 Wilfred Bion에 의한 이론적 저술활동이고, 또 하나는 집단 조직의 설립이다.

TIP

다. 이후 NTL은 T-집단 운동을 보급하며 BST(Basic Skill Training) Group으로 성장하게 된다. Lewin은 그의 연구에서 집단 토론은 개인의 교육보다 사람들의 생각과 행동을 바꾸는 게 더 효과적이라는 것을 발견하였다. 또한, Lewin은 최초로 집단에 대해 피드백의 개념을 적용하기도 하였다.

Bion(1948)은 영국의 Tavistock Institute of Human Relations의 일원으로, 집단역동을 강조하였다. Bion은 정신분석학적인 교육을 받았으나, Freud의 개념을 받아들이지 않았다. 예를 들면, 가족을 가장 기본적인 집단 모델로 보는 관점을 배제하고, 일반적인 집단현상은 가족 내부에서 볼 수 있는 집단현상과는 근본적으로 다를 수 있다고 주장하였다(Mackler & Strauss, 1981).

1940년대에 설립된 대표적인 조직은 Moreno가 1941년과 1942년 사이에 설립한 American Society of Group Psychotherapy and Psychodrama(ASGPP)와 Samuel R. Slavson이 1943년에 설립한 American Group Psychotherapy Association(AGPA)이다. 집단과 관련한 출판활동도 증가했는데, 1947년에는 ASGPP에서 Sociatry(1949년에 Group Psychotherapy로 변경)를 발행하였고, 1949년에는 AGPA에서 International Journal of Group Psychotherapy를 발행하였다. 이 저널들에서 집단활동(Group Work)은 연구의 기반 또는 표준으로서 공식적으로 인정되었다(Kottler & Forester-Miller, 1998).

1950년대에는 집단활동에 대한 더 많은 연구가 이루어졌고, 집단의 성격에 대해서도 더 많이 정련되었다. Bales(1950)는 집단행동에 관심을 갖고 연구했는데, 대부분의 집단에서 시간이 흐름에 따라 특정 형태의 역할이 등장하게 된다고 주장하였다. 그는 긍정적 반응과 부정적 반응을 제시하고, 그로부터 도출된 열두 가지의 역할을 열거하였다.

가족상담에 있어서 집단절차(Group Procedure)의 개념이 도입되었다. Rudolph Dreikurs는 이 분야의 개척자로서, Adler의 이론을 도입하여 부모집단을 구성하고 집단절차를 적용하였다. Bell(1961) 역시 가족상담에서 집단의 개념을 도입하였다. 그는 1951년부터 가족치료 세션을 집단상담 형태로 운영하였다. Bell은 가족들을 그룹 내에서 서로 낯선 사람으로 간주하고 열린 토론을 통해 가족 문제를 해결하는 방법을 제시했다. 그는 말이 없는 구성원이 대화에 참여함으로써 생각을 나눌 수 있도록 자극을 주는 데 중점을 두었다.

Ackerman(1958), Bateson(1951), Satir(1964)는 가족을 위한 집단치료의 정신분석적 모델을 수정함에 있어서 유사한 관점으로 연구를 진행하였다. Ackerman과 Satir는 임상적으로 접근하여 가족 내에서의 장애를 다루는 기술을 개발하였고, Bateson은 가족 내 집단역동 분야에 집중하여 연구하였다.

1950년대에는 집단의 개념이 집단 내에서 발생하는 현상을 표현하기 위한 것으로 발전되었다. 예를 들면, Richard Blake와 Jane Mouton은 '발달집단(Developmental Group)'이라는 표현을 이 시기에 처음 사용하였다. 한편, Helen I. Driver가 1958년에 『Counseling and Learning Through Small-Group Discussion』를 저술하여 집단상담과 관련한 최초의 교과서가 되었다. 집단의 개념 변화에 따라 집단지도는 주로 교육현장에서 행동의 변화를 일으키기 위한 주요 방법이라는 의미에서 집단상담이라는 말로 교체되어 사용되었다(Gazda, 1989).

1960년대는 집단상담과 집단치료가 왕성하게 일어났다. 집단활동의 대표적인 리더들이 이 시기에 두각을 드러냈고 집단활동이 두드러지게 증가함에 따라 New York Times가 1968년을 '집단활동의 해(The year of the group)'라고 정의하기도 하였다. 또, 다양한 형태의 집단활동이 1960년대에 진행되었는데, 참만남집단(Encounter Group), 감각인식집단(Sensory Awareness Group), 성장집단(Growth Group), 마라톤집단(Marathones) 등이 그 예이다. 집단에 대한 관심이 증가함에 따라 많은 연구자들이 집단을 통해 문제를 해결하려는 경향을 보였고, 이렇게 증가한 관심과 집단활동에 대한 무비판적인 수용으로 인해 오히려 집단의 효율성에 대한 부정적 태도가 등장하기도 하였다(Ward & Litchy, 2004).

이 시기에 가장 유명한 두 개의 집단은 참만남집단과 마라톤집단이다. Rogers(1971)는 개인상담에 있어 그의 이론을 확대하여 집단에 적용한 것을 '기초참만남집단(Basic Encounter Group)'이라 명명했고, 후에 참만남집단(Encounter Group)으로 변경하였다. 참만남집단은 '개인성장집단(Personal Growth Groups)'이라고도 알려졌는데, 참만남집단이 개인의 발달에 초점을 두고 있

TIP

➤ 1950년대에는 집단의 개념이 집단 내에서 발생하는 현상을 표현하기 위한 것으로 발전되었다.

➤ 1960년대는 집단상담과 집단치료가 왕성하게 일어났다. 집단활동의 대표적인 리더들이 이 시기에 두각을 드러냈고 집단활동이 두드러지게 증가함에 따라 New York Times가 1968년을 '집단활동의 해(The year of the group)'라고 정의하기도 하였다.

TIP

➤ 참만남집단은 또한 자신의 감성적 경험과 타인의 행동으로부터 얻는 개인의 자각에 초점을 두는 경우 '감성집단(Sensitivity Groups)'으로도 언급되었다.

➤ 마라톤집단은 24시간에서 48시간 정도 긴 시간동안 개최되며 참여자는 해당 시간 동안 모두 함께 머물러야 한다. 마라톤집단에서 중요하게 생각하는 것은 피로인데, 참여자가 지쳐서 자신을 방어하는 것이 힘들어지게 되면 진실성이 증가하고 그 결과로 자기성장을 가져오게 된다는 것이다.

기 때문이었다. 또한 참만남집단은 자신의 감성적 경험과 타인의 행동으로부터 얻는 개인의 자각에 초점을 두는 경우 '감성집단(Sensitivity Groups)'으로도 언급되었다.

마라톤집단은 George Bach와 Fred Stoller가 1964년에 고안한 것으로, 사람들로 하여금 자신의 이미지 관리나 역할에서 벗어나 좀 더 진정성을 갖도록 돕기 위해 사용한 방법이다(Bach, 1967). 마라톤집단은 24시간에서 48시간 정도 긴 시간동안 개최되며 참여자는 해당 시간 동안 모두 함께 머물러야 한다. 마라톤집단에서 중요하게 생각하는 것은 피로인데, 참여자가 지쳐서 자신을 방어하는 것이 힘들어지게 되면 진실성이 증가하고 그 결과로 자기성장을 가져오게 된다는 것이다.

Perls(1973)는 Esalen Institute in California에서 열린 다양한 워크숍에서 집단 세팅 상황에 게슈탈트 이론을 적용하였다. Schutz(1967)는 개인이 집단을 통해 포함, 조정, 애정에 대한 상호간 욕구를 다룰 수 있다는 것을 증명하였고, 집단 내에서 비언어적 의사소통의 사용에 대해 강조하였다. Gibb(1961)은 집단 내에서 경쟁적 행동과 협력적 행동을 연구하였고, 그 결과 그룹 내에서의 경쟁적 행동은 타인의 경쟁적 행동을 유발한다는 것을 발견하였다.

3) 집단상담의 성숙기(1970~현재)

1970년대에도 집단활동은 계속 성장하였지만, 논쟁도 함께 증가하였다. Janis(1971)는 집단사고가 개인의 성장과 집단의 문제해결능력을 파괴할 수 있다고 주장했다.

Lifton(1972)은 1960년대에 조직된 집단들의 결과로 이러한 혼동이 발생하고 있다고 생각했으며, 집단활동을 비판한 예로 Howard(1970)의 책 『Please Touch』를 제시했다. Howard는 감성집단을 비민주적이고 비도덕적인 것으로 규정하였는데, 참만남집단뿐 아니라 몇몇 유명한 집단에 대해 중독자들의 온상이라고 비판하였다. 그녀의 책은 집단의 리더십이나 멤버에 대한 검증의 중요성과 같은 이슈를 제공하는 계기가 되었다.

1973년 집단상담에 있어서 전문가의 양성과 전문가 집단의 사례공유 등 활동을 통한 역량 강화를 위해 George Gazda와 Jack Duncan을 중심으로 American Personnel and Guidance Association(현재는 American Counseling Association으로 명칭을 변경함)의 한 분과 형태로 Association for Specialists in Group Work(ASGW)가 설립되었다.

1980년대는 집단활동이 더욱 빠르게 성장하였고, 집단활동의 전문가주의도 계속되었다. AGPA는 집단 이론과 실제를 계속 정련한 조직 중 하나였다. 다양한 이론이 등장했고, 그와 함께 다양한 유형의 집단이 생성되었다. 특히 자조집단이 우후죽순처럼 생성되어 1988년에는 약 2,000~3,000개의 자조집단이 미국 내에서 운영되고 있는 것으로 측정되었다. 이러한 집단은 대부분 전문가 리더가 포함되지 않고 비전문가에 의해 인도되었다. Alcoholics Anonymous, Narcotics Anonymous, Weight Watchers, Compassionate Friends 등이 대표적인 자조집단이다.

한편, ASGW는 1980년에 집단활동가를 위한 윤리기준을 제시하였고, 1989년에 개정판을 출간했다. 현재는 해당 내용이 American Counseling Association의 'Code of Ethics(2005)'에 포함되어 있다. T-집단을 위한 표준이 ASGW에 의해 1980년대에 제안되어 1991년에 채택되었고, ASGW는 1989년 말에 5,000명 이상의 회원을 갖는 조직으로 발전하였다.

1991년에는 American Psychological Association의 집단심리학 및 집단치료 분과가 설립되어 1997년에는 'Group Dynamics'라는 저널을 출간하여 많은 심리학자들을 회원으로 확보했다. 기존의 많은 집단 관련 조직들도 계속 발전해 왔는데, AGPA는 1992년에 50주년이 되었고, 집단치료사들에게 'Clinical Registry of Certified Group Psychotherapists'라는 자격증을 1994년부터 부여하기 시작했다. ASGW는 1991년 심리교육, 업무/일, 상담, 심리치료의 4개 영역에서 집단활동가의 훈련을 위한 표준 교재를 출판하였다.

이와 같은 활동들 이외에도 대부분의 전문가협회에서 훈련 및 교육의 기회를 제공하고 있다. 예를 들면 ASGW와 AGPA는 매년 집단활동에 대한 컨퍼

TIP

➤ ASGW는 1980년에 집단활동가를 위한 윤리기준을 제시하였고, 1989년에 개정판을 출간했다. 현재는 해당 내용이 American Counseling Association의 'Code of Ethics(2005)'에 포함되어 있다.

TIP

런스를 개최하고 있으며, 미국 내 다양한 사이트의 교육과정을 지속적으로 지원하고 있다.

2 한국 집단상담의 역사

> 집단상담이 실제로 상담현장에 적용될 수 있도록 처음으로 소개된 것은 1971년으로, 전남 광주 지역과 경상도 대구 지역에서 시작된 것으로 전해진다.

국내에 집단상담이 도입된 시점에 대해서는 분명한 기록은 없으나, 집단상담에 대한 학술적인 논의는 1970년 한국카운슬러협회의 제6차 연차대회에서 처음으로 있었다는 것이 구본용(1988)에 의해 언급되었다. 집단상담이 실제로 상담현장에 적용될 수 있도록 처음으로 소개된 것은 1971년으로, 전남 광주 지역과 경상도 대구 지역에서 시작된 것으로 전해진다(설기문, 1998).

1) 광주 지역에서 시작된 집단상담

한국카운슬러협회 전남지회의 초청으로 일본카운슬러협회 소속의 전문가들이 1971년부터 1975년에 걸쳐 총 12회 동안의 연수회에서 T-집단 형태의 감수성 훈련을 실시하였다(한국카운슬러협회, 1985).

이때 국내에서 참가한 사람 중 이상훈은 1971년에 한철우, 이근진, 김정애, 김순복, 김용주와 함께 인간성 개발과 교육방법 개선을 위한 연구모임을 시작하였고, 같은 해 교육계에서 처음으로 인성개발 집단수련을 실시하였는데, 이것이 오늘날 한국인성개발연구원의 효시가 되었다(한국인성개발연구원, 1998).

TIP

2) 대구 지역에서 시작된 집단상담

대구 지역은 광주 지역과 달리 우리나라 학자들에 의해 주도되었다. 계명대학교 교수였던 이형득은 계명대학교 대학생과 대학원생 등을 대상으로 집단상담 활동을 실시하고 국내 처음으로 집단상담에 관한 논문인 '행동변화를 위한 소집단활동으로서의 encounter운동(이상로·이형득, 1971)'을 발표하였다. 이형득은 이후 『집단상담의 실제(이형득, 1979)』를 출판하고, 1980년에는 '구조적 집단상담 프로그램(윤홍섭·이형득, 1980)'을 개발하였다(설기문, 1998).

이형득은 경북대학교와 계명대학교의 상담관련 전공 대학원생을 주된 회원으로 1982년 한국상담연구회를 조직하였고, 1986년에는 한국발달상담학회를 조직하였다. 이후 1998년에는 한국집단상담학회로 이름을 개명하였다.

3) 대학 중심의 집단상담 보급

우리나라의 대학에서 집단상담이 실시된 시기는 이형득이 계명대학교에서 집단상담을 시작한 1971년부터이다. 이후 5년 뒤인 1976년과 1978년에 서울대학교와 이화여대에서 각각 처음으로 집단상담이 실시되었다(구본용, 1988: 설기문, 1998에서 재인용).

이은순과 손향숙(1983)은 1981년 전국 85개 대학교의 학생생활연구소를 대상으로 집단상담의 활용실태를 조사하였는데, 설문에 응답한 46개교 중 22개교(47.8%)만이 집단상담을 실시하고 있었다. 이후 구본용이 실시한 조사에서는 설문에 응답한 45개 대학 중 집단상담을 실시하고 있는 대학은 29개로 64.4%의 비율[1]을 보여 5년 전에 비해 소폭 증가한 것으로 나타났다(설기문, 1998).

1) 설기문은 논문에서 29개의 응답이 전체의 82.7%인 것으로 계산했으나, 이는 단순한 계산상 오류인 것으로 추정되며, 이와 같은 오류에도 불구하고 시간의 흐름에 따라 집단상담을 채택한 학교가 증가하고 있다는 논거로는 유의미하다.

TIP

> 한국집단상담학회는 대구 지역의 이형득 교수를 중심으로 조직한 한국발달상담학회에서 1988년에 명칭을 변경하였다. 우리나라 집단상담의 역사에 많은 영향을 미친 협회로서, 한국집단상담학회는 1997년부터 전문집단상담가 자격제도를 도입하여 운영하고 있다.

4) 상담관련 단체

우리나라에서 집단상담의 발전에 공헌한 단체는 학회로는 한국카운슬러협회, 한국집단상담학회, 한국대학상담학회 등이 있고, 그 외 단체로는 한국인성개발연구원, 한국청소년상담복지개발원 등이 있다.

한국카운슬러협회는 상담 및 청소년 지도에 관한 학술적인 연구와 전문인 양성을 통해 상담을 발전시키고 인간 복지 향상에 기여하는 것을 목적으로 1963년 창립되었다. 1971년 광주에서의 연수회를 통해 국내에 최초로 집단상담을 도입하였고, 연수에 참가했던 사람들을 중심으로 집단상담과 관련한 연구결과를 발표하였다. 이성진(1978)은 제12차 연차대회 보고에서 80년대의 청소년이라는 주제 강연을 통해 청소년 지도를 위해 기존의 개인상담의 한계를 극복하기 위한 대안으로 집단상담의 필요성을 제안하였다. 이후 계속된 연차대회에서 집단상담과 관련한 분과 워크숍과 사례발표회 등이 이루어졌다.

한국대학상담학회는 대학상담의 대중화 및 전문화를 목적으로 하여 설립되었으며, 한국대학카운슬러연구협의회에서 명칭을 변경하였다. 현재는 한국집단상담학회와 함께 한국상담학회에 통합되어 모학회의 분과학회로서 기존 활동을 계승하고 있다.

한국인성개발연구원은 1971년 광주의 연수회에 참여했던 이상훈이 설립하였고, 인성교육과 조직개발을 위한 프로그램을 운영하고 있다. 한국인성개발연구원은 주요 프로그램으로 집단상담의 기법을 적용하고 있고 참만남집단, 해결중심 집단상담 등을 운영하며 집단상담의 보급과 확산에 기여하고 있다.

1990년 체육부 산하에 청소년종합상담실을 설치하고, 1991년 청소년기본법이 제정됨에 따라 한국청소년상담원의 설립 근거가 마련되었다. 1993년 '청소년대화의 광장'이 설립되었는데, 이것이 현재 한국청소년상담복지개발원의 전신이다. 청소년대화의 광장은 1999년 한국청소년상담원으로 명칭을 변경하였고, 2012년 다시 한국청소년상담복지개발원으로 명칭을 변경하였다.

청소년을 대상으로 하는 전문상담기관의 설립과 함께 전국적으로 시도 청

TIP

소년상담실이 설립됨으로써 개인상담과 함께 집단상담이 널리 실시되고 보급되는 기회가 늘어나게 되었다(설기문, 1998).

5) 학술연구활동

1971년 광주 지역과 대구 지역에서 집단상담이 소개되기 시작하면서 학문적인 관점에서도 관련 이론과 연구결과들이 발표되기 시작했다. 이상로와 이형득(1971)은 집단상담과 관련한 국내 최초의 논문인 '행동변화를 위한 소집단활동으로서의 encounter운동'을 발표하였고, 한국카운슬러협회에서도 김용주(1973, 1975)의 '교원의 인성변화를 모색하는 경험학습의 이론 및 실험연구'와 '집단방법에 의한 상담에서의 과정과 기술', 김려옥(1973)의 '집단경험학습을 통한 중학생의 심성개발', 김윤오(1974)의 '상담에 있어서 소집단 방법의 활용' 등이 발표되었다(설기문, 1998).

한편, 집단상담을 직접적 대상으로 한 최초의 석사학위논문은 이규성(1974)이 발표한 '집단상담을 통한 학습습관의 변화에 관한 실험연구'였다. 설기문(1998)은 김정자(1975)의 '집단상담에 의한 열등감의 해소'를 최초의 석사학위논문으로 기록하고 있는데, 한국교육학술정보원의 학술연구정보서비스가 2000년대에 들어와서 제공되었기 때문에 선행연구결과의 조사에서 누락된 것으로 생각된다. 또, 설기문(1998)은 1970년대 후반부터 학위논문이 증가하기 시작하여 1980년대와 1990년대를 지나면서 거의 폭발적으로 증가하였다고 했는데, 학술연구정보서비스(www.riss.kr)에서 '집단상담'을 직접적으로 논문 제목에 포함한 경우만을 한정하여 검색한 결과를 바탕으로 보면 [그림 2-1]에서 볼 수 있는 것처럼 1990년대 후반에 비약적으로 증가하고, 2003년 이후 발표된 논문 수가 소폭 감소하는 추세를 보이고 있다.

TIP

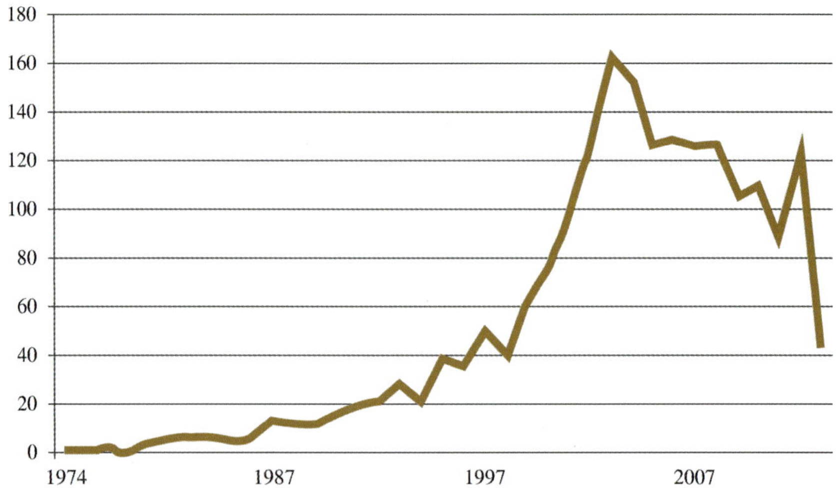

그림 2-1 연도별 집단상담 관련 국내 학위논문 수(교육학술정보서비스, 2013년 6월)

또, 같은 검색 결과에서 학교별 학위논문 발표 수를 비교한 결과 [그림 2-2]에서와 같이 한국교원대학교(136건), 계명대학교(117건), 영남대학교(85건), 한남대학교(68건), 전남대학교(66건) 순으로 총 100개의 학교에서 집단상담 관련 학위논문을 발표하였다. 논문의 제목에 '집단상담'을 포함하지 않지만 집단상담의 내용을 다루고 있는 것을 포함하면 이보다 훨씬 많은 논문이 발표되었을 것으로 추론할 수 있다.

집단상담과 관련한 저서로는 이형득(1979)의 『집단상담의 실제』를 시작으로 하여 양승봉(1979)이 집단상담 및 인간관계와 관련된 프로그램 내용을 다룬 『새인간교육』을 출판하였고, 1980년대에 들어와서는 김려옥(1982, 1985)과 이원구(1983)가 아동을 위한 심성계발 프로그램을 담은 책을 각각 펴냈다. 강기호와 차호원(1987)은 『집단상담의 이론과 기술』을, 김원경(1986)은 『감수성 훈련은 왜 필요한가』를, 이장호와 김정희(1992)는 『집단상담의 원리와 실제』를 저술하였고, 이종헌(1992)은 『성장그룹(Growth groups)』을 번역하여 출간하였다(설기문, 1998).

2000년대 이후에는 Corey의 『Groups : Process and Practice』를 김명권, 김

창대, 박애선, 전종국, 천성문(2000)이 번역하여 『집단상담 : 과정과 실제』를 출판하였고, 이형득, 김성회, 설기문, 김창대, 김우정(2002)이 『집단상담』을 출판하였다. 이 외에도 집단상담과 관련한 다양한 저서들이 현재까지 출판되고 있다.

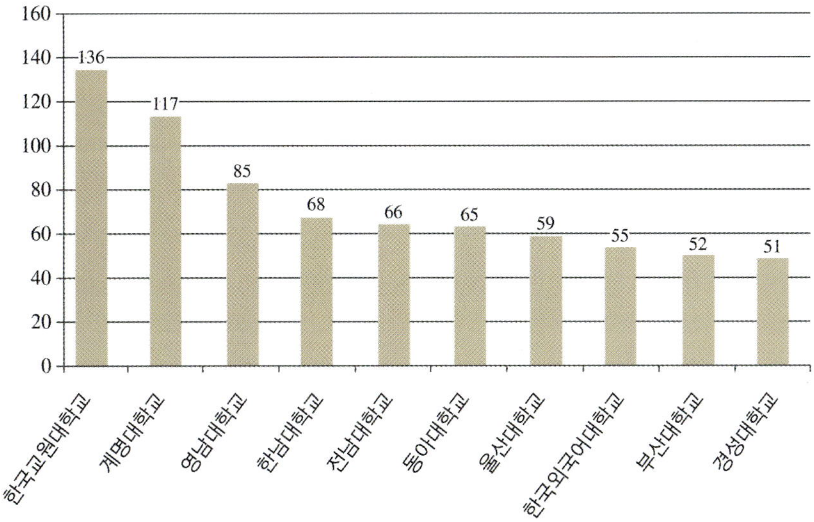

그림 2-2 학교별 집단상담 관련 국내 학위논문 수(교육학술정보서비스, 2013년 6월)

우리나라에서의 집단상담의 역사는 미국에 비해 상당히 짧은 역사를 갖고 있다. 그러나 다양한 기관에서 집단상담을 적용하고 있고, 집단상담가, 심리상담사 등의 자격제도에서 집단상담을 필수 교과로 적용하는 등 집단상담에 대한 관심과 효과에 대한 기대는 매우 높다고 하겠다. 집단상담에 대한 연구 성과도 최근으로 올수록 수적으로 증가하는 추세에 있는데, 집단상담의 도입 초기에는 대학교 중심으로 집단상담이 이루어졌으나, 현재에 이르러서는 청소년과 직장인, 가정주부에 이르기까지 다양한 사람들을 대상으로 집단상담이 이루어지고 있다.

TIP

➤ 집단상담에 대한 연구 성과도 최근으로 올수록 수적으로 증가하는 추세에 있는데, 집단상담의 도입 초기에는 대학교 중심으로 집단상담이 이루어졌으나, 현재에 이르러서는 청소년과 직장인, 가정주부에 이르기까지 다양한 사람들을 대상으로 집단상담이 이루어지고 있다.

요약

✓ 미국의 집단상담은 사회과학 내의 여러 분야와 상호 연관되어 발전되었으며, 20세기 이전의 집단은 이민자들이나 빈민들을 대상으로 정보를 효과적으로 전달하기 위한 목적으로 만들어졌다.

✓ 집단지도는 고등학교에서의 직업 및 도덕지도로부터 시작되었고, 집단상담이라는 용어는 초기에는 집단지도와 혼용하여 사용되었으며 1931년 처음으로 문자로 기록되었다.

✓ 1920년대에는 Alfred Adler에 의한 Collective Counseling이 제시되었고, 동시에 Jacob L. Moreno의 즉흥극이 등장하여 후에 사이코드라마로 발전되었다. 1930년대까지 소규모 집단에 대한 연구가 활발히 진행되었으며 그 결과 집단의 영향력이 높아지게 되었다.

✓ 1940년대에는 Kurt Lewin과 Wilfred Bion에 의해 집단역동에 대한 이론적 연구가 활발히 진행되었으며, ASGPP(American Society of Group Psychotherapy and Psychodrama), AGPA(American Group Psychotherapy Association)와 같은 집단과 관련한 협회가 조직되었고, 이들에 의한 출판활동이 증가하였다.

✓ 1950년대에는 집단활동에 대해 더 많은 연구가 이루어졌고, Bales, Dreikurs, Bell, Ackerman, Bateson, Satir 등이 활동하였다. 발달집단의 개념이 등장하였고, 집단상담과 관련한 최초의 교과서가 출간되었으며, 집단지도가 집단상담으로 교체되었다.

✓ 1960년대는 집단상담과 집단치료가 왕성하게 일어났다. 다양한 형태의 집단활동이 1960년대에 진행되었는데, 대표적인 예로 Carl Rogers를 중심으로 만들어진 참만남집단과 George Bach, Fred Stoller가 고안한 마라톤집단이 있다.

✓ 1970년대에는 집단의 증가와 함께 그에 따른 부작용에 대한 논쟁도 증가하였다. 집단의 리더십이나 집단 멤버에 대한 검증의 중요성 등의 이슈가 제기됨에 따라 집단 전문가의 양성 및 역량강화을 위한 조직인 ASGW(Association for Specialists in Group Work)가 설립되었다.

✓ 1980년대에서 지금까지 다양한 이론들의 등장과 함께 자조집단이 우후죽순처럼 생겨났다. ASGW는 집단활동가를 위한 윤리 기준을 제시하였고, 현재는 AGPA, ASGW 등의 조직을 통해 집단치료사의 자격이 관리되고 있으며, 집단활동가를 위한 훈련 및 교육의 기회가 제공되고 있다.

✓ 우리나라의 집단상담은 1971년 광주와 대구 지역에서 처음 도입되었으며, 대학 중심으로 집단상담이 보급되었다. 한국카운슬러협회, 한국집단상담학회, 한국대학상담학회 등이 다양한 연구 결과를 통해 집단상담의 발전에 공헌하였고, 한국인성개발연구원, 한국청소년상담복지개발원 등이 주요 프로그램으로 집단상담 기법을 적용함으로써 집단상담의 보급과 확산에 기여하였다.

✓ 우리나라에서 집단상담은 짧은 역사에도 불구하고 그 효과에 대한 기대는 매우 높다. 집단상담에 대한 연구 성과도 최근으로 올수록 수적으로 증가하는 추세에 있으며 집단상담의 대상도 현재는 청소년과 직장인, 가정주부에 이르기까지 다양한 사람들을 대상으로 하고 있다.

연습문제

• 미국의 집단상담 역사에서 1940년 이전의 활동에 대해 설명하시오.

• 미국의 집단상담 역사에서 1940년부터 1970년까지의 활동에 대해 설명하시오.

• 미국의 집단상담 역사에서 1970년 이후 현재까지의 활동에 대해 설명하시오.

• 참만남집단과 마라톤집단에 대해 설명하시오.

• 우리나라의 집단상담 역사의 특징과 집단상담 보급에 기여한 단체에 대해 설명하시오.

Part 02

집단구성원의 역할 및 과정

Chapter 03

집단상담자의 역할과 기능

1 집단상담의 형태

TIP

➤ 집단상담자는 인간의 심리를 다루는 전문가이기 때문에 집단상담과 관련된 전문적인 이론과 상담과정에 적용할 수 있는 기법을 습득하여 집단원의 자기이해, 의사결정 및 문제해결이 이루어지도록 도와줘야 한다.

➤ 집단상담자는 집단의 효과적인 목표를 달성하기 위해서 인간에 관한 다양한 문화와 사회, 철학, 종교 등에 대한 지식을 갖추고 있는 것이 다양한 집단원들을 상담하는 데 도움이 된다.

집단상담자는 상담에 대한 대학교(대학원)에서 전문적인 교육을 마치고, 수련감독자의 감독아래 청소년기본법에 근거한 공인된 기관 및 단체에서 발급되는 자격을 지닌 전문가를 말한다.

집단상담자는 인간의 심리를 다루는 전문가이기 때문에 집단상담과 관련된 전문적인 이론과 상담과정에 적용할 수 있는 기법을 습득하여 집단원의 자기이해, 의사결정 및 문제해결이 이루어지도록 도와줘야 한다(Pietrofesa·Hoffman & Splete, 1984). 그러므로 집단상담자는 전문가로서 역할과 기능이 뒤따르고 이를 수행해야 할 자질이 있는데, 이규미(2001)는 전문가로서 상담자에게 요구되는 자질을 일곱 가지로 정리하고 있다. ① 인성적 자질, ② 전문적 자질(전문 교육과 훈련, 일반 상담 이론과 기법, 특수한 상담 장면과 관련된 이론과 기법 등), ③ 상담서비스와 관련하여 전문적 지식과 기술을 적용할 수 있는 능력, ④ 상담관련 연구능력과 평가능력, ⑤ 새로운 모델과 프로그램의 개발과 실천능력, ⑥ 상담발전을 위한 전문적·사회적·행정적 활동에의 참여와 활동능력, ⑦ 상담전문가로서의 적절한 품행(윤리적·법적 규준)이다.

집단상담은 다수의 집단구성원들로 구성되어져, 그들의 상호교류와 역동적인 관계를 통하여 문제 상황을 해결하는 과정이다. 집단상담자는 집단의 효과적인 목표를 달성하기 위해서 인간에 관한 다양한 문화와 사회, 철학, 종교 등에 대한 지식을 갖추고 있는 것이 다양한 집단원들을 상담하는 데 도움이 된

TIP

다. 다수의 집단원들로 구성되어진 집단상담은 예기치 못한 역동과 갈등상항에 놓이는 경우가 많은데, 집단원들이 불안하지 않도록 보호와 안정감을 제공하여 자기 탐색과정을 촉진할 수 있도록 지도력을 발휘해야 한다. 융통적으로 집단을 운영하여 집단원들이 자발적으로 변화할 수 있도록 격려하고 지지하는 역할을 수행해야 한다. 그 밖에도 다양한 역할과 기능을 가져야 할 집단상담자는 교육과 실습을 받는 것으로 끝나는 것이 아니라 지속적으로 다양한 집단을 통한 훈련과정과 슈퍼비전 등을 거쳐 보다 자신을 전문화시킬 수 있어야 한다. 이 장에서는 집단상담자가 가져야 할 자질과 역할에 대해서 보다 심층적으로 알아보도록 하겠다.

2 집단상담자의 자질

집단을 지도하는 집단상담자에게는 당연히 상담 이론과 인간에 대한 전문적인 지식이 필요하겠지만, 그것만으로는 집단원의 성장을 촉진하고 행동을 변화시킬 수는 없다.

일반적으로 사람들은 누군가가 자신을 진심으로 이해하고 수용해 준다는 느낌을 받게 될 때, 방어하거나 경계하던 자신의 태도를 허물고 보다 자신을 솔직하게 내보이는 작업이 가능하다. 이는 집단상담에서 중요하게 생각하는 과정으로서, 집단상담자의 인간적 자질을 이야기하는 것이다.

> Kottler(2001)는 유능한 집단상담자의 인간적 자질로 신뢰성, 자기수용, 카리스마, 유머감각, 융통성, 정직성, 열정, 그리고 현실감각을 들었다. 인간에 대한 기본적인 신뢰감, 인간에 대한 개방적이고 허용적인 태도, 집단원 스스로 변화 가능하다는 믿음을 상담자가 갖고 있을 때 집단상담의 결과가 효과적이라는 것이다.

Kottler(2001)는 유능한 집단상담자의 인간적 자질로 신뢰성, 자기수용, 카리스마, 유머감각, 융통성, 정직성, 열정, 그리고 현실감각을 들었다. 인간에 대한 기본적인 신뢰감, 인간에 대한 개방적이고 허용적인 태도, 집단원 스스로 변화 가능하다는 믿음을 상담자가 갖고 있을 때 집단상담의 결과가 효과적이라는 것이다. 물론 집단상담자는 집단원을 변화시키기 이전에 먼저 자신에 대한 이해와 수용의 자세를 갖고 있어야 하며 집단원의 말을 경청하고 공감적 이해를 지녀야 한다. 집단상담자는 이러한 자질을 갖추기 위해 스스로 수행과정은 물론 인간에 대한 바람직한 태도와 철학을 지녀야 한다.

그 밖에도 집단상담자가 가져야 할 자질로는 전문적 자질과 윤리적 자질을 이야기할 수 있다. 전문적 자질이란 집단상담자의 전문성을 이야기한다. 집단상담자는 자신의 능력에 맞게 집단의 규모나 목표를 선정하고, 그에 따른 지도력을 발휘하여 집단상담을 효과적으로 이끌어야 한다. 전문성을 갖추기 위해서 상담 이론에 관한 전문적인 지식을 교육받고 적절하게 적용할 수 있는 능력을 키워야 한다. 개인상담이나 집단상담과정에 참여하여 상담자 자신의 이해와 탐색의 과정을 거쳐 자기 자신을 개발하는 작업 또한 필요하다.

집단상담은 인간의 심리적인 문제에 대해 조력하는 분야이기 때문에 집단상담자는 사전에 부작용을 방지하고 책임감 있는 활동을 수행할 수 있도록 윤리규준과 자기규율 등이 필요하다. 이것이 집단상담자의 윤리적 자질이다.

1) 인간적 자질

집단상담자의 감정이나 사고, 행동 등은 집단원들로 하여금 집단에 대한 신뢰도나 집단의 효과에 대한 기대에 영향을 미친다. 그러므로 집단상담자는 집단원을 존중과 신뢰하는 마음으로 개방적이고 허용적인 태도를 가져야 한다. 적극적으로 경청하고 공감적 이해를 보인다면 집단원들은 집단상담자를 신뢰하고 믿음을 갖게 된다. 집단을 지도하는 상담자의 역량에 대한 믿음은 곧 자신의 변화 가능성에 대한 믿음까지도 가질 수 있게 한다. 따라서 집단상담자는 기본적으로 인간에 대한 신뢰와 개방적이고 허용적인 태도로서 집단원을 격려하고 지지하여 집단원들이 안정적인 집단 내에서 자신을 성찰할 수 있도록 한다.

(1) 인간에 대한 기본적 신뢰

인간에 대한 기본적 신뢰는 모든 상담자에게 필수적인 요소이다. 인간에 대한 기본적인 신뢰가 없다면 집단원의 이야기를 무비판적으로 들어주고 진심

TIP

➤ 인간에 대한 기본적인 신뢰가 없다면 집단원의 이야기를 무비판적으로 들어주고 진심으로 존중하고 수용하는 과정을 할 수 없기 때문이다.

TIP

▶ 집단상담자는 자신이 누구인지, 자신의 목표는 무엇이며, 추구하고자 하는 삶의 본질은 무엇인지, 가치의 기준이 무엇이고 타인의 기대에 의해서가 아닌 자신의 신념에 따라 행동하고 있는지 등을 명확히 알고 있으며 그러한 자신을 믿고 신뢰할 수 있어야 한다.

으로 존중하고 수용하는 과정을 할 수 없기 때문이다. 집단상담자는 자신의 이익이나 목적을 위해 집단상담을 진행하는 것이 아니라 집단원들이 원하는 바를 얻을 수 있도록 도움을 주는 조력자이기 때문에 집단원들로 하여금 집단 내에서는 자기 자신의 생각, 경험 등을 노출해도 비판이나 비난으로 돌아오지 않을 것이라는 확신을 심어주어야 집단원들이 적극 참여하여 효과적인 결과를 가질 수 있기 때문이다.

물론 집단원들 중에는 존중하거나 신뢰하기 어려운 사람이 있다. 무시당한 경험, 거부당한 경험 등으로 대인관계에 실패한 이들이 집단에 참여하는 경우가 있기 때문이다. 집단상담자는 그들과도 정서적인 신뢰관계를 발전시킬 수 있어야 한다. 진심으로 존중하고 그들의 생각이나 감정, 의견과 태도 등을 있는 그대로 받아들이고 한 인격체로서 존중하고 수용하도록 한다. 경계와 방어를 심하게 표현하지 않도록 조심스럽게 집단에 참여할 기회를 제공해야 한다.

집단원들이 진심으로 존중받고 진실된 자세로 인간적인 만남이 이루어질 때 보다 자신을 객관적으로 직면하고 문제에 개입하여 해결하는 작업을 시작할 수 있다.

(2) 집단상담자의 자기 이해와 신뢰

집단상담자는 집단원을 돌보기 이전에 자기 자신을 받아들이고 인정할 수 있어야 한다. Skovholt와 Ronnsetadm(1995)는 상담자 본인의 삶의 경험이 충분히 통찰되어 전문가로서의 삶에 통합되는 과정을 경험했을 때 인간에 대한 이해와 수용이 더욱 깊어진다고 하였다. 사람은 자신을 이해하고 사랑할 때 비로소 타인에 대한 이해와 사랑의 역량을 개발할 수 있다. 집단상담자는 자신이 누구인지, 자신의 목표는 무엇이며, 추구하고자 하는 삶의 본질은 무엇인지, 가치의 기준이 무엇이고 타인의 기대에 의해서가 아닌 자신의 신념에 따라 행동하고 있는지 등을 명확히 알고 있으며, 그러한 자신을 믿고 신뢰할 수 있어야 한다.

자기에 대한 이해와 믿음·신뢰를 가지고 있는 사람들은 자신이 가진 장점은 물론 자신이 겪고 있는 갈등문제, 방어기제나 약점, 미해결과제 등도 수용할 수 있다. 이러한 집단상담자는 집단과정에서 자신의 약한 부분에 대해서 노출하는 것을 두려워하지 않고 자신을 개방하기도 한다. 자신의 경험을 털어놓으며 집단원들과 정서를 나누고 집단상담자라는 정체감을 잃지 않은 채 공감과 동일시 과정을 함께할 수 있다. 이는 집단원들과 보다 솔직한 관계를 형성하는 데 도움이 되어 집단과정을 촉진시키고 상호작용을 더 빨리 가능하게 하는 힘이 된다.

자기에 대한 신뢰가 없는 집단상담자는 자신과 유사한 문제를 갖고 있는 집단원을 접하면 자신의 개인적인 문제가 떠올라 제대로 돕기 힘들다. 개인상담이나 다른 집단상담에 참여하여 자신의 문제를 해결하고 집단에 임할 수 있도록 한다.

(3) 인간에 대한 개방적이고 허용적인 태도

집단상담은 다양한 가치관과 신념을 가진 사람들로 구성되어 있다. 그들은 각자가 경험한 환경과 문화 안에서 서로 다른 갈등과 문제 상황으로 고통과 슬픔, 기쁨 등의 정서적 감정을 경험하였다. 한숙자(2004)는 전문 상담자는 상담에 관한 이론이나 기법 외에도 인간 사회에 대한 상식, 문학, 사회학, 철학, 신학 등 여러 분야에 대해 폭넓은 지식을 갖고 있어야 집단원의 다양한 문제에 대해 원활하게 접근 가능하다고 한다. 그러므로 집단상담자는 집단원이 호소하는 다양한 문제에 보다 쉽고 효과적으로 접근하기 위해서는 발달 과정에 있는 가치관이나 사고, 상이한 환경이나 문화에 대해 개방적이고 허용적이어야 한다. 집단원 간의 차이를 존중하고 공감과 수용적인 태도만으로도 집단원들의 신뢰를 얻고 고민을 해소되게 할 수 있기 때문이다.

그러나 집단원들이 겪은 모든 것들을 집단상담자가 유사하게 경험할 수는 없기 때문에 집단상담자는 다양한 문화를 배울 수 있는 기회를 자발적으로 가져 보는 것은 중요하다. 집단상담자가 경험한 인생에서 문화적·심리사회적·철학적·종교적·인지적·성격적·도덕적 측면 등에 대해서 조망하는 과정은 앞

TIP

➤ 집단상담자는 집단원이 호소하는 다양한 문제에 보다 쉽고 효과적으로 접근하기 위해서는 발달 과정에 있는 가치관이나 사고, 상이한 환경이나 문화에 대해 개방적이고 허용적이어야 한다.

TIP

으로 만나게 될 다양한 집단원의 심리세계를 이해하는 방법 중 하나이다. 또한 편중된 사람들과의 관계를 지양하기보다는 다양한 성향과 특성을 지닌 사람들과 교류하고 대화하며 새로운 여가생활이나 스포츠를 경험하는 활동 역시 도움이 된다.

집단상담자의 경험의 폭이 넓을수록 집단원의 심리를 이해하는 폭은 넓어진다. 그러나 특정 지역에 대한 정형화된 문화의 이해와 편중된 사고는 오히려 집단원들에게 자신의 세계관을 강요하는 잘못을 범하게 할 수도 있기 때문에 주의하도록 하자.

(4) 집단원의 변화 가능성에 대한 믿음

집단상담자는 집단원이 자신의 내적 세계에 대한 탐색할 용기가 있으며, 자신의 목적에 따라 스스로 변화할 수 있는 힘이 있다는 믿음을 갖고 있어야 한다. 집단원들이 스스로에 대한 신뢰와 믿음을 갖고 있을 때 집단상담의 결과는 긍정적일 수 있기 때문이다(이형득·김성회·설기문·김창대·김정희, 2002)

그러나 집단원 중에는 불평과 부정적인 성격을 갖고 있거나 의심이 많은 이들이 있다. 그들은 집단상담자의 배려나 집단원에 대한 믿음에 의심을 갖고 저항, 방어적 태도를 보일 것이다. 그러나 집단상담자는 그런 집단원까지도 변화할 가능성이 있다는 믿음을 버려서는 안 된다. 집단이 이뤄지는 동안에는 어떤 잘못을 하거나 실수를 해도 비난받지 않을 것이라고 그들이 인식하게 한 뒤 안정적인 집단 안에서 자신들의 내적 문제를 맞닥뜨릴 수 있도록 한다면 집단상담자의 믿음대로 그들은 자신에 대한 탐색 이해 과정을 거쳐 자신의 목표를 성취하는 일이 가능할 것이다(김행수·배미화·유동수, 2009).

(5) 집단원에 대한 경청과 공감

➤ 경청은 단순히 듣는 것을 의미하는 것이 아니라 상대가 말하고자 하는 바를 알기 위해 주의를 집중하는 것을 말한다.

경청은 단순히 듣는 것을 의미하는 것이 아니라 상대가 말하고자 하는 바를 알기 위해 주의를 집중하는 것을 말한다. 자기중심적으로 경청하는 사람은 자신의 관점에서 판단하거나 자신의 의도대로 해석하는 경향이 있는데, 집단상담자는 상대 중심적 경청으로 집단원이 하고자 하는 이야기에 집중하여 진짜 욕구가 무엇인지, 느끼는 감정은 무엇인지를 알고 집단원으로부터 자신의 문제를 진심으로 받아들이고 도우려는 사람이라는 신뢰를 줄 수 있어야 한다.

공감은 집단원이 느낀 감정을 같이 경험하고 함께 나누는 것을 말한다. 자기 자신의 반응에 주의하면서 잠시 상대방의 감정 세계에 머무르다가 다시 자신의 세계로 되돌아온다는 점에서 동조나 동정 또는 동일시와 구별된다(강진령, 2011). 집단상담자의 경청과 공감 능력은 집단원의 입장에서 생각하게 되고 그의 감정을 받아들이기 때문에 집단원의 경험을 간접적으로 체험할 수 있게 된다. 이는 집단원을 이해하고 신뢰감과 감정적 치유과정을 이끌 수 있게 한다(김행수· 배미화· 유동수, 2009). 집단상담자는 집단원의 입장에서 집단원의 말을 듣고 그 속에 담긴 의미와 상대가 알아주고자 하는 의미 등을 받아들이는 능력이 필요하다. 그러나 집단상담자는 모든 감정에 대해 지나친 공감을 나타낼 필요는 없다. 예를 들어 두 집단원 사이에 갈등상황이 발생했을 때 집단상담자가 두 집단원에게 공감과 지지를 한다면 상황은 악화될 수 있다. 이 때에는 집단원들이 스스로 자신의 감정을 경험하도록 하는 것이 좋다.

TIP

➤ 공감은 집단원이 느낀 감정을 같이 경험하고 함께 나누는 것을 말한다. 자기 자신의 반응에 주의하면서 잠시 상대방의 감정 세계에 머무르다가 다시 자신의 세계로 되돌아온다는 점에서 동조나 동정 또는 동일시와 구별된다.

(6) 융통성과 유머감각

집단상담을 진행하다 보면 예상치 못한 저항이나 갈등상황이 발생하기도 한다. 집단상담자가 효과적인 결과를 갖기 위하여 자신의 계획에 따라 일방적으로 집단을 이끌려고 하거나, 집단원들이 피하고 싶던 자신의 문제를 직면, 혹은 새로운 각도에서 자신의 문제를 조망할 여유가 없을 때 발생되는 것이다. 집단상담이 진지한 작업 과정이라고 해도, 집단원들이 심리적인 중압감에서 벗어나 저항 없이 자기통찰을 촉진하기 위해서는 주제와 계획에 맞춰 집단을 이끌려는 대신 집단의 역동의 흐름에 조화롭게 반응하는 융통성과 유머가 필요하다.

집단원들은 자연스럽게 나누는 대화를 통하여 새로운 정보를 주고받고 친밀감과 신뢰감을 형성할 수 있다. 심리적 문제에서 벗어나 안정되고 여유로운 분위기 속에서 자신의 느낌이나 생각, 행동 등을 새로운 시각으로 조망할 수

TIP

➤ 전문 상담자는 교육학, 심리학, 아동학 및 관련 학과의 대학원에서 수학하고 개인상담, 집단상담, 상담사례연구, 심리평가 영역에서의 실습 및 경험을 하고 공개사례 발표와 지도감독을 통하여 상담자로서의 전문기술과 자질에 관한 검증을 거친 자, 혹은 이와 동등한 교육 및 상담경험을 한 자로 정의를 내리고 있다.

있는 치료적 효과를 가질 수 있다(강진령, 2011). 심신의 이완을 경험하는 것만으로도 진정한 의미의 치료가 되기 때문이다. 장시간 심각한 문제들을 다룬 후에 유머를 통하여 불안요소를 줄이고 긴장을 완화하는 것이 보다 효과적인 결과를 가져오는 것이다. 그러나 집단원이 현실적 문제를 부인하거나 회피하는 수단으로 유머를 사용할 수 있기 때문에 집단상담자는 적절한 타이밍에 유머를 사용하도록 한다.

2) 전문적인 자질

집단상담자는 전문가로서의 역할을 수행하기 위하여 상담에 관한 전문적인 지식과 기술을 습득해야 한다. 유난영(2005)은 전문 상담자는 교육학, 심리학, 아동학 및 관련 학과의 대학원에서 수학하고 개인상담, 집단상담, 상담사례연구, 심리평가 영역에서의 실습 및 경험을 하고 공개사례 발표와 지도감독을 통하여 상담자로서의 전문기술과 자질에 관한 검증을 거친 자, 혹은 이와 동등한 교육 및 상담경험을 한 자로 정의를 내리고 있다. 전문적인 이론이나 기법 등을 명확하게 숙지하는 것도 중요하지만 상담과정에 적절하게 적용할 수 있는 능력 또한 중요하다는 것이다.

그러므로 집단상담자는 대학(대학원)을 통하여 상담에 관한 교육을 받고 수련감독자로부터 실습(훈련)을 충분히 경험을 한 뒤에 집단상담자로서의 활동을 해야 한다.

집단상담자는 집단을 구성할 때 자신의 능력에 맞게 적절한 집단 규모와 목표를 선정하도록 한다. 목표에 맞는 계획을 세우고 집단원들이 따를 수 있도록 융통적으로 지도할 수 있어야 한다.

효과적인 의사소통 방법을 사용하여 집단원들의 상담활동을 촉진하는 역할을 수행하고 상담관련 연구와 발전을 위한 노력을 기울여 다양한 프로그램을 발전시키고 집단에 맞는 적절한 계획과 진행능력으로 집단원 개개인의 심리적 과정 및 집단과정에 영향을 줘야 한다.

집단상담자는 전문가로서의 자격을 갖춘 이후에도 자신의 능력 향상을 위한 꾸준한 노력도 필요하다. 유능한 전문가의 지도와 조언 아래 장기적이고 다양한 교육의 기회를 가져야 자기개발을 할 수 있다.

(1) 적절한 집단 규모와 목표선정

집단상담자는 전문 교육을 통하여 상담에 대한 이론과 기법을 익히고, 다양한 실습과정을 통하여 집단상담 경험을 축적하는 과정을 통해 전문가로서의 능력을 지닐 수 있게 된다.

집단상담자는 자신이 받은 전문 교육과 실습한 규모를 고려하여 자신이 감당할 수 있는 집단의 유형과 규모를 선택해야 한다(강진령, 2011). 집단원의 수는 6~12명이 가장 적절하며, 집단원의 수가 커질수록 참여도나 집중도가 떨어지므로 초보 집단상담자의 경우에는 되도록 적정인원수의 집단을 구성하거나 보다 적은 수의 집단을 맡는 것이 바람직하다. 또한 초보 집단상담자에게는 자신이 실습과정 동안 훈련했던 유사한 호소유형의 집단을 운영하거나, 발달상의 관심사를 주제로 하는 안전한 집단을 운영하는 것도 좋은 방법이다. 이러한 집단은 초보 상담자에게 성공 경험과 성취감을 맛보는 기회를 줄 수 있기 때문인데, 이는 초보 집단상담자에게 자신감을 갖게 하는 원동력이 된다. 집단상담자로서 갖게 되는 성공감은 앞으로 유능한 상담자로서의 밑받침이 될 수 있다.

그러므로 집단상담자의 적절한 집단 규모와 목표 선정은 집단원에게는 목표에 대한 성공을 집단상담자에게 유능한 상담자로의 발달을 가져다준다.

(2) 집단 계획과 지도 능력

집단상담자는 성공적으로 집단을 이끌기 위해서 집단의 공동의 목표와 목표를 달성하기 위한 구체적인 계획, 지도 능력이 필요하다.

집단의 공동의 목표는 집단상담자에 의하여 결정되어지는 것이 아니라 집단원들의 호소유형과 행동하고 느끼는 것에 대한 조직된 공통된 의사에 따라 결정된다. 집단의 상호작용을 관찰하여 집단의 규준을 정하고 구조화하여 집

TIP

➤ 집단원의 수는 8~12명이 가장 적절하며, 집단원의 수가 커질수록 참여도나 집중도가 떨어지므로 초보 집단상담자의 경우에는 되도록 적정인원수의 집단을 구성하거나 보다 적은 수의 집단을 맡는 것이 바람직하다.

➤ 집단의 공동의 목표는 집단상담자에 의하여 결정되어지는 것이 아니라 집단원들의 호소유형과 행동하고 느끼는 것에 대한 조직된 공통된 의사에 따라 결정된다.

TIP

단을 이끌도록 한다. 집단원들이 필요로 하는 것은 무엇이며, 어떤 주제에 초점을 맞추어 토론해야 하는지, 몇 회기 동안 만나야 하는지 등과 같은 집단상담의 총체적인 내용에 대한 계획이 수립되어야 한다. 집단상담자의 전문성이란 바로 이러한 계획을 세우고 이끌 수 있는 능력 그리고 개개인의 참여를 자발적으로 이끌 수 있는 능력을 말한다.

집단상담자는 흥미 있는 활동 등을 통하여 집단원들이 적극적이고 자발적으로 참여하여 목표를 성취하고자 하지만, 집단상담에 참여하는 집단원들이 모두 강한 동기를 갖고 있고 주도적이고 적극적으로 참여를 하는 것은 아니기 때문에 집단에서 상담자의 지도력은 중요한 역할을 한다. 집단활동의 시작을 돕는 역할자로서, 비자발적이거나 침묵하는 집단원을 이끌고 참여하도록 이끄는 역할을 해야 한다. 그러나 지나치게 지도자로서의 역할을 수행하고자 한다면 집단원들을 위축시키고 다양한 사고를 펼치는 데 제한을 두게 될 것이기 때문에 스스로의 역할 분담을 잘 수행해야 한다.

(3) 상담에 관한 경험

집단상담자가 되기 위해서는 집단원으로서 집단 경험은 물론 내담자로서 개인상담을 받아 보는 것이 필요하다. 상담자가 되기 위한 동기 탐색과 자신의 내적 세계에 대한 이해를 할 수 있는 기회가 되기 때문이다. 이러한 경험은 집단상담자가 되었을 때 유능한 상담자로 성장하는 데 도움이 된다. 내담자로서의 경험을 통하여 자신의 미해결 문제나, 억압되어진 욕구들, 현재의 갈등을 해소시킬 수 있고 집단원에 대한 선입관이나 편견, 집단과정을 방해할 수 있는 다른 욕구와 갈등, 타인에게 미치는 영향 등에 대해서 직접 관찰하고 깨달을 수 있게 한다(강진령, 2011).

집단상담자는 내담자의 역할뿐만 아니라 상담자로서의 역할을 경험해보는 것도 중요하다. 상담 경험을 통하여 앞으로 집단을 운영하는 데 느낄 수 있는 불안이나 두려움 당혹스러움을 미리 경험하여 감정 조절 능력과 숙달감, 자신감을 키울 수 있다. 자신이 상담자로서의 장점이나 단점을 파악하는 데에도

TIP

도움이 된다. 상담자의 자질이 미치는 영향이나 전문성의 중요성도 일깨울 수 있다. 물론 수련감독자의 지도하에 역할을 연습하도록 해야 한다. 집단원들과의 효과적인 의사소통은 무엇인지, 자신이 사용하는 기법과 기술은 적합한지, 집단상담과정에 발생하는 역동은 효과적으로 잘 다루고 있는지 객관적으로 평가하고 점검해주는 지도자가 필요하기 때문이다. 다양한 상담 경험은 집단상담자가 되기 위한 훈련시키고 단련시키는 기회가 되기 때문에 매우 중요한 과정이다.

(4) 상담 이론에 관한 전문적 지식, 상담과정에 적용할 수 있는 능력

상담 이론은 집단원들이 겪는 복잡한 심리과정을 이해하고 그들의 문제해결을 위한 전문가가 사용할 수 있는 도구이다. 그렇기 때문에 다양한 상담 이론에 관한 전문적인 지식을 갖추는 것은 전문 상담자로서의 당연한 의무인 것이다. 그러나 전문 상담자는 단순히 각 이론과 배경에 대해서 암기하고 있는 것으로 그치는 것이 아니라 상담과정에서 적절하게 응용할 수 있어야 한다.

정규화된 교육을 마친 전문 상담자는 슈퍼바이저의 지도 아래 상담실습과 훈련지도 과정을 거쳐 이론이나 기법을 자신의 것으로 만들 수 있어야 한다. 세미나나 워크숍 등에 참여하여 자신에게 맞는 상담 이론이나 기술을 터득하는 것도 필요하다. 상담에 도움이 되는 폭넓은 지식을 위하여 상담 이외에도 사회, 문화적 경험을 갖는 작업도 필요하다.

전문 이론을 명확하게 인지하고 있고 실습을 통해 교육을 받았다고 해서 실제적인 상담과정에서 유능하게 대처할 수 있는 것은 아니다. 다양한 역동이 일어나는 집단상담과정 안에서 상담자는 시기적절하게 융통성 있는 센스를 발휘할 수 있어야 한다. 상담과정에 적용할 수 있는 능력은 단순히 공부를 하거나 세미나, 워크숍에 참석한다고 해서 길러지는 기술은 아니다. 상담에 대한 경험을 많이 해보고 자신의 경험에 대한 피드백을 받았을 때 보다 성장할 수 있게 된다. 그러므로 집단상담자는 자신의 집단상담과정을 녹음이나 녹화, 기록 등을 통하여 슈퍼바이저로부터 피드백을 받는 과정을 소홀히 해서는 안 된다.

➤ 전문 이론을 명확하게 인지하고 있고 실습을 통해 교육을 받았다고 해서 실제적인 상담과정에서 유능하게 대처할 수 있는 것은 아니다. 다양한 역동이 일어나는 집단상담 과정 안에서 상담자는 시기적절하게 융통성 있는 센스를 발휘할 수 있어야 한다.

TIP

▶ 집단상담자는 집단원과의 효과적인 상호작용을 위해서 집단 내에서 자신이 주로 사용하는 의사소통 방법을 점검하고, 친밀감과 신뢰감을 얻을 수 있는 방법으로 수정할 수 있도록 노력해야 한다.

(5) 효과적인 의사소통으로 상호작용 촉진

말은 사람과의 관계를 원활하게 하기 위한 첫 번째 방법이다. 대부분의 사람들은 자신만의 의사 소통방법을 사용하는데, 대부분이 자기 입장에서 자신에게 유리한 방법으로 말하는 경향이 있다. 효과적인 의사소통이 이루어지기 위해서는 타인에게 자신의 의견이 제대로 전달되어지길 원하는 만큼 다른 사람의 의견을 제대로 알아주는 것도 중요하다는 것을 알아야 한다. 타인의 의견에 적극적으로 경청하고 자신의 입장에서 왜곡되지 않도록 한다. 부정적인 의사소통 방법을 버리고 긍정적이고 배려하는 소통방법을 사용해야 한다. 지적하는 언어나 질타하는 언어는 사용하지 않도록 한다. 나 전달법 등을 통하여 자신의 입장을 오해 없이 전달할 수 있어야 한다.

집단상담자는 집단원과의 효과적인 상호작용을 위해서 집단 내에서 자신이 주로 사용하는 의사소통 방법을 점검하고 친밀감과 신뢰감을 얻을 수 있는 방법으로 수정할 수 있도록 노력해야 한다.

3) 집단상담자의 윤리적 자질

사람의 심리를 다루는 만큼 집단상담자는 전문 교육과 훈련을 마친 사람이어야 하지만, 간혹 자격이 충족되지 않은 사람들이 상담자를 자청해서 진행하는 경우가 있다. 장혁표(1999)는 상담자는 자신이 갖추고 있는 자격에 맞는 상담만을 진행해야 하며, 상담자가 수행할 능력이 없음에도 불구하고 상담을 고집하는 일은 비윤리적인 일이라고 말하고 있다.

상담의 자격이 충족되지 않은 자가상담을 진행하였을 때 발생되는 문제를 예방하기 위해서 상담·심리학회나 협회, 단체에서는 그러한 자들을 제한할 수 있는 윤리적 규칙을 제정하였다. 물론 그러한 규칙에 의해 제재를 당하지 않더라도 집단을 운영하는 동안에 집단원으로부터 객관적으로 평가가 가능하기 때문에 상담을 지속적으로 진행하는 것은 무리가 있다는 것을 스스로 알 수 있을 것이다. 그러므로 집단상담자는 상담 결과에 대한 책임감을 갖고 스스로 전문적인 능력을 향상하기 위하여 노력해야 한다.

집단상담자의 또 다른 윤리적 자질에는 비밀유지를 말할 수 있다. 비밀유지란 집단에서 발생하는 상담의 내용을 특수한 경우를 제외하고는 비밀을 지켜야 한다는 것이다. 물론 비밀유지는 집단상담자뿐만 아니라 집단원 모두에게도 주의시켜야 하는 내용이다. 자신이 말하는 모든 내용들이 외부로 알려진다는 것을 알게 된다면, 집단원 그 누구도 솔직하게 자신을 개방하거나 이해하고자 하는 작업을 할 수 없게 되기 때문이다. 한편, 집단상담자는 집단의 효과를 높이기 위하여 집단 회기 내용을 녹음이나 녹화하는 경우도 있는데, 이런 경우에는 집단이 시작되기 전에 집단원에게 사전 동의를 구해야 하며, 외부로 유출되지 않도록 주의해야 한다.

TIP

➤ 자신이 말하는 모든 내용들이 외부로 알려진다는 것을 알게 된다면, 집단원 그 누구도 솔직하게 자신을 개방하거나 이해하고자 하는 작업을 할 수 없게 되기 때문이다.

그 밖에도 집단상담을 운영하다 보면 집단상담자와 집단원 간에 비밀스런 만남을 하는 경우도 있다. 집단상담자는 상담 관계를 이용하여 개인의 욕구를 충족시키거나 성적인 관계를 맺어서는 안 된다. 한국상담학회에서는 성적인 관계는 상담 종결 후 2년 이후에 가능하다고 규정하고 있다(장성화 외, 2011).

집단상담자는 집단원의 이익을 위해 노력하는 조력자로서 긍정적 결과를 갖기 위한 책임이 있다. 상담자로서 지켜야 할 역할과 의무를 제대로 수행할 수 있어야 하며, 항상 뭐가 옳고 그른 일인지 윤리적이고 사회적 규범에 따라 판단을 하고 행동하도록 한다.

3 집단에서의 집단상담자의 역할과 기능

1) 집단상담자의 역할과 기능

집단상담자는 집단과정에서 다양한 역할을 수행해야 한다. 때로는 지도자로서의 역할이 필요하지만 집단의 역동을 관망하는 관찰자로서의 역할도 필

TIP

▶ 집단상담자는 집단의 전체적인 흐름이나 특성이 어떻게 진행되고 있는지, 집단원 간의 역동이 어떻게 진행되고 있는가를 관찰해야 한다.

요하다. 적극적으로 개입해서 자신을 노출해야 할 때도 있을 것이며, 칭찬과 격려·지지 등으로 집단원의 정서적 지원을 아끼지 말아야 할 때도 있다. 집단원 간의 갈등상황에 대해서 적절하게 개입하는 역할도 필요하다. 집단의 분위기와 각 개개인의 성격을 파악하여 그 특성에 맞게 반응할 수 있도록 하자.

(1) 집단의 역동을 관찰하고 지도하는 역할

집단상담자는 집단의 전체적인 흐름이나 특성이 어떻게 진행되고 있는지, 집단원 간의 역동이 어떻게 진행되고 있는가를 관찰해야 한다. 집단원과 집단상담자의 역동, 집단원 간의 상호작용, 집단원들은 모두 골고루 참여하고 있는지, 누군가에게만 편중되어 이야기를 하고 누군가를 피하려고 하지는 않는지, 예민하게 반응하는 특수 요인은 없는지, 개인의 행동 패턴은 어떠한지 등을 관찰해야 한다. 집단원들이 집단과정에서 이뤄지는 행동과 역할이 매우 중요한 이유는 바로 사회에서의 행동과 역할로 이어지기 때문이다. 행동을 관찰하고 집단원들에게 자신의 패턴이나 가치관을 맞닥뜨려 줌으로써 집단원들은 보다 자신의 문제를 탐색하는 기회를 갖게 된다.

(2) 집단의 분위기 조성을 돕는 역할

집단원은 집단을 진행하는 동안 침묵으로 일관하거나 비자발적인 태도, 혹은 자신의 이야기만을 독점하려고 하거나 부정적인 피드백으로 집단의 분위기를 어렵게 하는 경우가 있다. 이는 집단상담 안에서 집단원이 느끼거나 생각하고 있는 바를 비언어 메시지로 표현하고 있다고 보면 된다. 집단상담자는 그러한 집단원을 꾸짖거나 질타하는 등의 태도가 아닌 비언어 메시지를 이해하기 위한 질문을 하거나 상담과정 중에 자연스럽게 언급하는 방법을 사용하는 것이 좋다.

집단원들이 자발적으로 참여하도록 동기를 유발시킨다. 적극적인 참여가 개인의 목표를 달성하기 위한 방법이라는 것을 인식시켜 준다. 때론 다른 집단원의 말을 경청하는 것이 자신의 내적 탐색을 돕는 방법이 될 수 있다는 것도 인식시켜 준다.

집단상담은 집단원들만의 상호작용으로 흐르는 것이 가장 좋은 방법이긴 하지만, 집단상담자가 때로는 적극적으로 개입하여 집단의 분위기를 부드럽게 해주는 역할이 필요하다.

(3) 집단원을 수용하는 역할

집단원 중에는 이해나 인정을 받아 본 경험이 없어서 혹은 제대로 된 사랑이나 신뢰를 받아본 경험이 없어서 자신감이 부족하거나 타인은 물론 자신을 사랑할 줄 모르는 사람들이 많다. 그들은 집단을 진행하는 동안에 소극적이거나 거부, 경계, 방어하는 등의 태도로 집단에 참여하는 경우가 많다(김행수·배미화·유동수, 2009). 집단을 효과적으로 운영하고자 하는 집단상담자는 그들의 부정적 태도에 감정적으로 동요될 수밖에 없지만, 그러한 집단원을 만날 때일수록 더욱 수용과 공감의 자세를 가질 필요가 있다. 그들이 집단상담자로부터 인정과 지지를 받으면 자신감을 되찾고 자신을 인정·신뢰할 수 있는 힘을 기를 수 있기 때문이다. 집단상담자가 꾸준히 자신을 수련하고 안정적인 자아를 가질 수 있도록 노력해야 하는 이유는 바로 이러한 이유 때문이기도 하다.

(4) 행동의 모범이 되는 역할

집단원이 가져야 할 바람직한 행동을 학습하기 위한 방법으로는 실제적인 본보기(modeling)를 제공함으로써 습득하게 하는 방법이 있다. 집단원들은 집단상담자는 자기와 다르게 에너지가 있으며 그들이 갖추고 싶어 하는 요소들을 모두 가지고 있으리라고 생각하기 때문에 집단상담자의 말하고 행동하는 것들을 무비판적으로 수용하고 행동을 따라 하고자 한다. 이는 결과적으로 집단과정을 촉진하게 하는 요소이다. 그러므로 집단상담자는 집단상담을 진행하는 동안 자발적 모범을 보이는 노력을 기울여야 한다. 집단원이 말하는 바

TIP

TIP

> ➤ 집단원들이 집단상담을 하면서 자신이 목표하였던 변화를 가져온 것에 대해서는 집단상담자의 힘에 의한 것이 아니라 집단원 스스로의 통찰에 의한 변화라는 것을 인지시켜 주도록 한다. 이로 인해 집단원은 자신에 대한 성취감과 자신감을 가지게 되는데, 이것은 일상생활에 돌아가서도 적용할 수 있는 용기와 자신감을 줄 수 있기 때문이다.

에 대해서 개방적이고 수용적인 태도를 보이고, 적극적으로 경청하고 공감한다. 의사전달을 하는 데 있어서 상대를 배려하고 존중하는 언어를 사용하며, 집단과정에서 필요에 따라 자신을 개방하고 집단원의 내용에 긍정적인 피드백을 표현할 수 있도록 한다.

모델링은 집단상담에서 가장 효과적인 방법 중 하나이기 때문에 집단상담에서는 집단상담자뿐만 모범이 될 만한 집단원을 집단에 포함시키는 경우도 있다. 자신과 비슷한 조건의 집단원이 모범이 되는 행동을 하고 긍정적인 피드백을 받는 것을 본 나머지 집단원들은 자신도 그렇게 되기를 희망하거나, 그렇게 할 수 있다는 용기를 가지며 변화를 시도할 수 있기 때문이다.

집단원들이 집단상담을 하면서 자신이 목표하였던 변화를 가져온 것에 대해서는 집단상담자의 힘에 의한 것이 아니라 집단원 스스로의 통찰에 의한 변화라는 것을 인지시켜 주도록 한다. 이로 인해 집단원은 자신에 대한 성취감과 자신감을 가지게 되는데, 이것은 일상생활에 돌아가서도 적용할 수 있는 용기와 자신감을 줄 수 있기 때문이다. 하지만 집단상담자가 스스로는 변화에 대해서 두려워하면서 집단원들에게 변화의 필요성에 대해서 강조한다면 집단원들에게 그 의도가 전달되지 않을 것이다. 집단상담자는 스스로가 모범이 될 수 있도록 자신을 개발시키는 노력을 아끼지 말아야 한다(강진령, 2011).

(5) 친밀한 치료적 관계(칭찬·인정·지지·격려)

집단상담자는 집단원과의 친밀한 관계를 유지해야 한다. 이것은 단순히 사적인 친밀감을 말하는 것이 아니라 치료를 위한 친밀감을 말한다. 치료적 친밀감이란 너무 빠르게도 너무 느리게도 개입하는 것이 아니라 집단원이 성장의 과정에 놓여 있을 때 칭찬과 격려, 인정 등을 통해 그들의 성장을 촉진시켜 주는 것이다. 그러므로 집단상담자는 집단상담 중에 촉진과정을 언제, 어떻게 개입해야 할지 잘 판단해서 사용해야 한다.

칭찬은 집단원이 갖고 있는 장점에 대해서 하거나, 어떤 행동을 잘 수행하였을 때 할 수 있다. 인정은 잘잘못에 상관없이 언제라도 알아줄 수 있다. 지

TIP

지는 집단원이 자신의 목표를 위해 노력을 하고자 할 때 개입하는 것이 좋으며, 격려는 실패나 좌절에 빠져 용기와 의욕을 북돋아 주고자 할 때 개입하는 것이다(김행수·배미화·유동수, 2009).

집단상담자는 집단원과의 친밀한 치료적 관계를 형성하고 유지하기 위해서는 집단원의 욕구에 민감하게 대처할 수 있어야 하며, 집단원에 대한 따뜻한 관심으로 존중과 이해, 수용하는 자세를 가져야 한다.

(6) 창의적이고 창조적인 역할

상담은 자신의 내적 심리상태에 대해서 통찰하는 과정이므로 집단원들에게는 무거운 짐을 안고 있는 느낌이 들거나, 지루하거나 진부하다는 생각을 갖게 할 수 있다. 집단상담자는 집단을 생동감이 넘치고 집단원들의 참여를 촉진시킬 수 있어야 하는데, 이때 필요한 집단상담자의 역할이 창의적이고 창조적인 역할이다.

집단상담은 공동의 목표에 맞게 프로그램을 계획하고 진행한다. 상담의 이론을 배경으로 프로그램을 진행하되 참신하고 신선한 방법으로 프로그램을 진행할 수 있어야 한다. 집단원들의 흥미를 유발할 수 있는 활동을 하거나 시청각자료를 이용하여 분위기를 전환시키는 것도 하나의 방법이다. 집단상담자는 끊임없이 프로그램에 대해서 연구해야 하며, 집단원들이 자발적으로 프로그램에 적극 참여할 수 있도록 지원하도록 한다.

(7) 집단을 지적하는 역할

집단원은 개인의 강한 동기에 의해 새로운 변화를 시도하기 위하여 집단상담을 희망하였지만, 막상 자신에 대한 탐색 과정을 접하게 되면 자신의 불안이나 고통, 공포요소를 재 경험하여 현실을 회피하거나 도피하고자 하는 태도를 보일 수 있다. 집단상담자의 입장에서 집단원의 마음을 이해하고 받아들이는 것도 중요하지만, 이런 경우에는 집단원의 행동에 대해서 지적하는 역할을 수행할 수 있어야 한다. 자신을 억압하고 외면하고 있는 감정을 직면하고 마주할

TIP

➢ 집단원들의 말과 행동이 일치하지 않을 때, 앞에서 한 말과 뒤에서 한 말이 다를 때에는 즉각적으로 지적해야 한다. 이는 본인은 의식하지 못한 습관적인 패턴으로 변화하지 않겠다는 무언의 저항이라고 볼 수 있기 때문이다.

수 있을 때, 비로소 자신의 문제를 해결하는 힘을 가질 수 있기 때문이다.

집단원들의 말과 행동이 일치하지 않을 때, 앞에서 한 말과 뒤에서 한 말이 다를 때에는 즉각적으로 지적해야 한다. 이는 본인은 의식하지 못한 습관적인 패턴으로 변화하지 않겠다는 무언의 저항이라고 볼 수 있기 때문이다.

왜곡된 가치관과 신념으로 잘못된 생활방식을 갖고 있는 경우에도 그들이 새로운 시각으로 자신의 가치관과 신념을 조망할 수 있도록 집단원을 지적할 수 있는 일을 수행하도록 한다.

집단을 지적하는 역할은 사소한 행동 패턴부터 언어습관, 삶의 양식까지도 찾아내는 것을 말한다. 집단원들이 그동안 어떤 왜곡을 거쳐 지금의 모습으로 이어졌는지 탐색할 수 있도록 도움을 주어 집단상담 동안에 개인의 성장을 이끌 수 있도록 한다.

(8) 집단원을 보호하는 역할

집단 내에서는 안전하다고 보호받는 느낌을 가졌을 때 집단원은 자신에 대한 탐색과 이해과정을 부담 없이 다룰 수 있다. 그러나 집단상담을 진행하다 보면 집단원 간의 상호작용에 의한 갈등상황이나 예기치 못한 문제들이 발생한다. 집단은 집단원들의 상호작용으로 통찰을 통한 성공을 이끄는 과정이기 때문에 이러한 갈등이나 문제는 자연스러운 흐름이지만, 집단원에게는 불안한 기분과 불안정한 느낌을 갖게 하는 등 집단에 참여하는 것을 방해하는 요인이 되기도 한다. 그러므로 집단상담자는 갈등상황이나 문제상황이 발생하였을 때에는 즉각적으로 집단원이 보호받고 있다는 느낌 속에서 자신을 개방할 수 있도록 집단원을 보호하는 역할을 수행해야 한다. 물론 집단원 간의 상호작용을 방해하지 않는 범위 내에서 보호 작업을 할 수 있어야 하는 것이다. 집단상담자가 집단의 갈등을 생산적으로 조정할 힘이 없다면 그 갈등은 분열이 될 것이다. 그들이 겪는 불안 요소를 안전하게 치유하고 해결할 수 있을 때 집단은 성공적인 결과를 가져올 수 있다.

2) 집단상담자의 비촉진적 요인

집단상담자는 집단의 성공을 이끄는 촉진적 역할로서 작용해야 하지만, 때로는 집단의 목표에 도달하고자 하는 과욕이 앞서 일방적으로 추진하려다가 혹은 자신의 미해결 문제가 떠올랐을 때 등의 이유로 집단의 발달을 저해하는 과정을 겪기도 한다. 집단상담자의 역할에서 비촉진적 요인을 살펴보고 문제행동이 발생하지 않도록 주의하도록 하자.

(1) 지나치게 집단에 개입하려는 경우

집단상담이 효과적으로 성공에 이르는 방법은 집단원들의 적극적인 참여와 집단 내에서의 상호작용이 촉진되었을 때이다. 그러나 집단상담이 진행되는 동안 상호작용은 원활하게만 유지되는 것이 아니라 혼란이나 갈등상황이 더욱 빈번하게 발생된다. 대부분의 집단상담자는 집단원보다 더 많은 경험을 가지고 있거나 더 많은 지식을 가지고 있기 때문에 이런 혼란이나 갈등상황이 발생되면 해결해 줘야 한다는 생각에 사로잡히는 경우가 많다. 사실 집단원들은 갈등상황에서 스스로 어려움을 극복해 나갈 때 비로소 자신에 대한 성취감을 갖고 새로운 시도를 할 용기를 키워 나갈 수 있는 것인데, 집단상담자의 지나친 개입은 이러한 발전을 방해하는 역효과를 나타내는 것이다(김행수·배미화·유동수, 2009) 집단원들은 충분히 그 문제를 해결할 수 있는 힘을 가지고 있다. 집단상담자가 집단원에 대한 그러한 믿음을 보여줄 때 집단원들도 자신감을 갖고 자신에게 도전할 수 있다.

집단원들의 참여가 소극적일 때에도 집단상담자는 다른 집단원들을 대신하여 반응을 보이고 싶은 욕구가 생길 것이다. 일일이 집단원 개개인의 말에 공감이나 수용적 반응을 하고 자신의 경험을 노출하거나 긍정적 피드백을 하고 싶을 것이다. 그러나 집단상담자는 다른 집단원들이 반응을 보일 때까지 기다려 주어야 한다. 집단원들이 소극적이더라도 조금 부족하더라도 집단의 참여를 할 수 있도록 독려하는 것이 효과적인 집단상담을 이끄는 방법이다.

TIP

➤ 집단상담자는 다른 집단원들이 반응을 보일 때까지 기다려 주어야 한다. 집단원들이 소극적이더라도 조금 부족하더라도 집단의 참여를 할 수 있도록 독려하는 것이 효과적인 집단상담을 이끄는 방법이다.

TIP

지나치게 집단에 개입하는 경우 집단의 발전을 저해하기도 하지만 개인의 인격을 손상시키거나 상처를 입히는 경우도 있다. 집단원이 왜곡된 가치관이나 신념으로 스스로를 어려움에 빠지게 하거나 곤란을 겪고 있을 때, 집단상담자는 자신의 의도대로 집단원이 신념을 바꾸고 태도를 취하기를 강요하려하기 때문이다. 집단원이 그동안 축척해온 생각을 한 순간에 바꾸는 것은 매우 어려운 일이며, 스스로의 힘으로는 한순간에 변화하는 것은 무척이나 힘든 일인데, 집단상담자가 지나치게 강요하거나 잘못되었다는 지적은, 집단원으로 하여금 자신이 무시받고 있다는 느낌을 갖게 하거나 잘못된 삶을 살았다는 부정적 생각에 빠지게 하는 것이다. 집단상담자는 집단원이 스스로 필요하다고 느끼는 시기에, 집단원 스스로 변화 하고자 하는 목적이나 목표가 있을 때 개입할 수 있어야 한다. 집단원에게 충분한 시간을 주고 자신을 탐색할 시간을 제공한다면 개개인이 원하는 역할과 관련된 목적과 목표에 도달할 수 있다.

(2) 집단에 방관적인 태도

지나치게 집단에 개입하여 집단원 간의 상호작용을 방해하는 과정도 비촉진적 요인이 되지만, 집단상담자가 지나치게 방관적인 태도로 일관하는 것 또한 집단상담의 성공을 저해하는 태도이다.

이와 같은 실수는 초보 집단상담자에게 흔히 나타나는 현상인데, 집단의 방향이나 목표는 집단원들이 만들어 가는 것이고 집단결과의 책임 또한 집단원에게만 있다는 생각에, 지나치게 집단에 관여하지 않고 비지시적인 태도로 관망하는 것이다(Hansen·Warner & Smith, 1980). 이러한 집단에 소속된 집단원들은 상담이 종결될 때까지 얻을 수 있는 것은 거의 없다. 집단상담자의 무관심에 집단원들은 위험에 노출되거나 성장하는 기회를 상실하게 된다. 상담자는 집단원들은 정서적으로 불안정하고 자아와 의지가 낮은 사람들이라는 것을 인식하고 있어야 한다. 집단원들이 도움을 요청하기 전에 집단의 총체적인 분위기를 미리 파악하여 적극적으로 집단에 개입할 수 있어야 한다.

집단상담자가 집단에 방관하는 태도를 보이게 되는 또 다른 예는 다음과 같다.

TIP

집단상담자는 집단에 대한 성공의 기대감이 크기 때문에 적극적으로 집단원들의 참여를 촉진하고 변화를 시도하고자 노력하지만, 이러함이 집단원들에게 자신들의 자유를 구속당하고 있다고 느껴 비판, 비난하는 경우가 있다. 김정희(1990)는 상담자가 상담과정에서 심리적 소진을 경험하면 불안, 긴장, 우울, 무력감 등의 감정이 나타나고 이는 상담과정에 그대로 반영된다고 한다. 즉, 상담자의 관심이나 노력에 상관없이 집단원으로부터 부정적인 피드백을 받게 되면 집단상담자는 집단을 포기하고 싶어 하는 충동에 빠진다. 집단원들의 반응에 소홀해지고 집단의 역동이 귀찮기만 하다. 집단원들의 적극적인 참여가 부담스럽게 다가올 수 있다. 이럴 때 상담자는 집단에 대한 방관적인 태도를 갖게 되는 것이다.

집단상담자도 사람이기 때문에 정서적 상처를 받는 것은 당연한 일이다. 하지만 전문 상담자로서 자신의 감정을 분리시킬 수 있어야 한다. 개인상담이나 슈퍼바이저의 도움을 받아 집단원에게 건설적으로 다가갈 수 있는 방법을 터득해야 한다. 자신의 욕구가 너무 앞선 것은 아니었는지, 집단원의 부정적 자아는 자신을 향해 있는 것이 아니라는 것 등에 대해서 재정비할 필요가 있다. 집단상담자는 자신의 노력에 대한 즉각적인 보상이나 긍정적인 피드백을 받지 못하더라도 집단을 효과적으로 이끌 수 있도록 최선을 다해야 한다.

(3) 집단상담자의 폐쇄적인 태도

집단상담자가 자신에 대한 탐색과 이해과정을 충분하게 경험하지 못하면 폐쇄적인 태도로 집단을 진행하게 된다. 자신의 미해결된 문제, 단점, 낮은 자존감 등이 집단원에게 노출되면 전문 상담자로서의 이미지가 손상되지 않을까 하는 우려 때문이다.

폐쇄적인 태도를 보이는 또 다른 원인은 집단상담과정에 자기 개방은 불필요하다고 생각하는 데 있다. 자기 개방은 치료를 위한 것이 아니라 단순히 사적인 내용을 공유하는 것으로 생각하기 때문에 집단원 간의 불편한 관계를 형성한다고 생각한다. 집단상담 내에서는 서로의 경험이나 감정을 공유하는 것

TIP

➤ 집단상담 내에서는 서로의 경험이나 감정을 공유하는 것보다는 개인의 핵심적인 문제나 갈등을 명료화 하여 해결점을 위한 구체적인 방안을 모색하는 것이 치료를 위한 방법이라고 생각한다. 그렇기 때문에 폐쇄적인 태도로서 집단원들을 평가하고 중재하는 역할을 수행한다.

보다는 개인의 핵심적인 문제나 갈등을 명료화 하여 해결점을 위한 구체적인 방안을 모색하는 것이 치료를 위한 방법이라고 생각한다. 그렇기 때문에 폐쇄적인 태도로서 집단원들을 평가하고 중재하는 역할을 수행한다.

그러나 적절한 자기 경험의 개방은 집단의 역동을 촉진시키는 장점이 있다. 서로 공유된 감정이나 경험은 집단원 간의 신뢰감이나 동질감, 유대감을 갖게 하는 데 도움이 되고 위안, 위로를 받거나, 타인의 경험을 통해 자신을 객관적으로 조망하는 기회를 갖게 한다. 그러므로 집단상담자는 폐쇄적인 태도로 일관하기보다는 적절한 타이밍에 자신을 개방하여 상담과정을 촉진할 수 있어야 한다.

(4) 과도한 자기 개방

집단상담자의 자기 개방은 집단원들의 자기 개방을 촉진시키고 상담자와 집단원과의 관계를 보다 친밀하고 유대감을 갖게 하는 효과를 갖고 있다(Trotzer, 2006). 하지만 주제와 관련이 없는 개인의 사건이나 문제를 개방하는 것은 오히려 집단의 분위기를 저해하는 요소가 된다(강진령, 2011). 이러한 집단상담자는 집단상담자의 역할을 포기하고 집단의 일원으로서 자신의 문제를 해결하고자 하는 것으로 보인다. 물론 집단상담자가 집단의 일원으로 기능할 수는 있지만, 집단상담자의 역할은 집단원 사이의 상호작용 과정을 촉진시키고 집단의 흐름의 방향을 잡아 주는 역할을 해야 한다는 것을 기억해야 한다. 그러므로 집단상담자는 집단원과 분명하게 구분되어 자신의 역할을 수행해야 한다. 집단상담자가 자신의 사적인 문제를 공개하고자 할 때에는 집단원에게 자기 공개를 하는 이유를 밝히고 어느 정도까지 얼마만큼 공개할 것인지 고려해서, 주제와 관련되게 개방할 수 있도록 한다.

➤ 집단상담자는 집단원과 분명하게 구분되어 자신의 역할을 수행해야 한다. 집단상담자가 자신의 사적인 문제를 공개하고자 할 때에는 집단원에게 자기 공개를 하는 이유를 밝히고 어느 정도까지 얼마만큼 공개할 것인지 고려해서, 주제와 관련되게 개방할 수 있도록 한다.

(5) 인기를 얻으려는 경우

다른 사람에게 인정받고 싶어 하는 욕구나 사랑받고자 하는 욕구가 유난히 강한 집단상담자는 집단원을 제대로 돕기가 어렵다. 표면적으로는 남을 돕기 위한 행동이고 집단원을 조력하고자 하는 행동으로 보일지라도 내면적으로 살펴보면 집단상담자 본인이 다른 사람들로부터 인정받거나 관심을 받고 싶어서 하는 행동을 하는 경우가 많기 때문이다. 이러한 집단상담자는 집단원이 필요로 하는 도움을 주는 것이 아니라 집단상담자가 생각하는 도움을 제공한다(김행수·배미화·유동수, 2009). 또한 이들은 집단원에게 잘 보이고 싶은 욕구가 크기 때문에 집단상담의 결과에 지나치게 집착하게 된다. 집단원들의 역동을 자연스럽게 두는 것이 아니라 결과에 도달하기 위해서 자신의 계획을 지나치게 고집하는 것이다. 이런 경우 표면적으로는 집단상담이 계획된 시간에, 계획된 목표에, 계획된 과정에 따라 성공에 이르는 듯 보이지만, 집단원들의 내면의 성장은 이뤄지지 않았기 때문에 실제적으로는 집단상담의 결과가 실패한 것이다.

집단상담자가 집단원들로부터 신뢰를 받고 인정을 받는 것은 좋은 모습이지만, 자신이 과도하게 집착하는 형태로 집단을 구성하고자 하면 집단원들은 집단상담에 대한 좋지 않은 인식과 결과를 가져온다. 스스로 인정받고 싶은 욕구나 사랑받고자 하는 욕구에 대해서 벗어나, 진심으로 집단원을 위한 집단상담이 무엇인지 고민하고 효과적으로 이끌 수 있는 방법을 모색해야 한다.

(6) 한 가지 접근 방법만을 고집하는 경우

집단상담을 촉진하는 상담의 이론이나 기법은 수많은 경험과 연구를 통해 검증되어 왔지만, 다양한 인간의 특성에 모두 적합하게 적용되지는 않는다. 특정 집단원에게는 효과가 있더라도 다른 집단원에게는 비효과적일 수 있다는 말이다. 그러므로 집단상담자는 다양한 이론과 기법, 기술을 익히고 훈련을 해야만 한다. 또한 호소 유형이 같은 집단원이더라도 발달단계가 다르거나 사회적 지위, 문화적 환경이 다르면 같은 접근 방법으로는 효과를 기대하기가 어렵다.

집단상담자는 집단원의 발달단계와 문화적 차이, 관심, 사회적 단계 등을 고려하여 다양한 접근 방법을 적용할 수 있도록 한다.

TIP

➤ 집단상담자는 집단원의 발달 단계와 문화적 차이, 관심, 사회적 단계 등을 고려하여 다양한 접근 방법을 적용할 수 있도록 한다.

TIP

4 집단상담자 교육 및 실습(훈련)

집단상담은 개개인의 심리적 역동을 다루는 과정이다. 개인의 심리적 변화를 다루기 위해서는 정규화된 교육만으로는 전문 상담자로서의 기능을 발휘하기가 충분하지가 않다. 직접 집단의 집단원으로서 참여도 해보고 집단상담자로서의 역할도 수행해보고 슈퍼바이저로부터 피드백을 받았을 때 전문 집단상담자가 될 수 있다. 집단원으로의 경험은 자신을 탐색하고 자신에 대한 이해과정이나 인정받고자 하는 욕구, 자신의 문제와 갈등 등을 다뤄 볼 수 있다. 집단상담자로서의 경험은 집단상담자로서 역할을 잘 수행할 수 있을지에 대한 불안, 집단원으로부터 받을 비난, 불평에 대한 자신의 반응이나 특정 집단원에 대한 감정 등을 미리 경험하고 건설적으로 다룰 수 있도록 연구할 기회를 갖는다. 전문 상담자가 되면 다양한 성향과 가치관을 갖고 있는 집단원을 만나기 때문에 집단상담자는 서로 다른 문화와 의식 구조를 고려하여 진행할 수 있도록 꾸준히 프로그램을 연구하고 개발, 훈련할 수 있도록 한다.

1) 집단상담자의 교육 및 실습의 목적

유난영(2005)은 실제 상담과정에서 긍정적 변화를 경험한 상담자들은 자신감, 능숙함, 만족감, 성공감, 편안함을 느끼지만, 부정적인 변화를 경험한 상담자들은 좌절감, 무력감, 불만족, 실패감, 회의감 등을 나타낸다고 한다. 상담자들의 자신감이나 만족감은 앞으로의 상담과정에서도 그대로 나타나, 보다 유능한 상담자로서의 성장을 기대할 수 있다. 그러나 좌절감, 무력감, 불만족 등의 부정적인 피드백을 받은 상담자는 상담을 시작할 때마다 오는 불안이나 공포 등으로 원활한 상담을 진행하는 데 어려움을 겪게 될 것이다. 그러므로 상담자의 성공감, 성취감은 매우 중요하다. 이러한 긍정적인 변화는 전문 지식

TIP

위주의 공부도 중요하지만 실제로 경험한 상담과정이나 슈퍼비전을 통해 얻은 지식 등 상담자 스스로의 노력에 의해 얻어지는 것이 많다. 상담자들은 자신이 보다 유능한 상담자로서 활동할 수 있도록 전문 교육을 받고 실습을 통해 자신을 점검해야 한다.

2) 예비 집단상담자의 집단 실습

(1) 집단 참여형 실습

예비 집단상담자가 집단을 경험해 볼 수 있는 방법으로 가장 좋은 방법은 자신이 집단원으로서 집단을 체험하는 것이다. 집단상담자의 훈련과정의 일부로 직접 체험을 권장하는 데에는 여러 가지 이유가 있는데, 그중 하나가 직접 집단을 체험함으로써 자신의 미해결 과제나 자신의 문제에 대한 해결 방안을 모색하는 데 도움이 되는 것이다. 이는 집단상담자가 자신의 사적인 문제를 해결하기 위해 집단상담을 이용하는 잘못을 예방하는 효과가 된다. 또한 직접 체험을 통하여 집단원들과의 상호작용에 방해가 되는 요소들을 체험할 수 있고, 집단원들로부터 받는 신뢰, 지지, 격려를 받는 느낌은 집단의 정서적 교감이 집단원들에게 어떠한 영향을 미치는지 이해하는 데 도움이 된다. 집단상담자의 진행방법과 집단의 역동의 변화를 관찰하여 앞으로 자신이 가져야 할 집단상담자로서의 자질이나 역할 등을 체험중심으로 깨달을 수 있다.

(2) 집단 관찰형 실습

관찰형 집단상담은 숙련된 상담자의 집단상담 장면을 비디오테이프나 온라인상의 사이버 매체를 활용하여 학습하는 과정을 말한다. 이 방법은 다양한 집단상담자들이 자신의 상담 이론에 맞추어 집단을 운영하는 방법을 관찰함으로써 그들의 융통적이고 독창적인 프로그램의 진행방법과 기법을 적용하는 방법, 효과적인 전략 등을 모방할 수 있는 기회가 된다. 참여형 집단상담처럼

TIP

직접 체험할 수 없다는 단점이 있지만 반복해서 관찰함으로서 예비 집단상담자를 훈련하게 하는 장점이 된다.

(3) 집단 참여형+관찰형 실습

이 방법은 집단상담자의 교육지도와 훈련을 목적으로 슈퍼바이저가 함께 참여함으로써 집단과정에 대한 정보를 제공받을 수 있다. 강진령(2011)은 집단을 구성한 각기 다른 두 조 중 한 조가 먼저 실습조(집단상담을 진행)가 되고 다른 조는 관찰조(실습조의 집단상담을 관찰)가 되는 방법을 제시하고 있다. 실습조가 집단상담을 마치고 나면 관찰조는 전반적인 집단상담에 대한 피드백을 해주며 서로 보완해야 할 점에 대해서 학습할 수 있다. 피드백을 마치면 다시 실습조와 관찰조를 바꾸어 집단과정을 체험, 관찰할 수 있다. 슈퍼바이저가 함께 참여함으로써 예비 집단상담자들의 통찰력과 이해력을 길러 줄 수 있는 장점이 된다.

또 다른 방법으로는 실습조와 관찰조로 조를 나누지 않고 한 집단으로만 참여와 관찰을 병행하는 방법이다. 실제 상담사례를 가지고 상담자 외 집단원으로서 체험하는 것인데, 이때 필요한 것이 집단을 확인할 수 있도록 녹화하는 것이다. 집단이 종료된 후 녹화 장면을 보면서 집단상담자의 역할과 집단원의 참여도를 관찰할 수 있다. 집단상담자는 기법이나 기술을 적절하게 사용하였는지, 집단원을 위한 역할을 제대로 수용하였는지, 집단원들은 어떤 저항이나 방어적 태도를 언제 보이고 있는지 등에 관하여 관찰하고 토의하는 것이다. 토의과정이 끝나면 각각의 예비 집단상담자는 자신이 사용하는 상담기법이나 의사소통 능력, 기술 등이 충분히 소화되고 숙련될 때까지 반복하여 연습해볼 수 있다.

> ➤ 토의과정이 끝나면 각각의 집단상담자의 실습을 마친 예비 집단상담자는 자신이 사용하는 상담기법이나 의사소통 능력, 기술 등이 충분히 소화되고 숙련될 때까지 반복하여 연습해볼 수 있다.

TIP

3) 전문 상담자의 훈련

집단상담자가 되기 위해 전문적으로 교육을 이수하고 다양한 실습 과정을 거쳤다 하더라도 집단상담을 운영하다 보면 전문 상담자로서의 역할을 수행하는 데 방해되는 요소가 존재한다. 그럴 때에는 보다 전문적 지식과 임상 경험이 풍부한 슈퍼바이저의 도움을 받아 그 문제를 최우선적으로 해결할 수 있어야 한다. 집단 운영의 전략과 기법에 관해 지도를 받을 수 있으며, 집단원을 보다 잘 조력할 수 있도록 지도를 받을 수 있다. 상담자 자신에 대해 재인식하며, 상담자로서의 자신감과 자부심을 회고하는 기회를 갖는다.

수련감독자의 교육지도 외에도 집단상담과 관련된 책을 읽거나 다양한 워크숍에 참석함으로써 자신의 집단 운영 능력을 발전시켜 나갈 수 있다. 집단상담자는 장기적이고 다양한 훈련의 기회를 가짐으로써 실제적 능력을 발달시키지 않으면 안 된다.

요약

✓ 집단상담자는 상담에 대한 대학교(대학원)에서 전문적인 교육을 마치고, 수련감독자의 감독 아래 실습(훈련)을 거쳐 청소년기본법에 근거한 공인된 기관 및 단체에서 발급되는 자격을 지닌 전문가를 말한다.

✓ 집단상담자는 세 가지의 기본적인 자질을 갖추고 있어야 한다. 첫 번째는 인간적 자질로서 인간에 대한 기본적인 신뢰와 개방적이고 허용적인 자세를 갖추는 것을 말한다. 두 번째는 전문가적인 자질이다. 이것은 전문 상담자로서 지식이나 기법 등을 익히고 경험이나 슈퍼비전 등을 통해 스스로를 유능한 집단상담자로 개발할 수 있는 능력이다. 마지막은 윤리적 자질을 말할 수 있다. 이는 집단원들의 내적 심리상태를 작업하는 분야인 만큼 집단상담자 스스로가 윤리규준이나 자기규율을 지켜 책임감 있는 집단을 운영할 수 있도록 하는 자질을 말한다.

✓ 인간에 대한 기본적인 신뢰를 갖고 있는 집단상담자는 집단원들의 어떤 반응에도 진심으로 존중하고 수용하는 태도를 가질 수 있게 한다. 집단원들은 상담자로부터 이해와 받아들여짐이 이뤄지고 있다고 느낄 때 자신의 내적탐색과 이해과정을 원활하게 작업할 수 있으며 집단의 성공을 가능하게 한다.

✓ 집단상담자는 집단을 운영하기 이전에 자신에 대한 탐색과 이해과정을 거쳐야 한다. 자신이 갖고 있는 장점과 강점은 물론, 미해결과제나 갈등, 문제점 등과 같은 단점까지도 스스로 수용할 수 있을 때 집단원들의 정서적 역동에 두려움 없이 반응할 수 있다.

✓ 인간에 대한 개방적이고 허용적인 태도는 다양한 집단원들을 수용할 수 있는 촉진적인 역할을 한다. 집단원의 상이한 심리를 이해하고 집단원들 간의 차이점을 융통적으로 다룰 수 있을 때 집단의 역동을 조절할 능력이 생긴다.

✓ 집단원에 대한 믿음은 자발적으로 변화가 가능하게 하는 힘이 된다. 집단상담자는 집단원들의 실수나 잘못에도 비난하지 않으며 본인의 노력으로 극복할 수 있다는 격려와 지지를 아끼지 않도록 한다.

✓ 집단원이 표현하고자 하는 욕구나 감정을 경청을 통해 잘 알아차리고 공감적 이해를 통해 정서적 교감을 나누는 것은 집단원으로 하여금 관심받고 있고 지지받고 있다는 느낌을 갖게 한다. 집단상담자와 집단에 대한 신뢰감을 갖고 자신을 개방하는 데 도움이 된다.

✓ 집단 프로그램을 융통적으로 운영하고 적절한 유머를 사용하는 것은 집단원들의 심리적인 중압감에서 벗어나 저항이나 방어 없이 자기통찰을 촉진할 수 있다.

✓ 집단상담자는 자신이 배우고 익힌 지식과 경험 등을 고려하여 집단원을 구성해야 하는데, 초보 전문가일수록 집단원의 규모를 작게 하고 발달상의 관심사를 주제로 하는 안전한 집단을 운영하는 것이 좋다. 집단상담은 성공경험과 성취감을 맛보았을 때 집단상담에 대한 자신감을 갖게 하므로 자신의 능력에 맞는 유형을 선택해야 하는 것이다.

✓ 집단상담자는 집단원들의 욕구와 상호작용을 통해 느끼는 조직된 공통의 의사에 따라 목표와 목표를 달성하기 위한 구체적인 계획을 세워야 한다. 또한 이러한 계획을 세우고 방관하는 태도가 아니라 집단을 잘 이끌 수 있는 능력을 갖추고 있는 것이 집단상담자의 전문가적인 자질이라고 할 수 있다.

✓ 집단상담자의 상담에 관한 경험은 집단원으로의 참여와 집단상담자로서의 참여를 이야기할 수 있다. 집단원으로서 자신의 내적 탐색과정을 통해 문제에 대한 해결을 할 수 있으며, 직접 집단상담자가 되어 봄으로써 유능한 상담자가 갖춰야 할 자질이나 역할에 대해 미리 경험해 봄으로써 자신을 훈련시키고 단련시키는 기회를 가질 수 있다.

✓ 다양한 상담 이론과 기법을 통하여 집단원의 성장을 촉진시키는 도구로 사용할 수 있도록 집단상담자는 전문적인 지식을 습득할 수 있어야 하며, 단순히 아는 것에 그치는 것이 아니라 집단과정에서 적극 활용할 수 있는 능력을 갖추었을 때 전문 집단상담자라고 할 수 있다.

✓ 집단 내에서 효과적인 의사소통 기술을 발휘하여 집단원들과의 상호작용을 촉진시키고 신뢰감과 친밀감을 가질 수 있도록 해야 한다.

✓ 상담 전문가의 윤리강령에 따라 집단을 책임감 있게 운영할 수 있어야 한다.

✓ 집단에서의 집단상담자는 다양한 역할과 기능을 발휘하여 집단원의 성장을 촉진시키고 목표를 달성할 수 있어야 한다.

- 집단의 역동을 관찰하고 지도하는 역할
- 집단의 분위기 조성을 돕는 역할
- 집단원을 수용하는 역할
- 행동의 모범이 되는 역할
- 집단원과의 친밀한 치료적 관계
- 창의적이고 창조적인 역할
- 집단을 지적하는 역할
- 집단원을 보호하는 역할

✓ 집단상담자는 집단에서 비촉진적인 요인을 통하여 집단의 성공을 방해하는 경우도 있다.

- 지나치게 집단에 개입하는 경우
- 집단에 방관적인 태도
- 집단상담자의 폐쇄적인 태도
- 과도한 자기 개방
- 인기를 얻으려는 경우
- 한 가지 접근 방법만을 고집하는 태도

✓ 집단상담자는 자신의 전문가로서의 능력을 개발하기 위하여 교육 및 문서를 접하는 방법 외에도 상담과정에 직접 참여해야 하며, 그 밖에도 워크숍이나 슈퍼바이저의 지도하에 훈련을 갖출 수 있도록 한다.

연습문제

- 집단상담자가 갖춰야 할 기본적인 자질(세 가지)에 대해서 설명하시오.

- 집단상담자가 전문적인 자질을 갖추기 위한 것들은 무엇이 있는지 서술하시오.

- 집단 내에서 집단상담자의 역할과 기능은 무엇이 있는지 서술하시오.

- 집단의 역동을 방해하는 집단원에 대하여 집단상담자가 취해야 할 태도는 무엇인지 논하시오.

- 집단상담자가 자기 노출을 꺼리고 방관하는 태도를 보이는 이유를 설명하고, 집단 내에서 자신을 개방하기 위한 어떤 노력을 해야 하는지 논하시오.

- 집단상담과정에서 집단의 구성을 방해하는 집단상담자의 비촉진적 요인에 대해서 서술하시오.

- 집단상담자는 유능한 상담자가 되기 위하여 어떠한 교육과 훈련과정을 거치는지 설명하시오.

Chapter 04

집단원의 역할과 기능

집단과정 중에서 집단원이 어떠한 역할을 가지고 상담과정을 밟게 되는가는 상당히 중요한 의미를 지니고 있고 그들의 일상생활에서의 역할과도 밀접한 관계가 있다. 우리가 집단원의 역할과 기능의 탐색을 통해 집단의 공통문제를 이해하고 어떠한 한계가 있는지 알아냄으로써 문제 해결을 촉진하고 집단이 이루고자 하는 소기의 목적을 달성하기 위해서는 집단원이 맡은 역할을 최대로 끌어올려 집단역동성을 살리고 집단원 역할과 기능의 이해가 필요하다. 이를 통해 집단원의 문제 해결과 인간적 성장을 도울 수 있는 발판을 마련하게 된다.

또한 집단원이 집단회기에 적극적으로 참여하도록 준비시키는 것은 중요한 일이다. 초기 집단에서는 지도자가 집단원들과 함께 그들이 되어 토론하며 일상에서 배운 것들을 적용시키기 위해 여러 가지 방법을 시도한다. 여러 집단으로부터 다양한 것을 얻기 위해 참여자들은 오리엔테이션과 주의사항 등 집단에 참여할 준비를 한다. 집단원에게 어떤 것을 기대하고 어떻게 행동해야 하는지를 알려주는 데 많은 시간을 보내게 되므로, 집단이 스스로 해야 되는 활동들을 집단원이 지나치게 많이 하는 위험부담을 가지게 될 수도 있고, 지나치게 모든 가능성을 다룰 필요는 없다고 하더라도, 집단 초기에 기본적인 준비를 하면 집단이 발전되어 감에 따라 진정한 참 만남을 기대할 수 있다. 4장에서는 집단구성원, 집단원의 자기관찰, 집단원의 참여태도, 집단원의 동기수준, 마지막으로 역할과 기능에 대해 알아보고자 한다.

TIP

➤ 집단과정 중에서 집단원이 어떠한 역할을 가지고 상담과정을 밟게 되는가는 상당히 중요한 의미를 지니고 있고 그들의 일상생활에서의 역할과도 밀접한 관계가 있다.

TIP

1 집단 구성원

집단원(group member)이란 집단상담에 참여하는 사람을 일컫는다. 사람들은 무엇 때문에 집단상담에 참여하게 되는가? 심리적인 문제를 해결하거나, 인간관계의 어려움을 극복하기 위해서거나, 교사, 상담자나 정신과 의사의 추천으로 성격상 결점을 보완하기 위해서거나, 친근한 인간관계 형성을 위한 상대가 필요해서, 단지 대화를 나눌 수 있는 사람들을 만나고 싶어서, 집단상담자가 되기 위한 필수 과정이기 때문에, 청소년 비행에 대한 법원의 판결을 따르기 위해서 등의 다양한 이유로 집단상담에 참여하게 된다.

Kemp(1970)는 한 사람이 집단에 처음 참여하여 점진적인 발달과정을 거쳐 제 역할을 다 할 수 있는 집단원이 되기까지 거치는 세 가지 과정은 다음과 같다.

1) 도입, 혹은 이때까지 습성화된 행동형의 와해(첫째 단계)

① 집단경험에 대하여 호기심이나 불확실감 및 의문들을 가지게 된다.
② 임시적으로 집단에 정서적으로 참여하기 시작하게 되고, 약간의 안정감을 갖게 된다.
③ 남의 이야기를 들으려는 태도를 보이며 어색한 느낌이 조금 줄어들고, 자기 자신에 대한 지나친 관심과 지나친 자기의식에서 점차 해방되는 경험을 하게 된다.

TIP

2) 추이 혹은 새로운 행동형으로의 이행(둘째 단계)

① 점차 모호성, 비조직성 및 지적인 불확실성에도 익숙해지고, 개인차를 인정하기 시작하고, 갈등에 대한 인내력이 생겨서 보다 적극적인 태도로 참여하게 된다.

② 집단기술이, 의사소통기술의 중요성을 인식하고 이 기술들을 학습하고 발달시키려는 노력을 하게 된다.

3) 새로운 행동형을 터득하여 자기 것으로 만들기(셋째 단계)

① 대화의 내용을 이해하고 인간관계의 진가를 절감하게 된다.

② 어색한 느낌 없이 마음의 문을 열고 자기노출을 시도하고 동시에 남을 이해하는 느낌을 갖게 된다.

③ 보다 정확한 자기 이해를 하게 되고, 감성이 증가되며, 집단과정에 깊은 관심을 갖게 되고, 집단기술에서 보다 많은 경험이 필요하고 개선하기 위함임을 인정하게 된다.

이와 같은 과정과 수준에 도달할 때, 나름대로의 역할을 수행할 수 있는 하나의 집단원이 된 것이다(이형득·김성회·설기문·김창대·김정희, 2002).

2 집단원의 자기관찰

집단과정에서의 효과성과 집단원의 자기관찰과는 밀접한 관계가 있다. 자기관찰(self-monitoring)이란 사람들이 사회적 상황이나 대인관계에서 다른 사람과 상호작용하는 동안에 적합한 자기제안을 하기 위해 자신의 언어·비언어

TIP

▶ 자기관찰(self-monitoring)이란 사람들이 사회적 상황이나 대인관계에서 다른 사람과 상호작용하는 동안에 적합한 자기제안을 하기 위해 자신의 언어·비언어적 행동이나 감정을 통제하고 관리하는 것을 의미한다.

▶ Haferkamp(1994)는 상담자 훈련 중 Jackson의 성격검사에서 불량, 복잡성, 동조성, 혁신성, 대인 간 애정척도를 실시한 결과 상담자 훈련에서 훈련생의 자기검색자 수준은 Jackson의 성격검사의 불안과 동조성에 관계가 있다고 했다.

적 행동이나 감정을 통제하고 관리하는 것을 의미한다(Snyder, 1974, 1987). 여기에서 '관찰'이란 상황적인 규범과 사회의 요구에 적합하도록 자기 자신의 행동을 조절하는 것을 말한다.

자기관찰은 높은 자기관찰자와 낮은 자기관찰자 두 유형으로 분류할 수 있다. 높은 자기관찰자는 자신의 사회적 행동이 상황이나 대인 관계에 적합한지에 관심을 가지고, 사회적 상황에서 다른 사람들의 표현이나 자기의견 주장에 민감하기 때문에 이러한 부분을 자신의 언어·비언어적 자기표현의 관찰로 사용한다. 그래서 자기관찰이 높은 사람이 자기관찰을 위해 사용하는 질문은 '상황이 나에게 요구하는 것은 무엇인가? 그리고 어떻게 그런 사람이 될 수 있을까?'이다(Snyder, 1979).

높은 자기관찰자는 주어진 상황에 따라 자기의견 주장을 다양하게 변화시키며(Snyder·Monson, 1975), 행동과 태도 간의 일치 확률이 적다(Snyder·Swann, 1976). 처음 만나는 비구조화된 상황에서 자발적으로 대화를 먼저 하는 행동을 보이기 쉽고, 대화를 하고자 하는 욕구가 많다(Ickes·Barnes, 1977). 이런 욕구를 바탕으로 자발적인 집단참여를 통해 자기 자신이 집단에 참여하려는 이유를 찾고 집단에서 얻을 수 있는 것들에 대해 알아내고자 하며 자기통찰을 한다.

이와는 반대적으로 낮은 자기관찰자들은 상황에 따른 자기의견 주장을 할 때, 그에 적합한 사회적 정보에 관심을 갖기보다 자신의 태도나 감정 상태를 행동의 기준으로 삼기 때문에 느끼고 있는 그대로를 표현한다. 그래서 자기관찰이 낮은 사람들이 자기관찰을 위해 사용하는 질문은 '내가 누구이며, 이 상황에서 어떻게 나 자신으로 될 수 있는가?'이다(Snyder, 1979). 이들은 태도와 행동 간의 일치 확률이 매우 높다(Snyder·Swann, 1976).

Haferkamp(1994)는 상담자 훈련 중 Jackson의 성격검사에서 불량, 복잡성, 동조성, 혁신성, 대인 간 애정척도를 실시한 결과 상담자 훈련에서 훈련생의 자기검색자 수준은 Jackson의 성격검사의 불안과 동조성에 관계가 있다고 했다. 즉, 높은 자기검색자는 낮은 자기검색자보다 상담자 훈련 상황에서 더 동조를 보이지만, 초기의 모호한 실습환경 내에서 여러 가지 단서나 지시에 대

TIP

한 반응으로 불안해했다. 반면에 낮은 자기검색자는 자신의 지각과 일치하지 않는 훈련전략에 대해서는 동조하기보다는 회의적이며, 자기제시를 변화시키는 데 어려움을 느꼈다. 이는 집단상담 장면에서 자신이 이전에 잘 지각하지 못했던 문제에 대한 교정적 피드백을 받을 때 자기검색 수준이 높은 사람은 불안해하면서도 그 내용을 수용하려는 태도를 보이고, 이에 반해 자기검색 수준이 낮은 사람이 자신에게 주어진 교정적인 피드백에 회의적인 반응을 보이면서 수용하기 어려워 할 것이다.

집단상담은 서로 다른 특성을 가진 사람들이 집단이라는 작은 사회적 상황을 형성하여 많은 대인관계적·개인내적인 상황을 직면하며 자신의 내적 세계를 경험하고, 다른 사람과의 경험을 공유하면서 변화하고 성장할 수 있는 환경을 제공한다(이형득, 1995). 또한 집단상담은 사회적 비교와 사회적 영향력에 의한 학습과정으로 간주되며, 그들의 변화를 도모하게 된다(Forsyth, 1991). 이들의 주장처럼 집단상담에서는 여러 사람들의 상호작용을 통해서 대인간 및 개인내적 사건을 직면하면서 사회적 관계를 형성하고 있기 때문에 집단원의 자기관찰 수준은 위에서 살펴본 것과 같이 자기관찰은 관찰정도에 따라 집단참여와 과정에 영향을 미친다. 이를 통해 자신을 통제하고 관리하며 집단에 융합되어 자신이 얻고자 하는 그리고 집단이 얻고자 하는 목표에 도달한다.

3 집단원의 참여태도

위에서 살펴본 집단원의 자기관찰이 영향을 미치는 집단원의 참여태도에 대해 살펴보겠다.

집단형태에 따라서 집단원의 참여를 자발적이거나 비자발적으로 나눌 수 있다. 모든 집단이 자발적인 집단원으로 구성이 된다면 가장 이상적이지만 현장에서는 그렇지 않다. 회기가 잘 진행되고 있는 집단도 비자발적인 집단원의

TIP

➤ 집단원은 집단상담을 통해 어떤 도움을 얻을 수 있고 상담자와 집단원의 역할이 무엇일지 기대를 가지는 것과 같이 상담에 대한 기대를 갖는다. 특히 집단원이 상담자나 상담에 기대하고 원하는 것을 상담자가 충족시켜 주었을 때 집단과정과 그 결과에 효과적이다.

부정적 태도가 나타날 수 있기 때문이다. 집단상담자가 집단을 구성하고 계획할 때 자발적·비자발적 집단원의 태도를 염두해 두는 이유이다.

집단원은 집단상담을 통해 어떤 도움을 얻을 수 있고 상담자와 집단원의 역할이 무엇일지 기대를 가지는 것과 같이 상담에 대한 기대를 갖는다. 특히 집단원이 상담자나 상담에 기대하고 원하는 것을 상담자가 충족시켜 주었을 때 집단과정과 그 결과에 효과적이다.

Wallach와 Strupp(1960)은 상담자에 대한 내담자의 기대가 충족이 되면 상담과정이 보다 효과적으로 보일 것이고 상담자 역시 긍정적인 사람으로 지각된다고 했다. 그러므로 기대되어지는 도움의 상황과 주어지는 도움의 상황간의 일치성이 집단상담에 있어서 중요한 역할을 한다. Strong와 Matrass(1973)도 내담자가 자신의 욕구를 중요시한다고 생각했다. 상담과정에 있는 내담자는 자신의 기대, 목표동기와 같은 개인적인 특성의 차이를 중요하게 생각하고, 또한 내담자의 개입이 늘어남에 따라 불신과 같은 부정적인 문제들이 감소된다(Corrigan & Schmidt, 1980).

이와 같이 개인의 특성으로 상담에 대한 목표, 동기, 그리고 역할 등 상담에 대한 준비는 중요한 요인 중의 하나이다. 이런 것들은 상담에서도 집단원의 의사소통 과정과 효율성을 촉진시키거나 부정적인 역할을 할지도 모른다(Tinsely, 1980). 이는 집단상담에서도 마찬가지로 적용되고 결국 집단원의 상담에 대한 준비에 따라 상담의 질이 달라진다.

집단원의 참여태도는 내담자 자신들의 태도와 행동에 관한 것으로 내담자가 상담 장면에서 어떻게 행동하는가와 관련된 것이다. 상담에 있어 반응적이고 열려 있으며, 동기화되어 있고 구체적·즉각적인 상담을 경험할 것이며, 좋은 성과를 얻을 것이라는 기대들이 포함된다. 이 요인에 속해 있는 상담에서의 개방성, 동기, 문제에 대한 책임감, 도움을 얻고자 하는 정도, 상담결과에 대한 긍정적인 기대의 중요성은 크다. 이러한 영향들로 집단원의 참여태도는 집단의 중기와 후기 집단활동에 영향을 미친다.

이와 같은 개인적 참여는 Tinsely 외 많은 학자들이 강조하였다. 이와 관련된 연구를 보면 Erickson(1994)은 개인적 관여에서 높게 나타난 피험자는 집단상담에서 더 좋은 태도를 보였고, Rangoonwala(1982)는 치료에서 기대와 참여는 중요한 변인의 하나로 보고 개인적 관여 중 하나인 결과에 대한 기대가 개인적 욕구를 충족시킨 정도와 내담자의 효과적인 문제해결 정도를 가장 잘 예언했다(Coursol, 1991). 이처럼 내담자의 목표, 동기, 자기노출, 그리고 상담에서 도움을 얻으려는 정도를 포함한 개인적 참여를 상담에서 중요한 하나로 믿어 왔다. 내담자의 참여태도는 내담자의 상태와 행동의 차이를 주며 결과적으로 개인의 참여태도는 집단상담에서 집단원들에게도 중요한 역할을 한다고 할 수 있다.

4 집단원의 동기수준

집단에 참여하게 되는 동기는 그 사람의 내면에서 생산된다. 각각의 환경이 다르듯이 사람들의 서로 다른 성장 배경과 성격, 능력과 소질, 적성, 흥미와 관심, 신념, 가치관, 태도는 집단 참여 동기에 직접적이거나 간접적으로 영향을 끼친다. 또한 자신의 이익을 최대로 극대화 하고자 하는 동기는 본래 지니고 있다. 이 외에도 집단원들은 다양한 동기를 지니고 있다. 이 중 집단활동에 부정적인 영향을 미치는 인간의 이기적 동기에 대한 관심은 심리학, 사회학 등의 다양한 분야에서 오래전부터 중요한 관심사가 되고 있다. 집단과정 안에서 집단원의 동기 손실은 집단의 방향 및 집단의 목표에도 영향을 미친다.

동기가 손실된 집단원에게 집단상담자나 다른 동료 집단원들은 집단을 같이 이끌고 나가기 위해 노력이 부족한 동료집단원의 저조한 수행을 보상해주는 행동을 할 때가 있는데, 이는 Kerr(1983)이 말한 자신이 집단에 기여한 부분이 직접적·간접적으로 개인에게 이익이 되어야 한다는 상호성 규범, 개인이 지각하는 형평성 규범, 집단 모든 구성원이 집단을 위해 기여해야 한다는 사회적 책임 규범에 위협이 된다. 따라서 개인을 이런 위협으로부터 발생하는 긴장을 해소하고 집단 규범들을 유지해 나가기 위해 자신이 기여하는 노력의

TIP

➢ 집단에 참여하게 되는 동기는 그 사람의 내면에서 생산된다. 각각의 환경이 다르듯이 사람들의 서로 다른 성장 배경과 성격, 능력과 소질, 적성, 흥미와 관심, 신념, 가치관, 태도는 집단 참여 동기에 직접적이거나 간접적으로 영향을 끼친다.

TIP

정도를 감소시키는 행동을 하게 된다.

또한 개인이 집단원이 집단과정에서 노력하는 양의 감소를 보이는 것과 이러한 행동을 인식하는 경우가 대체로 일치하기는 하지만, 실제 집단구성원이 집단에 노력하는 양의 감소를 보이는 것과 다른 구성원이 이러한 행동을 인식하는 것이 일치하지 않는 경우도 있다(Comer, 1995). 즉, 실제 모든 구성원이 집단에 충분히 참여하고, 기여를 하고 있음에도 불구하고 사실과 다르게 이를 노력을 덜어내는 행동이라고 인식할 수도 있으며, 이러한 인식은 집단구성원들의 동기수준을 떨어뜨리고 집단의 목표 수준과 집단의 목표에 대한 몰입 수준을 저하시킨다(Liden·Wayne·Jaworski & Bennett, 2004; Mulvey & Klein, 1998). 이런 집단원의 동기수준의 저하로 인해 집단의 분위기를 해칠 수 있지만 집단상담을 통해 얻고자 하는 본질적인 의미를 함께 찾아간다면 충분히 극복할 수 있을 것이다.

이런 동기의 손실과 이득을 설명하는 데 중요한 이론적인 토대를 제공하는 모델이 있는데, 이는 Karau와 Williams(1993)의 집합적 노력모델이다. 집합적 노력모형에서 집단의 목표를 높은 가치로 지각하도록 만드는 요소와 개인기여를 크게 지각하는 요소들이 있다. 이를 살펴보면 다음과 같다.

첫째, 집합과제의 수행이 평가받는다는 믿음
둘째, 큰 집단보다 작은 집단에서 일하는 상황
셋째, 집합적 과제에서 자신의 기여를 중요하고 독특하게 지각
넷째, 의미 있고, 개인 관여도가 높고, 흥미 있는 과제를 수행
다섯째, 높은 수준의 집단 정체성이나 응집력
여섯째, 동료의 수행이 저조할 것이라는 예상
일곱째, 집합적 결과에 가치를 두는 성향 등이 있다.

TIP

5 집단원의 역할기능

일상생활에서 사람들마다 역할이 있듯이 집단원은 이러한 요소들의 영향으로 독특한 사고와 행동상의 특성을 보이고, 주어진 상황에 따라 집단에서 각자의 역할을 맡는다.

집단원의 역할 중 대표하는 것으로는 '희생양'과 '영웅'이 있다. 희생양은 집단원이 수용하기 어려워하는 것을 마치 다른 집단원의 것처럼 여기거나 자신의 욕구와 문제점들을 다른 집단원에게 투사하게 됨으로써 발생한다. 그래서 마치 특정 집단원만이 죄의식·분노·수치심과 같은 강한 감정을 표출하는 사람인 듯 여기게 되면서, 결국 이 집단원은 다른 집단원들의 불편한 감정을 대신 해소해주는 '피뢰침' 역할을 하게 된다(Smith·Berg, 1995).

> 집단원의 역할 중 대표하는 것으로는 '희생양'과 '영웅'이 있다.

이러한 현상은 집단 내에 긴장이 고조되고 한 집단원이 자신의 경험에 대해 이야기하는 행동을 감행하게 되는 경우에 흔히 일어난다. 이때 그 집단원은 결국 희생양으로 전락해 계속적으로 어려움을 겪을 수 있다. 이렇게 한 집단원들이 희생양으로서 집단원들의 불편한 감정 해소를 목적으로 공격을 받게 되는 반면에 마치 영웅처럼 떠받드는 집단원도 생기게 된다(Schoenwolf, 1998).

> 한 집단원들이 희생양으로서 집단원들의 불편한 감정 해소를 목적으로 공격을 받게 되는 반면에 마치 영웅처럼 떠받드는 집단원도 생기게 된다.

보통 집단원들은 본받아야 할 대상으로 집단원을 이상에 비추어 생각하며 이러한 역할들은 집단원들 사이에 흔히 관찰되는 역동의 일부라고 볼 수 있다. 집단원들은 각자 집단의 참여 달성할 목적이 있고, 성취하기 위해 집단에 참여한다. 집단 참여 목적을 달성하기 위해 노력하는 과정에서 집단원들은 일상생활에서 자신의 모습을 드러내게 되고, 이에 따라 때론 다양한 형태의 문제 행동을 보이기도 한다.

집단원 한 개인이 제 역할과 기능을 다해 바람직한 집단원으로의 성장과 참만남을 위한 구체적으로 역할기능에 대해 살펴보고자 한다(Bales, 1950, 1970; Benne·Sheats, 1948; Rieken·Homans, 1954). 집단원의 역할기능의 많은 특성들 중 집단과업의 역할, 집단성장 및 유지의 역할, 개인역할 등 세 가지의 역할형태에 대해 알아내었다. 이를 구체적으로 다음과 같이 살펴보도록 하겠다

TIP

> 집단과업의 역할로는 제안하고 창안하기, 정보탐색과 제공하기, 의견모색과 제공하기, 조정하기, 방향 제시하기, 평가하기, 분위기 전환하기, 진행지원하기, 기록하기가 있다.

(이형득·김성회·설기문·김창대·김정희, 2002; 강진령, 2011).

1) 집단과업의 역할

집단상담자와 집단원은 과업과 관련된 여러 가지 역할 수행을 통해서 집단의 목적달성을 촉진하고 조정의 기능을 한다. 즉, 집단이 소기의 목적을 성취하는 것을 돕는 일정한 역할이라고 볼 수 있다. 다양한 역할들 중에서 과업성취에 도움이 되는 집단원의 아홉 가지 과업역할에 대해 살펴보고자 한다.

집단과업의 역할로는 제안하고 창안하기, 정보탐색과 제공하기, 의견모색과 제공하기, 조정하기, 방향 제시하기, 평가하기, 분위기 전환하기, 진행지원하기, 기록하기가 있다.

(1) 제안하고 창안하기

집단이 성공적으로 진행되기 위해서는 그 집단에 맞는 목표가 필요할 것이다. 이런 집단의 목표를 정하고 해결할 수 있도록 제안하고 새로운 아이디어를 창안하는 것이 필요하다. 그리고 문제의 해결 방법이나 과제의 처리에 필요한 집단 조직 등에 대해서 제안을 할 수 있다.

이를 위해서 집단원이 자발적으로 제안하고 창안하는 데 참여하고, 집단원의 자발적인 참여로 집단의 방향을 함께 만들어 나갈 수 있다.

(2) 정보탐색과 제공하기

집단에서 다루고 있는 문제나 주제에 관해서 정확하고 올바른 정보를 얻기 위해 집단구성원들에게서 정보를 탐색한다. 집단 내의 정보의 사실 유무에 관심을 갖고 정보탐색과 더불어 집단원들에게 자신이 경험하거나 가지고 있는 정보를 전달하고 제공하기도 한다. 정보탐색과 제공을 통한 자연스러운 자기노출이 집단원과의 관계형성과 피드백에 긍정적인 영향을 준다.

TIP

> 집단에서 말하고 있는 사실과 가치관, 집단원의 태도를 명료화하기 위해서 질의를 하고 집단의 문제나 주제에 대해서 자신의 신념이나 생각을 제공한다.

(3) 의견모색과 제공하기

집단에서 말하고 있는 사실과 가치관, 집단원의 태도를 명료화하기 위해서 질의를 하고 집단의 문제나 주제에 대해서 자신의 신념이나 생각을 제공한다. 자신의 신념이나 생각을 제공함으로써 집단원이 나타내고자 하고 말하고자 하는 것이 무엇인지 분명히 할 필요가 있다.

(4) 조정하기

하나의 제안과 아이디어가 아닌 집단 안에서 나온 여러 가지 제안들과 아이디어들 사이의 관계를 파악하고, 취합하여 집단원들의 활동을 조정한다. 여기에서 주의해야 할 것은 어느 하나에 치우치지 않고 집단원들의 여러 가지 제안과 아이디어를 취합하여 조정해야 한다. 만약 소수의 집단원에게 치우친다면 집단과정에 문제가 생기기 때문에 조정의 역할이 필요하다.

(5) 방향 제시하기

집단에서 이야기된 사실들을 요약함으로써 집단이 처음에 정했던 목표와 주제에 어느 정도 부합되었는지 알아보고, 어느 위치에 있는지 파악하거나 설정된 목표에 어긋났다고 판단될 때는 설정된 목표로 돌아가기 위해 이의를 제기한다. 모든 집단상담이 처음부터 끝까지 집단 목표에 부합하는 상담과정을 이끌어 내기란 어려운 일이다. 그렇지만 어긋난 방향으로 가고 있음을 알아차리고 제 목표를 찾아가는 것이 필요하다.

(6) 평가하기

집단과제에서 집단 역할의 기준점에 비추어 집단의 성취를 평가한다. 어떤 제시안이나 집단 토론에 실용성, 논리성, 사실과 과정에 대해서 평가하거나 의문을 제시한다.

TIP

➤ 집단원들의 양질의 상담이 진행되도록 하거나 침체되어 있거나 자극이 필요할 때 분위기 전환과 활기를 불어 넣는 역할을 필요로 하는데, 이때 자발적인 집단원의 분위기 전환이 있을 수 있도록 집단상담자의 행동이 있을 수 있다.

(7) 분위기 전환하기

집단원들의 양질의 상담이 진행되도록 하거나 침체되어 있거나, 자극이 필요할 때 분위기 전환과 활기를 불어 넣는 역할을 필요로 하는데, 이때 자발적인 집단원의 분위기 전환이 있을 수 있도록 집단상담자의 행동이 있을 수 있다.

(8) 진행지원하기

집단 내 촉진자의 역할로 활동에 필요한 시청각 자료나 유인물, 활동지 등을 담당하여 원활한 상담이 진행될 수 있도록 돕는다. 자발적인 진행 지원으로 집단에 참여하고자 하는 욕구가 많은 집단원이 담당하기도 한다.

(9) 기록하기

집단 안에서 결정한 내용이나, 토론된 내용을 기록하고 남기는 역할로 집단에서 어떤 내용의 상담이 진행되었고 과정이 어떻게 전개되었는지 알 수 있으며 '집단 회기록'으로 남기기도 한다. 집단원들의 상호작용과 과정, 변화된 상황, 중요한 정보, 개입의 활동 등 집단분석에 필요한 여러 정보를 얻을 수 있다.

2) 집단성장 및 유지의 역할

집단의 성장을 촉진하거나 유지시키는 활동은 집단 목적을 달성하는 데 필요한 요인 중 한 부분이다. 집단이 형성되는 초기 집단부터 마지막 회기까지 관계의 유지와 성장은 집단원 간의 원만한 관계형성과 집단응집력을 높여 성공적인 집단이 되는 데 기여할 것이다. 즉, 집단의 응집력을 바탕으로 심리적인 측면의 문제들을 가지고 관계형성과 의사소통에 초점을 두는 역할 행동을 말한다.

➤ 집단성장 및 유지의 역할로는 격려하기, 상호화합하기, 협의하기, 절충하기, 소통의 촉진, 기준정하기, 집단관찰하기, 방관하기, 따라가기가 있다.

집단성장 및 유지의 역할로는 격려하기, 상호화합하기, 협의하기, 절충하기, 소통의 촉진, 기준정하기, 집단관찰하기, 방관하기, 따라가기가 있다.

(1) 격려하기

다른 집단원이 집단에 이바지하는 것에 격려 및 지지하고 받아들인다. 이러한 집단원의 역할이 다른 집단원들에게 긍정적인 시각으로 받아들여지고, 다른 집단원의 새로운 제안과 의견들을 받아들이는 자세를 보인다. 이러한 역할을 보이는 집단원의 영향으로 자기노출 및 원활한 피드백 제공의 발판이 된다.

(2) 상호화합하기

집단원들의 개인차나 감정의 대립을 조율하고, 의견 불일치가 일어날 때 갈등을 해결하도록 시도하며, 만약 갈등이 일어난 상황에서는 긴장을 완화시키고 해소하는 역할을 한다. 만약 이러한 역할을 집단원 혼자서 반복적으로 이루어진다면 자신이 해결해야 한다는 책임감과 의무감으로 부담스럽거나 역효과가 날 수도 있음을 주의한다.

TIP

➤ 집단원들의 개인차나 감정의 대립을 조율하고, 의견 불일치가 일어날 때 갈등을 해결하도록 시도하며, 만약 갈등이 일어난 상황에서는 긴장을 완화시키고 해소하는 역할을 한다.

(3) 협의하기(절충하기)

집단 안에서는 여러 가지 상황들이 전개된다. 이 중 집단 안에서 갈등 상황에 놓였을 때 자신의 입장에서 양보를 하거나 잘못을 인정하거나, 집단의 조화를 위해서 자발적 주도의 역할을 통해 집단의 의견을 따르기 위해 타협하는 행동을 한다.

(4) 소통의 촉진

집단원을 격려하거나 촉진함으로써(예 : "우리는 아직 ____의 생각을 들어보지 못했는데……" 등), 혹은 의사소통이 잘되도록 흐름에 대한 규칙을 제안함으로써(예 : " 여기 있는 모든 집단원이 이야기할 수 있도록 시간을 제안하는 것이 어떨까요?" 등으로) 소통을 촉진해서 효과적으로 상담을 이어나갈 수 있도록 노력하는 행동이다.

TIP

(5) 기준 정하기

집단의 기능을 최대화할 수 있도록 집단의 기준을 설정하거나, 기준들을 집단과정 평가에 적용하는 역할이다.

(6) 집단관찰하기

집단과정을 여러 가지 방향에 대하여 지속적으로 관찰·기록하고 자료를 해석하여 집단과정에 대한 평가를 제공하는 역할이다. 이러한 관찰행동은 지속적이고 꾸준하게 집단과정에서 진행되는 것이 중요하다.

(7) 방관하기

집단활동에서 구경하는 사람들의 모습을 보이며 집단의 제안이나 의사결정 등 수동적인 의사표현과 비적극적인 참여의 태도를 보인다. 주도적이거나 적극적인 참여를 통한 집단응집력 형성에 도움이 되도록 해야 한다.

(8) 따라가기

집단활동에 적극적으로 참여하고 의견을 결정하거나 토의할 때 잘 들어주며, 다른 집단원의 생각을 수용함으로써 집단의 진행에 따라가는 역할이다. 적극적으로 참여하고 무조건 수용적으로 따라간다고 해서 집단이 성장한다고 보기는 힘들다. 주어진 집단의 상황에 맞게 고려되어야 한다.

3) 개인역할

집단중심보다는 개인중심의 욕구를 위하여 보이는 행동을 말하는 것으로 집단과업의 역할, 집단성장 및 유지의 역할이 집단중심의 역할이라고 본다면 개인역할은 개개인의 집단원의 모습이라고 볼 수 있다. 이러한 모습은 집단응집력이나 집단활동에 도움이 되지 않는다고 생각할 수 있지만 개인의 역할 또한 집단목표 달성을 위해 중요한 사항이다. 즉, 집단에 대한 기여도보다 개인적인 욕구를 추구하는 데 초점을 두는 역할 행동을 말한다.

Karau와 Williams(1993; 1997)는 집단에서 구성원들은 개인적으로 가치를 두는 목표를 달성하는 데 자신의 노력이 유용함을 지니고 지각하는 만큼 노력한다고 본다. 집단이 가치 있는 결과를 얻는 데 자신의 노력이 중요하다고 생각하며(Karau·Williams, 1997), 개인 기여의 도구성이 높을수록 집단과제 수행에서 개인의 노력이 증가하며, 그에 따라서 집단 수행에도 긍정적인 영향을 미칠 수 있다.

개인역할로는 직간접 공격하기, 차단하기, 자기중심적 독점, 적극적 참여하지 않기, 우월한 사람, 도움 의존하기, 조언하기, 상처 매듭짓기, 지적인 행동에 치우치기, 의도적인 집단 맞춤, 맞지 않는 이야기하기가 있다.

TIP

➢ 개인역할로는 직간접 공격하기, 차단하기, 자기중심적 독점, 적극적 참여하지 않기, 우월한 사람, 도움 의존하기, 조언하기, 상처 매듭짓기, 지적인 행동에 치우치기, 의도적인 집단 맞춤, 맞지 않는 이야기하기가 있다.

(1) 직간접 공격하기

집단원이나 집단상담자들에게 직접적인 공격이나 행동은 집단의 분위기를 저해하고 나쁜 영향을 미친다. 그럼에도 그들을 흠집 내거나 다른 집단원들의 의견, 행동, 가치관들에 대해 비난하기도 하고 공격적·비판적인 말을 하거나, 빈정대거나, 상대가 상처를 받을 수 있는 농담으로 집단의 분위기를 저해하거나 집단원을 난처하게 한다.

이들은 간접적인 방법으로 결석을 하거나 지각을 하는 등의 모습을 보이기도 하며 방어적인 태도를 보이기도 한다.

집단 초기에 나타나는 공격적인 행동에 대한 감정을 집단원들이 표현하기 어려워한다. 이때 집단상담자는 집단의 분위기와 올바른 집단방향을 위하여 이런 행동에 직면하는 태도가 필요하다.

(2) 차단하기

집단에서 저항적인 태도를 보이거나 좋지 않은 의미의 부정적인 태도를 보

TIP

인다. 집단흐름에 맞지 않거나 필요하지 않는 내용으로 다른 집단흐름의 맥을 끊거나 끼어들기, 다른 집단원의 의견이나 주장을 받아들이지 않고 부정적으로 반론한다. 집단상담자의 의견이나 제안에도 협조적이지 않는 태도를 보이며, 집단에서 결정하고 논의된 내용에 반박을 일삼는 태도를 보이기도 한다.

(3) 자기중심적 독점

자기중심적으로 집단의 활동을 독점하며 자신이 중심이 되고 싶어 하는 요구를 가지고 집단을 리드하려고 행동하는 형태로 볼 수 있다. 집단상담자가 방향에 맞게 집단을 이끌어 나가는 것과는 달리 모든 것이 자신의 이야기인 것처럼 끼어들고 집단원보다 더 많은 이야기를 독점하기도 한다. 집단의 발전과 방향에 관련이 없다고 느끼거나 자신의 주관적인 생각에 대해 거론하기도 한다.

집단 초기에 자기중심적 독점은 집단의 분위기를 자연스럽게 만들어 주거나 유쾌한 분위기로 시작될 수 있지만, 이런 행동이 반복되면 집단원들이 거부감을 느끼게 될 수 있다.

집단 안에서의 자발적인 대화로 자연스럽게 해결되면 좋지만 그렇지 못 할 경우에 집단상담자는 집단에 어떠한 영향을 주는지 알아차리고 직접적인 피드백을 통해 집단의 분위기를 바로잡아야 한다.

(4) 적극적 참여하지 않기

> 집단활동에 적극성을 보이지 않고 잘 참여하지 않고 냉담하거나 방관하는 행동을 한다. 집단 안에서 방관적인 태도를 보인다거나 일부러 무관심한 태도를 나타냄으로 집단의 분위기를 저해하고 집단응집력을 떨어뜨린다.

집단활동에 적극성을 보이지 않고 잘 참여하지 않고 냉담하거나 방관하는 행동을 한다. 집단 안에서 방관적인 태도를 보인다거나 일부러 무관심한 태도를 나타냄으로써 집단의 분위기를 저해하고 집단응집력을 떨어뜨린다. 이런 집단원은 집단과정에 적극적으로 참여하는 척 하다가 그러지 않은 모습을 보이는 수동적으로 공격적인 성향이 보인다. 집단원이 적극적으로 참여하지 않는 이유는 자발적인 집단참여가 아니거나, 집단에 대한 믿음과 흥미가 없는 경우 등 여러 가지가 있을 수 있다. 이럴 경우 적극적으로 참여하지 않는 사람

TIP

에 대해 정확히 알 수 없기에 긴밀한 관계로 발전이 될 수 없고, 적극적으로 참여하는 집단원들은 적극적으로 참여하지 않는 집단원에게 관찰을 당하는 느낌을 받아 좋지 않은 감정을 느끼게 할 수 있다.

(5) 우월한 사람

동일한 주제와 목표를 가지고 시작되는 집단 안에서 자신은 다른 집단원들보다 우월하다고 생각하고 참여하는 이들이 있다. 나이가 많다거나 지위가 높은 우월함을 내세워 집단 안에서 자신의 권위로 지위하고 통제하려는 역할을 한다. "나는 이런 문제들을 다 겪어봤고 그렇기 때문에 너희들에게 도움을 줄 수 있다. 그래서 도와주기 위해서 집단에 참여하게 되었다." 등의 주도적인 역할과 지위로 다른 집단원으로 하여금 참여를 저해시키고, 이러한 태도로 집단원의 이야기를 차단하거나 단절시키기도 한다.

(6) 도움 의존하기

집단상담자나 집단원이 자신을 도와줘야 하고 자신의 역할과 임무를 정해주도록 바란다. 자신 스스로는 아무것도 할 수 없는 것처럼 행동하거나 개인의 혼란스러운 감정을 과장하고 자신 대신 책임을 지도록 유도하기도 한다. 이런 의존적인 행동은 문제를 일으킨다.

도움 의존자의 경우 자신의 욕구와 알고자 하는 욕구를 다른 집단원을 통해 얻어 내고 이런 과정이 반복되면서 도움 의존자에게 이용되는 집단원이 생길 수 있다. 그러나 그는 다른 집단원이 그에게 이용당한 뒤 어떻게 느끼고 다른 집단원들이 자신과의 거리를 두고 불편해 하는 이유에 대해서 잘 모른다.

이런 의존성이 계속 일어나게 되면 자기가 얻고자 하는 깨달음이나 정보 등을 직접적으로 받아들일 수 없고 이로 인해 집단상담의 목적이 퇴색되기도 한다. 집단의 참만남을 위해서는 스스로 자기성찰과 성장에 노력해야 집단에서 본질적으로 얻고자 하는 것을 달성할 수 있을 것이다.

TIP

➤ 다른 집단원에게 자신의 지각이나 의견을 제공해 주는 것과는 달리 그 사람에게 어떻게 느껴야 하고 또 해야 할 것과 하지 말아야 할 것을 말해 주는 행동이다.

(7) 조언하기

다른 집단원에게 자신의 지각이나 의견을 제공해 주는 것과는 달리 그 사람에게 어떻게 느껴야 하고, 또 해야 할 것과 하지 말아야 할 것을 말해 주는 행동이다. 충고는 해주는 사람의 주관적인 느낌이나 가치관이 개입되기 때문에 받는 사람에게는 별로 도움이 되지 못 한다. 충고를 해주는 사람은 자기 자신의 충족되지 못한 요구를 그가 주는 충고를 통하여 무의식중에 충족시키려고 하는 것이라고 볼 수 있다. 그리고 충고를 함으로써 자신이 자기를 취급하는 위험에서 풀려나려는 것이다. 뿐만 아니라 충고를 함으로써 자신의 문제에서부터 주의를 다른 데로 돌리고 집단이 자기를 취급하는 위험에서 풀려나려는 것이다. 뿐만 아니라 충고를 함으로써 자신의 문제에서부터 주의를 다른 데로 돌리고 집단상담자보다 우월성을 나타내려고 하며, 도움의 대상이 되는 집단원에 대한 경멸과 적개심을 은폐하려고 한다(Powdermaker·Frank, 1953). 그러므로 이런 행동들에 대한 단순한 반응만으로는 많은 도움이 되지 못하고, 왜 그런 충고를 하게 되었는지 스스로 생각하고 느낄 수 있도록 도와주는 자세가 필요하다.

(8) 상처 매듭짓기

집단원의 아픔을 털어 놓거나 슬픔을 느낄 때, 위로의 말을 건네면서 감정을 만져 줄 수 있는 행동으로 상처를 알아차리고 보듬어 주며, 아픔에서 벗어날 수 있도록 도와주는 것이다. 이렇게 행동하는 이유는 다른 집단원이 보이는 행동을 보는 것이 불안하고 어떻게 해야 할지 모르기 때문이다. 대부분의 상황에서는 여유를 가지고 슬픔을 느껴 보기도 하고 표현하는 것이 개인의 발전에 도움이 되는 것인데, 급하게 상처를 매듭지어 버리면 도리어 그 사람의 발전 기회를 저해할 수 있을 것이다. 아픔과 고통이 성장을 이루는 발판이 된다면 그러한 경험 또한 제공되어야 하고 이로 인해 자기성찰의 기회가 될 수 있다.

TIP

(9) 지적인 행동에 치우치기

객관적으로 분석하고 지각된 것을 정리하는 부분도 집단과정에서 필요하다. 그렇지만 이와 같은 면은 정서적인 부분과 연결되지 않으면 안 된다. 지적인 행동과 정서적인 부분과 많은 연관이 되어 있지만 이를 인지하지 못하고 느낌 없이 지적인 행동에만 치우친다면 안 될 것이다. 이런 행동은 집단 전체나 집단원 개인에게도 감정을 저해하게 만든다. 자기성찰을 하고 자신을 알아차리는 자기발전의 기회를 갖는 데는 이러한 지적인 행동에만 치우치는 것은 도움이 되지 않는다.

(10) 의도적인 집단 맞춤

집단에서 자신의 만족과 성찰보다 다른 집단원에게 인정받고자 하는 욕구가 강해 자신에게 초점을 두는 것이 아니고 다른 집단원에게 중심을 두고 그들이 원하는 방향으로 맞추고자 노력한다. 겉으로 볼 때에는 집단활동에 아주 적극적으로 참여하고 집단발전에 이바지하는 것처럼 보이고 집단원들과 친밀한 관계를 보이지만 속으로는 자신과 다른 집단원에 대해서 적개심을 갖고 있다. 그럼에도 자신의 감정을 솔직하게 표현하지 못함으로써 집단에서 얻고자 하는 자기성찰과 진정한 만남을 초래할 수 없게 된다. 여기에서 유능력한 집단상담자는 이런 행동을 알아 치리고 자기노출을 할 수 있도록 이끌어 나갈 수 있다.

➤ 집단에서 자신의 만족과 성찰보다 다른 집단원에게 인정받고자 하는 욕구가 강해 자신에게 초점을 두는 것이 아니고 다른 집단원에게 중심을 두고 그들이 원하는 방향을 맞추고자 노력한다.

(11) 맞지 않는 이야기하기

모든 세상 문제에 관심을 갖고 많은 지식과 식견을 가진 것처럼 집단주제나 집단과정에 맞는 이야기가 아닌 집단 외의 다른 사건이나 이야기들을 집단 내에서 이야기하려 한다. 집단과정에서 분위기 전환의 목적으로 하는 이야기와는 다른 것을 의미한다. 이런 집단원은 자기개방이나 노출이 두려워 집단의 관심을 다른 사건이나 이야기로 돌리려고 하는 것이다. 이때 집단상담자는 적절한 반응으로 그가 하는 이야기가 집단에 맞지 않음을 인식시킬 수 있는 역

TIP

할을 함으로써 집단의 방향을 제자리로 옮겨 놓는다.

집단원의 역할기능에 대해서 살펴봤다. 본 저서에서 살펴본 내용들 외에도 집단원의 역할과 기능은 더 다양하다. 때로는 집단의 목적달성을 위해 촉진제 역할을 하기도 하고, 그와는 반대로 집단에 악영향을 끼치는 역할을 하기도 한다. 그러나 자신이 집단활동을 통해 얻고자 하는 것과 목표가 있다면 집단 과정에 맞는 자신의 역할을 스스로 찾아 성공적인 집단활동이 될 수 있을 것이다.

이러한 집단활동을 성공적으로 만들기 위해서는 집단구성원에 대한 파악과 관심, 자기 자신에 대한 변화에 끊임없는 자기관찰, 참여태도, 집단의 역할기능에 대한 분석 등이 있다. 이런 다양한 분석을 통한 집단 알아차리기, 즉 집단에 대한 정확한 탐색을 위해 <표 4-1> 집단역할 기록지와 <표 4-2> 집단원 자기평가양식을 활용하면 보다 효과적인 집단상담을 진행하는 데 도움이 될 것이다.

표 4-1 집단역할 기록지

집단회기 :	날짜 :	상담자 :	
1. 집단과업의 역할	집단원	행동관찰	특이사항
• 제안하고 창안하기			
• 정보탐색과 제공하기			
• 의견모색과 제공하기			
• 조정하기			
• 방향 제시하기			
• 평가하기			
• 분위기 전환하기			
• 진행지원하기			
• 기록하기			
2. 집단성장 및 유지의 역할			
• 격려하기			
• 상호화합하기			
• 협의하기, 절충하기			
• 소통의 촉진			

TIP

• 기준정하기			
• 집단관찰하기			
• 방관하기			
• 따라가기			
3. 개인역할			
• 직·간접 공격하기			
• 차단하기			
• 자기중심적 독점			
• 적극적 참여하지 않기			
• 우월한 사람			
• 도움 의존하기			
• 조언하기			
• 상처 매듭짓기			
• 지적인 행동에 치우치기			
• 의도적인 집단 맞춤			
• 맞지 않는 이야기하기			

자기평가를 하기 위한 자기보고질문지로 문항에 따라서 답변한다.

척도는 1에서 5까지를 사용하고, 1은 집단원으로서 '나와 일치되는 경우가 거의 없음'이며, 5는 '나와 거의 항상 일치됨'이다.

표 4-2 집단원 자기평가 양식집단원

순번	내용	나와 일치되는 경우가 거의 없다	나와 일치되는 경우가 가끔 있다	보통이다	나와 조금 일치된다	나와 거의 항상 일치된다
1	나는 적극적인 집단원이 되려고 애쓴다.	①	②	③	④	⑤
2	나는 이 집단에서 개인적으로 열중할 것이며 아울러 내가 가지고 있는 현재의 문제를 집단원과 기꺼이 공유할 것이다.	①	②	③	④	⑤
3	나는 이 집단에서 새로운 행동을 실험해 보려는 의지를 가진 나 자신의 모습을 보게 된다.	①	②	③	④	⑤
4	나는 집단과 관련성이 있는 반응을 표현하기 위해 노력한다.	①	②	③	④	⑤

TIP

5	나는 집단에서 안전감을 느끼는 데 방해가 되는 것이 있다면 그것에 대해 말할 수 있다.	①	②	③	④	⑤
6	나는 집단원이 어떤 방식으로 나에게 영향을 주는가에 대해 알려주려고 한다.	①	②	③	④	⑤
7	나는 내가 가지고 있는 목표와 집단으로부터 내가 원하는 것을 분명하게 하려고 애쓴다.	①	②	③	④	⑤
8	나는 다른 집단원의 말을 주의 깊게 경청하고, 그들에게 직접적으로 반응을 보인다.	①	②	③	④	⑤
9	나는 내가 집단원들을 어떻게 보고 있으며 내가 그들에 의해 어떻게 영향을 받는지에 대해 피드백을 함으로써 다른 집단원을 바라보는 나의 지각을 공유한다.	①	②	③	④	⑤
10	나는 내가 가지는 두려움, 걱정, 집단참여에 대한 관심을 말로 나타낼 수 있다.	①	②	③	④	⑤
11	나는 집단에서 하는 여러 가지 활동에 열중할 의지가 있다.	①	②	③	④	⑤
12	나는 일반적으로 집단회기에 참여하기를 원한다.	①	②	③	④	⑤
13	나는 집단원이 도움을 청하지 않아도 그들을 지지해 줄 수 있다.	①	②	③	④	⑤
14	나는 집단에서 신뢰를 형성하는 데 적극적인 역할을 한다.	①	②	③	④	⑤
15	나는 개방적이어서 방어적이지 않은 방식으로 피드백을 고려한다.	①	②	③	④	⑤
16	나는 집단에서 배운 교훈을 집단 밖에서 실행할 방안을 찾는다.	①	②	③	④	⑤
17	나는 지도자에 대한 나의 반응에 주의를 기울이고 그들이 어떤지에 대해 표현한다.	①	②	③	④	⑤
18	나는 집단에서 나 자신과 다른 집단원에게 꼬리표를 붙이는 일을 하지 않는다.	①	②	③	④	⑤
19	나는 집단에서 다른 사람에게 질문하고 조언해 주는 일을 하지 않는다.	①	②	③	④	⑤
20	나는 내가 집단에서 얻고 있는 것과 놓치고 있는 것에 대해 책임을 진다.	①	②	③	④	⑤

▷▶ 출처 : Gerald Corey, Marianne Schneider Corey, Patrick Callanan, J. Michael Russell(2005). 집단상담기법. 서울: 시그마프레스. pp.127-128.

요 약

✓ 집단원(group member)이란 집단상담에 참여하는 사람을 말하며, 심리적인 문제 해결, 인간관계의 어려움을 극복, 성격상 결점을 보완, 친근한 인간관계 형성을 위한 대상 발굴, 단지 대화를 나눌 수 있는 사람들을 만나고 싶어서, 집단상담자가 되기 위한 필수 과정, 청소년 비행에 대한 법원의 판결을 따르기 위해서 등의 다양한 이유로 집단상담에 참여하게 된다.

✓ 자기관찰은 높은 자기관찰자와 낮은 자기관찰자 두 유형으로 분류할 수 있다. 높은 자기관찰자는 자신의 사회적 행동이 상황적 및 대인 관계에 적합한지에 관심을 가지고, 사회적 상황에서 다른 사람들의 표현이나 자기 제안에 민감하기 때문에 이러한 실마리를 자신의 언어·비언어적 자기표현의 관찰로 사용한다. 낮은 자기관찰자들은 상황에 따른 자기 제안을 할 때, 적합한 사회적 정보에 관심을 갖기보다 자신의 태도나 감정 상태를 행동의 기준으로 삼기 때문에 느끼고 있는 그대로 표현한다.

✓ Wallach와 Strupp(1960)은 상담자에 대한 내담자의 기대가 충족이 되면 상담과정이 보다 효과적으로 보일 것이고 상담자 역시 긍정적인 사람으로 지각된다고 했다. 그러므로 기대되어지는 도움의 상황과 주어지는 도움의 상황 간의 일치성이 집단상담에 있어서 중요한 역할을 한다.

✓ 집단에 참여하게 되는 동기는 그 사람의 내면에서 생산된다. 각각의 환경이 다르듯이 사람들의 서로 다른 성장 배경과 성격, 능력과 소질, 적성, 흥미와 관심, 신념, 가치관, 태도는, 집단 참여 동기에 직접적이거나 간접적으로 영향을 끼친다. 이 중 집단활동에 부정적인 영향을 미치는 인간의 이기적인 동기는 집단의 방향 및 크게는 집단의 목표에도 영향을 미친다.

✓ Kerr(1983)은 자신이 집단에 기여한 부분이 직접적·간접적으로 개인에게 이익이 되어야 한다는 상호성 규범, 개인이 지각하는 형평성 규범, 집단 모든 구성원이 집단을 위해 기여해야 한다는 사회적 책임 규범에 위협이 되고, 개인을 이런 위협으로부터 발생하는 긴장을 해소하고 집단규범들을 유지해 나가기 위해 자신이 기여하는 노력의 정도를 감소시키는 행동을 하게 된다.

✓ 집단상담자와 집단원은 과업과 관련된 여러 가지 역할 수행을 통해서 집단의 목적달성을 촉진하고 조정의 기능, 즉 집단이 소기의 목적을 성취하는 것을 돕는 일정한 역할이라고 볼 수 있다. 다양한 역할들 중에서 과업성취에 도움이 되는 집단원의 아홉 가지 과업역할로는 제안하고 창안하기, 정보탐색과 제공하기, 의견모색과 제공하기, 조정하기, 방향 제시하기, 평가하기, 분위기 전환하기, 진행 지원하기, 기록하기가 있다.

✓ 집단의 성장을 촉진하거나 유지시키는 활동은 집단목적을 달성하는 데 필요한 요인 중 한 부분으로 집단이 형성되는 초기 집단부터 마지막 회기까지 관계의 유지와 성장은 집단원 간의 원만한 관계형성과 집단 응집력을 높여 성공적인 집단이 되는 데 기여할 것이다. 즉, 집단의 응집력을 바탕으로 심리적인 측면의 문제들을 가지고 관계형성과 의사소통에 초점을 두고, 집단성장 및 유지의 역할로는 격려하기, 상호화합하기, 협의하기, 절충하기, 소통의 촉진, 기준정하기, 집단관찰하기, 방관하기, 따라가기가 있다.

✓ 집단중심보다는 개인중심의 욕구를 위하여 보이는 행동들로 개개인의 집단원의 모습이라고 볼 수 있다. 즉, 집단에 대한 기여도보다 개인적인 욕구를 추구하는 데 초점을 두는 역할행동을 말하고, 이런 개인역할로는 직·간접 공격하기, 차단하기, 자기중심적 독점, 적극적 참여하지 않기, 우월한 사람, 도움 의존하기, 조언하기, 상처 매듭짓기, 지적인 행동에 치우치기, 의도적인 집단 맞춤, 맞지 않는 이야기하기가 있다.

연습문제

- 집단구성원에 대하여 설명하시오.

- 집단원의 자기관찰이 집단 효율성에 미치는 영향에 대해 논하시오.

- 집단원의 두 가지 자기관찰 유형에 대해 설명하시오.

- 집단원의 집단참여태도가 집단활동에 미치는 영향에 대해 논하시오.

- 집단원의 동기수준이 집단에 미치는 영향에 대해 논하시오.

- 집단원의 세 가지 역할 기능에 대해 약술하시오.

- 집단과업의 역할 중 다섯 가지에 대해 약술하시오.

- 집단성장 및 유지의 역할 중 다섯 가지에 대해 약술하시오.

- 개인역할 중 다섯 가지에 대해 약술하시오.

Chapter 05

집단상담의 과정

TIP

▸ 집단상담에서 발달과정은 연속선상에 있기 때문에 각 과정을 명확하게 구분하기는 쉽지 않다. 그러나 집단과정을 효과적으로 발달시키고, 집단과정의 이해를 도모하기 위해 상담자들은 몇 개의 단계로 구분하여 설명하고 있다.

집단상담에서 발달과정은 연속선상에 있기 때문에 각 과정을 명확하게 구분하기는 쉽지 않다. 그러나 집단과정을 효과적으로 발달시키고, 집단과정의 이해를 도모하기 위해 상담자들은 몇 개의 단계로 구분하여 설명하고 있다. 집단의 발달단계는 상담자들마다 각기 견해가 다르다(Corey & Corey, 2002; Mahler, 1969; Muro & Kottman, 1995; Myrick, 2002).

Mahler(1969)는 형성, 차이, 전환, 작업, 종결의 5단계로 나누어 설명하고 있고, Schutz(1973b)는 융합, 통제, 애정의 3단계로 나누어 설명했다. Napier와 Gershenfeld(1973)은 시작의 단계, 대결을 향한 움직임의 단계, 정서와 과제의 연합을 통한 재평가 단계, 해결과 재순환의 단계로 구분하고 있으며, Hansen, Warner와 Smith(1980)는 집단의 시작, 갈등과 대결, 응집성의 발달, 생산, 종결로 구분한다. 또한 Gazda(1989)는 탐색, 전환, 작업, 종결의 4단계로, Yalom(1985)는 오리엔테이션과 참여에 주저하는 것·의미추구, 갈등·지배·반항, 응집·신뢰·사기의 증가·자기-드러내기의 3단계로 설명하고 있다. Corey(1995)의 경우 시작, 추이, 작업, 종결의 4단계로 구분하고 있으며, 이러한 상담자들의 집단 발달과정에 대한 구분을 정리해 보면 다음 <표 5-1>과 같다.

따라서 이번 장에서는 다른 상담자들이 제시한 모델에 기초하여 집단상담의 과정을 집단형성단계, 도입단계, 갈등단계, 작업단계, 종결단계의 다섯 단계로 나누어 각 과정의 특징과 다루어야 할 요소에 대해 살펴보고자 한다.

TIP

표 5-1 상담자별 집단의 발달단계

상담자명	연도	집단의 발달단계
강진령	2005	1. 준비 단계(예비집단) 2. 탐색 단계 3. 생산 단계 4. 통합 단계
이장호, 김정희	1992	1. 참여 단계 2. 과도적 단계 3. 작업단계 4. 종결단계
이현림 외	2007	1. 집단형성 단계 2. 시작(참여) 단계 3. 과도기적 단계 4. 작업단계 5. 종결단계
이형득 외	2002	1. 도입단계 2. 준비 단계 3. 작업단계 4. 종결단계
Corey	1995	1. 초기(initial) 단계 2. 추이(transition) 단계 3. 작업(working) 단계 4. 종료(ending) 단계
Gazda	1989	1. 탐색 단계 2. 전환 단계 3. 작업단계 4. 종결단계
Hansen, Warner & Smith	1976	1. 시작 단계 2. 갈등과 대결의 단계 3. 응집성 단계 4. 생산 단계 5. 종결단계
Mahler	1969	1. 형성 단계 2. 차이 단계 3. 전환 단계 4. 작업단계 5. 종결단계
Napier & Gershenfeld	1973	1. 시작 단계 2. 대결을 향한 움직임의 단계 3. 정서와 과제의 연합을 통한 재평가 단계 4. 해결과 재순환의 단계
Rogers	1970	1. 혼동과 무질서 2. 사적 자기노출에의 저항 3. 과거 느낌의 진술 4. 부정적 느낌의 표현 5. 개인에게 의미 있는 자료의 노출과 탐색 6. 집단 내에서의 즉시적 대인간 느낌의 표현 7. 집단 내에서의 치료적 능력의 발달 8. 자기수용 및 변화의 시작 9. 가면의 파괴 10. 피드백 주고받기 11. 맞닥뜨림 12. 집단 밖에서의 조력 관계의 발달 13. 참만남 14. 긍정적 느낌과 친근감의 표현 15. 집단 내에서의 행동변화
Schutz	1973	1. 융합 단계 2. 통제 단계 3. 애정 단계
Yalom	1985	1. 오리엔테이션과 참여에 주저하는 것, 의미 추구의 단계 2. 갈등, 지배, 반항의 단계 3. 응집, 신뢰, 사기의 증가, 자기-드러내기의 단계

TIP

1 집단형성단계

집단이 시작되기 전에 집단을 계획하고 구성하는 단계로 집단을 구성할 때 기본적으로 갖추어야 할 요소들을 결정한다. 상담자는 집단과정이 효과적으로 진행될 수 있도록 집단형성과정에 세심한 주의를 기울여야 한다. 따라서 집단의 목적을 분명히 하고 목적에 따라 집단원을 선정하여야 하며, 크기와 일정, 장소, 상담 시간 및 횟수, 집단의 형태 등 집단에 대한 구체적인 계획을 세우고 준비한다.

> 따라서 집단의 목적을 분명히 하고 목적에 따라 집단원을 선정하여야 하며, 크기와 일정, 장소, 상담 시간 및 횟수, 집단의 형태 등 집단에 대한 구체적인 계획을 세우고 준비한다.

1) 집단구성원의 선정

집단구성원을 선정하기 위해 성별, 연령, 성숙도, 성격 차이 등을 고려해야 한다. 이를 위해 상담자는 참여하고자 하는 내담자들을 미리 한 명씩 면담하여 집단의 목표와 내담자의 개인적인 목표의 일치 여부, 내담자의 개인 생활 배경과 성격 특성에 따른 집단에의 적응 여부 및 집단 응집성의 기여도 등을 고려하여 어떻게 집단을 구성할 것인지를 결정한다.

> 집단의 목표와 내담자의 개인적인 목표의 일치 여부, 내담자의 개인 생활 배경과 성격 특성에 따른 집단에의 적응 여부 및 집단 응집성의 기여도 등을 고려하여 어떻게 집단을 구성할 것인지를 결정한다.

집단의 목적과 기능에 따라 동질적인 구성원들의 배경적 특성이 효과적일 수도 있으나, 때로는 다양한 배경을 가진 이질적인 구성원들의 집단이 경험을 더욱 풍부하게 하여 역동적인 발달이 잘 일어날 수도 있다. 예를 들면 아동이나 청소년들은 연령이나 사회적 성숙도가 동질적인 것이 바람직하나, 성별이나 성격 특성에 따라서는 이질적인 집단이 더 효과적이다.

또한 이 과정에서 상담자는 집단에 대한 상담자와 내담자 양측의 기대를 포함한 설명을 통해 예비 집단원들에게 집단 참여의 이점 및 사적인 대화와의 차이점을 파악하게 하는 등 과정에 대한 이해를 도모하여 내담자로 하여금 집단의 구성원이 될 것인지 스스로 결정하게 할 수 있다.

TIP

> 적절한 집단의 크기에 대해서는 학자에 따라 서로 의견이 다르지만 일반적으로 6~8명이 집단원들의 다양성을 인정할 수 있으며, 적당한 참여 기회를 제공할 수 있기 때문에 가장 이상적으로 보고 있으나 실제로는 보통 6~12명 사이에서 집단의 크기가 결정된다.

2) 집단의 크기

집단의 크기는 집단의 역동 및 집단상담의 효과와 직접적으로 관련되므로 집단의 크기를 결정할 때에는 집단의 목표와 내담자들에게 기대하는 몰입 정도를 고려하여야 한다. 적절한 집단의 크기에 대해서는 학자에 따라 서로 의견이 다르지만, 일반적으로 6~8명이 집단원들의 다양성을 인정할 수 있으며, 적당한 참여 기회를 제공할 수 있기 때문에 가장 이상적으로 보고 있으나 실제로는 보통 6~12명 사이에서 집단의 크기가 결정된다.

집단의 크기가 너무 크면 각 집단원들이 상담과정에 실질적으로 참여할 수 없게 되어 개인적인 문제를 제대로 탐색할 기회가 적어지며, 상담자가 집단원들에게 공평한 주의를 기울이지 못해 상호작용을 따라가는 데 어려움을 겪게 될 가능성이 높다. 반대로 집단의 크기가 너무 작으면 내담자들의 상호 관계 및 행동의 범위가 좁아지고 각각의 개인들이 받는 압력이 커질 수 있기 때문에 오히려 비효율적인 상황을 초래할 수 있다. 따라서 어린 아동들을 대상으로 할 때는 더 적은 수이어야 하며, 집단원이 10명 이상인 경우 공동지도자나 보조지도자가 한 명 더 참여하는 것이 효과적이다.

3) 상담 빈도 및 간격

집단상담의 적절한 시간은 집단원들의 연령, 집단의 성격, 모임의 빈도 등에 따라 다양하다. 집단원들의 연령에 따른 집중 시간을 고려하여 계획을 세우되 아동의 경우에는 20~40분 정도가 적절하며, 청소년은 1시간에서 1시간 30분, 성인은 1시간 30분에서 2시간 정도 진행하는 것이 일반적이다.

집단상담 진행 시 집단상담 여러 회기를 한 번에 모아 일반적인 집단상담 시간보다 더 오랫동안 진행하는 것을 '연속(마라톤)집단'이라고 한다. 연속집단은 한 번에 15시간 이상 진행되는데, 이렇게 장시간 지속되는 집단상담과정을 통해 집단원들은 연속적으로 몰입하여 다른 사람의 생각과 감정을 탐색하고 서로의 관계를 이해하며, 모험적인 대인관계에 대한 반응양식을 효과적으로 익힐 수 있는 기회를 접하게 된다.

집단에서 형성된 응집력 및 몰입도를 고려하여 모임은 보통 주 1회로 진행되나, 아동 대상 집단의 경우는 주 2회 정도 진행되어도 좋으며, 전체 횟수는 최소한 8~10회 정도로 잡는 것이 바람직하다.

TIP

- 집단에서 형성된 응집력 및 몰입도를 고려하여 모임은 보통 주 1회로 진행되나, 아동 대상 집단의 경우는 주 2회 정도 진행되어도 좋으며 전체 횟수는 최소한 8~10회 정도로 잡는 것이 바람직하다.

4) 장소

집단상담의 장소는 너무 크지 않으면서 외부의 방해를 받지 않을 수 있도록 조용하고 물리적으로 편안한 곳이어야 한다. 집단원 간의 친밀감 형성 및 효과적인 참여를 위해 모든 집단원들이 서로를 잘 볼 수 있고 이야기를 잘 들을 수 있는 공간이어야 한다. 보통 일렬이나 장방형으로 앉는 것보다 원형으로 앉는 것이 효과적이며 집단원이 자유롭게 자리를 선택할 수 있도록 할 수 있게 하는 것이 좋다. 일반적으로 바닥에 앉거나 의자를 사용하게 되는데, 둥근 책상을 사용하는 것은 안정감을 느낄 수 있다는 장점은 있지만, 신체활동이나 자유롭게 상호작용하는 데에는 방해가 될 수 있다.

- 집단상담의 장소는 너무 크지 않으면서 외부의 방해를 받지 않을 수 있도록 조용하고 물리적으로 편안한 곳이어야 한다.

5) 개방집단과 폐쇄집단

집단상담 운영에 있어서 개방적으로 운영할 것인지 폐쇄적으로 운영할 것인지의 여부는 집단의 목표에 따라 달라진다. 폐쇄집단은 집단을 시작할 때 참여한 사람들만으로 전 기간 동안 집단을 운영하고 도중에 탈락자가 생겨도 새로운 집단원은 받아들이지 않는다. 폐쇄집단은 집단상담의 효과적인 면에서 여러 가지 장점이 있으나 소규모 집단에서 두 명 이상의 집단원이 중도에 탈락할 경우에는 집단의 응집성이나 역동에 영향을 줄 수 있다. 이에 반해 개방집단은 집단의 전 기간을 통해 집단이 허용하는 한도 내에서 새로운 집단원

TIP

을 받아들인다. 따라서 개방집단은 새로운 집단원의 참여로 인해 집단 내에서 형성된 신뢰, 수용, 지지 등에서 문제가 야기될 수 있으며 간혹 집단의 흐름을 방해하기도 한다. 그러나 때로는 새로운 집단원의 참여가 집단과정에 활기와 도움을 줄 수도 있다.

2. 도입단계

➢ 집단상담자는 각 구성원에게 왜 이 집단에 들어오게 되었는가를 분명히 이해시켜주고 서로 친숙하게 해주며, 수용과 신뢰의 분위기를 형성하여 집단상담에서 새롭게 의미 있는 경험을 가지도록 이끌어 주어야 한다.

집단활동이 첫 출발을 하는 시기로, 집단상담자는 집단의 목적과 방향을 안내하고 집단원들은 서로에 대해 조심스럽게 탐색을 시작한다. 이 단계에서는 집단원들이 동기를 가지고 적극적으로 집단에 참여할 수 있도록 집단상담에 대한 충분한 오리엔테이션이 이루어져야 한다. 집단상담자는 각 구성원에게 왜 이 집단에 들어오게 되었는가를 분명히 이해시켜 주고 서로 친숙하게 해주며, 수용과 신뢰의 분위기를 형성하여 집단상담에서 새롭게 의미 있는 경험을 가지도록 이끌어 주어야 한다. 이 단계에서 집단원들은 집단에서 어떤 일이 일어날지, 어떻게 행동하고 말해야 좋을지 알지 못하여 불안해하고, 자기 개방에 부담을 느껴 불안해하거나 집단참여를 주저하는 등, 지도자에게 보다 의존적인 경향을 나타내는 특징을 보인다. 또한 집단원들은 집단의 기본 규칙과 집단에서의 자신의 역할이나 기능을 파악하려고 노력한다. 집단원들의 이러한 특징들을 상담자가 어떻게 다루고 동기를 유발시키느냐에 따라 집단의 역동과 전개 과정이 달라질 수 있으므로 도입단계는 매우 중요하다. 이 단계를 통해 집단원들은 자신의 목적을 규명하고 집단경험을 통해서 기대되는 것을 탐색할 수 있어야 한다. 도입단계는 한 번의 모임으로 완료되는 경우도 있고, 보다 어려운 집단에서는 5~6회기가 소요되기도 하지만, 일반적으로 집단의 총 회기를 10회기로 볼 때 집단 시작 후 1~2회기에 해당된다.

TIP

1) 특징

도입단계는 집단원 간의 신뢰감이 낮고, 목표가 불분명하며, 집단원들의 불안감이 높아 집단원 자신에 대한 초점을 회피하고 집단상담자에 대한 의존성이 높은 특징을 보인다. 또한 '지금-여기(Here and now)'보다는 '거기 그때(there and then)'에 초점을 보이는 경향성을 보인다.

2) 초기단계의 과제

이 단계에서 성취되어야 할 과제는 첫째, 집단원 소개와 예기 불안의 취급, 둘째, 집단의 구조화, 셋째, 집단에 참여하는 목적에 대한 명료화 및 행동목표의 설정이다.

(1) 집단원 소개와 예기 불안의 취급

집단상담자는 다른 단계에 비해 상대적으로 부족한 집단원들의 신뢰감을 높이기 위해 수용적이고 안전한 분위기에서 자신을 소개하고, 다른 집단원들과 인사를 나누는 과정을 통해 집단 참여에 대한 느낌과 기대를 서로 나누게 한다. 또한 새로운 상황에서 낯선 사람들을 맞닥뜨린 집단원들은 집단에 대한 적응과 수용에 대한 여부, 개방의 수준에 대한 예기 불안을 갖게 된다. 따라서 집단상담자는 집단원들이 부정적이든 긍정적이든 어떤 감정이나 생각도 존중되고 경청된다는 인식을 갖게 하여 이러한 불안을 감소시키고 긴장을 완화시켜 안정되고 신뢰로운 집단 분위기를 조성하도록 노력해야 한다.

집단원들의 불안감을 감소시키기 위해 집단상담자는 '적극적 경청'을 통해 각자의 두려움을 자유롭게 표현하고 이해받을 수 있는 기회를 마련함으로써 안정된 집단 분위기를 조성하고 집단과정을 촉진시킬 수 있다.

> ➤ 집단원들의 불안감을 감소시키기 위해 집단상담자는 '적극적 경청'을 통해 각자의 두려움을 자유롭게 표현하고 이해받을 수 있는 기회를 마련함으로써 안정된 집단 분위기를 조성하고 집단과정을 촉진시킬 수 있다.

TIP

➤ 목표 설정 시 집단상담자는 경청, 반영, 명료화 및 해석 등 여러 기술들을 활용하여 집단원으로 하여금 집단원 스스로뿐만 아니라 다른 집단원에 의해서도 목표달성 여부가 판별될 수 있도록 목표달성 여부를 확인할 수 있는 기준을 포함하여 가시적이고 구체적이며 조작적인 행동목표로 재진술하도록 도와야 한다.

(2) 집단의 구조화

집단의 구조화는 집단발달의 전 과정을 통하여 이루어져야 하지만 참여자들이 무엇을 해야 할지 또는 어떻게 행동해야 할지 궁금해 하고 불안해하는 초기단계에는 더욱 중요하다. 따라서 집단상담자는 참여자의 특성과 준비도를 고려하여 부담감과 의존성을 갖지 않도록 집단의 성격과 목적, 집단상담자의 역할, 집단의 진행절차, 그리고 지켜야 할 기본적인 행동의 규준 등에 관해 적절하게 설명하여 효과적인 집단 경험을 준비할 수 있도록 조력해야 한다.

(3) 행동목표의 설정

집단원들은 집단을 통해 경험하고 얻고 싶은 것이 무엇인지를 잘 모르기 때문에 집단의 참여 목표가 잠정적이고 모호할 수 있다. 구체적인 목표의 설정은 집단원들이 어떤 이유로 집단에 참여하고 있으며, 집단에서 무엇을 어떻게 할 것인지를 명확히 하여 집단상담의 효과를 높이고 집단의 성과에 대한 평가를 하는 데 있어 필수적이다. 따라서 집단상담자는 참여자들과 함께 구체적인 목표를 설정함으로써 집단원들이 자발적이고 적극적으로 집단에 참여할 수 있도록 조력해야 한다.

목표 설정 시 집단상담자는 경청, 반영, 명료화 및 해석 등 여러 기술들을 활용하여 집단원으로 하여금 집단원 스스로뿐만 아니라 다른 집단원에 의해서도 목표 달성 여부가 판별될 수 있도록 목표 달성 여부를 확인할 수 있는 기준을 포함하여 가시적이고 구체적이며 조작적인 행동목표로 재진술하도록 도와야 한다.

3) 집단상담자의 역할

도입단계에서 집단상담자는 집단원 간의 상호작용을 촉진시키고, 구조화 실시 및 모델로서의 역할을 하는 동시에 집단원의 저항이나 문제행동에 대해 대처함으로써 신뢰롭고 친밀한 분위기를 조성하여야 한다.

(1) 상호작용 촉진

집단원들의 긴장감과 불안감을 덜어 주고 집단원 사이의 상호작용을 높이기 위해 집단상담자는 공감적 이해를 바탕으로 재진술, 반영, 연결 등과 같은 기법을 통해 집단원들의 적극적인 참여를 유도해야 한다. 또한 집단원들에게 지지적이고 집단지향적인 태도를 보임으로써 어떻게 교류하고 상호작용을 해야 하는지에 대해 직접 시범을 보이고, 집단원들이 스스로 탐색해 볼 수 있는 기회를 제공한다.

(2) 구조화 및 상담자의 시범

집단 경험이 전혀 없거나 집단에 대해 잘 알지 못하는 집단원들은 집단에서 자신의 역할을 잘 모르기 때문에 적극적으로 참여하기 어렵다. 따라서 집단상담자는 집단원들에게 집단과정 및 집단에서의 역할을 구조화하고, 집단에서의 바람직한 행동을 집단원들에게 직접 본보기가 되어 시범을 보임으로써 집단원들에게 기대되는 행동이나 역할을 가르친다. 특히 집단의 초기에는 대화 방향이 집단상담자에게 집중되는 경향이 있으므로 적극적 경청 기법을 통해 집단원들이 서로 교류하고 상호작용할 수 있도록 연결시켜 주면서 자연스럽게 집단과정에 대해 교육할 수 있다. 집단상담자 스스로 인간행동에 대한 자기의 신념과 태도를 행동으로 명확하게 보여 줄 때 내담자들도 다른 사람의 다양한 신념을 받아들이게 된다. 집단원들은 집단상담자가 그들의 주관적 신념과 견해의 차이를 수용하며 자신의 주관적 경험을 존중하고 적극적으로 경청해 주는 것을 보면서 이와 같은 태도와 행동을 학습하게 된다. 또한 집단상담자의 자기 개방을 통해 집단원들도 솔직한 자기 개방 분위기가 조성되고, 다른 집단원이 집단상담자에게 있는 그대로 수용되고 긍정적인 관심과 배려를 받는 모습을 통해 집단원들은 자연스럽게 서로를 배려하고 있는 그대로 받아들이게 된다. 집단상담자가 직접 행동을 통해 모범을 보이는 것은 집단원들

TIP

➢ 집단상담자의 자기 개방을 통해 집단원들도 솔직한 자기 개방 분위기가 조성되고, 다른 집단원이 집단상담자에게 있는 그대로 수용되고 긍정적인 관심과 배려를 받는 모습을 통해 집단원들은 자연스럽게 서로를 배려하고 있는 그대로 받아들이게 된다.

TIP

이 서로 긍정적으로 상호작용하며, 적극적인 태도로 집단에 참여하게 만드는 가장 좋은 학습방법이다.

(3) 집단원의 저항, 문제행동에 대처

집단원들은 집단상담자가 자신에 대한 긴장감이나 적대감, 또는 문제행동을 보이는 집단원에게 어떠한 반응을 보이는지 집단상담자의 인내와 관용의 정도를 시험해 보기도 한다. 집단상담자의 대처방법은 직·간접적으로 집단의 발달에 영향을 주므로 집단상담자는 집단 내에서의 문제행동에 대해 명확하게 한계를 정하고, 집단원들에게 바람직한 학습효과를 가져다 줄 수 있어야 한다.

(4) 신뢰 기반의 집단 응집력 형성

집단상담자는 상담 집단의 분위기를 형성하고 유지하는 책임이 있다. 집단상담자는 집단원 개개인에 대해 무조건적인 존중을 통해 수용적이고 공감적인 반응을 보임으로써 집단원들이 집단을 안전하고 신뢰로운 곳으로 느낄 수 있게 분위기를 조성한다. 집단상담자는 집단의 규준을 설정하고 공유하는 것을 통해 집단원들이 각자 얻고자 하는 것을 성취할 수 있도록 촉진시킨다. 또한 집단원들이 집단에서 얻고자 하는 것을 집단을 통해 성취하고 있다는 느낌을 갖게 하여 집단의 만족도를 높이고 의미 있는 경험을 공유하게 함으로써 집단원 간의 친밀감을 높인다. 집단상담자는 모든 집단원들이 활발하게 참여할 수 있도록 유도하고 집단 내에서 일어나고 있는 것에 대한 생각과 느낌을 자유롭게 표출할 수 있도록 촉진하여 함께 한다는 공동체의식을 통해 응집력을 높이고 서로 신뢰할 수 있는 분위기를 조성한다.

3 갈등단계

갈등단계는 집단이 도입단계에서 작업단계로 발전해 나가는 과도기적 단계이다. 집단원들은 자기 자신에 대한 탐색을 시작하면서도 여전히 자신의 사적인 문제와 관심사를 공개할 준비가 되어 있지 않아 망설임, 저항, 방어, 통제, 다른 집단원과의 갈등, 집단상담자에 대한 도전 등 다양한 행동을 보이게 된다. 따라서 집단상담자는 이러한 집단원들의 다양한 정서 및 행동을 자각하고 정리하도록 도와야 한다.

1) 특징

이 단계는 집단원 간의 긴장과 저항이 특징이며 집단원들은 집단상담자와 다른 집단원들의 기대가 명백해짐에 따라 부정적 정서 반응에 의한 감정적 대립을 경험하게 된다. 따라서 집단원들의 불안감은 높아지고 자신을 통제하고 조절하는 노력이 나타나면서 방어적인 태도를 보일 수 있다. 이로 인해 집단원 간의 갈등이 표면화되면서 집단상담자에 대한 원망과 저항, 공격이 도전의 형태로 나타나게 된다. 집단상담자는 이러한 집단원의 방어와 갈등을 효과적으로 다루면서 집단원 간에 자연스럽게 응집력이 생성될 수 있도록 도와야 한다.

2) 갈등단계의 과제

갈등단계에서의 과제는 안정되고 신뢰로운 집단 분위기를 조성하여 행동변화를 촉진시킬 수 있는 작업단계를 준비하는 일이다. 이를 위해 집단상담자는 집단원들의 의존성, 저항, 갈등 등의 문제를 해결하고 응집성을 높이는 데 주의를 기울여야 한다.

TIP

> 갈등단계는 집단이 도입 단계에서 작업 단계로 발전해 나가는 과도기적 단계이다.

TIP

(1) 의존성

집단상담자는 계속해서 집단상담자가 집단에서 주도성을 가지고 지시하고, 충고하며 평가해 주기를 바라는 집단원들의 기대와 의존성에 직접적으로 반응하는 대신 반응의 방향을 집단원들에게로 돌려 집단원들이 스스로 다양하게 반응하게 유도함으로써 집단활동의 책임을 점차 집단원들에게 이양하는 것이 바람직하다고 볼 수 있다. 따라서 집단상담자는 집단과 집단의 과정을 신뢰하고 관망하면서 집단원들 중에서 집단상담자의 역할을 대행할 사람이 나타날 수 있도록 인내하고 집단에게 지도성의 책임을 나누어 가지도록 학습시켜야 한다.

(2) 저항

집단상담자가 주도적인 역할을 맡으며 집단원들이 편안하고 쉽게 참여할 수 있었던 도입단계와 달리 갈등단계는 상호작용의 초점이 개인적인 이야기로 옮겨지기 때문에 집단원들은 부담감과 불안을 경험하게 된다. 그로 인해 집단원들은 집단 참여에 조심하고 주저하게 되며 침묵을 지키거나 관찰자의 자세를 취하면서 대체로 안전한 문제나 자기 자신이 아닌 집단 밖으로 초점을 돌리게 된다. 이러한 반응들은 자기보호를 위한 노력으로 Corey(1995)는 저항을 자신과 다른 집단원들이 사적인 문제나 심층적 고민거리를 탐색하지 못하도록 방해하려는 무의식적 시도라고 설명하고 있다. 따라서 집단상담자는 집단원들의 위와 같은 반응들을 피할 수 없는 하나의 현상으로 인정하고 탐색하여 효과적인 방법으로 다루어야 한다. 집단상담자가 집단원의 저항을 이해하고 존중하며, 스스로 인정하고 처리하도록 격려하는 개방적인 집단분위기를 조성하여 성공적으로 저항을 다루게 되면 자연스럽게 집단원 간에 응집력이 형성된다.

(3) 갈등

집단원들의 저항이 어느 정도 처리되고 집단원들이 집단에 적극적으로 참여하기 시작하면 집단원들은 집단원 상호간 또는 집단상담자를 통제하고 지배하고자 하는 모습을 보임으로써 경쟁적·갈등적 모습을 보인다. 이와 같은 갈등은 먼저 집단상담자가 전통적인 지도력을 발휘하길 기대하는 집단원들의 적극적인 역할수행 요청에서 나타난다. 집단상담자가 집단원들의 요청에 응하지 않을 때 집단원들은 집단상담자의 능력에 관계없이 집단상담자를 공격하고 집단의 목적과 효과에 의문을 제기한다. 그러나 이러한 시도는 집단원들의 자율성을 위한 최초의 시도로 볼 수 있으므로 집단상담자는 자신에 대한 도전을 허용하고, 이를 공감하고 수용해야 한다. 갈등을 피하거나 숨기지 않고 직접 취급하는 모습을 통해 비판에 대한 개방적인 태도와 반응을 간접적으로 경험하게 하는 기회로 삼을 수 있다. 또한 집단상담자는 집단원들이 상호간에 나타나는 열등의식, 전이감정, 투사, 경쟁심 등에 기인한 적대감 또는 갈등을 필연적으로 인식하고 신뢰성을 강화하는 계기로 삼아 집단원들이 부정적인 감정의 자유로운 표현을 통해 집단의 안전성과 신뢰성을 경험할 수 있도록 격려한다.

(4) 응집성

저항과 갈등의 효과적인 해결을 통해 집단원들은 높은 사기와 '우리 집단'이라는 분명한 소속감을 갖게 된다. 또한 갈등과 경쟁이 감소되고 집단원들 사이에 수용이 학습됨에 따라 집단원들은 집단에 대한 적극적인 관심과 애착을 갖게 되어 집단과정에 보다 적극적으로 참여하게 되고 한층 깊은 수준에서 자기노출을 하게 된다. 집단 내에서 자기노출이 수용되고 공감되는 긍정적인 경험을 통해 집단원들은 상호간에 존중과 신뢰감을 발달시킨다. 또한 집단상담자와의 협력을 통해 집단의 응집성을 발달시키기 위해 노력한다. 그러므로 집단상담자는 집단의 응집성을 높이기 위해 스스로 모범을 보이며 신뢰성과 응집성을 높이는 데 도움을 주는 집단원의 긍정적인 반응과 행동을 강화하고,

TIP

➤ 집단원들의 저항이 어느 정도 처리되고 집단원들이 집단에 적극적으로 참여하기 시작하면 집단원들은 집단원 상호간 또는 집단상담자를 통제하고 지배하고자 하는 모습을 보임으로써 경쟁적·갈등적 모습을 보인다.

TIP

반대로 응집성을 저해하는 말과 행동을 무시하거나 부적강화를 함으로써 신뢰감과 응집성을 향상시킬 수 있다. 이러한 응집성은 작업단계에서의 행동의 변화를 이끌어 내는 데 중요한 역할을 하게 된다.

3) 집단상담자의 역할

➤ 갈등단계에서 집단상담자는 집단에서 표면화되는 불안, 저항, 갈등의 해결을 통한 응집력을 향상시키는 역할 뿐만 아니라 집단의 역동을 활성화 시키고, 집단원들에 대한 끊임없는 관심과 관찰을 통해 성장을 촉진시킬 수 있는 피드백을 제공해야 한다.

갈등단계에서 집단상담자는 집단에서 표면화되는 불안, 저항, 갈등의 해결을 통한 응집력을 향상시키는 역할 뿐만 아니라 집단의 역동을 활성화시키고, 집단원들에 대한 끊임없는 관심과 관찰을 통해 성장을 촉진시킬 수 있는 피드백을 제공해야 한다.

(1) 집단 역동의 활성화

집단상담자는 집단원이 자기 자신을 개방함으로써 많은 것을 얻을 수 있고, 적극적인 도전과 모험을 통해 자신의 행동을 탐색하고 이해할 수 있으며, 자신의 행동에 대한 책임은 자신에게 있다는 것을 강조함으로써 집단의 역동을 활성화시킬 수 있다. 이를 위해 집단상담자는 집단원의 적극적인 참여를 통해 자신의 감정이나 행동에 직면하는 데 필요한 용기와 도전을 지지하고 격려해 주어야 한다. 집단원들의 갈등과 부정적 감정을 표현하는 방법과 갈등 상황을 정확하게 인식하고 직면하여 집단과정을 통해 자주적으로 해결할 수 있도록 기회를 제공해야 한다.

(2) 직면을 통한 피드백

집단상담자는 상대방에 대해 어떻게 느끼고 있으며 어떤 영향을 받고 자신이 원하는 것이 무엇인지를 정확하게 표현하여 집단원들에게 자신을 좀 더 깊게 살펴보게 할 수 있는 기회를 제공하여야 한다. 이러한 직면이라는 촉매를 통해 집단원들은 생산적인 방향으로 발전하고, 성장할 수 있다. 따라서 집단

TIP

상담자는 직면이란 무엇인지 알려주어야 하며, 생산적으로 직면하는 방법을 집단원들에게 가르쳐 주고 시범을 보여주어야 한다. 이러한 집단상담자의 따뜻하고 주의 깊은 직면을 통해 집단원들은 자신에 대해 진정한 이해를 하게 되고, 자신의 반응에 대해 더 관심을 갖게 된다.

4 작업단계

작업단계는 집단상담에 있어서 가장 핵심적인 부분으로 지금까지의 단계를 거치면서 집단원들은 집단에서 각자의 문제를 솔직하게 내놓고 도움을 받을 준비가 되었다고 볼 수 있다. 작업단계에서 대부분의 집단원은 자신의 관심사 및 구체적인 문제를 집단에 내어 놓고 활발하게 논의하며 다른 성원들이 이해하는 새로운 의미의 지지와 도움을 얻어, 바람직한 관점과 행동방안을 모색하게 된다. 집단상담자와 집단원 간의 상호작용은 감소하고, 집단원 간의 상호작용이 증가하게 되므로 집단상담자는 집단원 행동의 의미를 해석해 주어 더 깊은 수준의 자기 탐색이 이루어지도록 촉진적인 역할을 수행해야 한다.

1) 특징

작업단계의 대표적인 특징은 집단원들이 자신에 대한 깊이 있고 의미 있는 탐색을 통해 여러 가지 다른 방법으로 상호작용을 하게 되면서 치료적인 요소 또는 변화를 위한 요소들이 고르게 나타난다는 것이다. 작업단계에서는 이러한 과정을 통해 강력한 집단 역동이 발생하고 집단원들은 개인적인 과업 완수 및 나눔 작업, 그리고 치료적인 작업에 참여하게 된다.

작업단계에서는 이해와 통찰만 모색하기보다는 행동의 실천이 필요하기 때문에 집단원에게 실천의 용기를 북돋아 주고 새로운 행동 변화를 실행하려는

TIP

➤ 작업단계에서의 가장 중요한 과제는 집단원 간에 상호작용을 통해 서로 도움이 되는 피드백을 주고받음으로써 행동변화를 촉진시키는 것이다. 따라서 집단원들은 집단 안에서 형성된 신뢰를 바탕으로 집단 밖에서 노출하기 어려운 개인적인 문제를 노출하기 시작한다.

구성원에게 강력한 지지를 보내게 된다. 이러한 특징에서 개인상담보다 집단상담이 더 유리하게 작용할 수 있다.

2) 작업단계의 과제

작업단계에서의 가장 중요한 과제는 집단원 간에 상호작용을 통해 서로 도움이 되는 피드백을 주고받음으로써 행동변화를 촉진시키는 것이다. 따라서 집단원들은 집단 안에서 형성된 신뢰를 바탕으로 집단 밖에서 노출하기 어려운 개인적인 문제를 노출하기 시작한다. 따라서 집단상담자는 집단원들로 하여금 각자의 개인적인 문제를 노출하고, 탐색하며 이해하고 수용하는 과정을 통해 바람직하지 못한 행동패턴을 자각하여 보다 효과적이고 바람직한 대안행동을 모색하고 학습하도록 조력해야 한다.

(1) 자기개방과 감정의 정화

작업단계에서 집단원들은 이미 검증된 신뢰관계 하에서 의미 있는 자기 노출을 감행한다. 이전 단계에서 스스로 상호작용하는 방법을 터득하여 집단상담자의 피드백 요구를 기다리지 않고 자발적인 공감과 자기개방을 통해 노출한 집단원은 집단 안에서 충분히 이해받고 수용되는 경험을 하게 된다. 그러므로 집단원은 자신이나 타인, 또는 환경에 대한 자유로운 감정의 표출을 통해 부정적 정서를 해소함으로써 객관적인 지각이나 통찰을 경험하며 다른 집단원들의 공감적 반응 및 격려를 통해 감정적 응어리를 충분히 정화할 수 있다. 그리고 다른 집단원들도 타인의 자기개방 및 자기노출을 공감하고 이해하는 과정을 통해 자신의 유사한 경험을 자각하게 된다.

(2) 행동패턴의 자각 및 인정

이전 단계에서 주로 외부 상황에 초점을 두고 상대방에 대한 감정을 탐색하

TIP

고 감정을 표출해 왔다면 작업단계에서는 자신의 내부에 초점을 두고 스스로의 행동에 대한 탐색이 일어난다. 집단상담자는 집단원들이 문제 상황에서 반복적으로 일어나는 자신의 행동패턴에 대한 탐색을 통해 비효과적인 행동이었음을 자각하고 수용하여 변화시킬 수 있도록 조력해야 한다. 대부분의 집단원들은 오랫동안 반복하여 익숙해진 자신의 행동패턴을 변화시키는 데 어려움을 느끼기 때문에 회피적인 반응을 보인다. 따라서 집단상담자는 집단 밖의 문제와 관련된 집단원의 행동을 그동안 집단과정 안에서 나타난 집단원의 비효과적인 행동패턴과 연관지어 솔직히 인정하고 받아들일 수 있도록 인내심과 여유를 가지고 임해야 한다. 또한 집단원의 수용과 관련된 어려움 및 감정변화를 충분히 공감하고 받아들이며 지지와 격려를 아끼지 않아야 한다.

(3) 실천가능한 대안행동의 탐색 및 실행

작업단계는 가장 많은 통찰과 행동변화가 일어나는 시기이므로 집단상담자는 집단원이 자신의 비효과적인 행동패턴을 바람직한 대안행동으로 변화시키는 것에 초점을 맞출 수 있도록 조력해야 한다. 집단원이 문제에서 벗어나기 위해 행동의 변화를 추구한다면 집단에서는 그의 문제를 해결하는 데 도움이 되는 바람직한 대안행동을 자유롭게 탐색하여 행동의 가능성 및 결과에 대한 예측을 통해 적절한 대안행동을 선정할 수 있도록 돕는다.

바람직한 대안행동이 선정되면 집단상담자는 집단원으로 하여금 자신의 입장에서는 물론 상대방의 입장에서도 그 행동의 결과에 대한 탐색을 해 볼 수 있도록 도와 시각을 확장할 수 있도록 조력한다. 집단 내에서 선택된 대안행동을 어느 정도 학습하였으면 새로 익힌 대안행동을 집단 밖의 실제 상황에서 시도해 보는 과제를 부여하여 다음 회기에서 실행 여부와 그 결과에 대해 나눌 수 있는 시간을 가진다. 이때 집단상담자와 집단원들은 집단원의 시도와 성취에 대한 지지와 격려를 해주며 이러한 과정의 반복을 통해 삶에 지속적이고 의미 있는 영향을 줄 수 있도록 조력한다.

TIP

3) 집단상담자의 역할

집단상담자는 이전 단계들을 거치면서 지속적인 집단원들의 적극적인 참여로 인해 촉진적 역할을 수행하면서 여전히 바람직하고 생산적인 행동을 솔선수범하며 모델의 역할을 하게 된다. 집단상담자는 초기 단계에 비해 집단과정에서 표면적으로 드러나게 주도적인 역할을 하진 않지만 집단원들에 대한 지지와 격려, 공감적 이해를 토대로 집단원들의 자기 탐색의 깊이와 강도를 높이도록 조력하며 적절한 때에 해석을 통해 집단원이 자기 탐색 및 문제 행동의 원인을 이해할 수 있도록 한다. 또한 집단원들이 원하는 것을 명료화시키고 초점이 목표에서 벗어나지 않도록 돕고 행동의 변화를 시도하는 집단원을 지지하고 격려하여 일상생활에서 실천할 수 있도록 도와야 한다.

5 종결단계

집단이 후반부에 이르면서 집단원들이 새로운 대안행동을 학습하고 시도하며 소기의 목표를 달성했을 때, 집단상담자는 집단의 종결을 준비해야 한다. 집단상담에서 종결단계는 끝이 아니라 새로운 출발이라고 할 수 있다. 각 집단원들은 집단의 과정을 통해 얻은 경험에서 자신의 성장이나 행동의 변화를 평가하고, 미래의 목표를 형성하도록 격려되어야 한다. 집단상담자는 종결해야 할 시간이 가까워지면 집단의 종결에 대해 미리 언급을 하고 집단원들에게 준비를 시키는 것이 필요하다. 물론 집단 초기에 구조화를 통해 종결 시기에 대해 이미 알고 있는 집단원들이 대부분이겠지만 그동안 친밀감과 신뢰감을 형성하며 자기 개방을 통해 감정을 공유해 온 집단원들이 이별을 준비할 시간을 주고 종결에 대한 느낌을 같이 나누는 시간이 필요하다. 집단원들이 종결에 대해 섭섭하게 여기는 것은 집단원들 사이에 의미 있는 관계가 형성되었다는 증거라 볼 수 있다. 종결단계에서 집단원들은 자신의 두려움, 좌절, 불안, 적대감 등 여러 가

➢ 종결단계에서 집단원들은 자신의 두려움, 좌절, 불안, 적대감 등 여러 가지 생각과 감정을 자유롭게 표현할 수 있었던 것에 만족하는 모습을 보인다.

TIP

지 생각과 감정을 자유롭게 표현할 수 있었던 것에 만족하는 모습을 보인다.

1) 특징

종결단계에서는 집단과정을 통해 지금까지 경험하고 학습한 것을 종합해서 일상생활에 연결하고 확장하며 이를 실천하겠다는 의지와 희망을 갖게 된다. 이 단계에 도달하면 집단원들은 자신의 문제를 해결하게 되어 자기 노출을 줄이는 반면, 이제까지 맺어 온 유대관계로부터 분리되어야 하는 아쉬움을 경험하게 된다(이형득, 1983).

(1) 소극적 참여

집단의 종결단계에서 집단원들은 각자가 자신의 문제를 해결하게 되고 그로 인해 집단활동에 적극적으로 참여하거나 자기노출하는 빈도가 감소하게 된다. 또한 새로이 탐색할 문제의 제시도 줄어들기 때문에 작업의 강도도 점점 약해지는 경향을 보인다. 따라서 종결단계에서는 주로 집단 내에서 아직 마무리 짓지 못한 문제를 정리하며, 집단에서 경험한 것들과 새로이 탐색한 대안을 현실 세계에서도 지속적으로 확장해 나갈 수 있도록 조력한다.

(2) 감정의 혼재

종결단계에서는 집단원들이 집단의 종결에 의해 느끼게 되는 다양한 감정들에 대해 다루어줘야 한다. 집단원들은 신뢰로운 유대관계를 떠나야 하는데서 오는 아쉬움이나 상실감을 경험하게 된다. 따라서 집단원들의 이별 감정에 초점을 맞추고 이를 확인하고 탐색하는 시간이 필요하다. 또한 집단원들은 집단에서 학습한 새로운 대안행동을 실생활에 잘 적용할 수 있을 것인가에 대한 두려움과 불안을 느끼는 동시에 집단 경험을 통해 느끼게 된 성취감과 새로운 삶에 대한 기대감 등과 같은 다양한 감정들이 뒤섞이면서 혼란을 경험하기도 한다.

2) 종결단계의 과제

> 종결단계에서 다루어야 할 과제는 집단과정에 대한 개관과 정리, 집단원의 성장 및 변화 평가, 미해결 과제의 취급, 학습결과의 적용문제, 피드백 주고받기, 이별 감정 다루기, 작별인사 등이다.

종결단계에서 다루어야 할 과제는 집단과정에 대한 개관과 정리, 집단원의 성장 및 변화 평가, 미해결 과제의 취급, 학습결과의 적용문제, 피드백 주고받기, 이별 감정 다루기, 작별인사 등이다.

(1) 집단과정의 개관과 정리

집단상담자는 집단원들에게 집단의 전 과정을 되돌아보면서 정리하고 요약해 보는 시간을 갖게 하며 자신에게 특별히 의미가 있었거나 도움이 되었던 경험을 다시 한 번 회상해 보고 서로 나눌 수 있도록 돕는다. 발표가 끝나면 집단상담자는 집단상담의 전 과정에 대해 다시 한 번 종합하여 요약 정리하는 시간을 갖는다.

(2) 이별 감정 및 미해결 과정 다루기

종결단계에서 집단원들은 이별에 대한 아쉬움을 경험하게 된다. 따라서 집단상담자는 집단원들에게 집단상담이 끝나는 데서 오는 느낌을 자유롭게 표현할 수 있는 시간을 허락하고 서로 아쉬움을 공유할 수 있도록 조력한다. 또한 집단원 간이나 집단과정과 목표달성에서 해결되지 않은 과제는 없는지 확인하고 미해결 과제를 효과적으로 다루어 주어야 한다.

(3) 집단원의 성장 및 변화 평가

종결단계에서는 집단원 각자의 성장과 변화를 평가해 보아야 한다. 집단상담자는 집단원들로 하여금 스스로 그들의 행동적 변화를 집단 시작 시점과 비교하여 점검하게 하고 실제에서의 실천 가능성에 대해서도 구체적으로 살펴보게 해야 한다.

(4) 피드백 주고받기

종결단계에서는 지금까지 관찰해 온 집단원의 행동 변화를 종합하여 긍정적인 면에 초점을 두고 구체적이고 행동적인 용어로 피드백을 주고받게 된다. 특히 집단상담자는 집단원들로 하여금 서로에게 집단을 통해 경험하고 느낀 긍정적인 변화를 행동적인 용어로 피드백하게 함으로써 희망과 자신감, 성취감, 용기를 가지고 집단을 떠날 수 있도록 조력해야 한다.

TIP

➤ 집단상담자는 집단원들로 하여금 서로에게 집단을 통해 경험하고 느낀 긍정적인 변화를 행동적인 용어로 피드백하게 함으로써 희망과 자신감, 성취감, 용기를 가지고 집단을 떠날 수 있도록 조력해야 한다.

(5) 마무리 및 작별인사

집단상담자는 집단원들이 집단상담의 전 과정에 적극적으로 참여한 것에 대한 감사의 인사와 긍정적인 변화에 대한 지지와 격려, 앞으로의 실천에 대한 용기를 북돋아 주며 집단을 마무리한다. 또한 언어적·비언어적 작별인사를 나누는 시간을 충분히 가진다.

3) 집단상담자의 역할

이 단계에서 집단상담자의 역할은 집단상담이 끝나는 데서 오는 복합적인 감정을 자유롭게 표출하여 잘 정리할 수 있도록 돕고, 앞으로의 행동 방향에 대해 주의를 기울이도록 상기시킨다. 그리고 집단원에게 집단에서의 경험이 어떤 의미를 갖는지 명확히 이해하게 하고, 집단상담에서 경험하고 학습한 것을 일상생활에서 적용할 수 있도록 지지와 격려를 아끼지 말아야 한다.

또한 집단 내에서 아직 마무리 짓지 못한 미해결 과제나 더 다루어야 할 문제가 있는 경우 집단이 끝난 다음 개별적으로 도와주거나 다른 전문가 또는 상담집단으로 의뢰해야 한다. 특별한 문제가 없는 경우에도 개인상담이나 새로운 집단상담 등 또 다른 기회가 있다는 사실을 알려주고 이에 관한 상세한 정보를 제공한다.

요약

✓ 집단형성단계는 집단이 시작되기 전 집단의 목적을 분명히 하고, 목적에 따라 집단원을 선정하여야 하며, 집단의 크기, 일정, 장소, 횟수, 형태 등 집단에 대한 구체적인 계획을 세우고 준비하는 단계이다.

✓ 집단상담자는 성별, 연령, 성숙도, 성격 차이 등을 고려하여 집단의 목적과 기능에 맞게 집단구성원을 선정하여야 한다.

✓ 집단의 크기는 집단의 역동 및 집단상담의 효과와 직접적으로 관련되므로 보통 적당한 참여 기회를 제공할 수 있는 6~12명으로 구성되며, 집단원이 10명 이상인 경우는 공동지도자나 보조지도자가 한 명 더 참여하는 것이 효과적이다.

✓ 집단상담의 적절한 시간은 집단원들의 연령, 집단의 성격, 모임의 빈도에 따라 다양하지만, 보통 주 1회 진행되고, 전체 횟수는 최소 8-10회로 진행하는 것이 일반적이다. 아동 대상 집단의 경우는 주 2회 정도 진행되어도 좋다.

✓ 집단상담의 장소는 외부의 방해를 받지 않으며, 조용하고 물리적으로 편안한 곳이어야 한다. 보통 바닥이나 의자에 원형으로 앉는 것이 효과적이며, 책상을 사용하는 것은 자유롭게 상호작용하는 데 방해가 될 수 있다.

✓ 폐쇄집단은 도중에 탈락자가 생겨도 새로운 집단원은 받아들이지 않으나 두 명 이상의 집단원이 탈락하는 경우 응집성이나 역동에 영향을 줄 수 있다. 개방집단은 집단의 전 기간 동안 집단이 허용하는 한도 내에서 새로운 집단원을 받아들이는 것이 특징이며, 새로운 집단원이 간혹 집단의 흐름을 방해하기도 하나 집단에 활기와 도움을 주는 경우도 있다

✓ 도입단계는 보통 집단 시작 후 1~2회기에 해당되며, 집단의 목적과 방향에 대한 안내와 더불어 집단원들이 탐색을 통해 동기를 유발해 나가는 단계이다. 따라서 집단상담자는 불안이 높고 의존적인 집단원들이 친밀감과 신뢰감을 형성할 수 있는 다양한 경험을 제공해야 한다.

✓ 도입단계에서 다루어야 할 과제는 집단원 소개와 예기 불안의 취급, 집단에 대한 구조화, 집단 참여에 대한 구체적인 행동 목표이다. 따라서 집단상담자는 집단원 사이의 상호작용을 촉진시키고, 역할을 구조화하며, 기대되는 행동이나 역할에 대한 본보기를 보임으로써 집단원들이 적극적이고 긍정적으로 집단에 참여할 수 있도록 조력해야 한다.

✓ 갈등단계는 작업단계로 발전해 나가는 과도기로써 집단원들의 저항, 방어, 감정적 대립 등이 나타나게 된다. Corey(1995)는 저항을 자신과 다른 집단원들이 사적인 문제나 심층적 고민거리를 탐색하지 못하도록 방해하려는 무의식적 시도라고 설명하였다. 따라서 집단상담자는 집단원들의 의존성, 저항, 갈등 등의 문제를 해결하고 응집성을 높이는 데 주의를 기울여야 한다.

✓ 갈등단계에서 집단상담자는 집단원 상호간에 나타나는 열등의식, 전이감정, 투사, 경쟁심 등에 기인한 적대감 또는 갈등을 인식하고 자유롭게 표현할 수 있도록 직면 및 해석의 기법을 통해 더 깊은 수준의 자기 탐색이 이루어지도록 촉진적인 역할을 수행해야 한다.

✓ 작업단계는 집단상담의 가장 핵심적인 부분으로 집단원들은 집단원 간에 상호작용을 통해 자신에 대한 깊이 있고 의미 있는 탐색을 하며, 자신의 관심사 및 구체적인 문제를 집단에 내어 놓고 활발하게 논의하며 바람직한 관점과 행동방안을 모색한다.

✓ 작업단계에서 가장 중요한 과제는 집단원들이 집단의 신뢰로운 분위기 안에서 상호작용하면서 행동의 변화를 추구하도록 촉진시키는 것이다. 따라서 집단상담자는 집단원들의 행동 변화를 지지하고 격려하며 일상생활에서 실천할 수 있도록 도와야 한다.

✓ 집단상담자는 집단원들이 소기의 목표를 달성하고 행동의 변화를 보일 때 집단의 종결을 준비해야 한다. 종결단계는 마지막이 아닌 새로운 출발이며 집단원들은 자신의 성장이나 행동의 변화를 평가하고, 변화를 실천할 수 있는 준비가 되어 있어야 한다.

✓ 종결단계에서의 과제는 지금까지의 집단과정에 대한 개관과 정리, 집단원의 성장 및 변화를 평가하며, 미해결 과제 및 이별 감정을 다루고, 긍정적인 변화에 대한 피드백을 주고받는 것이 된다. 집단상담자는 집단원들이 집단에서 경험하고 학습한 것을 일상생활에서 적용할 수 있도록 지지와 격려를 아끼지 말아야 한다.

✓ 집단 내에서 마무리 짓지 못한 과제나 계속해서 다루어야 할 문제가 있는 경우 집단이 끝난 후 개인상담을 통해 도와주거나 다른 전문가 또는 상담집단으로 연계해야 하며, 집단의 종결 후에도 개인상담이나 새로운 집단상담의 기회가 있다는 사실을 알려주고 이에 관한 상세한 정보를 제공한다.

연습문제

- 집단이 시작되기 전 집단을 구성할 때 기본적으로 갖추어야 할 요소들에 대해서 설명하시오.

- 도입단계의 특징과 성취해야 할 과제에 대해서 설명하시오.

- 갈등단계에서 볼 수 있는 집단원들의 정서 상태에 대해 설명하고 이러한 정서가 생겨나는 원인에 대해서 논하시오.

- 작업단계에서 집단원들의 행동변화를 촉진하기 위해 사용할 수 있는 상담자의 기법에 대해 논하시오.

- 종결과정에서 다루어야 할 과제에 대해 설명하고 상담자의 역할에 대해 논하시오.

Chapter 06

집단상담의 기술

1. 변화촉진기술

집단원이 변화를 위하여 보다 활성화되고 집단활동을 통해 긍정적이고 생산적인 방향으로 변화하도록 촉진시키는 환경적 요소이다(강진령, 2010). 집단을 이끄는 상담자는 안전하고 수용적이며 신뢰를 가질 수 있는 분위기를 연출하고, 집단원의 개인적인 문제를 탐색하여 격려와 지지를 해주어야 한다. 그리고 이름(닉네임)을 기억하고 자주 불러 주며, 소극적인 집단원에게는 질문으로 대화에 참여하도록 초청하여 변화를 위한 분위기를 촉진시켜야 한다. 이러한 변화촉진기술은 집단원들을 변화시키는 기법으로 정보제공, 관심 기울이기, 적극적 경청, 공감적 이해, 초점 맞추기, 모델링, 적극적 참여 유도, 감정정화, 집단의 응집성, 새로운 행동과 기술의 실험을 들 수 있다.

TIP

➤ 집단원이 변화를 위하여 보다 활성화되고 집단활동을 통해 긍정적이고 생산적인 방향으로 변화하도록 촉진시키는 환경적 요소이다

1) 관심 기울이기

집단상담자는 의사소통의 기술을 익혀야 한다. 효과적인 의사소통을 하기 위해서는 집단에서 친밀감이 형성되어야 한다. 친밀감은 모든 집단원과 집단상담자 간에도 필요하다. 집단 안에서는 어떤 이야기도 마음 놓고 털어 놓을 수 있어야 하고 집단상담자는 관심 기울이기를 위하여 집단원이 말하는 메시지를 잘 듣고 이해할 수 있어야 한다. 관심 기울이기는 집단원의 이야기를 이

TIP

➤ 관심 기울이기의 따뜻한 시선은 중요하다.

해하고 충분히 받아들인다는 것을 보여주는 것이다. 언어적인 것은 듣기만 잘 하면 되지만, 비언어적인 것은 얼굴표정, 몸짓, 시선 등을 통해 볼 수 있는 것으로 관심 기울이기를 한다는 것은 말을 듣는 것 이외의 비언어적인 느낌까지도 알아야 한다. 인간이라면 누구나 자기에게 친절함을 보이는 상대와 대화를 계속하고 싶다. 그렇기 때문에 집단상담자의 관심 기울이기는 집단 안에서 친밀함이 형성되는 것을 도울 수 있다.

관심 기울이기의 따뜻한 시선은 중요하다. 집단상담자가 집단원을 보지 않고 말을 하거나 듣는다면 집단원은 마음에 상처를 받게 된다. 그러므로 집단상담자는 다정한 시선으로 집단원과 마주보며 대화를 해야 한다. 하지만 집단상담자가 유명인, 권력자, 나이 차이, 상담자가 이성일 경우에는 눈을 마주치지 못하고 피하는 경우도 있다. 또한 집단원 스스로 불안이나 두려움, 자기노출에 대한 부담감을 가지고 있는 경우에도 집단상담자의 눈을 피하는 경우가 있으므로 집단원의 상태나 성격을 살펴 가며 친해져야 할 것이다.

집단원의 얼굴표정과 행동은 무척 중요한 메시지를 갖고 있다. 말은 자신의 내적상태와 다르게 표현할 수 있지만 얼굴표정이나 행동은 감추기가 어렵기 때문이다. 그래서 집단상담원은 집단원에게 포용적인 다가감을 갖기 위하여 당신의 이야기를 들을 준비가 됐다는 느낌이 들 수 있도록 부드러운 미소와 다정한 목소리로 대화를 해야 한다. 중요한 것은 집단원마다 성향이 다르니 당연히 대하는 것도 달라야 한다.

상대의 말을 존중하고 경청하되 반응을 바로 보이는 것 또한 중요하다. 집단원이 말할 때 언어적·비언어적인 표현에 대하여 바로 대응해 줘야 한다. 가령 머리를 끄덕이거나 말로서 상대의 말에 집중하고 있다는 표현을 해주면 된다. 이렇게 호응한다는 것은 집단원을 지지하고 격려하는 차원이라서 집단상담의 친밀감 형성이 쉬워지는 길이라고 볼 수 있다. 집단상담자는 관심 기울이기를 집단원의 한 사람이 아닌 전체 집단원에게 골고루 관심과 배려를 줘야 한다. 한 사람에게만 관심을 준다면 나머지 집단원은 소외감을 느끼거나 집단상담에 오기 싫을 것이다. 집단상담자는 비언어적인 것은 물론 전체 집단의 역동도 읽고 세심하게 살피면서 대응해야 한다.

2) 적극적 경청

적극적 경청(active listening)은 집단원의 변화를 촉진할 수 있는 기법으로 능동적 경청, 반영적 경청, 선택적 경청이 있다(강진령, 2010). 경청은 상담자가 집단원의 말을 잘 듣는 것을 말한다. 하지만 경청은 단순하게 집단원의 말을 듣는 것만이 아니라 말의 내용을 파악하고 말하는 집단원의 행동, 얼굴 표정과 음성의 변화까지 알아차려야 한다. 그리고 말하는 내용에 깔려 있는 의미를 감지해야 하고, 말하지 못하는 내용도 육감으로 알아차려야 한다. 그래서 경청을 잘하기 위해서는 말하는 소리를 잘 들어야 하고, 그 말에 대하여 이해와 해석이 가능해야 하며 기억하여 반응을 보여야 한다. 여기서 경청은 단순히 듣는 것만이 아니라는 것을 알 수 있다.

적극적인 경청을 잘하기 위해서는 좋은 습관을 들이는 것이 좋다. 좋은 습관을 들이기 위해서는 몇 가지를 조심해야 한다(이형득·김성회·설기문·김창대·김정희, 2007).

① 집단원의 말을 평가하지 말고 들어주기
② 집단원의 말을 짐작하여 듣지 말기
③ 집단원이 말할 때 다른 행동을 하지 말기
④ 진심으로 듣는 모습을 보여라. 즉, 듣는 둥 마는 둥 행동하지 말기
⑤ 집단원이 말하는데 할 말이 생각났다고 중간에 끼어들지 말기
⑥ 집단원 말의 내용과 감정을 읽어 주지 않고 딴 생각하지 말기

집단상담에서 중요한 요소 중에 하나가 경청이지만 잘 듣고 있다는 것이 집단원들에게도 느껴져야 한다. 개인상담에서는 한 사람만 상대하기 때문에 내담자 한 사람에게만 집중하면 되지만 집단상담은 그보다 훨씬 복잡하고 어렵다는 것을 집단상담자는 간과하는 경우가 있다. 다시 말해서 개인상담은 일대일의 상담이지만, 집단상담은 일대 다수의 사람으로 상담이 이루어진다. 한 사람이 여러 사람의 말을 듣고, 모든 집단원의 행동을 관찰하여 기억하고 대응해야 한다. 또한 계속 이야기하거나 너무 이야기를 안 하는 집단원의 상황

TIP

➤ 적극적 경청(active listening)은 집단원의 변화를 촉진할 수 있는 기법으로 능동적 경청, 반영적 경청, 선택적 경청이 있다.

TIP

➤ 집단상담자는 자신의 감정과 집단의 흐름을 빨리 파악하고 불시의 상황에 대한 대처능력도 갖추어야 한다.

➤ 집단상담은 진정성 있는 적극적인 경청이 필요함을 알 수 있다. 이러한 요인들로 볼 때 집단상담자는 집단원의 말, 억양, 얼굴표정, 몸짓 등의 모든 언어적·비언어적인 부분을 유의하여 관찰하고 읽을 수 있어야 한다.

까지도 알고 대처해야 한다. 따라서 집단상담을 하는 동안 집단상담자는 한사람의 집단원과 대화할 때에도 다른 집단원 간에 주고받는 말이나 비언어적 행동도 주시해야 한다. 집단상담자는 자신의 감정과 집단의 흐름을 빨리 파악하고 불시의 상황에 대한 대처능력도 갖추어야 한다.

집단상담에서 집단원들의 경청을 잘해야 하지만 경청하는 데 방해되는 요인이 있으므로 방해요인을 찾아 대처함으로써 적극적인 경청으로 이어갈 수 있다. 여러 가지 요인 중 몇 가지 저해요인은 다음과 같다(이형득·김성회·설기문·김창대·김정희, 2007).

① 진심으로 경청하지 않는 경우
② 집단원이 말하고 있는데 다음에 자기가 어떻게 말할지를 생각하는 경우
③ 집단원들이 자신을 어떻게 생각할지 두려워 진실을 포장하여 말하는 경우
④ 집단원의 말을 공감하지 않고 자기 맘대로 생각하고 평가하는 경우
⑤ 다른 집단원에게 말할 기회를 주지 않고 혼자만 이야기하는 경우
⑥ 다른 사람이 말하고 있는데 끼어들어 말하는 경우
⑦ 집단의 분위기를 파악하지 못하고 흥을 깨는 경우
⑧ 선입견이나 고정관념으로 집단상담에 참여하는 경우

종합적으로 정리하면 집단상담은 진정성 있는 적극적인 경청이 필요함을 알 수 있다. 이러한 요인들로 볼 때 집단상담자는 집단원의 말, 억양, 얼굴표정, 몸짓 등의 모든 언어적·비언어적인 부분을 유의하여 관찰하고 읽을 수 있어야 한다.

3) 공감적 이해

공감적 이해(empathic understanding)는 집단원의 입장이 되어 그 집단원이 보는 대로 보고, 느끼는 대로 느끼며, 생각하는 대로 생각하는 주관적인 것이다. 그러기 위해서는 선입견을 갖지 않고 열린 마음과 존중하는 마음을 가지

고 적극적인 경청으로 일관하며, 언어적 또는 비언어적인 메시지를 정확히 파악하여야 한다.

공감적 이해를 효과적으로 하기 위해서 집단상담자는 집단원의 입장에서 생각하거나 느끼고, 적절한 말로써 표현해 주어야 한다. 집단상담자가 역지사지의 마음으로 마음속에 들어오는 표현을 해주었을 때, 집단원의 반응이 긍정적 호응을 해오면 보다 친밀함이 빠르게 형성되면서 집단원의 마음이 활짝 열리는 상황이 되므로 공감적 이해는 중요하다. 이렇게 반응이 좋게 하기 위해서는 처음부터 끝까지 집단원의 입장에서 귀 기울여 경청하고 공감해야 한다.

때로 한 사람의 집단원의 말에만 너무 몰입하여 자신의 생각만을 앞세우다 보면 그 생각이 다른 집단원은 거부감이 생겨 친밀감 형성이 힘들어 질 수 있다. 그러므로 감정이입에 몰두하여 어설픈 동정심으로 객관성과 판단을 흐려서는 안 된다.

공감적 이해는 동정과는 다른 의미이다. 집단상담원은 집단원의 이야기 뿐 아니라 내면적인 면까지 숙지하고 있으면서 집단상담원이 잘 이해하고 있다는 것을 집단원이 알도록 해야 한다. 그래서 집단상담자와 집단원 간의 신뢰를 쌓아 집단원이 편안함 속에 진지한 자기탐색과 자기노출을 자연스럽게 이룰 수 있다. 그러나 집단상담자는 집단원 입장에서 보고 듣고 느끼는 감정뿐만이 아닌 이성적인 판단도 할 수 있어야 한다.

집단 내에서 효과적인 공감을 위하여 조심해야 할 것들은 소외, 비난, 실망, 좌절, 무시, 공격 등이 있음을 인지해야 한다.

4) 초점 맞추기

초점 맞추기는 대화에 초점을 맞추는 것이 주 요소이다. 집단에서 초점은 주제나 소주제로 각 회기마다 또는 활동이나 개인에게 간다. 집단상담자는 초점을 맞추어야 할 상황을 잘 파악해야 하고 집단의 목적에 벗어나지 않도록 계속 지켜봐야 한다. 그리고 집단의 주제와 집단원의 관심 분야가 초점에 잘

TIP

➤ 공감적 이해를 효과적으로 하기 위해서는 집단상담자는 집단원의 입장에서 생각하거나 느끼고, 적절한 말로써 표현해 주어야 한다.

TIP

맞는지 살펴보고, 집단 목적의 범위 안에서 초점은 자유롭게 이루어진다. 초점 맞추기는 초점 설정, 초점 유지, 초점 이동, 초점 심화의 과정이다(강진령, 2011).

(1) 초점 설정

초점 설정은 집단상담자에게 중요하다. 집단원이 여러 사람으로 이루어져 각자의 관심사가 다양하기 때문에 자기 관심사만 고집할 경우가 있는데, 이럴 때 집단상담자가 전문가인 만큼 관찰하고 흐름을 파악하여 초점의 설정을 돕는다.

(2) 초점 유지

초점 유지는 목적 안에서 주제를 계속해서 의도적으로 이끌어 준다. 주제와 멀어진 이야기가 나오면 본래의 주제로 돌아와 머무르는 것도 초점 유지이다. 초점이 유지되면 집단상담자는 집단의 흐름을 알아차림으로써 계속 지속시켜야 할지 소주제나 활동 또는 사람으로 옮길지를 결정해야 한다.

(3) 초점 이동

초점을 유지할 이유가 있는지를 결정할 때 고려할 점은 충분한 시간, 초점의 관심, 분위기 전환, 목적과의 관련, 초점을 옮기고 싶나?, 초점은 어디에 맞추어 있나?, 다른 집단원이 필요한가 등이다.

(4) 초점 심화

초점을 심화하려면 집단상담자는 집단원과 심도 깊은 작업과 집단원 간에 조금 더 개인적으로 기회를 가질 수 있도록 이끌어 주는 촉진자이다.

5) 모델링

집단에서 모델링은 중요한 치료적 요인이다(Bandura, 1977; Corey, 2008; Kottler, 2001; Yaiom & Leszcz, 2005). 모델링은 어떤 일을 할 때 무엇인가를 보고 따라서 할 수 있는 본보기로, 집단상담에서는 자연스럽게 집단상담자가 모델이 되어 집단원이 따라 배우도록 이끌어 주는 것이다. 집단상담에 처음 참여하는 집단원은 당연히 기대가 있으면서도 한편으로는 걱정스러운 마음으로 오기도 하고, 내성적인 집단원은 오는 순간까지 망설이다 왔다고 볼 수 있다.

처음 접하는 집단원이 긴장하는 이유는 어떤 방식으로 집단상담이 진행되는지 궁금할 것이고, 특히 집단상담자가 질문을 하면 어떤 방법으로 대답을 해야 하는지, 집단상담에서 모르는 사람들과 대화를 어떻게 하는지 등의 고민을 한다. 이런 당황스러운 상황을 집단원들은 집단상담자의 말과 표정, 그리고 행동 등의 태도를 보고 따라 하면서 자연스럽게 집단상담자는 집단원들의 모델이 되는 것이다. 그러므로 집단상담자는 부드럽고 자연스러우면서 화기애애한 촉진제 역할을 할 수 있는 집단상담으로 만들어야 한다.

또한 다른 집단원의 사람들이 문제를 해결하는 것을 보면서도 모델링을 하는데, 집단원들의 문제가 자신의 것과 비슷하거나 상호개방으로 대리학습이 되기 때문이다. 그래서 소외되는 집단원이 적극적인 집단원을 보고 모방할 수 있도록 동기를 부여하면서 유도해야 한다.

따라서 상담을 이끌어 가는 데 있어서 집단원들의 신뢰를 얻어 모두가 편안해지는 것이 중요하다. 그리고 여러 가지 기법을 사용하면서 집단원들의 참여도를 높여 주어 소외되는 집단원이 없게 해야 한다. 집단상담자는 집단원의 모델로서 참여도가 높아지면 서서히 모델 역할을 줄여 나가야 한다.

TIP

➢ 모델링은 어떤 일을 할 때 무엇인가를 보고 따라서 할 수 있는 본보기로, 집단상담에서는 자연스럽게 집단상담자가 모델이 되어 집단원이 따라 배우도록 이끌어 주는 것이다.

6) 적극적 참여 유도

적극적 참여 유도는 집단상담에서 집단의 분위기를 좌우하는 중요한 한 부

TIP

분이다. 집단을 촉진시키기 위해서는 집단원의 참여도를 높여야 하는데, 집단상담자의 역할이 중요한 부분이다. 집단상담에 집단원을 적극적으로 참여시키는 방법은 여러 가지가 있다.

① 집단상담자가 정하는 방향으로 순서적으로 돌아가며 발표하도록 하는데, 집단원 모두가 해야 하므로 집단원 각 개인의 의견과 집단원 전체의 피드백을 받을 수 있어서 좋다. 그러나 시간이 많이 소요되므로 준비시간과 발표시간 그리고 피드백 시간 등을 집단상담자는 상황에 따라 조정을 해야 한다.

② 손을 들어 발표하는 방법이다. 이 기법은 자신이 해당하는 부분에서 손을 들고 발표하는 시간으로, 조금은 적극성을 보이는 집단에서 사용하면 유용하다. 발표하고 싶은 사람만 손을 들고 발표하기 때문에 시간조절에 용이하고, 자기개방이 꺼려지는 집단원은 원하는 질문에 대한 부분만 손을 들고 발표하므로 안정되고 편안하게 참여할 수 있다. 그러나 자기개방을 전혀 하고 싶지 않은 집단원은 손을 들지 않기 때문에 상황에 따라 방법을 다르게 선택해야 한다.

③ 먼저 끝낸 사람이 발표하는 방법이다. 구조화 집단상담 시 집단상담자는 돌아다니며 지켜보다가 집단원 거의가 끝냈을 때 생각해둔 집단원 이름을 불러서 발표하게 한다. 집단상담자가 이름을 불러 주면 그 집단원은 자신감을 얻고 나아가 자존감이 상승한다. 그러나 발표를 힘들어하는 집단원에게는 오히려 역효과가 날 수 있으니 두려움이 많이 존재하는 집단원이 발표할 때는 조금씩 도와주도록 한다.

④ 폭탄선언 방법이다. 특정한 룰이 없이 집단상담자가 상황에 따라 집단원에게 발표를 시키는 기법으로 눈이 마주친 경우나, 다른 행동을 하다 들킨 경우, 오늘 날짜 등의 집단원이 예상하지 못하는 순서로 발표를 시킨다. 그러나 부작용도 있는데, 반항적인 집단원이나 너무 내성적인 경향이 많은 집단원 등은 집단상담이 힘들고 두려운 시간으로 각인되므로 유의해야 한다.

7) 감정정화

1895년 Freud와 Breuer는 히스테리에 관한 연구를 발표하면서 알려졌는데, 집단원의 내면에 쌓여 있던 감정을 표현하면서 그 감정이 사라지는 현상을 말한다. 안에 있는 감정을 밖으로 꺼내는 작업은 치료적으로 중요하다. 눌려 있는 힘과 마음의 굴레에서 자유로워지는 경험을 하기 때문이다. 이 자유로움은 집단원 간의 신뢰감과 결속력을 높이고 집단원의 정신건강에 큰 도움이 된다. 집단경험에서 이익을 얻기 위해서 집단원 자신들의 '여기-지금' 변화의 경험을 하는 지속적인 사고가 필요하다는 점을 강조하였다(Yalom & Leszcz, 2005). 그러나 감정표현보다는 통찰을 명백히 하면서 문제해결의 방법이나 전략을 강구하고 실천하는 것이 더 중요하다.

8) 집단의 응집성

집단응집력은 집단을 같이 유지하는 상호작용의 정도를 말한다. 집단원들의 부정적인 면보다 긍정적인 면이 많을 때 높아진다. 그러나 집단응집력은 특정한 시간에 있어서 집단의 매력 정도에 달려 있으므로 언제나 변한다(Johnson & Johnson, 1982). 집단응집력은 집단의 사기, 집단정신, 집단매력의 정도, 집단활동에 대한 관심도를 말한다. 이러한 응집성은 동기화를 통해서 이루어진다. 집단응집력은 높은 집단과 낮은 집단으로 나누어 특성을 알아본다(강진령, 2010).

① 응집력이 높은 집단의 특성은 자기탐색과 개방에 집중하고 문제를 함께 해결하며 집단활동에 적극적으로 동참하면서 자신의 느낌과 생각을 즉각적으로 표현한다. 또한 서로 돌보며 있는 그대로 수용하고 정직한 피드백을 교환하면서 유머를 통하여 친밀함과 기쁨을 함께 하는 인간관계를 맺는다. 이러한 특성으로 보면 집단원들이 수용, 지지, 온정, 돌봄, 매력, 결속력, 상호의존도, 친밀감, 경험의 공유 등과 관계가 있다.

TIP

➤ 집단응집력은 집단의 사기, 집단정신, 집단매력의 정도, 집단활동에 대한 관심도를 말한다. 이러한 응집성은 동기화를 통해서 이루어진다.

TIP

② 응집력이 낮은 집단의 특성은 높은 집단의 특성과 반대되는 특성을 말한다. 편안함에 안주, 피상적인 상호작용만을 교환, 부정적 감정의 표현을 억제하면서 집단의 일체성이나 응집성보다는 분열의 원인이 된다. 그래서 응집성을 높이기 위해서는 거절의 두려움, 고독과 자포자기의 심정, 열등감과 실패감, 불미스러운 기억, 과거에 대한 죄의식, 후회, 친밀함에 대한 욕구와 두려움, 타인들과의 미해결 과제 등을 해결하는데 노력해야 한다.

9) 새로운 행동과 기술의 실험

집단은 새로운 기술과 행동을 연습할 수 있는 안전한 공간을 제공한다(Corey, 2000; Dyer & Vriend, 1980; Kottler, 2001). 집단원은 편안하고 수용적이며 지지적인 분위기에서 새로운 행동이나 기술을 습득하여 실생활에 적용해보고 자신감을 얻어 다른 상황에서도 일반화하여 삶의 효율성을 높일 수 있다. 새로운 기술의 예를 들어 보면 다음과 같다(강진령, 2010).

① 자기주장을 위한 역할을 연습한다.
② 배우자, 부모, 자녀, 교사 등 타인들과 의사소통한다.
③ 감정과 인정을 표현한다.
④ 애정표현을 한다.
⑤ 적극적 경청을 한다.
⑥ 성에 관한 이야기를 한다.
⑦ 평소에 잘 이야기하지 않는 사적인 부분의 개방이다.
⑧ 사람들의 의견에 반대되는 의견을 제시해 본다.
⑨ 시선 접촉을 유지하며 이야기 나눈다.
⑩ 미소 짓기, 주의 기울이기와 비언어적 행동 연습을 한다.

수많은 집단은 집단원들이 역할연기를 통해 새로운 행동들을 실험해 볼 수 있는 좋은 모임들이다. 집단모임을 통해서 역할연습을 하고 피드백을 서로 나누며, 집단원들은 자신의 행동을 얼마나 변화시킬 것인가를 결정한다.

2 과정기술

집단상담의 전반적인 진행이나 흐름 그리고 상호작용을 촉진하기 위하여 집단에서 사용되는 언어와 비언어를 지칭하는 것이다. 집단상담자는 집단을 구조화하고 진단을 내려서 연결, 차단, 피드백, 보편화 등의 기술을 활용하여 집단을 운영한다. 지금 여기에서 집단원 간의 상호작용을 촉진하고 지지와 격려, 비판하지 않는 자세로 개개인을 수용한다. 집단상담자는 보다 다양한 기술을 활용하여 종료작업을 한다. 이 과정을 촉진시키기 위해 필요한 기법으로 구조화, 진단, 연결, 차단, 피드백, 보편화, 상호작용 촉진, 지지·격려, 침묵, 종결, 평가, 해석, 행동 제한이 있다.

1) 구조화

구조화는 집단상담자의 역할과 상담의 진행과정을 인지하고 집단상담자와 집단원 간에 상담목표 등을 다루는 상호작용을 말한다(Brammer, Shostrom, & Abergo, 1989). 집단상담자는 집단구조화에서 시범보다는 제언을 주로 하기 때문에 감독자 같은 인상을 준다. 그리고 집단상담원은 집단원의 학습목표의 방향을 매우 구조화된 시험으로 제시하기도 하는데, 이런 방법은 집단상담을 잘못 운영하는 경우다. 집단상담에서 구조화란 세 가지로 나눌 수 있는데, 집단의 전반적인 구조화 작업, 한계점에 대한 구조화 작업, 집단의 비밀유지에 관한 구조화 작업이다.

TIP

➤ 집단상담에서 구조화란 세 가지로 나눌 수 있는데, 집단의 전반적인 구조화 작업, 한계점에 대하여 구조화 작업, 집단의 비밀유지에 관한 구조화 작업이다.

TIP

(1) 집단의 전반적인 구조화 작업

집단원들이 빠지지 않고 적극적으로 참여하고 집단을 이루기 위한 사항과 시간 엄수, 결석이나 지각에 대한 대처 방법 등에 대하여 구조화하는 것이다. 집단을 준비하는 과정에서 집단상담자는 집단상담에 관심 있는 집단원들과의 만남을 통하여 준수사항을 소개한다. 그리고 첫 회기에서 다시 한 번 각인시켜 주고 서로를 소개하며, 서로의 좋은 점과 고쳐야 할 점을 이야기하고, 서로의 관심사를 위하여 집단원 모두가 협력하는 것이 중요한 일임을 알게 한다.

(2) 한계점에 대한 구조화 작업

이는 집단상담자와 집단원 간의 해도 되는 사항과 하면 안 되는 사항을 확실하게 나누는 것인데, 노련한 집단상담자는 집단원과 한계를 잘 합의하는 반면에 경험이 부족한 집단상담자는 집단원과 잘 지내고 싶은 욕구가 커서 집단원의 요구에 다 맞춰 주려는 경향이 있다. 그러나 나중에 발생하는 문제에 집단상담자가 부담감을 느낄 수 있고, 그 문제로 인하여 집단 내에도 영향이 미칠 수 있다는 것을 알아야 한다. 그래서 한계를 정하는 것은 필수이며, 집단상담 초기에 모든 집단원에게 설명해야 한다. 한계의 구조화는 책임감이나 시간, 그리고 애정 등의 내용이 있다.

(3) 집단의 비밀유지에 관한 구조화 작업

이것은 매우 중요해서 다른 사항과는 다르게 첫 회기부터 정해져 있는 민감한 사항이라고 할 수 있다. 비밀유지는 집단상담자나 집단원 모두가 지켜야 하지만 예외가 있다. 약물중독이나 아동학대, 그리고 집단원 중에 다른 사람을 해하려고 할 때 등이 예외사항이 적용된다.

2) 진단

진단은 집단상담에서 집단원의 행동이나 감정, 그리고 사고의 유형을 나누어서 나타나는 증상의 정도를 확인하고 어느 범주에 있는지를 판단하는 것이다. 진단은 집단상담자가 집단원을 관찰을 하면서 이루어지므로 주의분산이나 파괴행동을 파악하는 것은 물론이고 극복하는 방법을 알아야 한다. 그러기 위해서 집단상담자는 심리검사 경험과 전문적인 지식이 필요하다. 그래야 효과적인 많은 경험을 바탕으로 정확한 진단을 내릴 수 있는 것이다.

TIP

➤ 진단은 집단상담에서 집단원의 행동이나 감정, 그리고 사고의 유형을 나누어서 나타나는 증상의 정도를 확인하고 어느 범주에 있는지를 판단하는 것이다.

(1) 진단의 용도

진단은 집단원의 문제가 있는 행동을 파악하고 그 범주의 상황에 적절하게 대처하기 위함이다. 정확한 진단을 위해서 집단원이 목적에 부합되는가, 집단의 혜택을 받고 있는가, 분위기에 잘 맞추고 있는가, 개인상담이 필요하지는 않는가, 위급하게 도움이 필요한 집단원은 있는가 등을 스스로에게 물어보고 확인해야 한다.

(2) 진단의 목적

집단원들의 목적에 부합하도록 돕고 위급한 상황의 집단원에게는 신속하게 도와주기 위함이며, 집단상담에서 해결할 수 없는 상태의 집단원은 다른 기관의 도움을 받도록 하는 것이 전문적인 상담원의 책임을 다 하는 것이다.

3) 연결

연결은 특정한 집단원이 하는 말이나 행동은 또 다른 집단원의 말이나 행동과 연결하기 때문에 집단상담자의 심도 있는 통찰력을 표현하는 한 방법이다. 연결은 주로 집단원들의 표현에서 비슷한 점과 다른 점을 찾아내는 기법으로

TIP

> 집단상담자의 통찰력으로 서로 다른 집단원이 비슷한 상황에 있다는 것을 알게 되면서, 서로에게 공감대와 동질감을 형성하고 조금 더 심도 있는 감정을 표현하게 된다. 이렇게 집단원의 비슷한 상황을 연결해 주면 집단원 간의 상호작용을 촉진하고 결속력이 좋아지는 데 효과가 있다.

집단상담에서 거의 사용한다. 집단원의 내용과 감정을 연결하여 이면에 있는 의미를 찾아내기도 한다. 또한 집단상담자는 집단원의 비언어적인 면을 세밀하게 살펴서 집단상담자의 느낌과 사고력으로 구분해 연결해 줄 수 있다.

집단상담자의 통찰력으로 서로 다른 집단원이 비슷한 상황에 있다는 것을 알게 되면서, 서로에게 공감대와 동질감을 형성하고 조금 더 심도 있는 감정을 표현하게 된다. 이렇게 집단원의 비슷한 상황을 연결해 주면 집단원 간의 상호작용을 촉진하고 결속력이 좋아지는 데 효과가 있다. 또 하나의 효과는 나만 그런 것이 아니라는 보편화를 느끼게 된다. 가장 중요한 것은 집단상담자는 집단원들이 자신의 생각과 문제에 소통하고 있음을 알게 하고, 다른 사람들이 자신을 받아들임을 알 수 있도록 하여 소속감을 갖도록 해야 한다.

4) 차단

차단은 집단원을 존중하면서 부정적인 행동을 막아 주는 기법으로 고도의 민감성과 직접성을 필요로 한다. 중간에 다른 사람의 말을 막는 것은 예의에 벗어나거나 상대를 기분 나쁘게 할 수 있는 행동으로 오해받을 수 있기 때문이다. 집단원의 마음에 상처를 주거나 분노와 저항을 일으키는 것을 꺼려하는 집단상담자에게는 쉽지 않은 기법이다(Corey & Corey, 2002; Gladding, 2003).

집단상담과정에서의 차단은 집단원의 성장에 부정적인 영향을 미치는 다른 집단원들의 부정적인 말이나 행동에 대해 집단상담자가 제재를 가하는 기술이다. 집단상담이 집단원들의 목표에 도달할 수 있도록 집단상담사는 최선을 다해야 한다. 그러기 위해서는 집단원의 행동이 도가 넘는다고 판단이 내려지면 지체하지 말고 저지시키고, 원래의 목표를 각인시켜 길을 바로 잡아 줘야 한다. 차단의 기술을 사용할 때는 집단원의 인격에 손상이 가지 않도록 조심스럽게 취해야 한다. 집단상담자의 말이나 행동으로 인하여 집단원이 마음에 상처를 입으면 오히려 역효과가 발생해서 저항이 일어날 수 있는 어려운 기술

TIP

이므로 심사숙고해야 한다. 그래서 집단상담자는 집단의 본래 목적에 맞는 방향으로 직접적으로 개입하여 자신의 임무에 최선을 다 해야 한다.

5) 피드백

효과적인 피드백은 내담자의 자기인식을 높여 주면서 그러한 행동의 변화를 이끈다(Brammer & MacDonald, 1996). 피드백은 집단원이 가지고 있는 문제에 대해 피드백 해주는 사람이 느끼는 반응의 결과를 알려주는 것이다. 보편적으로 다른 사람을 피드백한다는 것이 조심스러운 이유는 자신이 피드백 해준 결과가 다른 사람에게 어떻게 보이고 받아 들일지 걱정스럽기 때문이다. 사실 피드백을 해주었는데, 상대방의 기분이 상하거나 분노가 일어날 수 있기 때문에 집단상담자는 집단원이 수용적일 수 있는 방법의 피드백 기술을 성장시켜야 한다.

집단원은 긍정적인 피드백을 쉽게 받아들이기 원하며, 그것을 부정적인 피드백보다 더 정확하다고 생각한다(Claibom·Goodyear & Homer, 2002). 수용적인 올바른 피드백은 집단원의 생각과 행동에 긍정적인 도움을 주기 때문이다. 긍정적인 피드백은 관계형성에 좋고 신뢰도를 높여 준다. 그러므로 부정적인 피드백을 줄 때조차 긍정적인 피드백을 함께 주는 것이 효과가 좋다.

초보 집단상담자에게는 피드백이 어려울 수 있다. 이유는 사회적 상호작용에 사용되는 것과 다르고 저항이 올 수 있기 때문이다. 초보 집단상담자에게는 가끔 침묵효과의 희생양이 되는데, 침묵효과는 듣는 사람들에게 최고의 흥미를 주고 있지만 나쁜 소식을 보류하기 때문이다(Egan, 1994). 피드백을 잘 주는 방법은 평가적으로 하기보다는 묘사적으로 하면서 약점보다는 강점으로 하는 것이 집단원이 듣기가 편하다. 또한 바꿀 수 없는 것보다는 바꿀 수 있는 피드백을 주고 가능한 변화된 행동을 피드백 해주는 것이 중요하다.

➤ 긍정적인 피드백은 관계형성에 좋고 신뢰도를 높여 준다. 그러므로 부정적인 피드백을 줄 때조차 긍정적인 피드백을 함께 주는 것이 효과가 좋다.

TIP

(1) 긍정적 피드백

집단원의 좋은 점을 말이나 표정으로 표현해 준다면 듣는 사람의 기분은 매우 좋아진다. 또한 피드백 받은 집단원은 조금 더 자신을 탐색하고 행동의 변화가 높아지며 집단원들과의 사이도 친밀감과 신뢰감이 높아져 응집력도 상승하게 한다.

(2) 부정적 피드백

집단원의 잘못된 말이나 행동을 그대로 되돌려 주면서 발생하는데, 서로의 마음에 상처를 주고 부정적 요소가 상승하여 신뢰감과 응집력이 떨어진다. 교정을 위한 피드백은 부정적 피드백으로 집단의 발전성이 떨어진다. 집단원 간에 신뢰도가 있을 때는 부정적 피드백에 대해서도 마음의 상처를 받지 않고 토론하기도 한다. 그래서 집단상담을 할 때 집단상담자의 판단으로 피드백의 정도를 결정하는 것도 한 방법이다.

6) 보편화

➢ 보편화란 나만이 가지고 있는 문제라고 생각했는데, 다른 집단원들도 자신과 비슷한 문제가 있다는 것을 알면서 서로 상호작용하여 혼자만의 문제가 아니라는 것을 아는 것이다. 그래서 보편화는 강한 치유력을 가지고 있어 집단의 고유 변화 촉진 요소이다.

보편화란 나만이 가지고 있는 문제라고 생각했는데, 다른 집단원들도 자신과 비슷한 문제가 있다는 것을 알면서 서로 상호작용하여 혼자만의 문제가 아니라는 것을 아는 것이다. 그러므로 보편화는 강한 치유력을 가지고 있어 집단의 고유 변화촉진 요소이다.

집단원들은 자신만이 외롭거나 비참하며 어떤 받아들일 수 없는 문제들을 가지고 있다고 생각하고 있다. 그래서 그들은 흔히 자신의 문제를 자기만이 고통받고 있는 것으로 여긴다. 그리고 집단원 자신이 기본적으로 부적절하다고 깊이 확신하고 있다는 점이다. 만약 다른 사람들이 자기 자신을 실제로 알게 된다면 다른 집단원들이 자기의 무능함, 비인간적인 면을 발견하게 될 것이고, 자기가 교묘하게 허세를 부리고 있음을 알아차리게 될 것 이라고 생각하는 것이다.

그러나 집단원의 문제가 혼자만의 문제가 아니라는 것을 인식할 때 안도감을 경험한다. 다른 사람들의 경험으로부터 절대적으로 동떨어져 있는 사람의 행동과 사고는 없다. 집단원들이 부모 형제와의 갈등, 열등감, 경쟁심, 두려움, 외로움 같은 행동이나 감정들을 털어놓는데, 사람 문제가 이렇게 다양한 데도 불구하고 유사한 요소가 있다. 그래서 집단원들은 자신들의 유사점을 인식하게 되고, 집단원의 문제가 보편성이 있으며, 다른 집단원들과 공유한다는 것을 발견함에 따라 큰 안도감을 경험한다.

7) 여기-지금 상호작용

'여기–지금'을 관점을 두는 상호작용은 집단원의 활성화를 돕는다. 거기 그때에 일어났던 사건은 기간이 얼마가 됐든 집단의 역동에 저해하는 요인이다. 하지만 '여기–지금'이라고 해서 집단원들의 과거 삶을 무시한다는 의미는 결단코 아니다. 사건의 진술 시 과정도 필요한데, 그 과정은 전날일 수도 있고, 수개월 전의 과거일 수도 있기 때문이다. 따라서 과거의 사건들은 지금의 일부이고 또한 과정 진술의 기초이다.

집단상담자는 집단원들이 '여기–지금'을 알게 하는 것은 집단원이 안고 있는 문제나 관심사를 해결하기 위해서이고, '여기–지금'의 맥락에서 이해하고 있을 때 효용성이 크기 때문이다. 그러므로 집단원들의 초점을 현재 집단에서 일어나는 것에 맞추는 것이 가장 생산적이라 하겠다.

상호작용을 촉진하기 위해서는 집단원이 집단상담자에게 의존하는 것을 줄이고 문제를 표현하며, 의사소통이 막힘이 없도록 도와줘서 집단참여에 두려움과 기대를 표현하도록 지지해 준다. 그리고 참여를 유도하고 새로운 행동을 시도할 때 격려와 지지를 해주며, 안전하고 수용적인 분위기 속에 생산적인 의견을 교환해야 한다.

TIP

➤ '여가-지금'을 알게 하는 것은 집단원이 안고 있는 문제나 관심사를 해결하기 위해서고, '여가-지금'의 맥락에서 이해하고 있을 때 효용성이 크기 때문이다.

TIP

8) 지지 · 격려

지지와 격려는 집단원들이 낯선 환경에 적응하기 전에 불안을 줄이고, 다른 집단원들과 대화를 나눌 수 있도록 집단상담자가 돕는 기술이다. 집단원들은 초기에 자신이 다른 집단원들에게 어떻게 비쳐지는지에 관심을 가지고 있으며, 다른 집단원들이 자신을 문제 있는 사람으로 보지 않을까 두려워하기도 한다. 그래서 자신을 개방하는 데 두려움을 느끼기 때문에 집단상담자는 지지와 격려를 충분하게 전하고 편안함과 안전감 있는 분위기를 만들어야 한다. 또한 처음에 느끼는 불안 초조감은 누구나 느끼는 감정이고, 자연스러운 일이라고 안심하도록 유도한다.

① 비언어적 지지와 격려에는 여러 가지 방법이 있다. 대표적으로 다정한 목소리와 따뜻하고 안정감을 주는 말씨 그리고 밝고 행복한 표정의 얼굴로 아낌없이 지지와 격려를 표현해야 한다. 진심으로 표현하여 집단원이 진정이라고 느낄 수 있어야 한다. 지지와 격려가 더 많이 필요한 때는 자기의 속 깊은 이야기를 하는 순간으로, 많은 사람에게 자기를 개방한다는 것은 큰 부담감을 느낀다. 그래서 집단상담자는 최대한의 지지와 격려로 용기와 힘을 주어 집단원들이 두려움과 부담감을 극복할 수 있도록 해야 한다.

② 비생산적인 지지와 격려는 집단원 간의 불화합으로 인하여 초래되는 일시적 지지와 격려로, 집단원 간에 감정을 경험하고 헤쳐 나가야 하는 상황이 문제가 되는 경우이다. 그리고 집단원이 사실적인 말이나 다른 집단원들을 방해하고 자신의 나약함을 드러내는 집단원을 지지하고 격려하는 것은 비생산적인 것이다.

③ 생산적인 지지와 격려는 집단 내에서 집단원이 위험하다고 느껴질 때와 난이도 있는 문제를 해결하고자 하는 때, 그리고 과거의 잘못된 습관을 버리려고 애쓰거나 건설적인 변화를 추구할 때 생산적인 지지와 격려가 필요하다.

➤ 비생산적인 지지와 격려는 집단원 간의 불화합으로 인하여 초래되는 일시적 지지와 격려로, 집단원 간에 감정을 경험하고 헤쳐 나가야 하는 상황이 문제가 되는 경우이다.

TIP

9) 침묵

침묵은 집단상담에서 초보자들이 긴장과 불안 등으로 경험하는 경우가 많다. 이유를 찾자면 일상생활에서 수다 떠는 경험이 조건형성으로 이루어지면서 일 것이다. 집단상담자의 긴 침묵도 인간들 행동의 한 형태이며 침묵으로 많은 생각이 나올 수도 있음을 인식하는 것이 좋다. 전문적인 집단상담자들은 침묵의 권리도 인정하고 있다. 침묵은 원인이 있는데, 그 원인은 집단원의 각 개인마다 다르다는 걸 알아야 한다. 침묵에 대한 집단상담자의 대처법은 아래와 같다.

① 집단원들이 느끼는 압박이나 불안을 느꼈어도 자기 자신은 느끼지 말아야 한다.
② 집단상담자가 아닌 집단원이 침묵을 깰 때까지 기다린다.
③ 집단상담자는 침묵 중에도 집단원들의 비언어적 표현 이상의 것을 탐색해야 한다.

10) 종결

종결단계에 집단원들은 효과적이지 못한 행동은 버리고 다른 대안을 학습하여 목표에 이르면 종결단계에 이른다. 이 단계에서 집단원들은 자신의 문제가 해결되어 자기개방을 줄이고 집단원들과의 유대관계를 분리시키려고 한다(이형득, 1983). 시작단계와 마찬가지로 종결단계는 중요하다. 이 단계가 중요한 이유는 집단원들이 그동안 학습한 것을 활용하는 데 지장이 있고, 좋지 못한 감정을 가지고 떠나갈 가능성이 크게 작용한다. 그래서 집단상담자는 집단원이 떠날 때 좋은 생각으로 떠날 수 있게 도와야 한다.

많은 회기가 있으나 종결단계는 1~2회기면 충분하다. 종결단계에서 해야 할 것은 이별의 감정 다루기, 집단상담의 개관과 요약, 집단원의 성장 및 변화의 평가, 미해결 과제의 취급, 학습결과의 적용 문제, 피드백 주고받기, 작별인

TIP

사, 지속적 성장 또는 문제해결을 위한 계획, 추후 집단의 모임 결정, 마침을 위한 파티 문제(Jacobs, 1994; Hansen, 1976; Corey, 1995) 등으로 매우 다양하다.

11) 평가

집단상담자가 진행하는 집단과정 상태, 집단구성원들의 진전 상태, 집단역동성의 상태를 세밀하게 파악하는 것이 평가하기이다(노안영, 2011). 집단상담자는 집단원들이 조금 더 깊은 자기자각을 달성하면서 집단의 활동과 미래의 방향성에 대해 잘 이해해야 한다. 그리고 집단상담자는 집단원의 태도, 감정, 행동의 변화 등을 객관적으로 평가하기 어려우므로 여러 가지의 평가를 사용해야 한다. 집단상담의 전과 후 차이를 생각해 보고, 집단원들과의 교류와 집단의 상호작용을 통해 자신과 다른 사람에 관하여 생각하고 토론해 볼 필요가 있다. 집단상담 동안에 기억에 남는 일을 생각하여 구체화시키고, 집단상담 기간에 사용했던 기법 중에 자신이 제일 편하게 자주 사용했던 것은 무엇인지 등을 기술해 본다. 집단상담을 통하여 자신이 경험하여 얻은 소중한 것들을 실행해 보도록 한다.

12) 행동 제한

집단상담자는 집단원이 바르지 못한 행동을 하면, 그러한 행동을 못 하게 막아야 한다. 집단원을 비난하거나 공격하라는 것이 아니고, 생산적인 일이 아닌 것을 제지하라는 것이다. 집단원의 바르지 못한 행동을 보고도 그냥 둔다면 허용이나 강화를 하는 경우가 된다. 다른 집단원이 이를 보고 허용된 행동으로 생각하여 그들도 허용하는 태도로 받아들인다. 그래서 집단상담자가 특정한 집단원을 제한하면 다른 집단도 따라서 같은 효과를 얻을 수 있다. 집단원의 행동제한은 집단원이 지나치게 질문을 하고, 제 3자의 험담을 하며 집단 외부이야기를 하면서 다른 사람의 사적인 비밀을 알려고 할 때 그 행동을 제한해야 한다. 집단상담원은 집단원의 역기능적이고 집단 밖의 이야기나 "난 원래 그래.", "다른 사람도 다 그랬는데"와 같은 피상적 화제의 지속, 집단원 간의 편 가르기 등 상호작용에 방해가 되는 집단원은 제한을 하지만 비난이나 공격을 해서는 안 된다.

3 내용기술

집단상담에서 내용기술이란 집단원 간의 소통내용을 치료적 측면으로 다루는 도구이다. 내용기술 중에서도 반영처럼 흔히 다루지 못하는 기법은 강한 치료효과가 있다. 소개되는 기술들을 능숙하게 다룰 수 있다면 훌륭한 전문가로서 당당히 설 것이다. 전문가가 되기 위해서 계속해야 하는 것은 연습과 경험이고, 그 후에 노련한 전문가로 성장한다면 집단원의 성장과 발전시키는 데 이바지할 수 있다. 치료적인 부분에서 필요한 기술은 명료화, 재진술, 반영, 요약, 질문, 직면, 해석, 정보제공, 자기노출이 있다.

1) 명료화

명료화는 집단원 스스로 모호한 내용, 혼돈스럽고 자각하지 못하는 의미나 관계를 분명하게 해주는 것이다. 집단과정 속에 비생산적 감정, 행동, 태도, 분위기도 분명히 해줄 수 있다.

집단원이 진술을 빠뜨리거나 왜곡시키고 일반화하면 진술이 애매모호하고 분명하지 않기 때문에, 집단원의 진술에서 공백을 메우거나 의미를 넣기 위해 집단상담자가 사용하는 언어적 도구이다.

TIP

➤ 집단상담에서 내용기술이란 집단원 간의 소통내용을 치료적 측면으로 다루는 도구이다. 내용기술 중에서도 반영처럼 흔히 다루지 못하는 기법은 강한 치료효과가 있다.

➤ 명료화는 집단원 스스로 모호한 내용, 혼돈스럽고 자각하지 못하는 의미나 관계를 분명하게 해주는 것이다. 집단과정 속에 비생산적 감정, 행동, 태도, 분위기도 분명히 해줄 수 있다.

TIP

집단원을 비판하는 인상은 피하고 집단원들 내면에 있는 욕구, 갈등, 태도 등에 대한 감정들을 통하여 집단상담자에게 이해를 받고 있어서 상담이 잘 진행된다는 생각이 들게 해야 한다.

명료화는 집단원들이 어떻게 이야기하고 있는지를 보고 사용해야 한다. 집단원이 과거이야기를 할 때 어떻게 이야기하였는가를 중요하게 생각한다. 그러나 과거를 이야기했느냐 안했느냐가 중요하지 않은 것은 현재를 돕는 차원의 과거이야기가 중요하기 때문이다. 명료화의 기법을 통해 집단원들은 주요 사항에 맞추면서 혼란과 갈등의 감정을 구별할 수 있게 된다.

2) 재진술

재진술은 상황이나 사건, 그리고 사람 등을 진술하는 내용을 집단상담자가 다른 표현으로 말하는 기술이다. 재진술은 집단원이 말한 내용을 종합적으로 되풀이 해주면서 집단원 자신이 말한 것을 확인하는 기술이다. 또한 집단원이 자기비하를 하거나, 어떠한 내용의 심각한 부분을 집단원 자신에게 알려주기 위하여 사용하기도 한다.

재진술 방법은 집단원의 핵심적인 말을 집단상담자가 파악하고, 집단상담자가 똑같은 의미의 다른 언어로 바꾸어서 중요한 부분을 강조하여 들려 주기도 하며, 집단원이 정도가 지나치게 자신을 비판적으로 이야기할 때 내용의 심각성을 알게 하기 위해 사용되기도 한다. 그리고 집단원의 말 그대로 다시 되풀이하기도 하는 기술이다.

3) 반영

반영은 집단원의 진술한 부분을 집단상담자가 원인이 되는 사건이나 상황, 그리고 사람 등을 다른 표현으로 똑같은 의미의 말로 바꾸어 말하는 기술이다.

반영은 집단원의 사건, 상황, 행동, 느낌 등을 거울처럼 비추어 돌려준다. 집단원의 상황을 이해하고 세심하게 귀담아 듣고 있다는 것을 알 수 있게 한다. 그러므로 반영은 집단원의 마음을 알아주고 집단원의 마음을 열도록 하는 기술이다.

언어는 말하는 사람의 내용과 함께 말하는 사람의 감정도 그대로 전해 준다. 화가 났을 때, 기쁠 때, 울 때, 웃을 때 등의 상황에서 집단원이 이야기한다면 목소리에 상황이 내포되어 있는 것이다.

반영은 언어적일 뿐만 아니라 비언어적인 면에서도 집단원의 상태를 얼굴 표정이나 몸짓에서 알 수 있는 것이다. 그러므로 반영은 언어적·비언어적 두 가지를 통해 감정 상태를 알 수 있다.

표현하지 않는 부분이 내면에 남아 있어서 직접적으로, 간접적으로 집단원의 사고와 행동은 정신작용에 영향이 있다. 그러므로 집단상담자는 반영을 사용하여 집단원이 자신의 내면을 알아차리도록 하고 감정에 대한 부분을 표현하기를 장려해야 한다. 감정을 표현함으로써 자신의 감정을 받아들이고 체계적으로 관리할 수 있어 집단원 자신을 이해하는 데 효과가 있다.

TIP

➤ 반영은 집단원의 사건, 상황, 행동, 느낌 등을 거울처럼 비추어 돌려준다. 집단원의 상황을 이해하고 세심하게 귀담아 듣고 있다는 것을 알 수 있게 한다. 그러므로 반영은 집단원의 마음을 알아주고 집단원의 마음을 열도록 하는 기술이다.

4) 요약

요약은 재진술, 반영을 확대한 기술이다. 요약은 모든 집단상담자들이 필요로 하는 기술이다.

요약을 하는 데 있어서 목적은 표현의 핵심을 묶어서 공통주제 혹은 유형을 파악하고 두서없이 쓴 이야기를 차단하며, 상담의 진행 상태를 알 수 있게 하기 위함이다. 집단상담자는 요약으로 집단원의 문제를 알 수 있게 하는 것 뿐만 아니라 집단의 상황을 촉진시켜 준다. 집단에서 흐름이 원활하지 못 하거나 정신없이 분산됐을 때 요약기술을 사용한다. 집단원 간의 의견이 충돌했을 때, 집단상담자는 개입하여 문제를 어떻게 생각하는지를 각 개인에게 말하도록 하여 서로 간에 소통을 원활히 하도록 도와준다. 대화가 끝나면 집단상담

➤ 요약을 하는 데 있어서 목적은 표현의 핵심을 묶어서 공통주제 혹은 유형을 파악하고 두서없이 쓴 이야기를 차단하며, 상담의 진행 상태를 알 수 있게 하기 위함이다.

TIP

자는 요약한 것을 참고 삼아 대안을 제시해 준다.

5) 질문

질문은 집단원의 정보나 자료를 모으고 그 사람들의 생각과 감정을 탐색하는 기술이다. 이 기술은 대화하면서 질문을 해서 얻는 탐색이다. 질문을 할 때에는 상대를 배려하는 질문을 해야 한다. 잘못 질문하면 상대방의 기분을 상하게 할 수 있다는 점을 인식해야 한다. 질문의 방법에 대하여 알아본다(강진령, 2011).

① 개방질문은 육하원칙의 질문으로 누가, 언제, 어디서, 무엇을, 어떻게, 왜로 시작되는 질문이다. 개방질문은 집단원의 행동이나 느낌 그리고 생각에 대한 전반적인 부분과 집단원의 소통을 원활하게 할 때 등에 쓰인다.

② 폐쇄질문은 예와 아니오의 단답형 질문이다. 폐쇄질문은 주제의 한계가 있어 주로 구체적 정보나 문제출제 경향성을 찾는 데 유의하다. 집단에서 집단원의 말을 줄이거나 주제의 초점으로 갈 때 사용된다.

③ 직접질문은 말 그대로 돌리지 않고 직접적으로 물어본다. 단도직입적으로 질문하게 된다.

④ 간접질문은 평서문으로 상대에게 완곡한 느낌을 준다. 따라서 간접질문은 마침표가 붙는다. 완곡한 말로 살짝 물어보는 질문이라 부드럽게 들려서 상담자에게 권장하는 기술이다.

⑤ 양자택일형 질문은 두 가지에서 한 가지를 고르는 질문이다. 이 질문은 어리거나 지적수준이 낮은 사람들에게 좋은 질문에 속한다. 그러나 선택의 폭이 작기 때문에 집단원들의 자유 유지나 선택의 권리가 적어서 신중한 판단이 요구된다.

⑥ 질문공세는 질문을 하고 대답도 듣지 않고 계속해서 던지는 질문이다. 연속적으로 질문하다 보니 압박감이나 죄책감 또는 불안감을 느낄 수

있어 집단상담자와 집단원 사이의 신뢰감이 떨어질 수 있다. 이 질문은 치료적이라기보다는 호기심 충족이나 불안감 해소 수단 정도다.

⑦ 왜로 시작하는 질문은 그대로 왜 라는 의문사 질문이다. 이 질문은 지적 호기심이 많은 질문으로 중요하다. 잘못을 지적한다든지 비난하는 느낌을 받을 수 있기 때문에 신중하게 사용해야 한다.

6) 직면

직면은 집단의 언어적 진술과 비언어적 행동의 불일치가 나타날 경우에 집단상담자가 모순점을 진술하는 기법으로 집단원의 언어적 행동과 비언어적 행동의 모순 부분을 알 수 있도록 하는 기법이다. 직면을 통하여 집단원은 자기가 행동하는 것이 타인에게 얼마나 부정적인 영향을 미치는지를 알 수 있게 된다. 집단상담자에 따라 집단원에게 상처를 주거나 집단원을 잃을지도 모른다는 두려움과 불안감 때문에 직면하기를 꺼려하기도 한다. 보편적으로 다른 사람들을 비방하는 데는 기술을 따로 배울 필요가 없으나 직면은 기술이 필요한 기법이다.

집단원의 행위가 집단에 누가되거나 말과 행동이 다를 때에는 집단원을 직면시켜야 하는데, 그 이전에 집단원과 신뢰감이 있어야 한다. 직면을 할 때에는 진정한 보살핌이 내포되어 있는 직면 기법의 기술이 필요하다. 그러므로 집단원을 직면시킬 때 다정하고 부드러운 어조로 구체적 행동에 대하여 느낌을 함께 나누다 보면 집단원의 불일치되는 점을 볼 수 있다. 이유는 직면은 저항이나 반감을 느낄 수 있기 때문이다.

TIP

➤ 직면은 집단의 언어적 진술과 비언어적 행동의 불일치가 나타날 경우에 집단상담자가 모순점을 진술하는 기법으로 집단원의 언어적 행동과 비언어적 행동의 모순부분을 알 수 있도록 하는 기법이다.

7) 해석

집단원들은 자기가 했던 언행이나 행동에서 감정과 사건 그리고 행동들을

TIP

> 집단상담자의 해석으로 집단원은 자신과 동기의 문제를 이해하고 사고, 감정, 행동 이면에 이유를 찾을 수 있다. 그리고 집단원은 집단상담자를 모방하면서 스스로 해석하고 새로운 자기를 이해할 수 있다.

금방 잊어버리고는 한다. 집단상담자는 집단의 흐름과정을 제시하거나 설명해 주는데, 이것이 해석이다. 해석은 집단원이 표현하거나 내용 그 이면의 의미까지 알도록 집단상담자가 집단원에게 새로운 방법으로 행동, 사고, 감정에 대하여 의미를 주거나 설명하여 자신의 문제를 직시하게 한다. 방어, 감정, 전항, 전이를 해석할 수도 있고, 집단원의 행동이나 감정, 감정이나 사고, 행동이나 사고방식 간의 관계를 설명할 수도 있다. 집단원이 집단상담자의 해석을 못 받아들인다면 해석은 아무것도 아니다.

해석방법은 집단원들이 수용되고 소화되는 수준, 분량, 내용 등을 고려하여 논평이나 해석의 방법으로 전달한다. 해석은 표현양식이나 전해지는 시기 등이 중요하다. 집단상담자는 해석을 통해 무의식 동기를 의식화 하도록 돕는다. 하지만 조금 더 효과적인 방법은 자기 스스로 해석하는 것을 도와주는 것이 좋다. 집단상담자는 추측이나 가정의 형식으로 집단원에게 근접할 필요가 있다. 또한 특정 행동이나 반응도 사실보다는 가정에서 하는 것이 바람직하다. 그 이유는 집단상담에서 해석은 집단원이 자기 스스로 자신의 문제를 다른 각도로 이해할 수 있도록 하는 것 때문이다. 해석은 집단원이 준비가 되었을 때 적당한 시기에 제공해야 한다. 적당한 시기에 사용하면 집단원이 긍정적인 변화를 체험할 수 있게 된다. 그렇지 않으면 문제해결을 할 때 부정적인 영향을 받을 수도 있다.

집단상담자의 해석으로 집단원은 자신과 동기의 문제를 이해하고 사고, 감정, 행동 이면에 이유를 찾을 수 있다. 그리고 집단원은 집단상담자를 모방하면서 스스로 해석하고 새로운 자기를 이해할 수 있다. 집단원은 감정의 방향과 흐름을 모르고 있다가 집단상담자의 해석으로 자신의 감정을 이해하게 된다. 그래서 집단원은 감정을 받아들이고 자연스럽게 경험할 수 있게 된다. 이 경험으로 치료적 효과를 보게 된다. 해석은 보편적으로 자신의 문제를 남의 탓이라고 비난하기 쉽지만, 해석을 통하여 자신에게 문제가 있음을 알면서 스스로 절제하게 된다.

8) 정보제공

집단상담에서 정보제공은 집단상담자가 집단원들에게 말로 전하는 것으로 상담과정, 상담자의 행동, 만나는 장소, 상담 비용 등과 같은 상담과 관련된 종류를 말한다. 정보제공의 목적은 집단원의 문제를 해결하거나 의사결정을 할 때 대안을 찾거나 평가 그리고 자신의 상황을 다른 시각에서 보고 잘못된 생각이나 행동을 변화하기 위함이다. 정보제공은 보편적으로 집단원이 회피해 왔던 문제들을 다시 생각해 볼 수 있는 기회를 가질 수 있다. 그러나 집단상담자는 집단원에게 전문적으로 정보를 주어서 집단원의 감정과 태도에 영향을 줄 수 있으며, 자기탐색할 때 회피가 일어날 수 있음을 알아야 한다.

9) 자기노출

자기노출은 상담기술의 중요한 요소 중의 하나이다. 집단상담자가 집단원에게 적당한 시기에 자기노출을 한다면 비슷함과 친숙함을 보여줄 수 있고, 또 집단상담자와 집단원 간의 이해를 발전시킬 수 있다. 즉, 적당한 시기에 자기노출을 집단원들에게 한다면 깊이 있는 자기 탐색의 모범이 될 수 있다. 집단상담자는 집단원의 관심사에 부흥하는 사적인 이야기와 경험 등을 진솔하게 이야기함으로써 유대관계가 더 좋아질 수 있다. 물론 자신의 단점이나 실수담을 이야기할 때는 조심스러운 마음이 들겠지만 자신을 드러내는 것도 모험심과 용기가 필요한 것이다.

자기노출에는 집단상담자와 집단원과 소통하는 동안 경험하게 되는 생각이나 느낌으로 지금 내가 나를 또는 집단원이 나를 어떤지 직시하여 솔직하게 말해 주는 것과 나의 과거와 지금 집단원이 경험하는 것과 비슷한 경우에 솔직하게 대화해 보는 것이다.

집단원과 느낌, 생각, 경험, 정보 등 유사한 부분을 노출하고 집단원이 집단상담자와 동질감을 느끼고 동료의식을 느끼게 되는 것이다. 이런 감정은 래포

TIP

➤ 자기노출은 상담기술의 중요한 요소 중의 하나이다. 집단상담자가 집단원에게 적당한 시기에 자기노출을 한다면 비슷함과 친숙함을 보여줄 수 있고, 또 집단상담자와 집단원 간의 이해를 발전시킬 수 있다. 즉, 적당한 시기에 자기노출을 집단원들에게 한다면 깊이 있는 자기 탐색의 모범이 될 수 있다.

TIP

> 비언어적 행동은 따로 신경을 쓰지 않는 이상 무의식적으로 나타나기 때문에 말로 하는 것보다 오히려 당사자의 감정을 잘 표현해 준다. 그래서 집단상담자는 항상 집단원들의 비언어적 행동을 관심을 가지고 봐야 한다. 많은 비언어적 기술 중에 시선, 얼굴표정, 머리의 끄덕임, 눈물에 대하여 살펴본다.

형성이 잘 이루어지고 집단원에게 문제해결의 도움이 된다.

첫 회기에 집단원들이 불안해하면 자신도 처음에 집단상담에 가서 불안이나 두려움을 느낀 경험이 있음을 솔직하게 이야기한다. 그러면 집단원들에게는 유사한 경험을 함께 했다는 생각에 집단상담자에게 친근감과 함께 신뢰도가 쌓인다. 더 나아가 집단원의 롤모델로 삼아서 솔직한 자기노출을 할 수도 있고, 충고나 피드백을 쉽게 수용하게 된다.

반대로 집단원의 과거경험이 집단상담자가 현재 겪고 있다면 집단원의 수준만큼만 자기노출을 하는 것이 좋다.

4 비언어적 기술

비언어적 기술은 언어적 측면보다 더 세밀하게 표현될 수 있다는 점에서 주의를 해야 한다. 보편적으로 사람들은 소통하는 데 있어 언어행동보다 비언어행동을 통해 이루어진다. 집단상담자가 집단원들을 도와주며 이해하려고 노력하는 마음을 전달하는 수단이 신체언어인 것이다. 집단상담에서 집단상담원은 집단원의 신체언어를 계속 살핀다. 얼굴의 색 변화와 표정만으로도 지루함, 긴장, 분노, 초조함, 저항 등을 알 수가 있다. 비언어적 행동은 따로 신경을 쓰지 않는 이상 무의식적으로 나타나기 때문에 말로 하는 것보다 오히려 당사자의 감정을 잘 표현해 준다. 그래서 집단상담자는 항상 집단원들의 비언어적 행동을 관심을 가지고 봐야 한다. 많은 비언어적 기술 중에 시선, 얼굴표정, 머리의 끄덕임, 눈물에 대하여 살펴본다.

TIP

> 집단원이 말하고 있을 때에도 다른 집단원들의 움직임을 포착할 수 있다면 효과적인 집단으로 이끌어 갈 수 있을 것이다. 그렇기 때문에 집단상담자는 대화하면서도 집단원 전체를 볼 수 있는 기술을 습득하는 것이 중요하기 때문에 간과해서는 안 된다.

1) 시선

시선은 비언어 행동에서 중요한 요소다. 집단상담에서 시선의 중요함을 강조하는 이유는 시선이 어떤 것보다도 정보를 수집함에 있어 중요하기 때문이다. 시선은 강한 힘을 가지고 있다. 권위를 갖고 있는 집단상담자의 시선은 집단원 간의 상호작용을 촉진시키고 있다. 하지만 가끔은 시선이 집단원 간의 대화를 가로막는 벽이 되기도 한다. 집단상담자는 시선으로 집단원들을 신중하게 관찰함으로써 개개인에 대한 소중한 정보를 얻을 수 있다. 집단원 간의 대화를 지켜보는데는 의미를 두지 않고 전체적으로 집단원을 살피는데 의미를 둔다. 하지만 집단에서 집단원이 하는 말에 너무 집중하면 집단을 촉진시키는 것은 힘들다. 도움받을 수 있는 정보를 놓쳐 버리기 때문이다. 집단원이 말하고 있을 때에도 다른 집단원들의 움직임을 포착할 수 있다면 효과적인 집단으로 이끌어 갈 수 있을 것이다. 그렇기 때문에 집단상담자는 대화하면서도 집단원 전체를 볼 수 있는 기술을 습득하는 것이 중요하기 때문에 간과해서는 안 된다.

2) 얼굴표정

얼굴표정은 집단원이 동일한 상황을 같이 보냈다던가 어떠한 쟁점에 대하여 긍정이나 부정의 입장을 취하는 것을 나타낸다. 또한 얼굴은 다양한 표정을 할 수 있는데, 의견에 인정, 거부, 만족, 불만족, 기타 반응이 있다.

3) 머리의 끄덕임

머리의 끄덕임은 집단원 중 한 사람이 의견을 내놓았을 때 동의와 반대를 표현하는 데 끄덕임을 사용하기도 한다.

TIP

➤ 눈물은 집단원에게 있어서 소중한 단서가 된다. 집단원에 따라서 소리 없이 울기도하고 흐느껴 울기도 한다. 때로는 심하게 울음을 터뜨리기도 한다. 눈물은 부정적인 감정표출의 수단인 동시에 긍정적 감정표출의 수단도 된다. 눈물 역시 집단원의 내면을 이해할 수 있다.

4) 눈물

눈물은 집단원에게 있어서 소중한 단서가 된다. 집단원에 따라서 소리 없이 울기도 하고 흐느껴 울기도 한다. 때로는 심하게 울음을 터뜨리기도 한다. 눈물은 부정적인 감정표출의 수단인 동시에 긍정적 감정표출의 수단도 된다. 눈물 역시 집단원의 내면을 이해할 수 있다. 집단원이 눈물을 흘리며 울 경우 집단상담자는 집단목적과 대상, 시간적 여유로움, 왜 눈물을 흘렸는지의 이유 등을 고려한다. 이로 인하여 집단상담자는 집단원의 상황에 함께 대화를 하거나 아니면 그 상황을 인정하거나 무시하는 방법이 있다. 노련한 집단상담자는 목소리의 떨림이 있다던가 조용히 눈물만 흘리는 사람을 쉽게 발견한다. 그래서 집단상담에서 집단원 개개인에 관심을 가지고 지켜봐야 한다.

5 집단상담자의 의도와 집단원의 반응과 행동

집단상담자가 의도하는 기법에는 어떤 것들이 필요한지를 알아보고, 집단원은 어떤 반응을 원하고 행동하는지를 살펴본다(Clara, 2013).

① 집단상담자가 의도하는 것의 종류는 한계정하기, 정보주기, 정보받기, 지지하기, 초점 맞추기, 명확히 하기, 희망 심어 주기, 카타르시스 격려하기, 부적절한 사고 파악하기, 자기 통제를 격려하기, 감정을 파악하고 강화하기, 통찰 촉진하기, 변화 촉진하기, 변화 강화하기, 저항 다루기, 도전하기, 치료적 관계 다루기, 상담자의 필요 해소하기이다.

② 집단원이 반응하는 종류는 이해받기, 지지받기, 희망적이기, 안도하기, 부정적 사고나 행동 알기, 자기 자신을 더 잘 이해하기, 명확해지기, 감정 표현하기, 책임감 갖기, 벗어나기, 새로운 관점 갖기, 교육받기, 새롭게 행동하기, 도전받기, 두려워하기, 악화되기, 고정되기, 방향감 상실, 혼돈되기, 오해받기, 무반응이다.

TIP

③ 집단원이 행동하는 종류는 저항하기, 동의하기, 적절한 요구하기, 자세히 이야기하기, 인지-행동적 탐색하기, 정서적 탐색하기, 통찰하기, 치료적 변화되기이다.

요 약

✓ 변화촉진기술은 집단원이 변화를 위하여 보다 활성화되고 집단활동을 통해 긍정적이고 생산적인 방향으로 변화하도록 촉진시키는 환경적 요소이다. 집단을 이끄는 상담자는 안전하고 수용적이며 신뢰를 가질 수 있는 분위기를 연출하고, 집단원의 개인적인 문제를 탐색하여 격려와 지지를 해주어야 한다.

✓ 적극적 경청은 단순하게 집단원의 말을 듣는 것만이 아니라 말의 내용을 파악하고 말하는 집단원의 행동, 얼굴 표정과 음성의 변화까지 알아차려야 한다. 그리고 내용에 깔려 있는 의미를 감지해야 하고, 말하지 못하는 내용도 육감으로 알아차려야 한다.

✓ 공감적 이해는 집단원의 입장이 되어 그 집단원이 보는 대로 보고, 느끼는 대로 느끼며, 생각하는 대로 생각하는 주관적인 것이다. 그러기 위해서는 선입견을 갖지 말고 열린 마음과 존중하는 마음을 가지고 적극적인 경청으로 일관하며 언어적 또는 비언어적인 메시지를 정확히 파악하여야 한다.

✓ 과정기술은 집단상담의 전반적인 진행과 흐름반응과 상호작용을 촉진하기 위하여 사용된 언어와 비언어를 지칭한다. 집단상담자는 대체적으로 구조화와 진행을 병행하고, 연결, 차단, 피드백, 보편화 기술로 여기-지금의 상호작용 촉진, 지지, 격려, 비판하지 않는 자세로의 개개인을 수용한다.

✓ 연결은 특정한 집단원이 하는 말이나 행동은 또 다른 집단원의 말이나 행동과 연결하기 때문에 집단상담자의 심도 있는 통찰력을 표현하는 한 방법이다. 연결은 주로 집단원들의 표현에서 비슷한 점과 다른 점을 찾아내는 기법으로 집단상담에서만 사용하는 기법에 속한다.

✓ 차단은 연결된 부분을 절단하는 것으로, 집단상담과정에서의 차단은 집단원의 성숙함에 부정적인 영향을 주기 때문에 집단상담자가 부정적인 말이나 행동을 하는 집단원을 저지시키는 기술이다. 집단상담은 집단원들이 목표에 도달할 수 있도록 집단상담자는 최선을 다해야 한다.

✓ 종결단계에 집단원들은 효과적이지 못한 행동은 버리고, 다른 대안을 학습하여 목표에 이르면 종결단계에 이른다. 이 단계에서 집단원들은 자신의 문제가 해결되어 자기개방을 줄이고 집단원들과의 유대관계를 분리시키려고 한다. 시작단계와 마찬가지로 종결단계는 중요하다.

✓ 집단상담자는 집단원의 태도, 감정, 행동의 변화 등을 객관적으로 평가하기 어려우므로 여러 가지 평가를 사용해야 한다. 집단상담의 전과 후 차이를 생각해 보고 집단원들과의 교류와 집단의 상호작용을 통해 자신과 다른 사람에 관하여 생각하고 토론해 볼 필요가 있다.

✓ 집단원들은 자기가 했던 언행이나 행동에서 감정과 사건 그리고 행동들을 금방 잊어버리려고 한다. 집단상담자가 흐름과정을 제시, 혹은 설명해 주는데, 이것이 해석이다. 해석은 집단원이 표현하거나 내용 이면의 의미까지 알도록 집단상담자가 집단원에게 새로운 방법으로 행동, 사고, 감정에 대하여 의미를 주거나 설명하여 집단원 자신의 문제를 직시하도록 한다.

✓ 집단상담자는 집단원이 바르지 못한 행동을 하면 그러한 행동을 못 하게 막아야 한다. 집단원을 비난이나 공격이 아니고 생산적인 일이 아닌 것을 제지한다. 집단원의 바르지 못한 행동을 보고도 그냥 둔다면 허용이나 강화를 하는 경우가 된다. 또 다른 집단원이 이를 보게 된다면 허용된 행동으로 생각하여 그들도 허용으로 받아들인다.

✓ 집단상담에서 내용기술이란 집단원 간의 소통내용을 치료적 측면으로 다루는 도구이다. 반영처럼 흔히 다루지 못하는 강한 치료효과가 있다. 소개되는 기술들을 능숙하게 다룰 수 있다면 훌륭한 전문가로서 당당히 설 것이다.

✓ 명료화는 집단원 스스로 모호한 혼돈스럽고 자각하지 못하는 의미나 관계를 분명하게 해주는 것이다. 또한 집단과정 속에 비생산적 감정, 행동, 태도, 분위기도 분명히 해주는 것이다. 집단원이 진술을 빠뜨리거나 왜곡하고 일반화시키면 진술이 애매모호하고 분명하지 않을 수도 있다.

✓ 재진술은 상황이나 사건 그리고 사람 등을 진술하는 내용을 집단상담자가 다른 표현으로 말하는 기술이다. 재진술은 집단원이 말한 내용을 종합적으로 되풀이 해주면서 집단원 자신이 말한 것을 확인하는 기술이다. 또한 집단원이 자기비하를 하거나 어떠한 내용의 심각한 부분을 집단원 자신에게 알려주기 위하여 사용하기도 한다.

✓ 요약은 재진술, 반영을 확대한 기술이다. 요약은 모든 집단상담자들이 필요로 하는 기술이다. 요약을 하는 데 있어서 목적은 표현의 핵심을 묶어서 공통주제 혹은 유형을 파악하고 두서 없이 쓴 이야기를 차단하며 상담의 진행 상태를 알 수 있게 하기 위함이다.

✓ 질문은 집단원의 정보나 자료를 모으고 그 사람들의 생각과 감정을 탐색하는 기술이다. 이 기술은 대화하면서 질문을 해서 얻는 탐색이다. 질문을 할 때에는 상대를 배려하는 질문을 해야 한다. 잘못 질문하면 상대방의 기분을 상하게 할 수 있다는 점을 인식해야 한다.

✓ 직면은 집단의 언어적 진술과 비언어적 행동의 불일치가 나타날 경우에 집단상담자가 모순점을 진술하는 기법으로 집단원의 언어적・비언어적 행동상의 모순부분을 알 수 있도록 하는 기법이다. 직면을 통하여 집단원은 자기가 행동하는 것이 타인에게 얼마나 부정적인 영향을 미치는지를 알 수 있게 된다.

✓ 비언어적 기술은 비언어적 행동을 언어적 측면보다 더 세밀하게 표현할 수 있다는 점에서 주의를 해야 한다. 보편적으로 사람들은 소통하는 데 있어 언어 행동보다 비언어 행동을 통해 이루어진다. 집단상담자가 집단원들을 도와주고 이해하려고 노력하는 마음을 전달하는 수단이 신체언어인 것이다.

연습문제

- 집단상담하고 있는 상황에서 계속 라포 형성이 되지 않을 때, 상담자의 태도를 설명하시오.

- 집단상담의 마지막 회기에 다루어야 할 부분을 설명하시오.

- 집단상담의 해석에 대하여 논하시오.

- 집단상담의 과정 기술에 대하여 논하시오.

- 상담사도 상담을 받아야 하는 이유를 설명하시오.

Part 03

집단상담의 이론 및 기법

Chapter 07

집단상담의 이론과 기법(1)

1 개인심리학에 근거한 집단상담

1) 기본 원리

Adler는 1870년 2월 오스트리아에서 6남 2녀 중 둘째로 태어났으며, 어린 시절에 구루병과 후두염 등의 질병으로 힘든 시기를 지냈다. 1888년 비엔나 의과대학에 입학하여, 졸업 후 안과의사를 하다가 일반의로 전향하였다. 1920년 비엔나의 공립학교에 아동임상지도센터를 건립하여 아이들의 문제에 대하여 접근하는 방법을 교육하는 데 힘썼으며, 1937년 순회 강연 도중 스코틀랜드의 에버딘에서 심장발작으로 인하여 사망하였다(노안영 외 역, 2001).

Adler는 Freud가 생물학적·본능적인 결정론으로 인간을 지나치게 제한하고 있다고 보고, Freud의 결정론적 인간관에 반대하여 생물학적 본능보다는 사회적인 면을, 무의식적인 면보다는 성격의 의식적인 면을 강조하였다. 또한 그는 인간의 행동을 목적적이고 목표지향적으로 선택과 책임, 삶의 의미, 자기 실현화의 추구 등을 강조하였다(장혁표, 2000).

Adler는 인간은 단일하며 나누어질 수 없는 전체이자 통합된, 총체적인 존재라고 보았으며, 인간은 현상학적 장 안에서 자신이 설정한 목표를 달성하기 위해 끊임없이 움직이고 노력하는 창조적이고 책임감 있는 존재라고 보았다.

다음은 Adler와 Freud의 구체적인 차이점이다(노안영 외 역, 2001).

TIP

➤ Adler는 Freud가 생물학적·본능적인 결정론으로 인간을 지나치게 제한하고 있다고 보고 Freud의 결정론적 인간관에 반대하여 생물학적 본능보다는 사회적인 면을, 무의식적인 면보다는 성격의 의식적인 면을 강조하였다.

TIP

① Freud가 성격을 자아, 초자아, 원초아로 나누고 의식과 무의식을 구분한 데 반하여, Adler는 성격의 단일한 총합성을 강조하였다.

② Freud가 삶의 본능과 죽음의 본능을 구분하고, 성 충동을 지나치게 강조한 데 반하여, Adler는 그가 우월성의 추구 또는 자기 향상의 추구라고 불렀던 향상 지향적 추구력을 제안하였다.

③ Freud가 사회를 단지 삶의 본능과 죽음의 본능이 대립하는 무질서를 피하기 위한 것이라고 생각한 데 반하여, Adler는 사람은 선천적으로 잠재적인 사회적 관심을 갖고 있다고 믿었다.

④ Freud가 자녀를 낳아 기르고, 가정을 돌보는 것이 임무라는 여성의 굴종적인 역할을 믿었던데 반하여, Adler는 남성과 여성의 평등을 강조하고, 성적 평등을 성취하기 위한 여성의 해방을 강조하였다.

⑤ Adler는 사회적 관심(네 자신을 사랑하듯이 네 이웃을 사랑하라)을 배양한다는 점에서 종교는 유익할 수 있다고 믿었다. 그러나 Freud는 종교를 유아기의 무력감으로의 퇴행, 환상, 소원성취(보호적이고 전지전능한 신)에 대한 상상이라고 보았다.

⑥ Freud가 오이디푸스 콤플렉스를 보편적인 것으로 본 데 반하여, Adler는 오이디푸스 콤플렉스를 과도하게 과잉보호로 양육된 결과라고 보았다.

⑦ Freud가 결국에는 죽음의 본능이 승리한다고 하면서, 인간의 본성에 대해 기본적으로 비관적인 데 비해, Adler는 낙관적이었다.

⑧ Freud가 치료의 목적을 자유연상을 통해 고통의 무의식적 원천을 쏟아내는 것이라고 한데 비해, Adler는 잘못된 삶의 양식을 재구축하고, 사회적 관심을 배양하는 수단으로서 치료의 가치를 강조하였다.

2) 주요 개념

(1) 사회적 관심

인간의 행동은 사회적 충동에 의해서 동기화되며, 삶을 통해 소속하고자 하는 욕구가 기본이 된다. 그런 이유로 Adler는 사회적 존재의 인간을 강조하였다. 개인은 보다 더 큰 전체, 즉 가족, 공동체 또는 사회생활을 하고 있는 많은 집단에 소속되어 있으며, 그 안에서 존재할 때 더욱 부각될 수 있다. 따라서 개인심리학에서는 인간은 사회를 떠나서 살 수 없기에 공감, 타인과의 동일시, 타인지향의 사회적 관심을 중요하게 보고 있다. 즉, 사회적 관심이 높은 사람은 사회에 기여를 하고, 자신의 인생에서 긍정적으로 살고 있으며, 사회적 관심이 낮은 사람은 현재를 부적응적으로 살고 있는 사람이라고 볼 수 있다.

TIP

> 인간은 사회를 떠나서 살 수 없기에 공감, 타인과의 동일시, 타인지향의 사회적 관심을 중요하게 보고 있다. 따라서 사회적 관심이 높은 사람은 사회에 기여를 하고, 자신의 인생에서 긍정적으로 살고 있으며, 사회적 관심이 낮은 사람은 현재를 부적응적으로 살고 있는 사람이라고 볼 수 있다.

(2) 열등감과 보상심리

인간은 전체 기관의 한 부분의 특정 신체 기관이 약하게 태어난다. 이러한 약한 기관은 신체적 열등감을 극복하기 위하여 다른 기관을 더 발달시키는 보상적 노력을 하게 된다. 예를 들어, 시력이 안 좋은 사람은 청각이나 촉각이 발달함으로 인해 열등적인 시력을 보상하게 된다. 따라서 열등감은 부정적인 개념이 아니라, 이 열등감을 극복하고 보상하기 위하여 우월감을 가지기 위하여 노력하게 된다. 즉, 열등감은 인간이 더욱 높은 목표를 향해 갈 수 있고, 도달하게 하기 위한 작용을 하게 된다.

(3) 우월성 추구

인간이 궁극적으로 추구하려는 목적은 우월성의 추구로, 현재보다 더 높은 단계로 움직이게 하는 힘이며 자기성장을 돕는 개념이다.

TIP

➤ 생활양식은 어떤 사회 또는 집단의 구성원이자 자연환경과 사회적 환경에 적응하여 생활해 나가는 특유한 행동양식 및 사고방식이다. 인간은 열등감을 극복하고 우월성을 추구하고자 하는 과정에서 독특한 자기의 생활양식을 형성하게 된다.

(4) 생활양식

생활양식은 어떤 사회 또는 집단의 구성원이자 자연환경과 사회적 환경에 적응하여 생활해 나가는 특유한 행동양식 및 사고방식이다. 인간은 열등감을 극복하고 우월성을 추구하고자 하는 과정에서 독특한 자기의 생활양식을 형성하게 된다. 특히 Adler는 생활양식이 대부분 4~5세의 유년기 때 형성되는 기초가 된다고 보았다. 하지만 추후 자신의 생활양식이 부정적이라고 생각되고 변화하려는 노력을 하게 되면 의식적으로 자신의 생활양식을 변화해 갈 수 있다고 제시하였다. 이에 집단상담에서는 가족의 역동과 형제간의 관계를 다룸으로써 개인의 생활양식이 어떠한 결과로 생기게 되었는지를 보게 된다.

(5) 생애과제

개인심리학에서는 인간이 인생에서 달성해야 할 중요한 생애과제를 강조하였는데, 사회에 대한 개인의 관계, 일과 직업, 사랑과 결혼이다. 이들은 각각 따로 분리되어 있는 것이 아니라 서로 연결되어 있어서 어느 한 가지를 해결하면 다른 것들이 해결될 수 있도록 맥락적으로 연결되어 있다.

3) 집단상담자의 역할과 기능

집단상담자는 집단구성원과 동등하고 수평적인 관계를 유지하면서, 진단자, 분석자로서의 역할을 함께 하게 된다. 또한 개인들의 '지금-여기'의 행동과 자기 패배적 행동에 관심을 갖고, 그런 행동이 지속되는 동기, 행동의 목적과 결과를 이해하도록 격려하고 도와주는 역할을 한다.

4) 집단상담 목표

Adler는 개인의 삶의 과정에서 달성해야 할 생애과제로서 일과 직업, 사랑과 결혼 그리고 사회를 제안하였다. 더불어 인간에 대한 부적응의 준거로서 사회적 관심의 결여, 용기의 결여, 상식의 결여를 지적하였다. 따라서 Adler식 집단상담자들은 집단구성원들에게 용기를 갖도록 하는 격려를 바탕으로 그들이 사회적 관심을 향상시켜 바람직한 생활양식을 갖고 자신의 생애과제를 달성하며 살아갈 수 있도록 조력한다(노안영, 2011)

TIP

➤ Adler식 집단상담자들은 집단구성원들에게 용기를 갖도록 하는 격려를 바탕으로 그들이 사회적 관심을 향상시켜 바람직한 생활양식을 갖고 자신의 생애과제를 달성하며 살아갈 수 있도록 조력한다.

5) 집단상담과정

(1) 상담관계 형성

개인심리학에 기초한 집단상담의 집단상담자와 집단구성원의 관계는 대등하고 동등한 수평적인 관계를 이룬다. 집단상담자는 협력, 상호존중, 격려와 경청 등을 통해서 집단구성원과 수용적이고 신뢰로운 관계를 형성한다.

(2) 평가 및 분석

집단구성원들의 생활양식을 파악하고, 그것이 현재 그들의 문제에 어떠한 영향을 미치는지 확인해야 한다. 생활양식을 평가하기 위하여 생활양식조사 질문지, 초기회상, 가족구도, 꿈 등을 사용하여 집단구성원의 신념, 목표를 이해할 수 있다.

다음은 생활양식조사를 위한 질문지이다(장혁표, 2000).

TIP

1. 자신에 관해서 타인에게 얘기해 주고 싶은 것들이 있다면 어떤 것들이 있습니까?

2. 당신의 삶에서 부모님의 영향은 어느 정도인가요? 부모님 한 분 한 분씩 개별적으로 염두에 두고 다음의 물음들에 답하세요.
   ① 당신의 부모님이 어떤 분이신지(성격 등) 서술해 보십시오.
   ② 부모님은 본인에게 어떠한 기대를 가지고 계셨습니까?
   ③ 각 자녀들과 부모님의 관계는 어떠하였습니까?
   ④ 당신이 성장하는 과정에서 부모님에 대한 감정은 어떠하였습니까?
   ⑤ 어떠한 면에서 당신은 부모님과 닮았고 또한 다른가요?
   ⑥ 부모님들 간의 관계에 대해서는 어떻게 생각하는지요?

3. 당신의 형제자매들에 대해 서술해 보세요. 그들 각각에 대해 무엇을 기억하는지요? 자신과 비교해서 누가 어떤 면에서 자신을 가장 닮았고, 누가 어떤 식으로 가장 다른지를 설명하세요. 가족 내에서 당신이 차지하고 있는 위치에 대해 설명하세요. 당신의 형제자매는 당신에게 어떠한 기대를 가지고 있고 또한 당신은 그들에게 어떠한 기대를 가지고 있나요?

4. 당신이 생각해 낼 수 있는 가장 어렸을 적 기억은 무엇인가요? 어떤 구체적인 일들이 상황에서 당신이 나타낸 반응들에 대해서는 기억할 수 있습니까?

5. 당신의 성장발달에 관하여 기억하시는 것이 있습니까? 다음에 예시한 구체적인 부분들을 염두에 두고 질문에 답하세요.
   – 신체적 발달, 유년기와 청소년기의 주요 변화들, 사회적 발달, 성적 발달, 유년기의 공포심, 야심과 목표, 특기, 의무, 학창시절의 경험들, 그리고 직장 경험 등.

6. 당신이 유년기나 청소년기에 체득한 자기 파괴적 생각이나 관념들을 생각해 낼 수 있습니까? 예를 들면,
   ① "아무도 나를 생각해 주지 않아." 혹은 "아무도 나를 좋아하지 않아."와 같은 잘못된 일반화
   ② "나는 기본적으로 남에게 호감을 주는 타입이 아니야."와 같은 인간으로서의 자기 가치 부정
   ③ "사람들은 나에게 너무 많은 것을 기대하므로 나는 결코 거기에 부응할 수 없으며, 항상 좌절만 겪게 될 것이다."와 같은 현실에 대한 착각

7. 당신이 내세울 수 있는 주요 능력이나 장점에는 무엇이 있는가? 당신이 져야 할 책임이나 의무에는 무엇이 있는가? 당신의 유년기를 재현할 수 있다면 무엇을 가장 바꾸고 싶은가? 특정한 상황에서 당신은 어떤 느낌을 가졌었는지 기억할 수 있습니까?

TIP

(3) 해석 및 통찰

해석은 집단구성원이 통찰에 도달할 수 있도록 도와주는 하나의 기법이다. 해석은 집단구성원의 현재 하고 있는 사적 논리를 각성시키고, 문제상황에서의 대처방안을 볼 수 있도록 해준다. 통찰은 새로운 사태에 직면했을 때, 과거의 경험에 의존하지 않고 과제와 관련시켜 전체 상황을 다시 파악함으로써 과제를 해결해 나가는 것이다. 즉, 집단구성원의 생활에서 역할을 이해하고, 자신의 행동과 신념을 이해하도록 하는 것이다.

(4) 방향 재정립

방향 재정립은 집단구성원이 지금까지 자신의 대처방식을 통찰하고 새로운 방향을 가질 수 있도록 하는 개인심리학에 기초한 집단상담과정의 최종 목적이다. 집단상담자는 집단구성원으로 하여금 유용한 생활방식을 가질 수 있도록 부정적인 사적 논리에 근거한 신념을 파악하여 변화시키기 위해 노력한다.

6) 집단상담 기법

집단상담자는 집단구성원과 동등하고 수평적인 관계를 유지하면서, 진단자·분석자로서의 역할을 함께 갖고 있다. 개인들의 '지금-여기'의 행동과 자기패배적 행동에 관심을 갖고, 그런 행동의 지속하는 동기, 행동의 목적과 결과를 이해하도록 격려하고 도와주기 위하여 다음과 같은 기법을 사용한다.

(1) 즉시성

집단상담자는 집단과정에서 일어나는 언어와 행동 등에 대하여 즉시 다루는 기법이다. 즉, 집단상담원이 "어른들은 다 이상해요."라는 말을 했을 때, "○○님은 어른들은 다 이상하다고 생각하는군요. 저도 어른인데, 저는 어떤

➤ 집단상담자는 집단과정에서 일어나는 언어와 행동 등에 대하여 즉시 다루는 기법이다.

TIP

가요?"라는 형태로, 그들이 갖고 있는 부정적으로 일반화되어 있거나, 부정적인 신념을 바로 다루는 과정을 갖는다.

(2) 격려

집단구성원의 신념을 변화시킬 수 있는 방법 중의 하나로, 그들의 신념을 합리적으로 변화할 수 있는 용기를 갖게 할 수 있다. 이는 상호존중을 통해서 새로운 가능성을 찾을 수 있는 기법이기도 하다.

(3) '마치 ~처럼' 행동하기

집단구성원이 기존의 패턴화된 행동들을 바꾸어 새로운 행동으로 시도해 볼 수 있는 가상적인 기법이다. 즉, 늘 자신 없이 이야기하는 사람에게 마치 유명 강사가 된 것처럼 자신을 소개해 볼 수 있는 기회를 줄 수 있다.

(4) 질문

> 질문은 집단구성원의 현재 신념과 문제를 명확하게 보여줄 수 있는 기법이다.

질문은 집단구성원의 현재 신념과 문제를 명확하게 보여줄 수 있는 기법이다. "만약 내가 당신의 증상들을 즉시 제거할 수 있는 마술지팡이나 마술약을 가지고 있다면, 당신의 인생에서 무엇이 달라지겠습니까?"라고 물었을 때, 그들의 대답에 따라, 개인이 가지고 있는 문제가 신체적인 것인지 심인적인 것인지를 알 수 있으며, 그에 따라 문제를 접근하는 방식을 선택할 수 있다.

(5) 집단구성원의 수프에 침 뱉기

이 방법은 기숙학교에 있는 아이들이 다른 사람들의 음식을 얻기 위해서 그들의 음식에 침을 뱉는 방법에서 시작된 것으로, 집단구성원들이 행하고 있는 것들이 어떠한 목적과 이차적인 이득을 얻기 위한 것이라는 것을 인지시키고, 그 행동을 멈출 수 있도록 조력할 수 있는 기법이다.

TIP

(6) 단추 누르기

어떠한 상황에서 긍정적인 선택과 부정적인 선택은 본인의 의지임을 인지시킬 수 있는 것으로, 본인이 힘든 상황에서 우울의 단추를 누를 것인지, 행복의 단추를 누를 것인지를 결정할 수 있다. 그리고 본인이 누른 단추의 장면과 그 결과를 상상하게 함으로써, 자신의 선택과 결정을 통제할 수 있는 힘을 길러 준다.

(7) 역설적 의도

역설적 의도는 집단구성원을 힘들게 하는 생각이나 행동을 인지하고, 그 생각이나 행동을 오히려 더 경험함으로써, 그 행동의 결과에 대한 책임은 본인에게 있다는 것을 알려주는 기법이다. 예를 들면, 늘 우울해 하는 집단원에게 우울해하기를 해보도록 함으로써, 본인이 하고 있는 행동에 대하여 인지할 수 있는 기회를 주고, 자신이 원하는 것을 얻을 수 있도록 다른 방식을 선택할 수 있는 기회를 줄 수 있는 기법이다.

> ➤ 역설적 의도는 집단구성원을 힘들게 하는 생각이나 행동을 인지하고, 그 생각이나 행동을 오히려 더 경험함으로써, 그 행동의 결과에 대한 책임은 본인에게 있다는 것을 알려주는 기법이다.

(8) 과제설정과 이행

집단구성원이 바라는 바람직한 목표를 설정하여 이것을 과제로 내줌으로써 집단을 벗어난 현실세계에서 실험할 수 있도록 한다. 이때 성공할 수 있는 정도의 수준으로 개인의 자신감과 새로운 계획들을 실천할 수 있는 기회를 제공한다.

TIP

> 행동주의학자들은 개인의 행동을 사실에 입각하여 예언하고 수정할 수 있다고 보는 관점으로 정신분석, 자아이론, 실존주의 상담과 대조를 이룬다.

> 행동주의 집단상담은 부정적 행동을 소거함으로써, 불안반응의 약화, 스트레스 관리, 자기주장 및 자기표현, 사회적 기술 증진 등에 효과가 있다. 하지만, 행동주의 상담은 감정과 정서의 역할 변화를 간과하고 행동의 변화에만 초점을 두고 있음이 한계로 지적된다.

2 행동주의에 근거한 집단상담

1) 기본 원리

행동(behavior)이란 인간이 행하고 말하는 것으로 인간의 행동은 일정한 법칙성을 가지고 있다. Raymond(2001/2007)는 행동의 특성을 다음과 같이 여섯 가지로 정의하고 있다.

① 행동이란 인간이 행하고 말하는 것이다.
② 행동은 측정할 수 있는 하나 이상의 차원을 가지고 있다.
③ 행동은 타인이 관찰, 설명, 기록할 수 있다.
④ 행동은 물리적 환경과 사회적 환경에 영향을 미친다.
⑤ 행동에는 법칙이 있다.
⑥ 행동은 외현적·내현적으로 나타날 수 있다.

이처럼 행동주의학자들은 개인의 행동을 사실에 입각하여 예언하고 수정할 수 있다고 보는 관점으로 정신분석, 자아이론, 실존주의 상담과 대조를 이룬다. 구체적으로 정신분석은 본능에 중점을 두지만, 행동치료는 환경론을 강조함으로써, 과학적으로 관찰 가능한 행동에 초점을 두고 인간 행동을 연구해 왔다. 대표적인 학자는 고전적 조건형성을 이론화한 Pavlov(1849~1936)와 조작적 조건형성을 연구한 Skinner(1904~1990)이다. 더불어 Watson(1878~1958), Thorndike (1874~1949), Wolpe(1915~1997) 등의 학자들이 있다.

행동치료에서 인간의 행동은 학습의 절차를 통해서 이루어진다고 본다. 이에 바람직하지 못한 행동도 학습된 행동으로 보고, 또 다른 학습을 통하여 수정할 수 있다고 본다. 행동주의 집단상담은 부정적 행동을 소거함으로써, 불안반응의 약화, 스트레스 관리, 자기주장 및 자기표현, 사회적 기술 증진 등에 효과가 있다. 하지만 행동주의 상담은 감정과 정서의 역할 변화를 간과하고 행동의 변화에만 초점을 두고 있음이 한계로 지적된다.

TIP

2) 주요 개념과 집단상담 기법

(1) 강화

강화(reinforcement)는 행동주의 상담의 중요한 개념 중의 하나로 행동이 발생하였을 때, 즉시 주어지는 자극에 의하여 그 행동을 증가시키는 과정이다. 강화에는 정적 강화(positive reinforcement)와 부적 강화(negative reinforcement)가 있으며, 이들은 자극으로 각각 정적 강화인과 혐오자극을 통해 행동을 증가시킨다.

정적 강화는 어떠한 행동이 발생하고 난 뒤에 자극(정적 강화인)을 주었을 때, 그 행동이 증가되는 것을 말한다. 아이가 어른을 보고 인사하였을 때, 칭찬이 뒤따르면 인사하는 행동이 증가하는 것을 볼 수 있다.

부적 강화는 어떠한 행동이 발생하고 난 뒤에 자극을 제거하거나 줄였을 때(혐오자극), 그 행동이 증가되는 것을 말한다. 종종 부적 강화를 벌과 혼동하는 경우가 있는데, 분명한 차이점은 부적 강화는 처음의 행동이 증가되고, 벌은 행동이 감소된다. 부적 강화의 예로, 남편이 술을 마시고 늦게 들어왔을 때, 아내의 끊임없는 잔소리는 다음에 남편의 귀가를 더 늦게 만드는 부적 강화요인으로 작용할 수 있다.

집단상담 중 집단원의 목표지향적 행동에 강화를 줌으로써 행동변화를 도모할 수 있으며, 스스로에게 강화를 줄 수 있는 방법을 학습하게 된다.

> 집단상담 중 집단원의 목표지향적 행동에 강화를 줌으로써 행동변화를 도모할 수 있으며, 스스로에게 강화를 줄 수 있는 방법을 학습하게 된다.

(2) 소거

일정한 강화에 의하여 학습된 행동이 더 이상 강화되지 않았을 경우 그 행동이 멈추어지는 것을 소거(extinction)라고 한다. 예로 4세의 아만다는 매일 밤 취침시간에 10~15분 동안 우는데, 아이가 울면 부모는 아만다의 방으로 와서 잠들 때까지 이야기를 들려주었다. 그렇게 함으로써 부모는 우연히 아만다의 우는 행동을 증가시켰다 이 문제로 부모는 전문가와 상담을 한 후에 아만다가 취침시간에 울 때 그 방으로 가거나 이야기해 주는 것을 하지 않기로 결

TIP

정했다. 첫날밤에 아만다는 잠들기 전 25분 동안 울었다. 일주일이 지나자 아만다는 취침시간에 울지 않았다. 아만다의 부모는 아만다가 울면 그 방으로 가는 것을 멈추는 소거를 사용한 것이다(Raymond, 2001/2007).

소거를 적용하기 전에 소거해야 할 행동이 얼마나 자주 일어나는지와 그에 대한 강화를 확인하여 이 강화를 통제한다. 강화를 통제하였을 경우 바람직한 행동이 줄어들기 전에 더 악화되거나 공격적인 행동이 발생될 수도 있다. 이후 대신할 바람직한 행동에 대하여 찾아보고, 이 행동을 지속시킬 강화를 찾아 적용한다.

(3) 일반화

바람직하지 않은 행동을 소거시켰다면, 그를 대신할 바람직한 행동을 찾아 강화의 절차를 통해 일반화시키고 유지시키도록 해야 한다. 일반화(generalization)는 어떤 자극에 의해 학습된 행동을 유사한 다른 자극이 주어졌을 때도 발생되는 행동이다. 즉, A차를 운전할 수 있는 기술을 배웠을 경우, 비슷한 종류의 B차를 운전할 수 있는 행동이 발생되는 것은 운전행위에 일반화된 것이다. 또, 아이가 버스에서 큰소리로 말하고 뛰어 다녔을 때 벌을 받아서 조용해진 경우, 지하철이나 기차에서도 큰소리로 말하고 뛰어 다니는 행동보다는 조용한 행동을 하게 된다. 이처럼 큰소리로 말하고 뛰어다니던 아이가 공공장소에서 조용히 행동하는 경우 일반화되었다고 볼 수 있다.

이처럼 집단원이 형성하고자 하는 목표행동을 설정한 후, 그전 부정적인 행동을 소거하여, 대체행동으로 목표행동에 적합한 강화를 제공함으로써 바람직한 행동으로 일반화할 수 있다.

(4) 모델링

모델링(modeling)은 타인의 행동을 관찰함으로써, 타인의 행동을 모방하는 것이다. 모델링은 실연 모델링과 상징적 모델링(비디오테이프, 만화, 영화 등)으로 구분할 수 있다. 모델행동을 학습하기 위해서는 모델이 집단원과 비슷하거나 신분이 더 높아야 하고, 모델링하는 과정에 주의집중할 수 있도록 하고 필요에 따라 반복적으로 제공하여 일반화할 수 있도록 한다.

때론, 집단상담자의 언어와 행동이 집단구성원에게 모델링되는 학습이 되기도 한다는 점을 유념해야 한다.

(5) 토큰 경제

토큰 경제(token economy)는 바람직한 행동을 강화하고 바람직하지 않은 행동을 소거하는 것으로, 바람직한 행동을 하는 즉시 토큰을 주어 추후 다른 물건이나 권리와 바꿀 수 있도록 하는 절차이다. 맞벌이 부부의 5세 아이가 부모 출근시간에 맞춰 일찍 일어나서 어린이집에 가야 하는 상황이 있었다. 아침마다 아이를 깨울 때 전쟁터를 방불케 하였으나, 전문가와 상담 후 아이가 엄마의 부름에 맞춰 시간 내 일어나면 토큰을 주고, 이를 다 채우면 원하는 선물과 바꿀 수 있도록 계약을 하였다. 한 달 간 토큰기법이 진행된 후 아이는 일찍 일어나는 습관을 학습하게 되었고, 본인이 원하는 장난감을 갖게 되었다. 이처럼 토큰 경제는 부정적인 습관을 수정하거나, 원하는 목표행동으로 변화할 수 있는 기법이다.

TIP

➤ 토큰 경제(token economy)는 바람직한 행동을 강화하고 바람직하지 않은 행동을 소거하는 것으로, 바람직한 행동을 하는 즉시 토큰을 주어 추후 다른 물건이나 권리와 바꿀 수 있도록 하는 절차이다.

(6) 자기교수

자기교수(self-instruction) 또는 자기지시는 자기 자신에게 지시하거나 스스로 말하는 것으로, 불안이나 부적응행동으로 인한 불안을 줄이거나 적응할 수 있는 행동으로 변화할 수 있다. 집단상담원은 자기지시를 기억하고 필요한 상황에 그것을 말할 수 있으며 정확하게 자기지시를 따를 수 있어야 한다. 즉, 불안을 자극하는 생각이 떠올랐을 경우, 해소를 위한 행동연쇄 반응을 순서대로 기억하고, 순서에 맞게 스스로에게 자기언어로 지시사항을 말하며 행동으로 옮길 수 있게 된다.

TIP

> 체계적 둔감법은 불안이나 두려움을 일으키는 자극을 상상하면서 이완을 이용하여 불안이나 두려움을 제거하는 데 사용하는 방법이다. 이를 활용하기 위해서 집단원은 이완 기술을 학습하고, 두려움을 유발하는 자극의 순위에 따른 위계를 만든다.

(7) 체계적 둔감법

체계적 둔감법(systematic desensitization)은 Wolpe에 의해 개발되었다. 체계적 둔감법은 불안이나 두려움을 일으키는 자극을 상상하면서 이완을 이용하여 불안이나 두려움을 제거하는 데 사용하는 방법이다. 이를 활용하기 위해서 집단원은 이완 기술을 학습하고, 두려움을 유발하는 자극의 순위에 따른 위계를 만든다. 그 후 위계에 따라 장면을 상상하는 동안 이완 기술을 연습함으로써 체계적으로 둔감해지게 된다. 아래의 예시는 뱀에 대한 두려움을 위계로 나누어서 나열한 것이다. 각각의 위계에서 이완을 이용하여 두려움을 제거하면 다음 단계로 진행할 수 있게 된다. 이처럼 집단원이 일상생활에서 갖게 되는 두려움과 불안의 위계를 작성하여 불안을 야기하는 위계별 장면을 묘사하고, 이완을 유지하면서 그 장면을 상상한다. 모든 장면에서 이완을 유지할 수 있도록 반복이 진행된다.

〈뱀에 대한 두려움' 위계의 예〉

10. 뱀의 이미지를 떠올리는 것
20. 그림책으로 가만히 있는 뱀을 보는 것
30. 그림책으로 움직임을 표현한 뱀을 보는 것
40. 그림책으로 여러 마리의 뱀을 보는 것
50. 동영상으로 뱀을 보는 것
60. 동물원에서 50m 떨어져서 뱀을 보는 것
70. 동물원에서 1m 떨어져서 뱀을 보는 것
80. 동물원에서 가까이에서 뱀을 보는 것
90. 우리가 없는 곳에서 뱀을 보는 것
100. 뱀을 손으로 만지는 것

(8) 행동 조성

행동 조성(shaping)은 현재에 나타나지 않는 바람직한 행동을 여러 단계로 나누어 강화시킴으로써 바람직한 행동을 형성하는 방법이다. 예로, 아이가 옹

알이를 할 때, 부모들이 기뻐하며 강화를 해주면 짧은 단어를 하게 되고, 이어지는 부모들의 강화에 부정확한 언어에서 서서히 비슷한 언어를 구사하는 행동을 조성하게 된다.

3) 집단상담목표

행동주의에 근거한 집단상담에서는 인간의 행동은 학습의 절차를 통해서 이루어지므로, 바람직하지 못한 행동도 학습된 행동으로 보고, 잘못 학습되었다고 생각되는 행동을 내담자와 목표를 설정하여 바람직한 행동을 새로이 학습하도록 수정하는 것을 목표로 한다.

TIP

➤ 행동주의에 근거한 집단상담에서는 인간의 행동은 학습의 절차를 통해서 이루어지므로, 바람직하지 못한 행동도 학습된 행동으로 보고, 잘못 학습되었다고 생각되는 행동을 내담자와 목표를 설정하여 바람직한 행동을 새로이 학습하도록 수정하는 것을 목표로 한다.

4) 집단상담과정

(1) 목표설정

집단상담자와 집단구성원이 함께 합의하여 측정가능하고 달성 가능한 긍정적인 목표를 설정한다.

(2) 표적행동의 설정과 정의

목표가 설정되었으면 설정된 목표를 달성하기 위하여 구체적으로 증가시켜야 할 행동과 감소시켜야 할 행동을 선정하여 객관적으로 정의한다.

(3) 행동의 기초선 측정

자신의 행동을 관찰함으로써 행동수정에 들어가기 전까지의 행동의 양과 빈도를 측정하여 기초선을 측정한다.

TIP

(4) 바람직한 행동의 증가와 문제행동의 약화

자신의 행동을 주의 깊게 관찰하고 기록한다. 이를 통해 자신의 바람직하게 변화하고자 하는 행동의 목표에 근사치 정도를 객관적으로 확인하여 적응행동은 강화, 벌, 소거 등을 통하여 증가시키고, 부적응행동은 감소할 수 있도록 한다.

(5) 행동 수정된 효과의 유지 및 일반화

변화하고자 하는 바람직한 행동이 조성되었을 경우, 상담자는 직접적인 역할에서 자문적인 역할로 기능을 변화한다. 이로 인해 집단원들이 종결을 수용하고, 종결 후 가정, 사회에서 학습효과가 지속적으로 유지될 수 있도록 하며, 새로운 문제에 대처하는 방법을 학습할 수 있도록 한다.

요약

- ✓ Adler는 인간의 행동을 목적적이고 목표지향적이라고 보고, 선택과 책임, 삶의 의미, 자기 실현화의 추구 등을 강조하였다.
- ✓ 개인심리학에 근거한 집단상담의 주요 개념으로는 사회적 관심, 열등감과 보상심리, 우월성 추구, 생활양식, 생애과제가 있다.
- ✓ 개인심리학에 근거한 집단상담의 집단상담자의 역할과 기능은 동등하고 수평적인 관계를 유지하면서, 진단자·분석자로서의 역할을 함께 갖고 있다. 또한 개인들의 '지금-여기'의 행동과 자기 패배적 행동에 관심을 갖고, 그런 행동이 지속되는 동기, 행동의 목적과 결과를 이해하도록 격려하고 도와주는 역할을 한다.
- ✓ 개인심리학에 근거한 집단상담의 목표는 집단구성원들에게 용기를 갖도록 하는 격려를 바탕으로 그들이 사회적 관심을 향상시켜 바람직한 생활양식을 갖고 자신의 생애과제를 달성하며 살아갈 수 있도록 조력하는 데 있다.
- ✓ 개인심리학에 근거한 집단상담의 과정은 상담관계 형성, 평가 및 분석, 해석 및 통찰, 방향 재정립으로 순으로 진행된다.
- ✓ 개인심리학에 근거한 집단상담의 기법에는 즉시성, 격려, 마치 ~처럼' 행동하기, 질문, 집단구성원의 수프에 침 뱉기, 단추 누르기, 역설적 의도, 과제설정과 이행 등이 있다.
- ✓ 행동(behavior)이란 인간이 행하고 말하는 것으로 인간의 행동은 일정한 법칙성을 가지고 있다.
- ✓ 행동주의학자들은 개인의 행동을 사실에 입각하여 예언하고 수정할 수 있다고 보는 관점으로 정신분석, 자아이론, 실존주의 상담과 대조를 이룬다. 구체적으로 정신분석은 본능에 중점을 두지만, 행동치료는 환경론을 강조함으로써, 과학적으로 관찰 가능한 행동에 초점을 두고 인간행동을 연구해 왔다.
- ✓ 행동주의에 근거한 집단상담의 주요 개념과 기법으로는 강화, 소거, 일반화, 모델링, 토큰 경제, 자기교수, 체계적 둔감법, 행동 조성 등이 있다.
- ✓ 행동주의에 근거한 집단상담에서는 인간의 행동은 학습의 절차를 통해서 이루어짐으로써 바람직하지 못한 행동도 학습된 행동으로 보고, 잘못 학습되었다고 생각되는 행동을 내담자와 목표를 설정하여 바람직한 행동을 새로이 학습하도록 수정하는 것을 목표로 한다.
- ✓ 행동주의에 근거한 집단상담과정은 목표설정, 표적행동의 설정과 정의, 행동의 기초선 측정, 바람직한 행동의 증가와 문제행동의 약화, 행동 수정된 효과의 유지 및 일반화의 순으로 진행된다.

연습문제

- 개인심리학에 근거한 집단상담의 목표에 대하여 설명하시오.

- 파트너를 정해 서로의 고민을 개인심리학에 근거한 집단상담의 과정과 기법에 따라 상담하시오.

- 생활양식조사의 질문을 통해 자신의 생활양식을 평가하고 분석하시오.

- 행동주의에 근거한 집단상담의 목표에 대하여 설명하시오.

- 행동주의에 근거한 집단상담의 과정을 단계별로 나누어 제시하고 설명하시오.

- 흡연, 음주 등의 문제행동을 행동주의 집단상담으로 상담한다고 가정하고, 목표와 과정, 기법을 설명하시오.

- 파트너를 정해서 각각의 불안한 사건을 이야기하고, 체계적 둔감법에 의하여 위계를 기록하시오.

Chapter 08

집단상담의 이론과 기법(2)

1 인간중심에 근거한 집단상담

1) 기본 원리

인간은 유기체로서 실현화 경향성을 가진 존재다. 즉, 인간은 경험하는 유기체로서 자신을 실현화하기 위한 기본적 동기를 갖고 있다는 것이다.

집단상담에서의 인간중심 접근은 Rogers가 발전시켰다. 인간은 완전성과 자아실현을 지향하고, 전체로서의 집단뿐만 아니라 개인구성원들도 집단상담자 혹은 촉진자의 최소한의 도움으로 자신들의 방향을 찾을 수 있다는 가정에 바탕을 둔다.

Rogers는 "경험은 나에게 최고의 권위다."라고 말하였다. Rogers는 가치 덩어리인 당신이 경험을 통해 자기실현 경향성을 발현할 수 있다고 본다. 심리적으로 건강한 사람은 모든 경험에 개방되어 자기에 대한 가치화 과정을 이루어 간다. Rogers는 인간이 선천적으로 선하게 태어났다고 보았다. 인간은 기본적으로 실현화 경향성의 잠재력을 갖고 태어나 자신을 성장시킬 수 있다는 것이다. 그러나 인간이 부정적이고 악하게 된 것은 외부적인 영향, 즉 부모나 사회에서 가하는 '가치의 조건화(conditions of worth)'에 의해 이러한 실현화 경향성이 방해받기 때문인 것으로 보았다.

인간중심 접근에서는 상담자의 가장 중요한 역할이 집단 내에서 생산적이고 상담적인 분위기를 만드는 것이므로 기법보다 상담자의 인간적인 자질을

TIP

➤ Rogers는 "경험은 나에게 최고의 권위다."라고 말하였다. Rogers는 가치 덩어리인 당신이 경험을 통해 자기실현 경향성을 발현할 수 있다고 본다. 심리적으로 건강한 사람은 모든 경험에 개방되어 자기에 대한 가치화 과정을 이루어 간다.

➤ 인간중심 접근에서는 상담자의 가장 중요한 역할이 집단 내에서 생산적이고 상담적인 분위기를 만드는 것이므로 기법보다 상담자의 인간적인 자질을 더욱 강조한다.

TIP

➤ Rogers는 인간 발달과 변화에 초점을 두었으며, 성격의 구조적인 구성개념을 거의 강조하지 않았다.

더욱 강조한다. 이 접근은 "행동 방식"보다 "존재 방식"을 더 중요하게 간주한다.

전체로서의 인간은 현상적 장을 경험하고 지각한다. 외부에서 주어진 어떤 자극에 대해 유기체는 전체로서 반응한다. 이런 점에서 인간중심 집단상담은 주관적인 가치를 배제하고 인간행동을 외현적인 자극-반응으로 설명하는 행동주의의 입장을 비판한다. 그리고 인간은 가치 덩어리로서 가치지향적인 목적에 따라 총체적으로 행동한다고 본다. 더불어 인간중심 집단상담은 인간을 결정론적으로 보는 Freud의 입장을 비판하고 끊임없이 변화하고 성장하는 존재로 본다.

2) 주요 개념

Rogers는 인간 발달과 변화에 초점을 두었으며, 성격의 구조적인 구성 개념을 거의 강조하지 않았다. 하지만 그의 인간중심치료를 이해하는 데 중요한 구성개념으로 유기체, 자아, 실현화 경향성, 가치의 조건화 등이 있다(노안영, 2011).

(1) 유기체

Rogers의 인간 이해를 위한 철학적 입장은 현상학의 영향을 받아 형성되었다. 철학에서 현상학은 즉각적인 경험에 대한 자료를 기술하는 것이지만, 심리학에서 현상학은 인간의 자각과 지각에 대한 연구를 말한다. 즉, 현상학자에게 중요한 것은 대상, 혹은 사건 그 자체가 아니라 개인이 대상, 혹은 사건을 어떻게 지각하고 이해하는가이다. 현상적 장은 경험의 전체를 의미한다.

유기체, 즉 전체로서의 개인은 모든 경험의 소재이다. Rogers가 "경험은 나에게 최고의 권위다."라고 말한 것에서 알 수 있듯이, 그는 유기체의 경험을 중시하였다. 경험은 어떤 주어진 순간에 유기체 내에서 진행되며 잠재적으로 자각에 이용할 수 있는 모든 것을 포함한다. 이러한 경험의 전체가 '현상적

TIP

장'을 구성한다. 현상적 장은 단지 경험하는 개인에게만 알려질 수 있는 자신의 참조 틀이다. 개인이 행동하는 방식은 외적 현실인 자극조건이 아니라 자신의 현상적 장에 의존한다.

Rogers는 '의식, 혹은 자각은 우리가 경험하는 어떤 것의 상징화'라는 점에서 현상적 장은 의식의 장과 동일하지 않다는 것을 지적하였다. 즉 현상적 장은 어떤 주어진 순간의 의식적(상징화된) 및 무의식적(상징화되지 않는) 경험으로 구성된다. 그러므로 유기체는 상징화되지 않는 어떤 경험을 변별하고 그러한 경험에 반응할 수 있다.

(2) 자아

Rogers의 성격이론에서 핵심적인 구조적 개념이 자아(self)이다. Rogers는 개인이 외적 대상을 지각하고 경험하면서 그것에 의미를 부여하는 존재임을 강조한다. 개인의 지각과 의미의 전체적 체계는 그로 하여금 자신의 현상적 장을 구성하게 한다. 개인이 자신 혹은 자기로서 보는 현상적 장의 이러한 부분이 자아다. 즉, 현상적 장 내에 자아가 있다. Rogers는 자아가 불안정하며 끊임없이 변화하는 실체라는 점에서 '과정으로서의 자아'를 강조하였다. 즉 자아는 조직화되고 일관된 Gestalt로서 상황이 변함에 따라 끊임없이 형성되는 과정에 있다.

Rogers가 정의한 자아와 관련하여 알아두어야 할 두 가지 점은 다음과 같다. 첫째, 자아는 개인 내부에 있는 작은 사람이 아니다. 자아는 어떤 것을 하지 않는다. 즉 개인은 행동을 통제하는 어떤 자아를 가지고 있는 것이 아니라 현상적 장의 일부로서 조직화된 일련의 지각인 자아를 가진다. 둘째, 자아로서 알려진 경험과 지각의 패턴은 일반적으로 자각이 가능하다. 즉, 그것은 의식화될 수 있다. 개인은 의식하지 못하는 경험을 가지고 있지만, 자아는 일차적으로 의식적이다.

자아와 관련한 구조적 개념은 '이상적 자아'다. 이상적 자아는 개인이 가장 소유하고 싶어 하는 자아개념으로, 잠재적으로 자아와 관련되고 개인이 높은 가치를 부여하는 지각과 의미를 포함한다.

TIP

> 실현화란 개념은 단순한 실체에서 복잡한 실체로 성장해 나가고, 의존성에서 독립성으로, 고정성과 경직성에서 유연성과 융통성으로 변화하고자 하며, 자유롭게 표현하고자 하는 유기체의 경향성을 나타낸다.

(3) 실현화 경향성

유기체는 하나의 기본적 경향성을 추구하는데, 그것은 경험하는 유기체를 실현하고, 유지하고, 향상시키는 것이다(Rogers, 1951). 유기체가 가진 '실현화 경향성'은 타고난 것으로, 개인이 가진 모든 생리적·심리적 욕구와 관련된다. 따라서 실현화 경향성은 유기체를 유지하는 데 기여한다.

실현화 경향성은 단지 유기체를 유지하는 것 이상이다. 그것은 또한 유기체의 성장과 향상, 즉 발달을 촉진하고 지지한다. 실현화란 개념은 단순한 실체에서 복잡한 실체로 성장해 나가고, 의존성에서 독립성으로, 고정성과 경직성에서 유연성과 융통성으로 변화하고자 하며, 자유롭게 표현하고자 하는 유기체의 경향성을 나타낸다. 실현화는 욕구와 긴장을 줄이려는 개인의 경향성을 포함하지만, 그것은 유기체를 향상시키는 활동에서 도출된 기쁨과 만족을 강조한다. 실현화 경향성은 성숙단계에 포함된 성장의 모든 국면에 영향을 준다. Rogers는 유전적인 구성으로 프로그램되어 있는 인간의 모든 변화는 실현화 경향성에 의하여 달성된다고 보았다. 그러한 변화가 유전적으로 결정되었을지라도 유기체의 완전한 발달에 대한 진전은 자동적이지 않고 노력 없이 이루어지지 않는다.

실현화 경향성은 사람이나 동물뿐만 아니라 살아 있는 모든 것에서 볼 수 있다. 모든 생명을 묘사함에 있어 Rogers는 유기체가 극단적으로 적대적인 조건하에서 생존하게 할 뿐만 아니라 적응하고 발달하고, 성장하도록 하는 저항할 수 없는 힘을 일컬어 '생의 집착' 및 '생의 추진력'이라고 표현하였다.

(4) 가치의 조건화

Rogers가 "경험은 나에게 최고의 권위다."라고 말한 것처럼 우리에게는 경험을 통해 가치를 형성하는 것이 중요하다. 그런데 연약한 존재인 아동은 그에게 가장 영향력 있는 부모의 양육 태도에 따라 가치의 조건화를 형성한다.

아동은 기본적 욕구인 '긍정적 자기존중'을 얻기 위해 노력한다. 그리고 이러한 긍정적 자기존중 때문에 가치의 조건화 태도를 형성하게 된다. 이렇게 형성된 가치의 조건화는 유기체가 경험을 통해 실현화 경향성을 성취하는 것을 방해하는 주요한 원인이 된다. 왜냐하면 가치의 조건화는 아동이 주관적으로 경험하는 사실을 왜곡하고 부정하게 만들기 때문이다. 아동은 의미 있는 대상(예를 들면, 부모)으로부터 긍정적 자기존중을 받기를 원한다. 부모는 자신의 판단에 따라 아동에게 해야 할 것과 하지 말아야 할 것을 정해 준다. 아동은 부모가 원하는 것을 할 때만 긍정적 자기존중을 받게 되고 착한 아이가 된다. 부모가 원하지 않는 것을 하면 나쁜 아이가 된다. 나쁜 아이가 되는 것은 긍정적 자기관심을 얻지 못하게 한다. 그러므로 아동은 나쁜 아이가 되지 않기 위해 자기가 경험하는 사실을 왜곡하고 부정하게 된다. 다시 말하면 부모에게 긍정적 자기존중을 받기 위해 자기가 하는 경험에 폐쇄적이 되어 실현화 경향성을 억누르게 된다는 것이다.

가치의 조건화는 주로 눈에 보이는 아동의 행동, 즉 외적 준거에 따라 아동을 평가하는 데서 비롯된 것이다. 이러한 평가로 인해 아동은 의미 있는 대상으로부터 긍정적 자기존중을 받기 위해 자신의 의지와 관계없이 겉으로 최선을 다하는 꼴이 된다. 따라서 아동은 착한 아이가 되기 위해 내적 경험을 무시하게 된다. 이것은 우리가 모든 경험을 개방적으로 받아들여 인간 성장을 도모하는 것을 방해한다. 또한 인간중심 상담에서 강조하는 개인의 주관적인 경험을 왜곡하고 부정하게 만들고, 우리가 독특한 존재로서 자기성장을 이루지 못하게 한다. 이런 점에서 우리가 형성한 가치의 조건화는 인간으로서의 끊임없는 성숙에 대한 주요한 방해의 원천이라고 할 수 있다.

TIP

➤ 가치의 조건화는 주로 눈에 보이는 아동의 행동, 즉 외적 준거에 따라 아동을 평가하는 데서 비롯된 것이다. 이러한 평가로 인해 아동은 의미 있는 대상으로부터 긍정적 자기존중을 받기 위해 자신의 의지와 관계없이 겉으로 최선을 다하는 꼴이 된다.

3) 집단상담자의 역할과 기능

Rogers(1986)는 치료자의 역할이 내담자들의 자기-발견을 위한 여행 동안 동반자가 되는 것이라고 했다. 삶에 대한 인간중심적 방식이 치료에서 실행될 때 기술과 지도전략의 습득에 초점을 두기보다는 자기-탐색과 자기-발견의 과정으로 나아간다(Bozarth & Brodley, 1986). Rogers는 지시하는 역할을 하

TIP

기보다는 집단참가자의 한 사람이 되고자 최선을 다했다. 상담자로서 활동할 때 여행안내자와 같은 역할을 했다. Rogers(1970)는 집단촉진자의 특성을 다음과 같이 강조한다.

- 집단과정을 아주 신뢰하고 직접적인 개입 없이도 집단이 발전해 나아갈 수 있다는 것을 믿는다.
- 참가자들에게 심리적으로 안전한 분위기를 만들어 줄 수 있는 모든 일을 한다.
- 공감적 이해를 하고 개인과 집단을 수용하기 위해 노력한다. 집단을 더 깊은 수준까지 밀어붙이지 않는다.
- 그들 자신의 경험과 감정에 의해 작용하며, 이는 바로 여기–지금의 반응을 표현한다는 것을 의미한다.
- 참가자들에게 피드백을 주며, 적절하다면 구체적인 행동에 직면시킨다. 참가자들은 판단하지 않는 대신, 다른 사람들의 행동에 자신들이 어떤 영향을 받고 있는지를 말한다.

Rogers는 피드백을 주며, 적절하다면 구체적인 행동에 직면시킨다. 참가자들은 판단하지 않는 대신 다른 사람들의 행동에 자신들이 어떤 영향을 받고 있는지를 말한다.

다음은 역효과를 일으킬 수 있는 기능과 절차들이다(Rogers, 1970)

- 말해 주지도 않으면서 특정한 목표로 나아가도록 집단을 조정하는 것
- 어떤 정서를 이끌어 내도록 계획된 방법을 사용하는 것
- 참가자들이 극적인 행동을 하도록 제안하고 격려하는 것
- 참가자들이 서로 공격하거나 계속 적대감을 표현하도록 하는 것
- 참가자들이 집단훈련에 참가하도록 만드는 것
- 계속해서 타인의 동기와 행동을 해석하는 것
- 집단과정에 대해 많은 의견을 말하는 것
- 정서적으로 거리감과 익명성을 유지함으로써 '전문가 상담자'의 역할 뒤로 숨는 것

Rogers(1970)는 집단을 움직이게 하기 위해 기법을 사용하는 것을 그다지 선호하지 않는다. 기법을 사용하게 되면 집단은 기법들의 일부가 된다고 믿었다. 또한 그는 상담자가 해석적 언급을 하는 것에 대해서도 언급하였다. 이런 해석을 하면 집단은 자기 의식적이게 되고 집단과정이 느려지게 된다. 따라서 집단과정을 관찰해야 한다면 관찰은 참가자들에게서 나와야 하며, 집단의 나아갈 방향에 대한 책임이 참가자들에게 있다는 Rogers의 생각과 일치하는 관점을 항상 유지해야 한다. 촉진자라는 용어는 집단참가자들 사이의 상호작용의 중요성을 반영한다. 촉진자의 역할은 실현화 경향이 발현될 분위기를 만드는 것이다. 인간중심 집단은 참가자에게 자신의 신념과 행동 사이의 불일치에 대해, 그리고 자신의 내적 감정과 주관적 경험을 강요하는 것에 대해 탐색하도록 격려한다. 참가자가 내부의 불일치를 인식하게 되면 자신에 대한 관점이 넓어진다.

인간중심 집단상담자는 기본적으로 집단구성원의 자아실현 경향성을 믿기 때문에 그들로부터 조력의 방향성을 도출해 낸다. 집단상담자는 집단구성원이 스스로 그들의 내적 자원을 개발할 수 있는 능력이 있다고 본다. 따라서 집단상담자는 Rogers가 제안한 상담자의 필요충분적인 태도인 진솔성, 무조건적 긍정적 존중 그리고 공감적 이해를 적용하여 집단구성원을 조력하는 역할을 수행한다. 이런 점에서 인간중심 집단상담자는 주로 계획된 절차나 어떤 상담기법을 적용하기보다는 집단구성원이 스스로 경험을 통해 자신의 변화를 주도해갈 수 있도록 조력하는 참여적 촉진자 역할을 한다. 집단상담자는 해석이나 다른 전문가 지향적인 절차를 무시하고, 집단구성원과의 인간 대 인간의 만남을 통해 그가 자신의 경험을 통해 가치화 과정을 이룰 수 있도록 조력한다.

인간중심 집단상담자가 집단구성원에게 일반적으로 수행하는 다섯 가지 기능은 온화함과 공감을 전달하기, 집단구성원에게 관심 갖기, 의미와 내용 이해하기, 수용 전달하기 그리고 연결하기 등이다(Boy & Pine, 1999). 이러한 기능은 경청하기, 지지하기, 반영하기, 공유하기, 확인하기, 명료화하기, 요약하기, 참여하기 등과 같은 기본적인 집단지도력 기술을 통해 표현된다. 집단상담자는 그 자신을 변화의 도구로 사용하며 변화를 위한 핵심적 조건인 공

TIP

> 인간중심 집단상담자는 기본적으로 집단구성원의 자아실현 경향성을 믿기 때문에 그들로부터 조력의 방향성을 도출해 낸다. 집단상담자는 집단구성원이 스스로 그들의 내적 자원을 개발할 수 있는 능력이 있다고 본다.

TIP

▶ 인간중심 집단상담은 문제해결과 변화의 필요충분조건이 인간중심이라는 기본 가정에서 출발한다. 인간은 누구나 유기체로서 실현화 경향성을 발현시킬 수 있고 현상적 장에서 독특한 실존적 존재로서 자기실현을 이룰 수 있는 잠재력을 갖고 있다는 것이다.

감, 진솔성 그리고 수용을 집단구성원에게 전달한다. 집단에 대하여 집단상담자가 취해야 할 태도는 집단구성원이 성장할 수 있도록 집단분위기를 스스로 창조하도록 조력하는 것이다.

4) 집단상담의 목표

인간중심 집단상담은 문제해결과 변화의 필요충분조건이 인간중심이라는 기본 가정에서 출발한다. 인간은 누구나 유기체로서 실현화 경향성을 발현시킬 수 있고 현상적 장에서 독특한 실존적 존재로서 자기실현을 이룰 수 있는 잠재력을 갖고 있다는 것이다. 따라서 상담을 통해 심리적 문제를 해결하는 기본 가정도 인간중심 상담의 기본적인 철학적 신념에 근거한다. 유기체의 경험이나 독특한 존재로서 자기 경험을 왜곡하고, 회피하고, 부정하게 만드는 주요한 원인이 가치의 조건화라 할 수 있다.

인간중심 집단상담은 이렇게 형성된 가치의 조건화를 해결할 수 있는 방식도 마찬가지로 '만약 ~하면, ~한다.'는 가정으로 풀 수 있다고 확신한다. 지금까지 성인이 아동의 실현화 경향성, 혹은 유기체의 지혜를 믿지 않는 태도, 아동의 행동에 따라 조건적으로 대하는 태도, 아동의 내적 경험을 고려하지 않거나 무시하는 태도가 문제의 원인이 되었다고 본다. 따라서 집단구성원의 문제해결과 변화를 위한 필요충분조건은 유기체의 지혜를 신뢰하는 인간중심 태도다. Rogers는 집단상담자가 집단구성원의 변화를 위해 가져야 할 필요충분한 세 가지 인간 중심적 태도로서 일치성, 공감적 이해, 무조건적·긍정적 존중을 제시하였다.

집단구성원의 변화를 위한 집단상담자와 집단구성원의 관계를 '만약 ~하면, ~한다.'는 가정으로 표현하면 '만약 집단상담자가 일치성, 공감적 이해, 무조건적·긍정적 관심의 태도를 내담자에게 보여 주면, 집단구성원은 변화한다.'는 것이 된다. 이 문장으로만 보면 여러 가지 집단 기법을 강조하는 다른 상담접근보다 매우 수월하게 보이는 경향이 있다. 그러나 많은 집단상담자들

TIP

이 처음에는 인간중심 상담을 쉽게 생각했다가 많은 훈련에도 불구하고 쉽지 않다는 것을 실감하게 된다. 이러한 결과가 나오는 것은 인간중심 집단상담을 사용하는 집단상담자는 단순히 집단상담 기법을 배우는 것이 아니라 집단구성원을 대하는 근본적인 태도를 바꾸어야 하기 때문이다(노안영, 2011).

5) 집단상담의 과정

(1) 집단의 특징

인간중심적 집단상담은 총 회기 수를 미리 정하지 않고, 주 1회 2시간 정도 실시할 수 있다. 또 다른 형태는 주말, 매주 혹은 그 이상으로 만나는 개인 성장 워크숍이다. 이러한 소규모 개인 성장 집단으로 생활을 같이 함으로써 참가자들은 하나의 공동체를 경험하게 된다. 인간중심 집단을 조직·운영하는 데 있어서 일반적으로 특정한 규칙이나 절차는 없다. 회기에 대한 규칙을 만들고 자신들의 목표에 도달하는 데 도움이 되는 규칙을 만드는 것은 집단의 참가자들이다(이현림 외, 2007).

(2) 집단의 단계

Rogers는 인간중심적 집단상담에서 발생되는 15가지 과정의 형태를 다음과 같이 제시하였다. 15가지의 과정은 꼭 정해진 순서대로 발생하지 않고, 집단마다 다양하게 일어난다고 강조한다(이현림 외, 2007, 재인용).

① 맴돌기

집단 초기에 상담자의 지시가 적으면 내담자들의 말과 행동에 혼란과 좌절이 생긴다. '여기서 책임자는 누구인가?', '우리가 무엇 때문에 여기 있는가?'와 같은 질문들이 특징적으로 이 단계에서의 관심을 반영한다.

TIP

▸ 부정적 감정들의 표현
흔히 집단상담자에 대한 공격의 형태로써 집단과정이 진행되면서 '여기-지금'의 감정들이 표현되기 시작한다. 이는 집단원들에게 필요한 지시를 해주기 않기 때문이다.

② 자기노출에 대한 저항

초기에 참가자들은 집단에 수용될 수 있을지를 두려워하며, 자신을 드러내는 것에 대해 저항을 보인다.

③ 과거 감정의 기술

집단에 대한 의심과 자기노출의 위험에도 불구하고 내담자들은 개인적 감정들을 주저하며, 불안정하게 털어놓는다. 그러나 주로 집단 밖의 상황이나 과거의 감정들을 기술하는 경향이 있다.

④ 부정적 감정들의 표현

흔히 집단상담자에 대한 공격의 형태로써 집단과정이 진행되면서 '여기-지금'의 감정들이 표현되기 시작한다. 이는 집단원들에게 필요한 지시를 해주지 않기 때문이다.

⑤ 개인적으로 의미 있는 자료의 표현과 검색

만약 부정적 감정들의 표현이 집단에서 수용될 수 있다고 비춰지면, 신뢰하는 분위기가 되어 간다. 그래서 참가자들은 개인적 문제를 드러내기 시작하면서 집단은 자신이 만들어 가는 것임을 깨닫고, 자유를 경험하게 된다.

⑥ 집단 내 치유능력의 발달

참가자들이 자발적으로 서로 접촉하고, 관심을 표현하고, 지지하고, 이해하고, 관계를 맺기 시작한다. 이 단계에서 참가자들은 집단을 벗어나서 더욱 적극적인 삶을 영위하도록 도움을 주는 힘이 집단 안에서 형성된다.

⑦ 자기수용과 변화의 시작

참여자들은 이전에 부인되고 파괴되었던 자신의 모습을 수용하기 시작한다. 즉, 자신의 감정들에 다가서게 되어 덜 완고하게 되고, 변화에 더 개방적이게 된다. 자신의 장점과 약점을 받아들임으로써 방어를 없애고 변화하게 된다.

⑧ 가면 깨뜨리기

참가자들은 가면과 겉치레를 없애고자 하는 집단의 요구에 반응하기 시작한다. 몇몇 참가자들이 자신을 깊이 있게 드러내는 것은 피상적 상호작용을 벗어나 위험을 감수할 때만이 의미 있는 만남을 이룰 수 있다는 것을 인정한 것을 보여준다.

⑨ 피드백

피드백을 받는 과정에서 참가자들은 다른 사람들이 자신에 대해 어떻게 경험하였고, 자신이 다른 사람에게 어떻게 영향을 받는지 많이 알게 된다. 그 결과 변화하고자 하는 자신의 모습을 결정할 수 있는 새로운 통찰을 가능하게 한다.

⑩ 직면

참가자들이 직면을 하는 것은 피드백을 포함한 강한 정서적 과정이 있었다는 것이다. 직면은 이전 단계의 상호작용들을 용이하게 한다.

⑪ 집단상담 밖에서의 조력관계

참가자들은 집단 외부와 접촉하기 시작한다. 이것은 일곱 번째의 '집단 내 치유능력의 확장'이라고 할 수 있다.

⑫ 기본적인 참 만남

참가자들은 일상생활보다 서로에게 가까이 다가서고 직접적으로 접촉하기 때문에 참된 인간관계가 형성된다. 참가자들은 공통 목표를 위해 무언가 실행하고 공동체 의식이 있을 때 의미 있는 관계가 형성됨을 경험하기 시작한다.

⑬ 친밀한 감정의 표현

상담이 진행되어 감에 따라 참가자들은 자신과 타인들의 감정표현이 진실하기 때문에 집단 내의 따뜻함과 친밀함이 증가한다. 이 친밀함은 상호 치료를 가져오는 중요한 감정이다.

⑭ 집단 내에서의 행동변화

참가자들은 자신의 감정, 행동, 버릇을 표현하기 더 쉬워지고 심지어 외모까지 변하기 시작한 것을 경험한다. 참가자들은 개방적으로 행동하고, 다른 사람에 대한 깊은 감정을 표현하며, 자신에 대한 이해가 높아진다. 타인과 더불어 살아가는 효과적인 방법을 찾게 되고, 이것은 참가자들이 새로운 행동을 일상생활로 이어갈 것이다.

TIP

➤ 기본적인 참 만남
참가자들은 일상생활보다 서로에게 가까이 다가서고 직접적으로 접촉하기 때문에 참된 인간관계가 형성된다.

TIP

> 인간중심적 집단상담은 인간이 자신의 잠재력을 실현해가는 경향에 대한 기본적인 신뢰를 기초로 하고 있다. 즉, 스스로 건설적인 방향으로 움직여 갈 수 있는 가능성을 가진 집단능력에 대한 깊이 있는 신뢰를 바탕으로 하고 있다.

(3) 집단상담의 성과

성공적인 집단경험에서 일어날 수 있는 변화는 다음과 같다(Rogers, 1986). 참가자들은 좀 더 개방적이고 솔직해진다. 자신이 이해되고 수용됨을 느낄수록 자신을 방어하지 않고 자신과 직면한다. 자신의 감정을 더 잘 깨닫고 무슨 일이 일어나는가를 더 잘 알게 되므로 좀 더 현실적이고 객관적으로 된다. 참가자들은 쉽게 위협받지 않고, 더욱 창조적으로 되고, 삶을 변화시키는 데는 고통과 동시에 주어진다는 것을 알게 된다.

6) 집단상담 기법

(1) 신뢰감

인간중심 집단상담은 인간이 자신의 잠재력을 실현해가는 경향에 대한 기본적인 신뢰를 기초로 하고 있다. 즉, 스스로 건설적인 방향으로 움직여 갈 수 있는 가능성을 가진 집단능력에 대한 깊이 있는 신뢰를 바탕으로 하고 있다. 구성원들은 집단이 지향하는 방향으로 나아가기 위해서 자신이 감추었던 부분을 드러내고, 새로운 행동을 시도할 수 있는 신뢰롭고 수용적인 분위기를 발전시켜야 한다. 예를 들면, 역할수행에서 더 직접적으로 자신을 표현하고, 비교적 폐쇄된 경험이나 불확실성에서 외부 실제와 모호함에서 더 개방적이 되도록 하는 것이다.

(2) 무조건적 존중과 수용

인간중심 집단상담의 목표는 각 참가자와 집단 전체에서 기본적 실현 경향성이 자유롭게 표현되는 분위기를 창출하는 것이다. 무조건적 존중은 개인들과 집단 내에서 이러한 성장의 힘이 표출되기 위해 필요한 두 번째 요소이다. 긍정적 존중은 무조건적이고 느낌이나 생각을 평가하거나 판단하지 않고 애정을 전달하는 것을 말한다. 즉, 집단상담자는 그들이 '…할 때 당신을 받아들이겠다.'가 아닌 '당신을 당신 자체로 받아들이겠다.'라는 식으로 어떤 규정이나 기대 없이 존중하고 수용해야 한다. 하지만 수용을 허용과 혼돈해서는 안 된다. 집단지도자는 분리된 개체로서의 권리를 가지지만 참가자들의 행동의 어떤 부분들은 반드시 승인할 필요는 없으며, 독립된 인간으로서의 참가자를 수용하고 존중할 수 있어야 한다.

이러한 긍정적 존중의 태도와 관련된 것은 비소유적인 애정과 온정의 태도이다. 즉, 이 태도는 인정받고 감사를 받고자 하는 상담자 자신의 요구와는 별개이며, 몸짓, 눈 맞춤, 음색과 얼굴표정 같은 미묘한 방법으로 표현될 수 있다. 진솔한 애정의 표현은 내담자가 알 수 있고 이들의 발전을 촉진한다. 인위적인 온정은 쉽게 알 수 있어서 내담자의 변화와 성장을 막게 된다. 일단 내담자가 상담자의 온정적 표현을 진실한 감정이 아닌 기법으로 느끼게 되면 상담자의 다른 반응에 대해서도 신뢰하기 어렵게 된다.

비소유적인 방식으로 내담자에게 관심을 가지고, 칭찬하고, 수용하고, 존중해 줄수록 심리상담이 성공할 가능성이 커진다(Rogers, 1977). Rogers도 상담자들이 항상 진지하게 수용과 무조건적 관심을 느끼는 것은 불가능하다는 점을 분명히 밝혔다. 하지만 상담자가 내담자를 존중하지 않거나 싫어하고 증오한다면 상담효과가 저하될 수도 있을 것이다.

(3) 공감

Rogers(1961)는 공감을 그 사람의 내적 참조체제를 가지고 타인의 세계를 볼 줄 하는 능력이라고 하였다. 내담자의 개인 세계를 마치 당신의 세계인 것처럼 느끼되, '마치 ~인 것처럼'을 잊어서는 안 되는 것이 바로 공감이며, 상담에 있어 꼭 필요한 것이다. 하지만 집단원의 내면적인 세계를 느끼고 이해하고 있을지라도 그 전부를 다 아는 것은 아니다. 상담자는 이런 이해를 효과적으로 서로 이야기할 수 있어야 한다.

Rogers(1977)는 많은 집단상담자들에게 있어 공감이란 '가치판단을 하지

TIP

➤ Rogers(1961)는 공감을 그 사람의 내적 참조체제를 가지고 타인의 세계를 볼 줄 하는 능력이라고 하였다. 내담자의 개인 세계를 마치 당신의 세계인 것처럼 느끼되, '마치 ~인 것처럼'을 잊어서는 안 되는 것이 바로 공감이며, 상담에 있어 꼭 필요한 것이다.

TIP

않는 것'으로 간주한다. 그는 공감을 학습과 자기지시적 변화를 일으키는 가장 유력한 요소 중 하나로 간주해 상담자가 아니라 내담자에게 이 힘이 있다는 것을 보여주는 사례를 만들기도 했다. Rogers가 말한 공감은 다음과 같이 요약할 수 있다.

① 다양한 견해를 가진 상담자들도 어떤 사람의 관점에서 그 사람임을 현명하고 정확하게 이해하려고 하는 것이 효율적인 상담자가 되는 데 중요한 요인임을 인정한다.

② 공감의 중요한 기능 중의 하나는 내담자의 자기 탐색을 촉진시키는 것이다. 참가자들은 다른 사람이 자신을 이해하고 있다고 느끼면 더 깊이 자기이해를 하게 된다.

③ 공감을 받는 사람은 다른 사람과 심리·정서적으로 연결되어 있다고 느끼기 때문에 공감은 소외를 해결해 준다. 더 나아가 공감을 받는 사람들은 자신이 존중되고, 관심을 받고, 자신들 체제로서 수용된다는 것을 안다.

④ 공감을 표현하는 능력은 상담자의 인격적 발달에 의해 좌우된다.

⑤ 숙련된 집단상담자가 되고 해석을 아는 것은 공감과는 관련이 없다. 최고의 공감은 수용과 비판이다.

공감의 활용은 인간중심 집단상담의 핵심이다. 이는 대개 상담자가 내담자의 의식의 끝에 놓여 있는 것이 표현하는 의미를 듣는 방법이다. 그래서 내담자가 경험을 더 깊이 느끼고 생각하도록 격려할 수 있는 상담자가 이런 전인지적인 의미를 이해할 때 내담자는 자신의 인식을 넓힌다(Natiello, 1987).

전체적인 존재로서 듣는 것이 공감을 이루는 데 결정적이다. 세심하게 듣는 것은 타인에 대한 판단을 보류하는 것도 들어 있다. 이것은 개인적인 이득을 얻기 위해서 또는 다른 이유로 해서는 안 된다. 이 유형의 경청은 타인들의 실재를 알게 됨으로써 이들과 의미 있는 관계를 맺고자 하는 진정한 관심에서부터 나온다. Braaten(1986)은 적극적 경청이란 순간순간 참가자의 인식적이고 감정적인 메시지들을 파악하고 내담자들에게 이해했음을 입증하려는 노력을 함축하고 있다고 했다. 그는 인간중심적 집단상담자들은 내담자의 전 메시

➤ 적극적 경청이란 순간순간 참가자의 인식적이고 감정적인 메시지들을 파악하고 내담자들에게 이해했음을 입증하려는 노력을 함축하고 있다고 했다.

지를 파악했는지 판단하기 위해 자신들의 모니터에 세심한 주의를 기울인다는 면에서 독특하다고 말했다.

(4) 진솔성

상담자가 상담시간 동안에는 외부적 표현과 자신의 내부 경험을 일치시키는 것이다. 즉, 진심에서 진솔성이 우러나는 상담자들은 실제로 그렇지 않은데도 관심 있는 척하지 않고, 관심과 이해를 가정하지 않으며, 진심으로 생각하지 않는 것은 말하지 않고, 인정받으려고 계획된 행동을 하지 않는다는 것이다. 그들은 전문적인 역할 이면에 숨기지 않고 전문적인 기능을 해낼 수 있다. 상담자가 진솔성을 유지하기 위해서는 자기인식, 자기수용, 자기믿음이 강해야 한다. 진솔성은 자신에 대한 깊은 탐색과 이를 진실로 받아들이려는 의지에서 생기는 진정한 상태이다(Natiello, 1987). 인간중심 집단상담에서 진솔성이 없이는 다른 상담조건은 무의미하고 조작된 것이며, 통제되는 단순한 기술에 지나지 않는다.

TIP

➤ 진솔성은 자신에 대한 깊은 탐색과 이를 진실로 받아들이려는 의지에서 생기는 진정한 상태이다

2 게슈탈트에 근거한 집단상담

1) 기본 원리

Perls가 발전시킨 실존주의 치료의 한 형태인 Gestalt 치료는 개인이 인생에서 자신만의 길을 찾아내고 책임능력을 받아들여야 한다는 전제에 바탕을 두고 있다. 인간은 경험하는 유기체로서 자신의 사고·감정·행동을 통해 내적으로, 그리고 외적으로 야기되는 사건과 접촉하며 살아간다. 자신이 접촉하여 경험하는 현상을 있는 그대로 매순간 착각하여 수용하며 살아가는 것은 유기체의 지혜를 신뢰하는 것이다. Perls는 우리가 실존적 주체로서 책임을 회피하

TIP

는 환경지지를 버리고 자기지지를 바탕으로 자신을 신뢰하고 책임지며 살아갈 것을 강조하였다(노안영, 2011).

> 내담자가 현재 이 순간에 경험하는 것을 지금-여기에서 충분히 인식하기 위해 극복해야 할 장해물에 초점을 두고 있다. Gestalt 치료의 기본적인 목표는 참여자들로 하여금 자신이 그러한 인식에 대한 책임능력을 어떻게 회피하고 있는지를 인식시키고 외적인 지지보다도 내적인 지지를 찾도록 격려하는 것이다.

내담자가 현재 이 순간에 경험하는 것을 지금-여기에서 충분히 인식하기 위해 극복해야 할 장애물에 초점을 두고 있다. Gestalt 치료의 기본적인 목표는 참여자들로 하여금 자신이 그러한 인식에 대한 책임능력을 어떻게 회피하고 있는지를 인식시키고 외적인 지지보다도 내적인 지지를 찾도록 격려하는 것이다. 자신의 경험을 인식하고 이러한 경험을 방해하는 장애물을 즉시 깨닫는 것 자체가 치료적이다(Corey, 2000).

Gestalt 상담은 경험적이고 실존적이며 실험적인 접근이다. 언어를 통해 정신적 조작을 하는 것보다 행동을 강조한다는 점에서 경험적이다. 개인의 독립적 선택과 책임을 강조한다는 점에서 실존적이다. 그리고 매 순간에 느끼는 감정을 표현하도록 촉진한다는 점에서 실험적이다(노안영, 2011). 인간은 자신의 갈등에 대해 기본적인 책임능력이 있으며 인생 문제를 다룰 수 있는 능력을 가지고 있다는 것이 게슈탈트 관점이다. 따라서 Gestalt 상담의 접근은 기본적으로 해석을 하지 않는다. 집단참가자들은 경험의 의미를 스스로 해석하고 진술하며 발견하게 된다. 상담자는 내담자의 해석을 방해하지 않으며 개인이 그 순간에 경험하고 있는 것에 초점을 둔다. Gestalt 상담자는 적극적이며, 참가자들의 감정과 경험을 강하게 하기 위해 설계된 여러 가지 행동-지향적인 기법들을 사용한다(Corey, 2000).

> Gestalt 상담은 우리가 주어진 상황에서 자신에게 일어난 일을 충분히 자각하면 그 상황에서 필요한 Gestalt를 형성하므로 적절하게 주어진 문제를 처리할 수 있다고 가정한다. 우리가 오관을 통해 주어진 상황에서 매 순간 경험하는 것을 충분히 자각하여 처리할 수 있을 때 유기체로서 바람직한 적응이 이루어진다.

Gestalt 상담은 우리가 주어진 상황에서 자신에게 일어난 일을 충분히 자각하면 그 상황에서 필요한 Gestalt를 형성하므로 적절하게 주어진 문제를 처리할 수 있다고 가정한다. 우리가 오관을 통해 주어진 상황에서 매 순간 경험하는 것을 충분히 자각하여 처리할 수 있을 때 유기체로서 바람직한 적응이 이루어진다.

2) 주요 개념

여기에서는 Gestalt 상담에 근거한 집단상담을 이해하는 데 필요한 주요 개념으로 인간관, Gestalt, 전경과 배경, 완결성, 현재성, 지금–여기, 자각과 책임감, 미해결 과제와 회피, 신경증 층과 접촉경계 장애 등으로 구분된다(이현림 외, 2007).

(1) 인간관

Perls(1970)에 의하면 인간은 불안, 슬픔, 죄책감 같은 불편한 정서에 직면하고 이를 완전히 경험하는 것을 회피하려는 경향이 있기 때문에, 이러한 정서들은 우리를 완전하게 기능하지 못하게 한다. 자율적인 사람이 되는 방법은 현재의 기능을 방해하는 과거를 확인하고 다루는 것이라고 가정한다. 또한 인간은 자신의 갈등에 대해 기본적인 책임능력이 있으며, 인생 문제를 다룰 수 있는 능력을 가지고 있다는 것이 Gestalt 관점이다. 따라서 상담은 자신이 그러한 인식에 대한 책임능력을 어떻게 회피하고 있는지를 인식시키고, 외적인 지지보다도 내적인 지지를 찾도록 격려하는 것이다. 자신의 경험을 인식시키고 이러한 경험을 방해하는 장애물을 즉시 깨닫게 해야 한다. 내담자들은 경험의 의미를 스스로 해석하고 진술하며 발견하게 된다. 상담자는 내담자의 해석을 방해하지 않으며, 개인이 그 순간에 경험하고 있는 것에만 초점을 두도록 한다.

(2) 게슈탈트

Gestalt란 '의미 있게 조직화된 전체'라는 뜻으로, 주로 Gestalt 심리학자들이 형태지각에서 지각의 집단화 원리를 설명하기 위해서 사용한 용어이다. 그러나 Perls는 개인의 '전체성', 혹은 '총체적인 존재'를 뜻하는 말로써 '형태'라는 개념을 사용하였다. 우리가 시야에 들어오는 여러 물체들을 묶어 단일한 전체로서 지각하는 것처럼, Gestalt 상담에서는 인간의 한 측면만을 강조하지

TIP

▶ Gestalt 상담에 근거한 집단상담을 이해하는 데 필요한 주요 개념으로 인간관, Gestalt, 전경과 배경, 완결성, 현재성, 지금–여기, 자각과 책임감, 미해결 과제와 회피, 신경증 층과 접촉경계 장애 등으로 구분된다.

▶ Gestalt란 '의미 있게 조직화된 전체'라는 뜻으로, 주로 Gestalt 심리학자들이 형태지각에서 지각의 집단화 원리를 설명하기 위해서 사용한 용어이다. 그러나 Perls는 개인의 '전체성', 혹은 '총체적인 존재'를 뜻하는 말로써 '형태'라는 개념을 사용하였다.

TIP

않고 인간 성격의 '전체성'을 강조한다. 그러므로 이 접근에서 주요 목표 중의 하나는 내담자로 하여금 이전에 거부했거나 보지 못했던 자신의 부분들을 다시 받아들이고 통합하도록 돕는 것이다.

(3) 전경과 배경

Gestalt 상담에서 집단화가 이루어지고 나면, 집단화된 지각 대상들이 전경(figure)과 배경(ground)으로 구조화되는 이른바 체계화 과정이 뒤따른다. Perls는 Gestalt 심리학자들의 전경–배경 개념을 인간생활의 거의 모든 측면에 확장시켜 생각하였다. 그에 따르면, 인간의 과거 경험은 배경이 되고 현재 경험이나 개인의 가장 절박한 욕구가 전경이 된다. 개인의 가장 절박한 욕구는 그것이 만족될 때까지 개인의 행동을 지배하며, 이 욕구가 충족되면 그것은 배경으로 물러나고 그 다음의 중요한 욕구가 다시 전경이 된다. 이 이론에서 건강한 사람은 전경–배경 사이의 상호작용이 유연하고 탄력적인 반면, 신경증 환자들은 전경–배경의 형성을 유연하게 하지 못하므로 과거에 집착한다고 본다.

(4) 완결성

완결성이란 시지각에서 자극에 빈틈이 있으며, 그것을 메워 동질적인 집단을 형성하려 하는 경향이다. Perls는 이 원리를 개인의 사고, 감정, 전체적인 지각에 적용하였다. 개인은 일을 완전히 이루지 못하거나 불완전한 생활경험들을 하게 될 때, 완결성을 추구하는 경향 때문에 불안을 느끼게 된다. 이때 과거 경험을 다시 해보거나, 현재의 시점에서 과거와 유사한 상황에 대한 재경험을 하면 그러한 불안에서 벗어날 수 있다고 본다.

(5) 현재성

Perls(1970)는 지금 이 외에는 아무것도 존재하지 않는다고 하였다. 왜냐하면 과거는 지나간 것이며, 미래는 아직 오지 않았기 때문에 현재만이 의미가 있다. Gestalt 상담의 주요한 공헌점의 하나는 지금-여기에 대한 강조이며, 현재의 순간을 완벽하게 이해하고 경험하며 음미하는 것을 배우도록 강조한 점이다. 과거에 초점을 두는 것은 현재의 경험과 만나는 것을 피하려는 방법의 하나로 간주된다.

Gestalt 집단상담자는 참가자들이 가져오는 대부분의 문제들이 이들 삶에서 중요한 사람과의 미해결된 상황과 관련되어 있음을 알고 있어야 한다.

Gestalt 집단상담은 현재의 힘에 초점을 두고 있기 때문에 대부분의 Gestalt 기법들은 내담자들이 현재 진행 중인 경험에 좀 더 가까이 접근하고 순간에 자신들이 무엇을 느끼고 있는지를 인식하도록 설계되어 있다. 지금-여기에 초점을 둠으로써 얻는 장점이 있듯이, 과거와 미래를 제외시킴으로써 오는 단점도 있을 것이다.

TIP

➤ Gestalt 집단상담은 현재의 힘에 초점을 두고 있기 때문에 대부분의 Gestalt 기법들은 내담자들이 현재 진행 중인 경험에 좀 더 가까이 접근하고 순간에 자신들이 무엇을 느끼고 있는지를 인식하도록 설계되어 있다.

(6) 지금-여기

Perls의 가장 중요한 공헌은 현재를 온전히 음미하고 경험하는 학습을 강조했다는 점이다. 현재만이 유일하게 중요한 시제다. 반면 과거는 지나가 버렸고, 미래는 아직 오직 않았다. 그러나 대부분의 사람들은 현재의 힘을 상실했다. 대신 그들은 과거를 생각하거나, 미래를 위한 끊임없는 계획과 대비책에 연연한다.

Gestalt는 언어적이지도 해석적이지도 않은 실험적인 상담이고 집단구성원이 즉시적인 상황에서 자신의 경험과 직접적인 접촉을 하는 것이 그 목적이다. 그러나 현재에 초점을 둔다는 것이 과거에 관심이 없다는 것을 뜻하는 것은 아니다. 과거는 우리의 현재와 관련되어 있는 것으로서만 중요하다. Gestalt 치료 집단에서 집단구성원은 과거의 문제 상황을 현재에 가져와 마치 그것이 지금 일어나고 있는 것처럼 상황을 재연한다.

이런 재연 과정에서 집단상담자는 기법에 대한 설명을 간단히 제공할 수 있고, 집단 내에서 집단구성원의 부적절한 감정을 보다 전적으로 토론하고, 이러한 감정이 유력한 실험의 참석에 있어서 얼마나 방해가 되는지 이야기해 볼

TIP

수 있다. 집단상담자가 집단구성원의 인생에서 중요한 타인과 관련한 많은 미해결의 상황을 아는 것은 유용하다.

(7) 자각과 책임감

자각이란 우리가 생각하고, 느끼고, 감지하고, 행동하는 것을 인식하는 과정이다.

Gestalt 집단구성원의 과업은 자신의 경험구조에 주의를 갖는 것, 그리고 그러한 경험의 무엇을 어떻게 자각할 것인가에 있다. 정신분석 접근의 관심이 어떻게 할 것인가보다는 무엇을/왜 해야 하는가에 있는 반면, Gestalt 집단상담자는 '왜'라는 질문은 거의 하지 않고, '무엇'과 '어떻게'로 묻는다. '왜'는 좋지 않은 단어인데, 결코 이해하는 것 없이 합리화나 명석한 해명을 하려고 하기 때문이다. 대조적으로 Perls는 즉시적인 상황에서 경험하는 것과 현재의 자각을 증가시키기 위해 어떻게 경험하는가에 초점을 둔다. 즉, 경험의 흐름에 머묾으로써 집단구성원은 세계에서 그들이 어떻게 기능하는가를 발견할 것이다.

우리의 존재에 대해 현재중심적인 지금-여기에 대한 자각을 얻기 위해서는 집단구성원의 움직임, 자세, 언어유형, 목소리, 제스처, 타인과의 상호작용 등의 외현적인 것에 주목해야 한다. 많은 사람들이 외현적인 것을 보지 못하기 때문에 Gestalt 집단상담자는 집단구성원이 어떻게 그의 감각을 전적으로 사용할 것인지를 배우고, 외현적인 것을 어떻게 회피하고 있는지 알게 하며, 지금-여기에 개방하는 것에 도전시킨다.

집단상담자는 Gestalt 집단상담을 통해 집단구성원이 경험하고 행동하는 것이 무엇이든 간에 타인에게 탓을 돌리지 않고 자신이 책임을 지도록 한다.

개인의 책임감은 의무를 수행하는 것과 다르다. 성숙한 인간은 타인의 기대에 부합하려 하지 않고, 타인에게 보은하면서 살려고 노력하지도 않는다. 그들은 자신의 기대와, 진실로 자기 자신이 되는 것에 관심이 있다. 개인적인 책임감을 증진시키는 방법 중의 하나는 우리가 타인에게 자신의 책임을 떠맡기는 방식을 자각하는 것이고, 타인이 우리에게 기대하리라 생각하는 것으로부터 우리를 분리시켜 자신의 기대로 살 수 있는 현명한 결정을 하는 것이다.

(8) 미해결 과제와 회피

개인에게 어떤 욕구가 생겼는데 해결하지 못해 Gestalt를 완성하지 못하면 그는 미해결 과제를 갖게 된다. 이러한 미해결 과제는 분노, 증오, 노여움, 고통, 불안, 죄책감, 회환과 같은 표현되지 않은 감정으로 나타난다. 미해결 과제나 표현되지 않은 정서가 지금 상황에서 지각되거나 다루어지지 않는다면 그것은 현재의 자각과 효과적인 기능을 계속 방해한다. 이러한 미해결 과제는 기본적으로 해결을 추구한다. 만일 특정 시간 동안 계속적인 자각에 머물러 있다면 의미 있는 미해결 과제가 출현할 것이다. 내담자는 경험하고 있는 것과 회피하고 있는 것을 자각함으로써 자신의 현재 상황에 충격을 준 미해결 상황을 해결할 수 있다.

미해결 과제와 관련한 개념이 회피다. 회피는 사람들이 미해결 과제를 직면한다거나 미해결 상황과 관련 있는 불편한 정서를 경험하는 것을 방해하는 데 사용하는 수단이다. 대부분의 사람들은 변화에 필요한 것을 실행하기보다는 고통스러운 정서를 경험하는 것을 피하려고 한다. 그래서 그들은 옴짝달싹못하게 되고, 난국을 극복할 수 없으며, 그들의 성장 가능성을 방해한다. 왜냐하면 우리는 성장을 요구하는 위험을 감수할 필요성을 회피하는 데 그것을 사용하기 때문이다. 그래서 Gestalt 상담에 근거한 집단상담은 전에는 결코 직접적으로 표현한 적이 없는 강렬한 감정을 집단상담 회기의 현재 상황에서 표현하도록 격려한다. 집단상담 회기 중에 집단구성원이 공허감과 무력감을 토로하면 집단상담자는 이러한 불편한 감정에 머물러 있도록 격려한다. 심지어는 그것을 과장해서 '공허하게 되라' '무력해지라'고 할 수도 있다. 만일 집단구성원이 그의 깊은 감정을 참아낼 수 있고 진정으로 경험할 수 있다면, 그는 이런 무력감과 공허가 그를 붕괴시키지 않을 것이라는 것을 알게 된다. 공포 정서를 경험하는 것은 통합성과 성장으로 이끈다.

TIP

➤ 개인에게 어떤 욕구가 생겼는데 해결하지 못해 Gestalt를 완성하지 못하면 그는 미해결 과제를 갖게 된다. 이러한 미해결 과제는 분노, 증오, 노여움, 고통, 불안, 죄책감, 회환과 같은 표현되지 않은 감정으로 나타난다.

TIP

(9) 신경증층

Perls(1970)는 성인의 성격을 양파 껍질에 비유했다. 개인이 심리적인 성숙을 이루기 위해서는 신경증의 다섯 층을 벗어야 한다. 이처럼 포개져 있는 성장장애에는 허위층, 공포층, 난국층, 내파층, 외파층이 있다. 첫 번째 층인 허위층은 가짜 층이라고도 하는데 판에 박힌 진실하지 않은 방법으로 다른 사람에게 반응하는 것이다. 이 수준에서 게임을 하며 주어진 역할에 빠져서 자신을 상실한다. 자신이 아닌 것처럼 행동함으로써 자신이나 타인이 창조해 온 상상에 맞춰 생활하려고 한다. 일단 게임의 허구성을 인식하고 보다 솔직해지면 불쾌감과 고통을 경험한다. 다음으로 직면하는 층은 공포층이다. 이 수준에서는 부정하려고 했던 자신의 어떤 모습을 직시할 때 나타나는 정서적인 고통을 피하려고 한다. 이 시점에서는 있는 그대로의 자신을 인정하지 않으려는 저항이 나타난다. 만약 실제로 누구인가를 인식하고 타인들에게 자신의 그런 면을 알리게 되면, 확실히 거부당하게 될 것이라는 큰 공포를 가진다. 공포층 다음에는 난국층 또는 한(恨)의 장벽이라고 하여 우리 자신의 성숙성이 중단되는 지점이 있다. 이 시점에서 환경의 지원 없이는 고착점을 넘어설 재주가 없다고 믿기 때문에 생존할 능력조차도 없다고 믿는다. 이때에 대개 스스로 보고, 듣고, 느끼고, 생각하기보다는 다른 사람이 대신해서 결정하도록 환경을 조작하려고 한다. 한의 장벽에서는 때로 극도의 무력감을 느끼며 자신이 매우 하찮은 사람이라고 느낀다. 생생하게 살아 있다고 느끼려면 한의 장벽을 극복해야 한다.

극도의 무력감을 부정하거나 피하지 않고 완전히 경험하게 되면, 내파 단계가 생겨난다. Perls(1970)는 솔직한 자기에 이르기 위해서는 이 내파층을 극복해야 한다고 주장한다. 이 단계에서 우리의 무력함과 솔직하지 못한 방식에 접촉함으로써 방어를 노출시키고 진정한 자아와 접촉하기 시작한다. Perls는 내파층을 벗어남으로써 외파의 상태를 보게 된다고 주장한다. 외파층에 접촉하면 가짜 역할과 위장에서 해방되어 자신이 아닌 존재를 가장함으로써 묶어 두었던 많은 에너지를 방출한다. 생기 있고 진실해지기 위해서는 고통, 기쁨, 분노, 슬픔, 성욕으로 외파하여 에너지를 방출할 필요가 있다. 이러한 성격의 여러 층과 관련된 개념은 저항과 자아 방어기제이다. Gestalt 관점에서 볼 때, 저항은 현재를 충분하게 경험하는 것을 방해하기 위해 발달시킨 방어기제이다. 신경층의 다섯 층은 개인이 가면을 유지하기 위해 계속 에너지를 가두어 두는 방식을 나타낸다. 자아 방어기제도 사람들이 진실해지는 것을 방해한다.

TIP

> 신경층의 다섯 층은 개인이 가면을 유지하기 위해 계속 에너지를 가두어 두는 방식을 나타낸다. 자아 방어기제도 사람들이 진실해지는 것을 방해한다.

(10) 접촉경계 장애

Perls(1970)는 유기체의 자각, 혹은 알아차림을 통한 접촉의 결여를 주요한 문제로 보았다. Gestalt에서 저항이란 우리가 온전하고 진실하게 현재를 경험하는 것을 방해하는 방어기제라고 본다. 그가 지적한 접촉경계 장애가 우리의 성숙과 문제해결을 방해하는 이유를 살펴보면서 자각과 접촉의 중요성을 알아보자. 자각을 통한 접촉을 방해하는 장애기제, 혹은 저항적 의사소통의 통로는 Freud가 제안한 개념인 방어기제와 유사하다. Perls와 그의 추종자들이 설명한 접촉경계 장애의 주요한 기제인 내사, 투사, 반전, 융합, 편향의 내용을 살펴보자.

① 내사(introjection)

내사는 타인의 신념과 기준을 우리 자신이 가지고 있는 것과 융화함이 없이 무비판적으로 수용하는 것을 말한다. 내가 접촉하여 이해하지 못하고 나의 것으로 만들지 못했다면 그것은 내가 되지 못하고 나의 것이 되지 못한다. 사람이 음식물을 먹어 그것을 충분히 소화시키지 못한다면 그것은 그의 건강을 해치는 이물질이 된다. 이렇게 내사는 자신이 가지고 있으면서도 자신이 아닌 다른 어떤 것이다. 이러한 이물질은 암적인 존재로서 사람에게 통합되지 않고 남아서 그를 괴롭히고 있다는 것을 명심해야 한다.

TIP

> 투사는 내가 가진 것을 부인하고 남에게 돌려서 접촉을 피하는 것이다. 내가 접촉하기 싫어한 나의 어떤 면을 환경 탓으로 돌리거나 타인에게서 봄으로써 자신이 느끼는 감정이나 자기를 부정하는 것이다.

> 융합이란 밀접한 관계에 있는 두 사람이 서로 간에 차이점이 없다고 느끼도록 합의함으로써 발생하는 접촉-경계 혼란이다. 자기와 환경을 변별하지 못하는 혼미를 포함한다. 관계에서의 혼탁은 갈등의 부재, 또는 모든 사람들이 동일한 느낌이나 생각을 가지고 있다는 신념 등이 포함된다.

② 투사(projection)

투사는 내사의 반대다. 투사는 내가 가진 것을 부인하고 남에게 돌려서 접촉을 피하는 것이다. 내가 접촉하기 싫어한 나의 어떤 면을 환경 탓으로 돌리거나 타인에게서 봄으로써 자신이 느끼는 감정이나 자기를 부정하는 것이다. 자기상과 불일치하는 성격 속성을 자신의 것이 아니라고 부인한다. 자기상과 불일치하는 성격 속성을 자신의 것이 아니라고 부인하고 타인이 가지고 있는 것으로 뒤집어씌우게 된다. 자신이 가지고 있다는 사실을 인식하지 않으려는 바로 그 속성을 타인이 가지고 있다고 인식함으로써, 자신의 감정과 자신에 대한 책임을 회피한다.

③ 반전(retroflection)

개인이 타인이나 환경에 대해 해야 할 것을 자신에게 하는 것이다. 우리 각자는 유기체로서 외부 환경과의 상호작용을 하며 살아간다. 우리가 대하는 사람에게 적절하게 자기를 표현하는 게 대인관계에서 매우 중요하다. 그러나 반전을 기제로 사용하는 사람은 자신의 감정을 타인에게 표현하지 못하고 방향을 바꾸어 자신에게 표현하는 사람이다. 심하게 처벌적이고 공격적인 부모의 영향을 받으면서 성장한 사람이 처벌에 대한 두려움으로 타인에게 감히 자신의 감정을 표현하지 못하는 경우가 그 예다. 반전기제는 때로는 긍정적으로 사용할 수 있다. 즉, 주어진 상황에서 합리적인 근거로 반전을 사용하여 타인에게 행동할 것을 억제하는 것이다. 우리가 막무가내로 에너지의 방향을 외부로 돌려 행동하기보다 때로는 내부로 돌려 행동하는 것이 우리와 타인에게 도움이 되는 경우가 있다.

④ 융합(confluence)

융합이란 밀접한 관계에 있는 두 사람이 서로 간에 차이점이 없다고 느끼도록 합의함으로써 발생하는 접촉-경계 혼란이다. 자기와 환경을 변별하지 못하는 혼미를 포함한다. 관계에서의 혼탁은 갈등의 부재, 또는 모든 사람들이 동일한 느낌이나 생각을 가지고 있다는 신념 등이 포함된다. 융합은 수용받고 사랑받고자 하는 욕구가 강한 내담자들의 접촉

TIP

양식이다. 융합이라는 관계 방식에 의존하는 사람들에게 갈등은 강한 불안을 유발할 수 있다(Frew, 1986; 이현림 외, 2007). 융합은 사람들이 자신의 의견을 말하거나 자신을 표현하는 것을 어렵게 한다. 이렇게 되면 진정한 의미와 접촉은 일어날 수 없다. 융합으로 인하여 경계를 갖지 못할 때, 개체는 자신의 욕구와 감정을 제대로 해소할 수가 없고 따라서 그러한 삶은 미해결 과제를 축적시킨다.

⑤ 편향(deflection)

사람들은 흔히 감당하기 힘든 내적 갈등이나 외부 환경적 자극에 노출될 때, 이러한 경험으로부터 압도당하지 않기 위해 자신의 감각을 둔화시킴으로써 자신 및 환경과의 접촉을 약화시키는데, 이를 편향이라고 한다. 편향은 일관된 접촉을 어렵게 하는 의식의 방해이다. 편향을 사용하는 사람들은 진술문을 사용하지 않고 의문문을 사용하거나 유머를 과다하게 사용하고, 추상적인 일반화를 사용하므로 접촉을 흐려 버린다(Frew, 1986, 이현림 외, 2007). 또는 말을 장황하게 하거나 초점을 흩트리는 것, 말하면서 상대방을 쳐다보지 않거나 웃어 보이는 것, 구체적으로 말하지 않고 추상적인 차원에서 맴도는 것, 자신의 감각을 차단시키는 것 등이 있다. 이러한 행동은 흔히 지식인에게서 많이 볼 수 있다. 편향은 정서적 경험을 감소시키며 다른 사람의 말을 대신한다.

3) 집단상담자의 역할과 기능

Gestalt 집단상담자의 역할과 기능을 설명하기 위해 Gestalt 상담이 진행되는 방식을 재검토하고자 한다. Perls(1969a)에 의하면 상담의 목표는 내담자를 성숙시키고 '자기 스스로 일어서지 못하게 하는 방해물'을 제거하는 것이다. 이 목표를 성취하기 위해 치료자는 내담자가 장애물의 위치를 알아냄으로써 외적인 지지를 내적인 지지로 바꾸도록 돕는다.

이현림 외(2007)는 상담자의 역할을 아래와 같이 구분지어 설명하였다.

➤ 상담의 목표는 내담자를 성숙시키고 '자기 스스로 일어서지 못하게 하는 방해물'을 제거하는 것이다. 이 목표를 성취하기 위해, 치료자는 내담자가 장애물의 위치를 알아냄으로써 외적인 지지를 내적인 지지로 바꾸도록 돕는다.

TIP

> 상담자는 참여자의 존재와 그의 삶의 이야기에 대해 진지한 흥미와 관심을 보일 수 있어야 하며, 참여자의 이야기에 심취하고 감동할 수 있는 능력을 갖고 있어야 한다.

(1) 전문적 조력자(촉진자)

집단상담을 시작할 때, 참가자들은 상담자를 자기들의 건강과 심리적 균형을 달성하도록 도울 수 있는 능력과 방법을 갖춘 전문적인 조력자로 보게 된다. 상담에 대한 이러한 기대는 상담자가 집단참여자들과 의사소통을 하고 접촉하는 데 도리어 방해가 될 수도 있다. 그러므로 상담자는 상담관계에서 참여자들이 자기 책임을 상담자에게 떠넘기려는 소망을 이러한 기대 속에 숨기고 있다는 것을 간과해서는 안 된다.

(2) 언어와 의사소통의 전문가

상담자는 참여자들의 언어적 표현과 신체적 표현 사이의 불일치를 알아챌 수 있어야 한다. 상담자는 참가자들이 표현한 말의 내용뿐만 아니라, 맥락, 음성의 높고 낮음, 대명사의 사용, 강약, 설단현상 등에도 관심을 가져야 한다.

(3) 좌절 경험의 제공자

상담자는 집단원들이 과거에 만났던 사람들이 한 것과는 다른 방식으로 반응함으로써 참여자들이 다른 사람의 지지에 의존하지 않고 자신의 행동을 스스로 지지할 수 있도록 돕는다. 즉, 집단원들의 습관이나 의존적 욕구는 일단 좌절시키고, 스스로의 생산적인 행동을 시도하도록 돕는다.

(4) 관심과 감동 제공자

상담자는 참여자의 존재와 그의 삶의 이야기에 대해 진지한 흥미와 관심을 보일 수 있어야 하며, 참여자의 이야기에 심취하고 감동할 수 있는 능력을 갖고 있어야 한다. 상담자는 참여자가 가지고 있는 과거의 부정적인 경험들로 인해 왜곡되어 있는 것들과 고정관념을 깨트려야 한다. 조그만 사건 하나에까지도 깊은 공감과 감동을 보이는 것으로 내담자는 마침내 진지하게 자신을 바라볼 수 있는 마음이 생긴다.

TIP

(5) 현상학적 태도

상담자는 참여자에게 나타나는 생명현상의 흐름을 따라가면서 진행되어야 한다. 즉, 상담자는 참여자로 하여금 스스로 문제를 발견하게 하고, 탐색과 실험을 통하여 스스로 문제를 해결해 나가도록 도와주어야 한다. 상담자가 이끄는 자가 되기보다는 항상 따라가는 자가 되어야 한다. 문제를 해결해 나가는 과정에 있어서도 상담자는 너무 성급하게 개입하거나 혹은 너무 빨리 포기해서는 안 된다. 상담자는 인내심을 갖고 참여자에게서 나타나는 현상들을 내담자 자신의 내적 과정으로 스스로 전개되도록 도와주어야 한다.

(6) 창조적 역할의 교사

상담자는 참가자들로 하여금 자신의 생활무대에서 배역을 더 잘 할 수 있도록 집단경험을 통해 돕는다는 점에서 '연극의 연출자' 또는 '역할 수행의 지도자' 역할을 한다고 볼 수 있다. 즉, 상담자는 가치관이나 선입견, 사회적 통념에 좌우되지 않고 상황을 있는 그대로 볼 수 있는 눈을 가져야 한다. 창조적인 상담자는 아직 밖으로 온전히 드러나지는 않았지만, 내담자 속에 꿈틀거리는 생명력을 보고 거기에서 내담자의 새로운 가능성을 발견하는 것이다.

4) 집단상담 목표

Gestalt 집단상담의 일차적 목표는 집단구성원이 성숙하여 자신의 삶을 책임지고 접촉을 통해 Gestalt를 완성하도록 조력하는 것이다. 또 다른 목표는 집단구성원이 느끼는 불안을 삶의 부분으로 수용하고 처리하도록 조력하는 것이다. 또 다른 목표는 집단구성원이 느끼는 불안을 삶의 부분으로 수용하고 처리하도록 조력하는 것이다. Gestalt 집단상담자는 유기체가 자기조절 기능을 수행할 수 있다는 '유기체의 지혜'를 믿는다. 타인과 관계를 맺으며 삶을 살아가면서 너무 계산적이거나 강박적으로 빠지지 않고, 있는 그대로 자신을

> ➤ Gestalt 집단상담의 일차적 목표는 집단구성원이 성숙하여 자신의 삶을 책임지고 접촉을 통해 Gestalt를 완성하도록 조력하는 것이다. 또 다른 목표는 집단구성원이 느끼는 불안을 삶의 부분으로 수용하고 처리하도록 조력하는 것이다.

수용하면서 살아갈 것을 강조한다. 이를 위해서는 같은 차원의 양극적인 상반된 힘의 마찰에 따른 자기고문 게임을 멈추고 서로를 인정하고 수용하여 통합을 이루어야 한다. Gestalt 집단상담자는 집단구성원이 가진 다양한 양극성에 대한 자각의 확장을 촉진한다. 양극성의 어느 한쪽을 지나치게 의식하거나 강조하는 집단구성원을 돕는 과정에서, 집단상담자는 그가 자각하지 못한 다른 한쪽을 알아차리도록 한다. 그리고 집단구성원이 가진 강자–약자의 자기고문 게임이나 반복적인 갈등을 멈추게 하고 서로가 화해와 이해를 통해 통합을 이루도록 한다(노안영, 2011).

Gestalt 집단상담자는 집단구성원이 환경지지를 버리거나 탈피하고 자신의 삶을 책임지는 자기지지에 의해서 살아가도록 조력한다. 당신의 모든 실제적 행위에 대한 책임은 당신에게 있다는 것을 강조한다. 당신이 인지적으로 고려하는 모든 생각에 대한 책임 역시 당신에게 있다는 것을 강조한다. 그리고 당신의 모든 감정에 대한 책임도 당신이 져야 한다는 것을 강조한다. 비록 어떤 사람이나 사건이 당신에게 부분적으로 영향을 미칠지언정 누구도 그리고 어떤 외적환경도 당신의 사고·감정·행위에 대한 책임이 있는 것은 아니다. 당신은 삶의 주체로서 자신의 삶에 대한 모든 책임을 져야 한다는 것을 강조하는 것이다.

한마디로 Gestalt 집단상담의 목표는 집단구성원이 회피하거나 두려워하고 갈등을 겪는 것과 같은 모든 심리적 문제와의 접촉을 통해 자각을 이끌어 냄으로써 통합을 달성하도록 하는 것이다(노안영, 2011).

5) 집단상담과정

Gestalt 집단상담은 집단참가자들이 현재 이 순간에 경험하고 있는 것을 강하게 하기 위해 설계된 여러 가지 행동 지향적 기법을 사용한다. Gestalt 치료는 갈등, 문제, 감정에 대해 단순히 이야기하기보다 '갈등이 되어 보기'나 '우리가 느끼는 것이 되어 보기'를 격려한다. 이런 기법은 집단 내의 각 개인과

TIP

➤ Gestalt 집단상담은 집단참가자들이 현재 이 순간에 경험하고 있는 것을 강하게 하기 위해 설계된 여러 가지 행동 지향적 기법을 사용한다. Gestalt 치료는 갈등, 문제, 감정에 대해 단순히 이야기하기보다 '갈등이 되어 보기'나 '우리가 느끼는 것이 되어 보기'를 격려한다.

특정한 집단 상호작용 상황에 따라 조절되어야 한다. 기법들은 기계적으로 혹은 부적절하게 적용하면, 집단참가자들의 방어를 증가시키고 진정으로 살아있는 부분을 감소시키는 결과가 발생한다(Corey, 2000).

상담을 시작할 때 집단상담자는 각 참여자들에게 돌아가면서 자신이 인식하고 있는 것에 대해 지금-여기에서 간략하게 진술하도록 요청할 수 있다. 집단참가자들이 상담을 통해 탐색하고 싶은 개인 관심사가 있다면 그것을 선언하도록 요청할 수도 있다. 이런 방식으로 공통주체에 초점을 맞춤으로써 상담시간을 최대한 활용한다.

Gestalt 집단상담에 적용되는 집단상담과정을 일반적인 절차가 없고, 많은 집단상담자가 각기 다르게 집단구성원의 변화를 위해 조력하고 있기 때문에 정확하게 설명하는 것은 쉽지 않다.

Gestalt 집단상담의 과정을 크게 두 단계로 구분해 볼 수 있다(Yontef, 1995). 첫째 단계에서는 집단상담자와 집단구성원이 진술한 접촉에 근거하여 관계를 형성하고, 집단구성원으로 하여금 현재 무엇이 어떻게 진행되는가를 자각하도록 촉진하는 단계다. 둘째 단계는 집단구성원의 삶을 불편하게 하는 심리적 문제를 실험과 기법을 통해 경험하도록 함으로써 통합하여 균형을 이룰 수 있도록 한다.

Gestalt 발달에 공헌한 Polster(1987)은 세 단계의 변화과정을 제안하였다. 첫째, 발견단계로 이 단계에서 집단구성원은 이전에는 깨닫지 못했던 자신, 문제, 상황에 대한 새로운 관점을 발견하게 된다. 둘째, 조절단계로 이 단계에서 집단구성원은 자신의 오래된 정체감을 바꿈으로써, 자신이 새로운 선택을 하는 것이 가능하고 새로운 방식으로 시도할 수 있다는 것을 알게 된다. 이러한 과정에서 집단상담자의 치료적 지지가 매우 중요하다. 마지막 단계는 동화단계로 집단구성원은 새로운 행동을 선택하고 시도하는 것에서 자신의 환경을 변화하는 방법을 학습하는 것으로 발전한다. 이 시점에서 집단구성원은 타인에게서 자신이 원하는 것을 얻는 데 적절한 자기표현을 하게 된다.

TIP

➤ 첫째 단계에서는 집단상담자와 집단구성원이 진솔한 접촉에 근거하여 관계를 형성하고, 집단구성원으로 하여금 현재 무엇이 어떻게 진행되는가를 자각하도록 촉진하는 단계다. 둘째 단계는 집단구성원의 삶을 불편하게 하는 심리적 문제를 실험과 기법을 통해 경험하도록 함으로써 통합하여 균형을 이룰 수 있도록 한다.

TIP

➤ Gestalt 집단상담자는 집단구성원으로 하여금 간접적이고 모호한 단어를 사용하는 것 대신 자신과 자신의 성장에 책임감을 주는 단어를 사용하게 한다. 우리가 말하는 유형은 종종 우리의 감정·사고·태도를 표현하기 때문에 이런 말하는 습관에 주의함으로써 자각을 높일 수 있다.

6) 집단상담 기법

Gestalt 집단상담자는 집단구성원의 자각, 혹은 알아차림을 향상시키기 위해 다양한 기법을 창조적으로 사용한다. 여기서는 Gestalt 집단상담자들이 주로 사용하는 기법에 대해 알아보기로 하겠다.

(1) 언어표현 바꾸기

Gestalt 집단상담자는 집단구성원으로 하여금 간접적이고 모호한 단어를 사용하는 것 대신 자신과 자신의 성장에 책임감을 주는 단어를 사용하게 한다. 우리가 말하는 유형은 종종 우리의 감정·사고·태도를 표현하기 때문에 이런 말하는 습관에 주의함으로써 자각을 높일 수 있다.

① '그것' 대신 '나'로 바꾸기

3인칭이나 2인칭으로 시작하는 '그것'과 '당신' 같은 대명사를 1인칭인 '나'로 바꾸는 것은 개인에게 상황에 대한 책임감을 부여한다. 비인칭 대명사를 인칭 대명사로 바꾸는 것은 자신이 말하고 있는 것에 대해 책임을 지는 방법이다.

② '당신' 대신 '나'로 바꾸기

'당신' 진술문을 '나' 진술문으로 바꿈으로써, 우리는 자신을 드러내고, 우리가 말하고 있는 것에 대해 책임을 지게 된다. '당신'이라는 단어로 문장을 시작하게 되면 타인들은 방어적으로 되고, 우리는 자신의 경험을 자신의 것이 아니라고 부인하게 된다.

③ '내가 ~할 수 없다.' 대신 '나는 ~하지 않겠다.'로 바꾸기

집단구성원이 자신은 실제로는 '나는 ~하지 않겠다.'라는 의미를 나타내고자 할 때 '내가 ~할 수 없다.'라고 말한다. 만일 집단상담자가 일관성 있고 온화하게 '내가 ~할 수 없다.' 대신 '나는 ~하지 않겠다.'로 대체하도록 권유하면 집단구성원은 자신의 결정에 책임을 지고 자신의 힘을 수용하게 된다.

TIP

④ '내가 ~해야 한다.' 대신 '나는 ~하기를 선택한다.'로 바꾸기

집단구성원이 '내가 ~해야 한다.'를 언급하는 빈도와 그것들의 사용은 긴급함, 요구, 불안을 함축하지만 '나는 ~하기를 선택한다.'는 그렇지 않다. '나는 ~하기를 선택한다.'는 표현은 집단구성원에게 선택에 대한 책임감을 준다.

⑤ '나는 ~가 필요하다.' 대신 '나는 ~을 바란다.'로 바꾸기

원하는 것의 목록은 보통 필요의 목록보다 더 길다. 예를 들면 집단상담자는 집단구성원이 '나는 유명해질 필요가 있다.'라고 말하는 것보다 '나는 유명해지기를 바란다.'로 표현하도록 한다. '나는 ~을 바란다.'는 표현이 '나는 ~가 필요하다.'는 표현보다 더 정확하고, 덜 긴급하고, 불안을 덜 야기한다.

⑥ 질문

Gestalt 집단에서는 집단참가자들이 질문을 하지 못하도록 한다. 질문을 너무 많이 하는 집단참가자에게는 다음 중 어느 한 가지를 실험해 보도록 요구한다.

- 질문을 하는 대신, 그 사람에 대해 직접적으로 진술하고, 질문하게 된 자신의 동기를 함께 나눈다.
- '왜'라는 질문은 '왜/그 이유는' 교환을 일으키므로, '왜'라는 질문을 피하라. 그 대신 '어떻게'와 '무엇을'이란 질문을 하라고 노력하라.
- '나'진술을 하도록 연습하라. 그렇게 함으로써 자신의 입장, 견해, 선호에 대해 책임을 지게 된다.

⑦ 한정사와 부정문

한정사에 주목함으로써, 집단참가자들은 자신이 메시지의 힘을 어떻게 감소시키는지 좀 더 잘 인식하게 된다. 흔한 예는 '그러나'의 사용이다. 참여자들에게 '그러나'를 '그리고'로 바꾸고 아마도, 일종의, 어쩌면, 짐작컨대, 추측컨대 등과 같은 한정사를 생략하는 실험을 하고 모호한 메시지를 분명하고 직접적인 진술로 바꾸도록 요구한다.

TIP

(2) 신체활동을 통한 자각확장

신체행동에 주목하는 것은 Gestalt 집단상담자에게 특히 도움이 된다. Patterson(1975)은 집단상담자가 상담과정에서 신체행동에 주목해야 하는 이유를 다음과 같이 언급하였다. 먼저 신체행동은 주어진 순간에서 개인의 표현이다. 둘째, 일반적으로 사람들은 그들의 몸짓을 주시하기보다는 그들이 말하는 것을 듣는 것에 보다 관심을 갖는 경향이 있다. 셋째, 신체행동은 보통은 자발적이다. 반면 언어적 행동은 사전에 생각되는 것이다. 넷째, 통합된 방식으로 기능하는 개인은 신체행동과 언어적 표현이 잘 조화된다. 능숙한 집단상담자는 의사소통에 있어 언어적인 수준뿐만 아니라 말의 배후에 있는 목소리의 크기, 고저, 강약, 전달속도와 같은 의미까지도 예리하게 듣는다. 집단상담자는 특히 집단구성원의 신체행동이 언어적 표현과 일치하지 않을 때 그러한 불일치를 지적하여 그의 자각을 확장시킨다.

Gestalt 집단상담자들은 집단구성원이 자각확장을 위해 많은 신체활동을 하게 한다. 집단상담자는 집단구성원이 말한 것과 일치하는 신체행동을 적극적으로 표현하게 함으로써 그를 조력한다.

> ➢ Gestalt 중심 집단상담자들은 집단구성원이 자각확장을 위해 많은 신체활동을 하게 한다. 집단상담자는 집단구성원이 말한 것과 일치하는 신체행동을 적극적으로 표현하게 함으로써 그를 조력한다.

(3) 과장하기

이 기법은 우리가 신체언어로 보내는 미묘한 신호와 단서에 대해 보다 잘 지각하게 된다. 움직임, 자세, 제스처는 과장됨으로써 의사소통을 보다 명확하게 한다. 움직임이나 제스처를 반복적으로 과장함으로써 그 개인은 행동과 관련한 감정을 보다 강렬하게 경험하고 그것의 내적 의미를 보다 잘 자각한다. 이 기법에서는 양극성을 다루고자 하는 집단구성원에게 시연이나 빈 의자기법을 관련지어 사용한다. 가끔 우리가 피하고 싶은 부분에 머물러 있기를 스스로에게 허락함으로써 자신의 보다 많은 부분을 발견할 수 있다.

> ➢ 움직임, 자세, 제스처는 과장됨으로써 의사소통을 보다 명확하게 한다. 움직임이나 제스처를 반복적으로 과장함으로써 그 개인은 행동과 관련한 감정을 보다 강렬하게 경험하고 그것의 내적 의미를 보다 잘 자각한다.

TIP

(4) 순회하기

이것은 한 사람이 집단구성원 각각에게 돌아가면서 그/그녀가 보통 때는 언어적으로 표현하지 않았던 것을 말하는 것이다. 회피나 두려움이 느껴질 때 이 기법을 제안하는 경우가 있다. 집단구성원이 자신의 두려움을 다루기 위해 이 기법을 사용할 것인가를 물어보고, 만일 그들이 '예'라고 대답하면 순회한다. 그러면 그들은 자신의 두려움에 직면할 수 있고 낙담하고 있는 그들의 자리에서 빠져나올 수 있는 다른 행동을 시도한다.

(5) 시연

시연 기법은 집단구성원이 고요히 생각하고 있는 것을 큰 소리로 말하도록 초대한다. 또한 집단구성원이 행동하는 데 있어서 많은 제약과 검열을 할 때, 그들이 어떤 효과를 위해 조심스럽게 타진하고 있는 것처럼 보일 때 가치가 있다.

> 시연 기법은 집단구성원이 고요히 생각하고 있는 것을 큰 소리로 말하도록 초대한다. 또한 집단구성원이 행동하는 데 있어서 많은 제약과 검열을 할 때, 그들이 어떤 효과를 위해 조심스럽게 타진하고 있는 것처럼 보일 때 가치가 있다.

(6) 책임지기

Gestalt 집단상담자는 집단구성원이 스스로 자신이 한 일에 책임질 것을 강조한다. 즉 우리의 사고·감정·행동을 지각하고, 우리가 경험한 것을 타인에게 책임지우는 일이 없도록 해야 할 것이다. 책임지는 것은 우리의 투사를 알아차리고, 그것을 재정체화하고, 우리가 투사한 것이 되는 것을 의미한다.

> Gestalt 집단상담자는 집단구성원이 스스로 자신이 한 일에 책임질 것을 강조한다. 즉 우리의 사고·감정·행동을 지각하고, 우리가 경험한 것을 타인에게 책임지우는 일이 없도록 해야 할 것이다. 책임지는 것은 우리의 투사를 알아차리고, 그것을 재정체화하고, 우리가 투사한 것이 되는 것을 의미한다.

(7) 대화연습

대화연습은 자신이나 타인에게 비밀을 유지하기 어려운 우리의 본성과 접촉하는 강력한 방법이다. 예를 들어, 우리의 여성적인 측면과 남성적인 측면 사이의 대화를 수행하는 방법의 학습은 이런 양극성을 가진 내적 갈등을 표면화시키는 방법이다. 양자택일로, 우리가 할 수 있는 한 충분히 각 부분이 되어 보는 것은 성격의 이 측면 모두를 경험하는 방법이다.

> 대화 연습은 자신이나 타인에게 비밀을 유지하기 어려운 우리의 본성과 접촉하는 강력한 방법이다.

TIP

➤ 상상은 종종 무기력한 상태를 유발하는 비극적인 기대를 다룰 때 유용하다.

(8) 상상접근

상상은 종종 무기력한 상태를 유발하는 비극적인 기대를 다룰 때 유용하다. 사랑하는 사람을 생각하고 느끼는 것을 표현하기 두려워하는 집단참가자는 말하고 싶지만 표현하기 두려운 모든 것을 이야기하는 그런 상상적인 상황을 생각할 수 있다. 반드시 집단참가자는 집단 앞에서 마치 사랑하는 사람이 눈앞에 있는 것처럼 그 사람에게 지금–여기에서 이야기한다. 지도자는 "당신의 어머니나 다른 중요한 사람이 이 빈 의자에 있습니다. 의자 앞으로 와서 어머니에게 말하고 싶었던 것을 이야기할 수 있겠어요? 당신이 어머니에게 말하지 않았던 것을 말한다면 발생할 것이라고 상상해 왔던 모든 끔직한 일들을 지금 어머니에게 이야기하세요."라고 말한다. 안전한 상상접근을 통해 이런 느낌을 훈습하는 것은 찢겨진 채로 감추어져 있던 감정을 방출할 수 있기 때문에 심리적으로 가치 있는 일이다. 이런 감정들을 실제 생활에서도 반드시 표현해야 할 필요는 없다. 사실상 그렇게 하는 것은 현명하지 않다.

또한 상상은 부끄러움과 죄책감을 표현하고, 탐색하는데 이용할 수 있다. 집단상담자는 집단구성원으로 하여금 "나는 비밀이 하나 있어요."라고 속으로 생각하면서 잘 지켜진 비밀에 대해 상상해 보도록 한다. 그들은 집단에서 실제로 비밀을 폭로하는 것이 아니라 타인에게 그 비밀이 노출된 것을 스스로 상상하고 나서 그에 대한 느낌을 탐색한다.

상상은 집단에 참여하는 것에 대한 집단참가자의 두려움을 탐색하는 데 유용하고 안전한 방법이기도 하다. 집단참가자들에게 집단에서 발생하고 있는 일 중 자신이 가장 두려워하는 것을 상상하도록 요구할 수 있다. 예를 들어, 어떤 집단참가자가 집단에서 거부당하는 것을 두려워한다면, 모든 사람이 계획적으로 자신을 거부한다고 상상하고 이런 상상과 관련된 감정을 탐색하도록 한다.

(9) 역전기법

어떤 증상과 행동은 잠재적인 충동의 역전으로 나타난다. 역전기법은 집단구성원에게 그들이 거의/혹은 결코 표현하지 않았던 자신의 어떤 부분이 되는 것을 요청하는데, 그 이유는 집단구성원이 그것을 보고 수용하는 것을 원하지 않기 때문이다. 이런 기법 사용의 기초이론은 통합이다. 통합은 집단구성원이 불안을 일으키는 일에 스스로 빠져보고 지금까지 숨기고 거부해 온 부분과 접촉해 보면 통합이 가능해진다는 것이다. 집단은 역전기법을 사용할 적절한 기회를 제공한다. 빈 의자기법과 같은 것은 집단구성원에게 내부의 반대세력을 자신의 것으로 받아들이는 기회를 준다. 그래서 숨겨져 있는 차원을 표현하는 실험은 창조적인 양극성의 통합으로 이끌기도 한다.

또한 역전기법은 집단을 고의로 방해하고 독점자의 역할을 하기 위해 거의 아무 말도 하지 않는 사람에게 적용할 수 있다. 열등감을 느끼고 있는 사람에게 우월한 사람의 역할을 하도록 하며, 모든 사람에게 예의를 깍듯이 차리는 사람에게는 각 집단참가자에게 부정적인 말을 하도록 한다. 이 기법은 자신의 내부에 있는 양극단을 인식하고 조화시킬 수 있도록 한다.

(10) 꿈 작업

Gestalt 접근은 꿈을 해석하고 분석하지 않는다. 대신 일상 속으로 꿈을 가지고 와서 그것이 마치 지금 일어난 것인 양 재창조하고 재생시키는 데 목적이 있다. 집단구성원은 과거시제로 그들의 꿈을 보고하지 않고, 현재시제로 그것을 재생하고 행동화하며, 꿈의 주요 요소를 대화로 변화시키고, 스스로 꿈의 일부분이 된다.

TIP

➤ 역전기법은 집단구성원에게 그들이 거의/혹은 결코 표현하지 않았던 자신의 어떤 부분이 되는 것을 요청하는데, 그 이유는 집단구성원이 그것을 보고 수용하는 것을 원하지 않기 때문이다.

➤ 역전기법은 집단을 고의로 방해하고 독점자의 역할을 하기 위해 거의 아무 말도 하지 않는 사람에게 적용할 수 있다. 열등감을 느끼고 있는 사람에게 우월한 사람의 역할을 하도록 하며, 모든 사람에게 예의를 깍듯이 차리는 사람에게는 각 집단 참가자에게 부정적인 말을 하도록 한다. 이 기법은 자신의 내부에 있는 양극단을 인식하고 조화시킬 수 있도록 한다.

➤ Gestalt 접근은 꿈을 해석하고 분석하지 않는다. 대신 일상 속으로 꿈을 가지고 와서 그것이 마치 지금 일어난 것인 양 재창조하고 재생시키는 데 목적이 있다.

TIP

> ➤ 실존주의는 세상에 대한 개인의 주관적 관점에 초점을 두는 현상학적 접근이다. 치료란 내담자가 지각하고 경험한 세상에 대해 상담자와 내담자가 하는 여정이다. 그러나 이런 여정에서 상담자 또한 그들 자신의 현상학적 세계와 접해야 한다.

3 실존주의에 근거한 집단상담

1) 기본 원리

실존주의는 세상에 대한 개인의 주관적 관점에 초점을 두는 현상학적 접근이다. 치료란 내담자가 지각하고 경험한 세상에 대해 상담자와 내담자가 하는 여정이다. 그러나 이런 여정에서 상담자 또한 그들 자신의 현상학적 세계와 접해야 한다.

실존주의적 인간관을 요약하여 살펴보면 다음과 같다(Patterson, 1973; 노안영, 2011, 재인용).

첫째, 인간실존의 특성은 이 세상에 내던져진 존재라는 점이다. 그러나 인간은 삶의 특징이 우연성과 피투성이라는 것을 자각하며, 과거와 현재와 미래의 연속선상에서의 인간 자신의 영향력을 의식하는 점에서 다른 동물과 차이가 있다. 이러한 차이로 인하여 인간은 선택과 결단이 가능하다. 인간은 비록 유전·환경·문화에 의하여 제약을 받기는 하지만, 이러한 외적 환경에 의하여 전적으로 결정된 존재는 아니다. 다시 말해 비록 이 세상에 내던져진 존재이긴 하나 그러한 상황을 수용하거나 거부하는 것은 각 개인의 선택 여하에 달려 있다. 그러므로 각 개인의 본성을 자신이 창조하며 결정할 수 있다. 따라서 인간은 자유로운 존재다. 또한 그 자신의 본질에 대한 책임은 자기에게 있다.

둘째, 주체와 객체는 별개의 것으로 생각할 수 없으며, 이 양자가 상호 연관을 지닌 참만남 속에서 자각이 가능하다.

셋째, 그리하여 인간은 정적인 존재가 아니라 의미 있는 전체로서 끊임없이 생성되고 변천되는 상태에 놓여 있다.

넷째, 인간은 언젠가는 죽을 수밖에 없는 존재라는 사실을 알고 있다. 즉 존재는 비존재를 수반하기 마련이므로 고립, 허무, 개인적 의미나 주체성의 상실, 소외를 의식하지 않을 수 없다.

다섯째, 이처럼 비존재에로의 위협을 느끼게 되는 것이 '정상적인' 불안과

TIP

적개심, 공격성의 조건이 된다. 실존 자체에 상실을 두려워하는 것을 '실존적 불안'이라고 한다. 실존적 불안은 현재 누리고 있는 안전상태를 상실하는 것과 새로이 나타날 잠재능력 간의 갈등 또한 내포한다.

여섯째, 인간의 자존감이란 타인이 자신을 평가해 주는 관점에 의거하여 형성되는 것은 아니다. 자존감은 물론 사회적 관련성 밑에서 어느 정도 형성될 수 있겠지만, 본질적으로 자존감은 자기정체감을 전제로 한다. 각 개인은 누구와도 비교될 수 없이 독자적이고 일회적이고 중요하다.

일곱째, 인간은 과거를 떨치고 일어나 즉각적인 상태에서 자신을 초월할 능력을 가지고 있다. 이와 같은 초월에의 능력이 있음으로 인하여 선택의 가능성이 열리기 때문이다.

2) 주요 개념

실존주의적 접근에 근거한 집단상담자들이 가정하는 실존적 불안이나 갈등을 야기하는 궁극적 관심사와 관련한 주요 개념으로 실존의 방식, 자유와 책임, 삶의 의미성, 죽음과 비존재, 진실성 등을 살펴보고자 한다.

(1) 실존의 방식

실존주의자들은 세계 내에서 실존의 방식을 확인하였다. 즉, 인간은 동시에 '주변세계(umwelt)', '공존세계(mitwelt)', '고유세계(eigenwelt)', '영적세계(uberwelt)'에 존재한다. 인간세계는 한 사람이 그 안에 존재하며, 일반적으로 알지 못하는 사이에 그것의 설계에 참여하는 의미 있는 관계구조다. 이러한 네 가지 양식의 세계를 살펴보면 다음과 같다. 첫째, 주변세계는 인간이 접하며 살아가는 환경 혹은 생물학적 세계를 의미한다. 모든 유기체는 주변세계를 갖는다. 동물과 인간에게 주변세계는 생물학적 욕구, 추동 및 본능을 포함한다. 실존분석가들은 자연세계의 현실을 받아들인다. 둘째, 공존세계는 인간이

> ▸ 실존주의자들은 세계 내에서 실존의 방식을 확인하였다. 즉, 인간은 동시에 '주변세계(umwelt)', '공존세계(mitwelt)', '고유세계(eigenwelt)', '영적세계(uberwelt)'에 존재한다.

TIP

사회적 존재로서 더불어 살아간다는 뜻으로 인간관계 영역에 관심을 두는 것을 의미한다. 개인은 타인과의 관계로서 이루어지는 공동체 세계에 존재한다. 성격이론의 대인관계학파는 주로 공존세계에 의지하며 대인관계로서의 사랑을 다루는데, 동무라는 단어의 의미에 관한 설리번의 개념과 소외된 현대사회에서 사랑의 어려움을 분석한 프롬의 개념에서는 특히 더 그러하다. 셋째, 고유세계이다. 실존의 방식으로서 고유세계는 자신의 세계이며 개인이 자신과 맺는 관계를 의미한다. 고유세계는 자각, 즉 자기관계성을 전제하고 있으며, 오로지 인간에게만 나타난다. 마지막으로 영적세계는 실존적 존재로서 인간 각자가 지닌 믿음이나 신념세계로 영적, 혹은 종교적 가치와의 관계를 의미한다. 이것은 세계에 대한 믿음의 중요성을 강조한 것으로 최근에 반 도이젠스미스(van Deurzen-smith, 1998)가 주장하였다. 이러한 믿음은 본질적으로 종교적, 혹은 영적이다. 영적세계는 이상적 세계이며, 개인이 세계가 되기를 원하는 방식이다. 주변세계는 개인에게 던져진 세계이며, 공존세계는 인간만이 갖는 대인관계이며, 고유세계는 자신의 세계이며, 영적세계는 세계에 대한 믿음을 의미한다. 이러한 실존의 방식에 따라 우리는 매 순간에 주변세계인 환경 내에서, 공존세계인 대인관계를 맺으면서, 고유세계인 자기자각을 하면서, 그리고 영적세계인 영적 가치를 믿으며 살아간다고 볼 수 있다. 집단상담자는 집단구성원의 어떤 존재 방식이 가장 문제인가를 파악하여 그를 조력하는 것이 필요하다.

(2) 자유와 책임

➤ 실존주의적 상담은 자유, 자기결정, 의지, 결단을 인간존재의 중심부에 둔다. 만약 의식과 자유가 인간으로부터 제거된다면 더 이상 인간으로서 존재하지 않는다. 왜냐하면 이것이 바로 인간에게 인간됨을 부여하는 능력이기 때문이다.

인간은 여러 선택 가운데 선택할 수 있는 자유를 가진 자아결정적인 존재이다. 인간은 근본적으로 자유롭기 때문에 삶의 방향을 지시하고 운명을 이루어 나가는 데 책임을 져야 한다. 실존주의적 상담은 자유, 자기결정, 의지, 결단을 인간존재의 중심부에 둔다. 만약 의식과 자유가 인간으로부터 제거된다면 더 이상 인간으로서 존재하지 않는다. 왜냐하면 이것이 바로 인간에게 인간됨을 부여하는 능력이기 때문이다(노안영, 2011).

우리는 어떤 주어진 환경 내에서 적어도 우리의 태도는 선택할 수 있다. 우

TIP

리는 우리가 선택한 것을 이루어 가는 자기결정적 존재다. 아마도 상담과 치료에서 중심이 되는 문제는 자유와 책임의 문제일 것이다. 이 핵심적인 실존적 주제는 우리가 우리 자신을 창조한다는 것이다. 선택으로 인해 우리는 우리 자신의 현재와 미래의 설계자가 된다. 사실상 우리는 운명적으로 스스로 택한 자유에 수반되는 불안에 처하게 된다. 실존주의자는 각 개인이 갖고 있는 자유와 책임에 대한 인식 없이는 상담과 치료의 기초를 발견할 수 없다. 상담자는 내담자들이 비록 그들 인생의 대부분을 선택하는 자유를 피하고 살아왔지만 선택을 시작할 수 있다는 것을 가르칠 필요가 있다(한기태 역, 1990)

(3) 삶의 의미성

삶의 중요성과 목적을 향한 노력은 인간의 독특한 특성이다. 우리는 개인의 의미와 정체감을 찾는다. 그리고 실존적 질문 등을 할 수 있다. 나는 누구인가? 어디에서 왜 왔는가? 내가 왜 여기에 있는가? 내 삶의 목적과 의미는 무엇인가? 실존주의자에 의하면 삶의 긍정적 의미는 삶 자체가 아니라 우리들이 그러한 의미를 창조하느냐에 달려 있다. 종종 의미 없고 모순되어 보이는 세상 속에서 우리는 이전에 도전하지 않았던 가치에 도전하고, 우리 자신의 새로운 국면을 발견하고 갈등과 모순에서 화해하려고 노력한다. 그리고 이런 일을 하는 가운데 우리는 세상 속에서 우리의 의미를 창조한다.

결실 있는 생활을 위한 인간의 진정한 노력에 바탕이 되는 동기는 의미를 가지려고 하는 의지다. 생활에서 의미를 발견하려고 하는 강렬한 내부의 욕망은 행동에 불을 댕겨 준다. 프랭클에 따르면, 이러한 욕망이 없거나 생활에 완전히 무관심한 태도를 가지는 것은 '실존적인 공허'다. 실존적 공허는 극단적인 권태, 불확실성 그리고 혼돈의 결과로 지속된다. 비록 이러한 것들이 정신적인 고통 중의 하나이긴 하지만 이런 것들로 인해 반드시 정신적인 질병이 생기는 것은 아니다. 이러한 고통은 자기의 행복과 능력에 대해서 최대의 관심을 갖게 하는 면도 있지만, 행동과 능력에 아주 중대한 방해가 되기도 한다. 공허를 극복하려는 동기가 충분히 생기게 되면 삶의 의미를 찾게 될 것이고

TIP

계속 그 의미를 추구하게 될 것이다. 또한 활동성과 생산성의 욕구도 발전하게 될 것이다. 이러한 추구는 긴장을 완화시키기보다는 오히려 증대시켜 줄 것이지만, 정신건강이란 긴장이 적절한 수준으로 유지될 때 가능한 것이기 때문에 오히려 좋은 일이다(이형득 외, 2002).

(4) 죽음과 비존재

> 실존철학의 가장 중요한 문제는 죽음이다. 인간은 미래의 언젠가 자신이 죽는다는 것을 스스로 자각 한다.

실존철학의 가장 중요한 문제는 죽음이다. 인간은 미래의 언젠가 자신이 죽는다는 것을 스스로 자각한다. 죽음은 나에게 엄습해 오는 기분 나쁜 무엇이다. 실존이 불가능하게 되는 가능성이기도 하다. 실존주의자들은 죽음을 부정적으로 보지 않는다. 인간의 현저한 특성 중의 하나는 미래의 개념과 죽음의 불가피성을 터득할 수 있다는 것이다. 점차적인 비존재의 인식이 존재에 의미를 준다. 왜냐하면 그것은 인간의 모든 행위에 의미를 부여하기 때문이다. 실존주의자들은 삶이 시간의 제한을 받기 때문에 의미를 가지고 있다고 주장한다. 만약 우리가 우리의 능력을 실현하기에 충분한 시간을 가지고 있다면 조급해할 필요가 없기 때문이다. 그러나 우리가 제한된 시간을 가지기 때문에 죽음은 우리에게 진지하게 생을 살아가도록 자극한다. 죽음의 불가피성은 생의 가능성을 제한한다. 현재는 귀중한 것이다. 왜냐하면 우리가 실제로 가진 전부이기 때문이다. 죽음에 대한 두려움과 생에 대한 두려움은 상호 관련되어 있다. 죽음에 대한 두려움은 두 팔을 벌려 생을 완전히 받아들이는 것을 두려워하는 우리 중의 어떤 이에게 불안스럽게 다가온다. 그러나 만약 가능한 한 현재의 생을 긍정하며 살아가도록 시도한다면 생의 종결에 사로잡히지는 않을 것이다.

(5) 진실성

> 진실한 존재로 있는 것은, 우리를 정의하고 긍정하는 데 필수적인 어떤 것이든지 한다는 것을 의미한다.

진실성은 개인이 인간의 실존을 있는 그대로 수용하고 책임을 지는 것을 의미한다. 진실한 존재로 있는 것은 우리를 정의하고 긍정하는 데 필수적인 어떤 것이든지 한다는 것을 의미한다. 개인은 진실한 실존 속에서 언젠가 일어나게 될 비존재의 가능성에 직접적으로 직면하게 되고 불확실성에 직면해서 결정하고 그에 대한 책임을 진다.

진실한 사람은 인간의 궁극적인 관심사와 관련하여 실존적 불안을 경험한다. 즉, 진실한 사람은 불안을 야기하는 실존적 위기를 경험한다. 여기서의 불안은 우리가 옳은 선택을 했는지 또 행위에의 용기를 아직 결정하지 못했는지를 전혀 모르는 불안이다. 비진실성에 관련한 개념이 죄책감이다. 실존적 죄책감은 우리가 불완전하고 잠재력을 완전하게 쓰지 못하고 있다는 것을 아는 것에서 온다. 궁극적으로 존재의 자각에 대한 상실은 심리적인 병이 된다(노안영, 2011).

3) 집단상담자의 역할과 기능

실존주의 집단상담자는 모든 집단구성원과 친밀한 관계를 형성하기 위해 최선을 다한다. 또한 집단을 이끄는 것이 강렬한 개인적 경험이라고 여기기 때문에 적극적이고 반영적인 책임감을 가지고 집단상담을 진행하며, 항상 모험하기를 생각하면서 그것을 시도한다. 또한 집단구성원의 궁극적 관심사를 자각하고 그것에 민감하게 반응한다. 실존주의 집단상담자는 전문가 역할을 취하지 않고 집단구성원과 함께 하는 인생의 동반자 역할을 취한다. 그리고 집단구성원이 느끼는 불안 및 불편한 감정을 생산적인 방법으로 사용해서 그가 더 깊은 자각에 이르도록 조력한다.

실존주의 집단상담자에서 집단구성원의 의미 있는 변화는 서로 간의 개인적 접촉 및 상호작용이 있을 때만 일어난다. 즉, Buber(1965)가 지적한 '나-그것'이 아니라 '나-당신'의 참만남에서 대화가 이루어질 때 변화가 일어난다. 실존주의 집단상담자의 주요한 역할은 집단구성원의 불일치적인 언행을 직면시키는 것이다. 더불어 자신이 실존적 존재로서 부딪혀 왔던 궁극적 관심사에 대한 본보기로서의 역할을 수행한다. 이러한 역할을 수행함으로써 집단구성원이 직면한 다양한 궁극적 관심사를 슬기롭게 해결할 수 있도록 노력한다(노안영,

TIP

➤ 실존주의 집단상담자는 모든 집단구성원과 친밀한 관계를 형성하기 위해 최선을 다한다. 또한 집단을 이끄는 것이 강렬한 개인적 경험이라고 여기기 때문에 적극적이고 반영적인 책임감을 가지고 집단상담을 진행하며, 항상 모험하기를 생각하면서 그것을 시도한다.

TIP

2011).

다른 집단상담과는 달리 실존주의는 특별한 기법을 쓰는 것보다는 내담자가 현재 순간을 경험하는 것에 더 강조점을 둔다. May(1983)는 이해하고 난 뒤에 기법을 사용하라고 주장하는데, 이 말은 상담자가 우선적으로 해야 할 것이 내담자와 함께 있고, 그들의 주관적 세계를 이해하는 것을 의미한다. 상담자의 기법에 관한 문제는 이해 그 다음의 문제이다. 과제는 내담자와 상담자 간의 상담적 만남을 통해 이루어지는 것이기 때문에, 이 상담에서 '적합한' 기법은 없다.

➤ 실존적 관점에서 상담이란 동료애이자 상담자와 내담자가 함께 하는 모험이다. 이러한 동료애를 발전시키기 위해, 상담자는 개인 대 개인 관계의 인간적 측면에 초점을 둔다.

실존적 관점에서 상담이란 동료애이자 상담자와 내담자가 함께 하는 모험이다. 이러한 동료애를 발전시키기 위해 상담자는 개인 대 개인 관계의 인간적 측면에 초점을 둔다. 실존적 관점에서 상담자는 치료 장면에 자신의 주관성을 가져와야 하며, 그들이 내담자들과 효과적인 상담관계를 발전시키려고 한다면 자신이 존재함을 증명할 필요가 있다. 실존적 상담자의 주된 역할은 치료적 관계를 만드는 것이며, 이는 변화가 관계 그 자체에서 나오기 때문이다. 상담자가 엄격하게 객관적이고 심리적으로 존재하지 않으며, 단순히 기술화된 비인격적인 기법가라면 변화를 위한 이러한 분위기는 성립되지 않는다(Corey, 2000).

실존주의 집단상담자는 여러 다른 치료법의 기법들을 자유롭게 쓴다.

van Deurzen-smith(1990)가 상담자의 역할에 대해 논의한 것을 보면, 실존치료는 기법을 쓰지 않는 것으로 잘 알려져 있다고 한다. 흙탕물 속에서 내담자와 함께 맞설 수 있도록 상담자가 자신의 삶을 좀 더 깊이 있고 개방적이게 하려는 것이 중요하다고 강조하며, 내담자가 깊은 문제들을 탐색할 때 내담자에게 하려는 것이 중요하다고 강조한다. 또한 내담자가 깊은 문제들을 탐색할 때 내담자에게 아주 유용한 상담자는 그들의 존재가 변화에 대해 주관적임을 말하는 것이라고 한다. 치료적 노력에서 집단의 내담자들과 상담자 모두 삶이 자신에게 영향을 주도록 한다면 아주 쉽게 변화할 수 있다(Corey, 2000).

집단에서 변화는 상담자와의 관계뿐만 아니라 다른 내담자들과의 관계에 의해서도 생겨난다. 따라서 상담자의 첫 번째 역할을 내담자들 간에 의미 있

TIP

는 관계를 만들도록 하는 것이다. 내담자들로 하여금 주된 실존적 관심사에 초점을 두도록 하거나 이 관심사들이 충분히 탐색될 수 있는 분위기를 만들어 주는 경우에 이러한 관계가 생겨날 수 있다. 따라서 치료관계는 공유된 문제점의 공통성에 기초해 생겨난다. 내담자들은 서로의 잠재력과 진솔하지 않은 행동을 직면하게 하고 자신의 마음의 문을 열도록 지지해 주게 된다.

상담자는 기법을 소개하는 것이 아니라 무엇인가를 함으로써, 그리고 이것보다는 누군가 그렇게 되려고 함으로써 집단의 분위기를 이끈다. Mullan (1978)은 집단상담자에 의한 도전이 어떻게 구성원들의 성격변화(사고, 감정, 행동의 변화를 포함한)를 가져오는지에 대해 말한다. 집단 회기는 내담자들이 세상을 보는 상투적인 방식을 뒤엎는 경우가 있다. 그들의 상태가 흔들릴 때, 그들은 자신을 직면하고 변화를 위한 더 나은 기회를 가진다(Corey, 2000).

4) 집단상담 목표

실존주의중심 집단상담자는 집단구성원이 충분히 진실한 삶을 영위하지 않았음을 인정하고 실존적 존재에 이를 수 있는 선택을 하도록 조력한다. Bugental (1990)이 제시한 세 가지 중요한 상담목표를 보면 다음과 같다. 첫째, 집단상담자는 집단구성원이 집단상담과정 그 자체에 충분히 참여하고 있지 않다는 것을 인식하도록, 그리고 이러한 삶의 패턴이 자신의 생활 속에서 그를 어떻게 제한할 수 있는가를 이해하도록 조력한다. 둘째, 집단상담자는 집단구성원이 오랫동안 회피해 왔던 불안에 직면하도록 지지해 준다. 셋째, 집단상담자는 집단구성원이 보다 진솔한 삶의 접촉을 이룰 수 있는 방법으로 자신과 자신의 세계를 재정의하도록 조력한다.

> 실존주의중심 집단상담자는 집단구성원이 충분히 진실한 삶을 영위하지 않았음을 인정하고 실존적 존재에 이를 수 있는 선택을 하도록 조력한다.

인간은 자기를 의식할 능력을 지니고 있다. 이것은 당면한 상황을 초월하고, 사고하고 선택하는 구별된 인간 활동의 기초를 형성한다. 인간은 자신에 대한 자각을 갖고 있다는 점에서 다른 동물과 구별된다. 인간은 자신의 존재를 객관적으로 재고할 수 있다. 사람이 자각을 확대하는 것은 삶을 충분히 경

TIP

> 실존주의중심 집단상담의 목표는 집단구성원 쪽에서 자기 존재의 본질에 대하여 각성하고 현재 자기가 경험하고 있는 정서적 장애의 원인이 자기 상실 내지 논리의 불합리성에 있다는 것을 각성하게 해 주는 데 있다.

> 실존주의중심 집단상담자는 기본적으로 집단구성원의 주관적인 세계를 이해하는 데 관심을 가져야 한다. 왜냐하면 사람들이 새로운 이해와 선택을 하도록 하기 위해서이다. 집단구성원이 겪은 과거 경험의 재생을 돕는 것이 아니라 현재의 인생 상황에 초점을 맞춘다.

험하는 능력을 증가시키는 것이다. 집단상담자는 집단구성원으로 하여금 자각을 통해 자신의 문제를 직시할 수 있도록 돕는다(노안영, 2011).

우리의 자각이 크면 클수록 자유의 가능성은 커진다. 인간 존재를 희생시키려는 힘이 아무리 강할지라도, 인간은 자신이 희생되고 있다는 것을 알 수 있는 능력을 가지고 있고, 자각에 의해 선택과 행위에 대한 자유와 연관된 책임을 인식하게 된다. 그러므로 우리는 자신의 운명에 대해 어떤 방식으로든 영향을 끼칠 능력을 가지고 있다.

실존주의중심 집단상담의 목표는 집단구성원 쪽에서 자기 존재의 본질에 대하여 각성하고 현재 자기가 경험하고 있는 정서적 장애의 원인이 자기 상실 내지 논리의 불합리성에 있다는 것을 각성하게 해 주는 데 있다. 또한 집단구성원이 비록 제한된 세계 내에서의 존재일망정 이 세상에 던져진 삶을 수동적으로 살아갈 것이 아니라 자기 나름대로의 주관을 가지고 능동적으로 삶의 방향을 선택하도록 도와주는 데 있다.

집단구성원이 자기의 세계를 수용함으로써 한계상황을 초월하도록 돕기 위해서 집단상담자는 집단구성원이 자신의 무한한 잠재능력을 깨닫고, 자기에게 주어진 선택과 책임을 통하여 자유를 향유해야만 그러한 초월이 가능함을 깨닫도록 인도한다. 그리고 집단구성원의 자각을 최대화함으로써 그가 삶의 의미와 목적을 스스로 발견하도록 돕고 자기 인생에 대한 확고한 방향 설정과 결단을 내리도록 도와주는 것에 그 목적을 둔다.

따라서 실존주의중심 집단상담자는 기본적으로 집단구성원의 주관적인 세계를 이해하는 데 관심을 가져야 한다. 왜냐하면 사람들이 새로운 이해와 선택을 하도록 하기 위해서이다. 집단구성원이 겪은 과거 경험의 재생을 돕는 것이 아니라 현재의 인생 상황에 초점을 맞춘다. 전형적인 실존치료자들은 그들이 사용하는 방법에서 넓은 폭을 보인다. 집단상담자는 특히 집단구성원이 회피하는 책임성에 관심을 가져야 하고, 개인적 책임성을 수용하도록 집단구성원을 초대해야 한다. 실존적 접근에 관심이 있는 집단상담자들은 흔히 위축된 실존이라고 부를 수 있는 사람들을 다룬다. 이런 집단상담자들은 그들 자신에 대한 인식에 제한점을 가지고 있다. 집단상담자의 주된 임무는 위축된 존재로 살아가는 방식을 가진 내담자와 직면하여 그들이 이런 상태를 만들어 내는 데 스스로 공헌하고 있음을 인식하도록 돕는 것이다(홍경자, 1988).

5) 집단상담과정

실존주의에 근거한 집단상담과정은 집단상담자와 집단구성원 간의 실존 대 실존의 관계를 바탕으로 집단구성원이 갖는 실존적 불안의 원천인 궁극적 관심사를 다루어 가는 것으로, 정형화된 과정이 있는 것은 아니다. 당신을 번뇌·고통·걱정에 빠지게 하는 궁극적 관심사는 무엇인가? 실존주의중심 집단상담에서는 집단구성원이 가지고 있는 문제가 실존의 궁극적 관심사에 관련되어 나타나는 것이라고 본다. Yalom(1980)은 "실존적 심리치료는 개인의 실존에서 비롯된 걱정에 초점을 둔 역동적 치료다."라고 정의하였다. 집단상담자는 궁극적 관심사에 대한 집단구성원의 자각이 어떻게 그의 심리적 문제와 관련되어 있는가를 파악하여 그를 조력한다(노안영, 2011).

실존주의 집단상담자들은 경우에 따라 정신분석적 기법을 활용하기도 하지만, 대체로 이들은 상담적인 면보다는 집단구성원의 문제 사례를 실존적 개념으로 분석하는 데 주안점을 두고 있다. 따라서 실존주의 집단상담과정에서는 인간의 실존적·정신적 본질에 주의를 기울인다. 이것은 실존주의적 상담에 대해서 광범위하고 철학적이며 융통성 있는 상담기술을 시사해 주고 있다. 다시 말하면 이러한 접근방법은 어떤 한 가지 기술로 제한되는 것이 아니라, 오히려 인간의 철학적·심리학적·정신적인 모든 영역에 관련되는 다양한 기술이 활용될 수 있다(노안영, 2011).

TIP

➤ 다시 말하면 이 접근방법은 어떤 한 가지 기술로 제한되는 것이 아니라, 오히려 인간의 철학적·심리학적·정신적인 모든 영역에 관련되는 다양한 기술이 활용될 수 있다

TIP

> 집단상담자는 집단구성원이 겪는 실존적 공허감이 그의 궁극적 관심사와 관련되어 있다는 전제에서 그러한 문제를 진솔하게 직면할 수 있도록 격려한다.

> 자유란 인간이 그 자신의 세계, 자신의 인생 설계, 자신의 선택과 행동에 책임이 있다는 사실을 말한다. 자유에 대한 이러한 실존적 견해에는 놀라운 함축적 의미가 있다.

6) 집단상담 기법

대부분의 실존주의중심 집단상담자들은 특별한 기법을 사용하거나 강조하지 않는다. 집단상담자와 집단구성원은 실존 대 실존의 인간적 만남을 바탕으로 집단구성원이 겪은 실존적 불안을 다룬다. 집단상담자는 집단구성원이 겪는 실존적 공허감이 그의 궁극적 관심사와 관련되어 있다는 전제에서 그러한 문제를 진솔하게 직면할 수 있도록 격려한다. 여기서는 대표적인 실존주의중심 집단상담자인 Yalom이 제안한 궁극적 관심사인 죽음, 자유, 고립, 무의미성에 대해 먼저 살펴보고 Frankl이 제안한 집단상담 기법으로 역설적 의도와 탈숙고에 대해 살펴보고자 한다(노안영, 2011).

(1) 죽음(death)

가장 분명하고 쉽게 직관적으로 알게 되는 관심사로, 우리는 이에 대해 공포를 가지고 반응한다. 실존적 관점에서 내적 갈등의 핵심은 불가피한 죽음에 대한 개인의 자각과 삶을 지속시키려는 동시적 소망 사이에 있다. 이 죽음에 대한 공포에 대처하기 위해 개인은 죽음 자각에 대항하는 방어를 곤두세운다. 그러한 방어는 불안에 기초하고, 이는 성격구조를 조성하며, 부적응적인 경우 임상적 증상을 일으킨다. 다시 말하면, 증상과 부적응적 성격구조는 죽음에 대한 개인적 공포에 그 원천을 두고 있다.

(2) 자유(freedom)

일상적 관점에서 자유는 긍정적 개념이지만 실존적 참조준거에서 자유란, 인간이 응집력 있는 거대한 설계를 지닌 구조화된 우주에 들어가지 못하고 결국 그곳에서 나오지도 못하는 것을 의미한다. 자유란 인간이 그 자신의 세계, 자신의 인생 설계, 자신의 선택과 행동에 책임이 있다는 사실을 말한다. 자유에 대한 이러한 실존적 견해에는 놀라운 함축적 의미가 있다. 하이데거와 사르트르가 주장했듯 우리가 자신과 자신의 세계를 창조하는 것이 사실이라면,

그것은 우리가 창조자로서 창조를 위한 어떤 객관적 근거를 가지고 있지 않다는 것을 뜻한다. 즉, 심연, 공허, 무(無)만이 있다. 내부의 중요한 역동적 갈등은 자유를 직면함으로써 생긴다. 갈등은 한편으로는 자유와 근거 없음에 대한 자각에서 생기며, 다른 한편으로는 근거와 구조에 대한 우리의 깊은 욕구와 소망에서 생긴다. 자유의 개념에는 책임과 의지의 측면을 수반한다. 사람들은 생활환경에 대한 그들의 책임을 기꺼이 수용하는 정도에 큰 차이가 있고, 책임을 거부하는 양식에서도 차이가 있다. 의지란 책임에서 행동으로 가는 통로다. 의지는 처음에는 소망하고 다음에는 결정하는 것이다. 자신의 소망을 제대로 파악하는 데 장애를 가진 사람도 있고, 명확히 표현된 소망을 결정하거나 선택하는 데 장애가 있는 사람도 있다.

(3) 고립(isolation)

개인 간의 고립은 자신과 타인 사이에 존재하는 심연을 말하고, 개인 내 고립은 우리가 자신의 부분들로부터 고립되어 있다는 사실을 말한다. 자기의 영역은 자각과 분리되어 있고, 심리치료의 목적은 개인이 자기의 분열된 부분을 재생하도록 돕는 것이다. 실존적 고립은 다른 개인이나 세계로부터의 근본적인 고립이다. 우리들 각각은 홀로 실존에 들어가야 하며 혼자서 그것에서 벗어나야 한다. 죽음에 직면하는 것보다 더 강하게 실존적 고립을 생각나게 하는 것은 없다. 죽음에 직면한 사람들은 반드시 갑작스럽게 고립을 자각하게 된다. 여기에서의 역동적 갈등은 근본적 고립에 대한 자각과 보호받고 싶은 소망 사이에, 그리고 더 큰 전체에 융화되고 그 부분이 되려는 소망 사이에 있다. 많은 대인 정신 병리의 기저에는 실존적 고립에 대한 두려움이 있다. 인간은 자신의 자아정계를 누그러뜨리고 다른 사람의 일부가 되면서 개인적 성장을 피하고 성장에 수반되는 고립감을 피한다. 사랑에 빠지는 것이나 강박적인 성욕도 무서운 고립에 대한 일반적인 반응이다.

TIP

➤ 실존적 고립은 다른 개인이나 세계로부터의 근본적인 고립이다. 우리들 각각은 홀로 실존에 들어가야 하며 혼자서 그것에서 벗어나야 한다. 죽음에 직면하는 것보다 더 강하게 실존적 고립을 생각나게 하는 것은 없다. 죽음에 직면한 사람들은 반드시 갑작스럽게 고립을 자각하게 된다.

TIP

(4) 무의미성(meaningglassness)

모든 인간이 죽어야 하고, 자신의 세계를 구축하고, 상이한 우주 안에서 혼자 있어야 한다면, 인생이 지닐 수 있는 의미는 무엇이고, 왜 사는지, 어떻게 살아야 하는지에 대한 의문을 갖게 된다. 이는 '자기창조적 삶의 의미는 자신의 인생을 지탱할 수 있을 만큼 충분히 튼튼한가?'하는 질문이다. 인간은 의미를 필요로 한다. 유형화되지 않은 세상에서 실존적 상황에 직면하면 개인은 대단히 불안정하게 되고, 존재의 패턴, 존재에 대한 설명, 존재의 의미를 찾는다. 또한 의미 도식에서 우리는 가치 위계를 만든다. 가치는 우리가 사는 이유와 사는 방법을 말해 준다.

(5) 역설적 의도(paradoxical intention)

공포나 불안을 가진 집단구성원은 특정 사건의 재발을 두려워한다. 사건에 대한 두려운 기대는 그에게 기대불안을 야기한다. 이러한 기대불안은 '지나친 주의(attention)'나 '지나친 의도(hyperintention)'의 원인이 된다. 지나친 주의나 의도는 그로 하여금 자기가 원하는 것을 하지 못하도록 한다. 이러한 과정을 자세히 살펴보면, 집단구성원 자신의 불안이 가져올 잠재적 효과에 대한 걱정이 '불안에 대한 불안'으로 나타난다. 그러므로 불안이나 공포의 자기유지적인 악순환이 되풀이된다. 결과적으로 '공포에 대한 공포'는 공포를 증가시키고, '불안에 대한 불안'은 불안을 증가시킨다. 예를 들어, 당신이 엘리베이터 안에 갇혀 공포에 질린 경험이 있다고 가정하자. 당신의 엘리베이터 공포증은 다시 그런 일이 일어나지 않을까 하는 공포(예기불안)를 갖게 한다. 당신이 엘리베이터를 타려고 할 때마다 그러한 예기불안은 지나친 주의나 의도적 원인이 된다. 결국 당신은 엘리베이터를 타지 못하고 층계를 이용하게 된다.

집단구성원이 '공포에 대한 공포'에 대해 나타내는 가장 일반적인 반응은 '공포로부터의 도피'다. 즉, 집단구성원은 자신에게 불안을 야기하곤 했던 상황을 피하려고 한다. 의미치료는 이러한 공포나 기대불안에 초점을 맞추는 방법으로 '공포에 대한 공포'는 '공포로부터의 도피'를 유도한다는 것을 가르친다. 집단구성원이 이러한 악순환으로부터 탈피하도록 하기 위해서는 불안이나 공포로부터 도피하는 것이 아니라 직면하도록 해야 한다. 즉, 역설적인 의도는 집단구성원이 두려워하는 그 일 자체를 하도록 하거나 일어나기를 소망하도록 촉진하는 과정이라고 정의할 수 있다.

집단상담자는 집단구성원이 두려워하는 그 일 자체를 하도록 하거나 일어나기를 소망하도록 격려함으로써 의도와 반대되는 결과를 생성하게 한다. 집단상담자는 집단구성원의 의도와 정반대인 불안을 야기하는 상황에 그를 직면하게 함으로써 공포증의 악순환에서 이탈하게 한다. 집단구성원은 역설적 의도를 통해 그가 두려워하는 것은 두려움 그 자체라는 것을 배우게 된다. 즉, 역설적 의도를 통해 공포증의 돛에서 바람을 제거함으로써 공포의 악순환을 막는다.

(6) 탈숙고(dereflection)

이 기법은 '지나친 의도'처럼 '지나친 숙고(hyperreflection)'로 인한 기대불안의 악순환에서 벗어나게 하기 위해 사용된다. 프랭클이 소개한 다음의 이야기는 당신에게 지나친 주의나 숙고가 의미하는 바를 깨닫게 할 것이다. "지네가 있었는데 그의 적이 지네에게 '너의 다리들이 어떤 순서로 움직이는가?'라고 물었다. 지네가 그러한 질문에 주의를 기울였을 때, 지네는 전혀 움직일 수가 없었다."(Frankl, 1988) 당신이 가진 문제에 대한 지나친 숙고는 당신의 자발성과 활동성에 방해가 된다. 탈숙고는 지나친 숙고를 상쇄시킴으로써 당신의 자발성과 활동성을 회복시켜 준다.

TIP

➤ '지나친 의도'처럼 '지나친 숙고(hyperreflection)'로 인한 기대불안의 악순환에서 벗어나게 하기 위해 사용된다.

요약

✓ Rogers는 "경험은 나에게 최고의 권위다."라고 말하였다. Rogers는 가치 덩어리인 당신이 경험을 통해 자기실현 경향성을 발현할 수 있다고 본다. 심리적으로 건강한 사람은 모든 경험에 개방되어 자기에 대한 가치화 과정을 이루어 간다.

✓ 인간중심 접근에서는 상담자의 가장 중요한 역할이 집단 내에서 생산적이고 상담적인 분위기를 만드는 것이므로 기법보다 상담자의 인간적인 자질을 더욱 강조한다.

✓ 실현화 경향성은 사람이나 동물뿐만 아니라 살아 있는 모든 것에서 볼 수 있다. 모든 생명을 묘사함에 있어, Rogers는 유기체가 극단적으로 적대적인 조건하에서 생존하게 할 뿐만 아니라 적응하고 발달하고, 성장하도록 하는 저항할 수 없는 힘을 일컬어 '생의 집착' 및 '생의 추진력'이라고 표현하였다.

✓ 가치의 조건화는 주로 눈에 보이는 아동의 행동, 즉 외적 준거에 따라 아동을 평가하는 데서 비롯된 것이다. 이러한 평가로 인해 아동은 의미 있는 대상으로부터 긍정적 자기존중을 받기 위해 자신의 의지와 관계없이 겉으로 최선을 다하는 꼴이 된다.

✓ 집단상담자는 Rogers가 제안한 상담자의 필요충분적인 태도인 진솔성, 무조건적 긍정적 존중 그리고 공감적 이해를 적용하여 집단구성원을 조력하는 역할을 수행한다. 이런 점에서 인간중심 집단상담자는 주로 계획된 절차나 어떤 상담기법을 적용하기보다는 집단구성원이 스스로 경험을 통해 자신의 변화를 주도해갈 수 있도록 조력하는 참여적 촉진자 역할을 한다.

✓ 인간중심적 집단상담은 인간이 자신의 잠재력을 실현해가는 경향에 대한 기본적인 신뢰를 기초로 하고 있다. 즉, 스스로 건설적인 방향으로 움직여 갈 수 있는 가능성을 가진 집단능력에 대한 깊이 있는 신뢰를 바탕으로 하고 있다.

✓ 공감을 받는 사람은 다른 사람과 심리·정서적으로 연결되어 있다고 느끼기 때문에 공감은 소외를 해결해 준다. 더 나아가 공감을 받는 사람들은 자신이 존중되고, 관심을 받고, 자신들 체제로서 수용된다는 것을 안다.

✓ Perls가 발전시킨 실존주의 치료의 한 형태인 Gestalt 치료는 개인이 인생에서 자신만의 길을 찾아내고 책임능력을 받아들여야 한다는 전제에 바탕을 두고 있다. 인간은 경험하는 유기체로서 자신의 사고·감정·행동을 통해 내적으로, 그리고 외적으로 야기되는 사건과 접촉하며 살아간다.

✓ Gestalt 상담의 주요한 공헌점의 하나는 지금-여기에 대한 강조이며, 현재의 순간을 완벽하게 이해하고 경험하며 음미하는 것을 배우도록 강조한 점이다. 과거에 초점을 두는 것은 현재의 경험과 만나는 것을 피하려는 방법의 하나로 간주된다.

✓ 미해결 과제나 표현되지 않은 정서가 지금 상황에서 지각되거나 다루어지지 않는다면 그것은 현재의 자각과 효과적인 기능을 계속 방해한다. 이러한 미해결 과제는 기본적으로 해결을 추구한다.

- ✓ 외파층에 접촉하면 가짜 역할과 위장에서 해방되어 자신이 아닌 존재를 가장함으로써 묶어 두었던 많은 에너지를 방출한다. 생기 있고 진실해지기 위해서는 고통, 기쁨, 분노, 슬픔, 성욕으로 외파하여 에너지를 방출할 필요가 있다.

- ✓ 융합은 사람들이 자신의 의견을 말하거나 자신을 표현하는 것을 어렵게 한다. 이렇게 되면 진정한 의미와 접촉은 일어날 수 없다. 융합으로 인하여 경계를 갖지 못할 때, 개체는 자신의 욕구와 감정을 제대로 해소할 수가 없고 따라서 그러한 삶은 미해결 과제를 축적시킨다.

- ✓ 상담자는 참여자에게 나타나는 생명현상의 흐름을 따라가면서 진행되어야 한다. 즉, 상담자는 참여자로 하여금 스스로 문제를 발견하게 하고, 탐색과 실험을 통하여 스스로 문제를 해결해 나가도록 도와주어야 한다.

- ✓ Gestalt 집단상담자는 집단구성원이 환경지지를 버리거나 탈피하고 자신의 삶을 책임지는 자기지지에 의해서 살아가도록 조력한다. 당신의 모든 실제적 행위에 대한 책임은 당신에게 있다는 것을 강조한다. 당신이 인지적으로 고려하는 모든 생각에 대한 책임 역시 당신에게 있다는 것을 강조한다.

- ✓ 시연 기법은 집단구성원이 고요히 생각하고 있는 것을 큰 소리로 말하도록 초대한다. 또한 집단구성원이 행동하는 데 있어서 많은 제약과 검열을 할 때, 그들이 어떤 효과를 위해 조심스럽게 타진하고 있는 것처럼 보일 때 가치가 있다.

- ✓ 상상은 부끄러움과 죄책감을 표현하고, 탐색하는데 이용할 수 있다. 집단상담자는 집단구성원으로 하여금 "나는 비밀이 하나 있어요."라고 속으로 생각하면서 잘 지켜진 비밀에 대해 상상해 보도록 한다. 그들은 집단에서 실제로 비밀을 폭로하는 것이 아니라 타인에게 그 비밀이 노출된 것을 스스로 상상하고 나서 그에 대한 느낌을 탐색한다.

- ✓ 역전기법은 집단을 고의로 방해하고 독점자의 역할을 하기 위해 거의 아무 말도 하지 않는 사람에게 적용할 수 있다. 열등감을 느끼고 있는 사람에게 우월한 사람의 역할을 하도록 하며, 모든 사람에게 예의를 깍듯이 차리는 사람에게는 각 집단참가자에게 부정적인 말을 하도록 한다.

- ✓ 인간은 언젠가는 죽을 수밖에 없는 존재라는 사실을 알고 있다. 즉 존재는 비존재를 수반하기 마련이므로 고립, 허무, 개인적 의미나 주체성의 상실, 소외를 의식하지 않을 수 없다.

- ✓ 실존주의자들은 세계 내에서 실존의 방식을 확인하였다. 즉, 인간은 동시에 '주변세계(umwelt)', '공존세계(mitwelt)', '고유세계(eigenwelt)', '영적세계(uberwelt)'에 존재한다. 인간세계는 한 사람이 그 안에 존재하며, 일반적으로 알지 못하는 사이에 그것의 설계에 참여하는 의미 있는 관계구조다.

✓ 인간은 여러 선택 가운데 선택할 수 있는 자유를 가진 자아결정적인 존재이다. 인간은 근본적으로 자유롭기 때문에 삶의 방향을 지시하고 운명을 이루어 나가는 데 책임을 져야 한다. 실존주의적 상담은 자유, 자기결정, 의지, 결단을 인간존재의 중심부에 둔다.

✓ 실존적 공허는 극단적인 권태, 불확실성 그리고 혼돈의 결과로 지속된다. 비록 이러한 것들이 정신적인 고통 중의 하나이긴 하지만 이런 것들로 인해 반드시 정신적인 질병이 생기는 것은 아니다. 이러한 고통은 자기의 행복과 능력에 대해서 최대의 관심을 갖게 하는 면도 있지만, 행동과 능력에 아주 중대한 방해가 되기도 한다.

✓ 실존주의 집단상담자는 전문가 역할을 취하지 않고 집단구성원과 함께 하는 인생의 동반자 역할을 취한다. 그리고 집단구성원이 느끼는 불안 및 불편한 감정을 생산적인 방법으로 사용해서 그가 더 깊은 자각에 이르도록 조력한다.

✓ 실존적 관점에서 상담자는 치료 장면에 자신의 주관성을 가져와야 하며, 그들이 내담자들과 효과적인 상담관계를 발전시키려고 한다면 자신이 존재함을 증명할 필요가 있다.

✓ 집단구성원이 자기의 세계를 수용함으로써 한계상황을 초월하도록 돕기 위해서 집단상담자는 집단구성원이 자신의 무한한 잠재능력을 깨닫고, 자기에게 주어진 선택과 책임을 통하여 자유를 향유해야만 그러한 초월이 가능함을 깨닫도록 인도한다.

✓ 모든 인간이 죽어야 하고, 자신의 세계를 구축하고, 상이한 우주 안에서 혼자 있어야 한다면, 인생이 지닐 수 있는 의미는 무엇이고, 왜 사는지, 어떻게 살아야 하는지에 대한 의문을 갖게 된다.

✓ 집단상담자는 집단구성원이 두려워하는 그 일 자체를 하도록 하거나 일어나기를 소망하도록 격려함으로써 의도와 반대되는 결과를 생성하게 한다. 집단상담자는 집단구성원의 의도와 정반대인 불안을 야기하는 상황에 그를 직면하게 함으로써 공포증의 악순환에서 이탈하게 한다.

- 인간중심 상담에 대해서 설명해 보시오.

- 인간중심 상담의 주요 개념에 대하여 설명해 보시오.

- 인간중심 상담의 기법에 대하여 설명해 보시오.

- Gestalt 상담에 대하여 설명해 보시오.

- Gestalt 상담의 주요 개념에 대하여 설명해 보시오.

- Gestalt 상담의 기법에 대하여 설명해 보시오.

- 실증주의 상담에 대하여 설명해 보시오.

- 실증주의 상담의 주요 개념에 대하여 설명해 보시오.

- 실증주의 상담의 기법에 대하여 설명해 보시오.

Chapter 09

집단상담의 이론과 기법(3)

1 교류분석에 근거한 집단상담

1) 기본 원리

교류분석(Transactional Analysis : TA)은 Freud의 정신분석학에 근거하여, 1957년 미국의 정신과 의사인 Eric Berne에 의해 창안된 인간의 교류나 행동을 이해하는 이론체계이며, 또한 이 이론모형에 따라 실시하는 일종의 심리치료요법이다.

교류분석은 인간관계를 분석하는 것으로 인간행동의 이면에 숨겨져서 그 행동에 동기를 부여하는 숨겨진 배경들과 그 배경들이 나타내는 과정들을 분석한다는 뜻이다. 국제교류분석학회(ITTA)에서는 교류분석을 "개인의 성장과 변화를 위한 체계적인 심리치료법이며 성격이론이다."라고 정의하였다. 이러한 교류분석의 기저에는 첫째, 이론적인 평이성이 있다. 둘째, 사람들의 긍정성을 적극적으로 확인하는 가치체계 위에 기초한다. 셋째, 사람들은 자신의 능력을 결단하며 그 결단은 변화를 가능하게 한다. 넷째, 사고와 감정은 행동의 세 차원을 조화롭게 통합한다는 네 가지 철학적 가정이 담겨져 있다(우재현, 1995). Berne은 "인간은 환경과 경험에 의해서 이미 형성되어 있는 자기의 행동양식을 이해할 수 있고, 이것을 다시 변경시킬 수 있다."고 생각하였다. 따라서 교류분석은 특성적인 자아상태가 어떤 것이며, 이것이 다른 사람과의 교류에서 어떻게 작용하고 어떤 유형의 교류를 작용하고 있으며, 이것으로 인

TIP

➢ 교류분석(Transactional Analysis : TA)은 Freud의 정신분석학에 근거하여, 1957년 미국의 정신과 의사인 Eric Berne에 의해 창안된 인간의 교류나 행동을 이해하는 이론체계이며, 또한 이 이론모형에 따라 실시하는 일종의 심리치료요법이다.

하여 일어나고 있는 문제점이 무엇인가를 분석해 보는 것이다.

2) 주요 개념

(1) 세 가지 자아

Berne은 모든 개인이 서로 관련은 있지만 각자 분리되어 있는 세 가지 자아상태, 즉 부모, 어른, 어린이를 지니고 있다고 생각하였다. 부모(Parent : P), 어른(Adult : A), 어린이(Child : C) 자아상태는 서로 구별되는 몸짓, 버릇, 억양, 말의 내용 등을 지니고 있다. 때에 따라서는 어느 한 자아상태가 개인을 책임지며 겉으로 드러나는 성격이 된다.

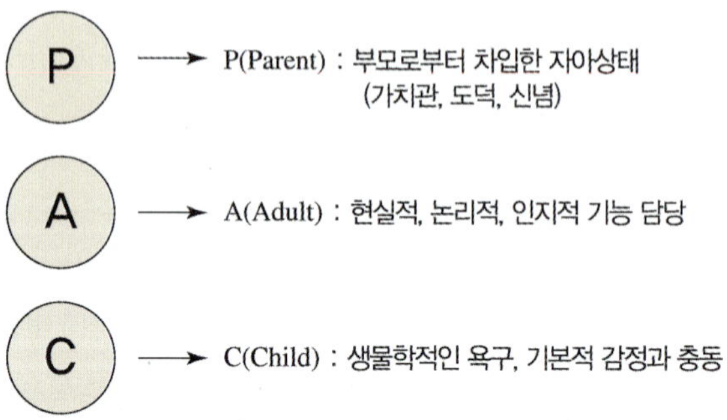

그림 9-1 교류분석에서의 세 가지 자아

▷▶ 출처 : 연미희·김진숙(2009). 부모교육이론과 실제. 서울: 동문사.

TIP

➤ 부모자아상태(P)는 어렸을 때 부모가 한 것과 유사한 방식으로 느끼고 말하며 행동한다. 부모자아상태의 행동은 정신분석학자들이 말하는 양심(super ego)을 발휘할 때와 비슷하다.

부모자아상태(P)는 어렸을 때 부모가 한 것과 유사한 방식으로 느끼고 말하며 행동한다. 부모자아상태의 행동은 정신분석학자들이 말하는 양심(super ego)을 발휘할 때와 비슷하다. 아이는 자신의 부모자아상태 속에 아버지와 어머니의 부모자아상태에서 오는 명령이나 규칙을 내면화할 뿐만 아니라 아버지와 어머니 둘 사이의 모순을 내면화 한다. 정상적인 성장과 발달에서 아동이 학교에 갈

무렵이면 부모자아상태의 대부분이 형성되리라는 것을 예상할 수 있다.

어른자아상태(A)는 정보의 조정자, 교사, 평가자 역할을 하는 부분이다. 이는 전체 자아체계에 관해 결정을 내리는 통제기관으로 비유할 수 있는데, 이것은 정신분석학의 자아의 역할과 비슷하다. 그런 역할로 인해 어른자아상태는 어린이, 부모자아상태의 감정을 평가하기는 하지만 감정 자체는 결핍되어 있다. 어른자아상태는 지적이고 현실을 검증하며 확률을 평가하고 체계화되어 있으면서 적응능력을 지니고 있다.

어린이자아상태(C)는 인간개체 내에서 자연히 나타나는 모든 충동과 감정들, 그리고 그의 생의 초기에 경험하는 상황들에서 느끼게 된 감정들과 그러한 감정에 대한 그의 반응양식들로 구성된다. 출생 후부터 5세경까지의 외적 상황들(주로 부모와 관련된)에 대한 감정적 반응으로서 외적 상황에 대한 그 어린아이의 감정적 반응체제가 내면화된 것이다. 따라서 이것은 일종의 생활에 대한 감정적 개념이라 할 수 있다. 어린이자아상태는 기쁨, 창조성, 매력, 자발성 등으로 특징지을 수 있다. 개인에게서 진정으로 즐길 수 있는 유일한 부분이므로 정상적인 생활기능에 중요한 역할을 한다.

(2) 인간행동의 동기

Berne은 인간행동의 동기로서 기본적인 생리적 욕구 외에도 자극의 욕구, 구조의 욕구, 자세의 욕구와 같은 심리적 욕구들을 가정하였다.

자극의 욕구는 일차적인 욕구로 일종의 인정의 욕구이다. 이 욕구의 충족은 인정자극을 통해서 이루어지는데 인정자극이란 신체적 접촉이든 대화의 형식이든 한 사람이 다른 사람에게 주어지는 인정의 한 형태이다. 대부분의 인간행동은 이러한 인정자극을 받고자 하는 욕구에서 일어난다.

구조의 욕구는 한 개인이 필요로 하는 인정자극을 받을 가능성을 높이기 위해 그의 생활을 조직하고자 하는 욕구이다. 예를 들면 '다른 사람을 어떻게 대하고 오늘 하루를 어떻게 보낼 것인가' 하는 등의 문제를 야기하는 이차적 욕구를 말한다.

TIP

> 어른자아상태(A)는 정보의 조정자, 교사, 평가자 역할을 하는 부분이다. 이는 전체 자아체계에 관해 결정을 내리는 통제기관으로 비유할 수 있는데, 이것은 정신분석학의 자아의 역할과 비슷하다.

> 어린이자아상태(C)는 인간개체 내에서 자연히 나타나는 모든 충동과 감정들, 그리고 그의 생의 초기에 경험하는 상황들에서 느끼게 된 감정들과 그러한 감정에 대한 그의 반응양식들로 구성된다.

TIP

▶ 자기긍정과 타인긍정은 교류분석 목표로 하는 이상적인 태도이다. 이 태도는 사람이 성장하는 과정에서 필연적으로 도달하는 상태가 아니고, 평생을 두고 스스로 인생체험 특히 인생고를 통하여 인생의 진실에 개안하려는 끊임없는 자기 수련에 의하여 획득되는 것이다.

자세의 욕구는 개인이 전 생애를 통해서 어떤 확고한 삶의 자세를 갖고자 하는 욕구이다. 이러한 욕구는 개인의 생활자세를 형성하게 되는데, 주로 5세까지의 경험을 통해 자기 자신의 가치에 대한 정착된 관념에 의해서 성장한 후 그 사람 성격의 부분이 되는 어떤 특징 있는 방법으로 행동이나 반응하는 것을 결심하게 된다. 교류분석은 타인에 대해 취하게 되는 네 가지 가능한 생활자세로 분류하고 있다.

① 자기긍정–타인긍정(I'm OK–You're OK)

자기긍정과 타인긍정은 교류분석 목표로 하는 이상적인 태도이다. 이 태도는 사람이 성장하는 과정에서 필연적으로 도달하는 상태가 아니고, 평생을 두고 스스로 인생체험 특히 인생고를 통하여 인생의 진실에 개안하려는 끊임없는 자기 수련에 의하여 획득되는 것이다.

② 자기부정–타인긍정(I'm not OK–You're OK)

자기부정과 타인긍정은 자기 자신을 비하하거나 열등감에 젖어 번민하고 우울해 하는 사람이 취하는 태도이다. 타인에 비해 자신이 무능하다고 생각하고 타인의 행동을 모방하고 생각을 따르는 행동을 한다.

③ 자기긍정–타인부정(I'm OK–You're not OK)

자기긍정과 타인부정 입장에선 사람은 자신만이 옳다고 주장하고 다른 사람을 멸시하거나 동기를 의심하는 사람이다. 따라서 자신의 행동에 자신감은 있으나 스스로에 대해서 객관적이지 못하다.

④ 자기부정–타인부정(I'm not OK–You're not OK)

자기부정–타인부정에서 인생은 무가치하고 아무런 좋은 일이 없다고 느끼는 허무주의적인 태도이다. 이런 사람은 타인과의 접촉을 거부하고 교류하려고 노력하지도 않고 폐쇄적이다.

TIP

3) 집단상담자의 역할과 기능

교류분석에서 집단상담자와 집단구성원과의 관계는 반드시 신뢰에 기초해야 한다. 집단상담자는 집단구성원으로 하여금 자신이 변화시키고자 하는 것을 구체적으로 정의할 수 있도록 돕는다. 계약을 할 때 상담자는 도움을 주는 사람이기는 하지만 단지 변화를 촉진하며 전문지식을 빌려주고 가르치는 역할을 담당해야 한다. 집단상담자의 진정한 임무는 '집단구성원 자신의 힘'을 발견하도록 하는 것이다.

4) 집단상담 목표

TA는 개인이 자신의 생활자세에 대한 초기의 결단을 따름으로써 선택의 자유가 얼마나 제약되었는지를 각성하고 헛된 결정론적 생활방식을 수정·보완하게 하는 목표를 가진다(김형태, 2008). TA상담은 자율성을 갖게 하며, 자율성이란 과거의 경험이 자신의 성격에 어떤 영향을 미쳤는가에 상관없이 현재 자신의 행동과 생활양식을 보다 적절한 것으로 다시 선택하고 결정하는 것을 의미한다.

> TA는 개인이 자신의 생활자세에 대한 초기의 결단을 따름으로써 선택의 자유가 얼마나 제약되었는지를 각성하고 헛된 결정론적 생활방식을 수정·보완하게 하는 목표를 가진다.

5) 집단상담과정

교류분석 상담의 과정은 계약, 구조분석, 교류패턴분석, 게임분석, 각본분석, 재결단의 여섯 가지 단계를 거치게 된다.

> 교류분석 상담의 과정은 계약, 구조분석, 교류패턴분석, 게임분석, 각본분석, 재결단의 여섯 가지 단계를 거치게 된다.

첫 번째 단계인 계약은 상담의 핵심이며, 상담관계의 기초이다. 관계 형성 또는 상담구조화를 하고 상담목표를 달성하기 위하여 상담계약을 맺으며, 계약내용에는 목표가 이루어졌는지를 결정하는 기준이 들어 있어야 한다.

두 번째 단계인 구조분석은 자신의 부모자아, 성인자아, 아동자아의 내용이나 기능을 인식하는 방법이다.

TIP

세 번째 단계인 교류패턴분석은 내담자가 다른 사람과 어떤 교류를 하고 있는지를 알아보는 것이다. 먼저 교류의 의미와 유형을 내담자에게 이해시키고, 내담자와 의미 있는 관계를 가진 사람들과의 교류를 분석하여 이 교류에서 내담자가 어떤 스트로크(쓰다듬기)를 받고 있는지를 확인한다. 또한 내담자의 문제행동과 관련된 교류를 찾아내서 분석하고 장애를 제거하여 원활한 교류가 가능할 수 있도록 돕는다.

네 번째 단계인 게임분석은 교류패턴 중이면 교류를 구체적인 게임의 종류 및 라켓과 관련지어 분석하는 것이다. 여기서는 먼저 게임과 게임의 종류 그리고 라켓에 대해서 내담자를 이해시킨 후 자신의 게임을 발견하게 하고 그것에서 벗어날 수 있도록 돕는다.

다섯 번째 단계인 각본분석은 내담자의 문제행동과 관련된 각본을 찾아 재결단할 수 있도록 도와줌으로써 내담자가 자율적인 삶을 살아가도록 하는데 목적이 있다. 이를 위해서 먼저 금지령과 초기결단의 의미와 종류를 내담자에게 인식시킨 후 내담자와 관련된 금지령을 찾아 분석하는 것이 필요하다. 다음으로는 내담자의 인생태도를 분석하고, 각본분석을 통해 내담자의 각본을 확인시킨 후 대항각본을 형성하도록 도우면 된다.

마지막 단계인 재결단은 금지령에 따른 초기결단을 재결단시키는 것이다. 그러나 결단 후에 다시 원래대로 되돌아갈 가능성이 크므로 상담자는 계약을 통해 내담자가 재결단한대로 살아갈 수 있도록 도와야 한다.

6) 집단상담 기법

(1) 계약

상담관계의 기초로 상담의 목적을 구체적으로 진술한 것을 표함하며, 상담목표를 달성하기 위하여 상담계약을 맺는다.

(2) 구조분석

자신의 부모자아, 성인자아, 아동자아의 내용이나 기능을 인식하는 방법으로 내담자들은 자아상태의 내용과 기능에 관해서 학습하고 사려 깊고 정확한 자기관찰자가 되는 방법을 배운다.

(3) 의사교류 분석

다른 사람과의 의사교류과정에서 어떤 자아상태가 관여하여 작용하고 있으며, 어떤 유형의 의사교류를 하고 있는지를 확인하여 그러한 의사교류가 의사소통이나 인간관계의 과정에서 일으키고 있는 문제점이 무엇인지를 분석하고 확인하여 문제해결을 돕고자 하는 것이다.

① 상보적 교류 : 평행적 교류로 자극이 지향하는 자아상태로부터 반응이 나오며 자극을 보냈던 자아상태로 반응이 다시 보내어진다(예 : 대화 시, 어른자아상태 ↔ 어른자아상태). 대화가 중단되지 않고 계속될 수 있다.

② 교차적 교류 : 대답하는 사람의 반응이 말한 사람의 자아상태와는 다른 자아상태에서 주어질 때 나타난다(예 : 어른자아상태 ↔ 부모자아상태). 교차적 교류일 경우 의사소통은 중단될 가능성이 높아진다.

③ 암시적 교류 : 이중 메시지를 주며, 사회적 수준과 심리적 수준의 두 가지 의사소통을 포함하며, 항상 두 가지 이상의 자아상태와 관련된다. 심리적 메시지는 일반적으로 얼굴표정, 자세, 몸짓을 통해 비언어적으로 전달, 사람들이 게임을 하도록 유도하기도 한다.

(4) 게임분석

암시적 의사거래를 구체적인 게임의 종류 및 만성부정 감정의 유형과 관련지어 분석하는 것으로, 게임과 만성부정 감정의 분석은 타인과의 교류를 이해하는 데 중요하다.

어떠한 게임이든 게임 속에는 진짜 동기나 목적이 숨겨져 있으며, 적어도

TIP

➤ 의사교류 분석
다른 사람과의 의사교류 과정에서 어떤 자아상태가 관여하여 작용하고 있으며, 어떤 유형의 의사교류를 하고 있는지를 확인하여 그러한 의사교류가 의사소통이나 인간관계의 과정에서 일으키고 있는 문제점이 무엇인지를 분석하고 확인하여 문제해결을 돕고자 하는 것이다.

➤ 게임분석
암시적 의사거래를 구체적인 게임의 종류 및 만성부정 감정의 유형과 관련 지어 분석하는 것으로, 게임과 만성부정 감정의 분석은 타인과의 교류를 이해하는 데 중요하다.

TIP

➢ 스트로크(쓰다듬기)
자극을 주는 '주목의 단위'라고 정의한다. 모든 인간의 사회적 상호작용의 기본 동기이며, 건전하게 기능하는 데 꼭 필요하다.

어느 한쪽이 상처를 입어 '희생'으로 끝난다. 게임을 하는 사람은 스스로 게임을 한다는 사실을 의식하지 못하며, 이중적이고 암시적인 의사거래를 하게 된다. 겉으로는 친밀감을 주는 것처럼 보일 수도 있지만 사실은 참여하는 사람들 사이에 거리감을 조성하며 친밀성을 방해한다.

(5) 각본분석

내담자의 생활양식을 확인하는 상담과정의 한 부분이다.

(6) 스트로크(쓰다듬기)

자극을 주는 '주목의 단위'라고 정의한다. 모든 인간의 사회적 상호작용의 기본 동기이며, 건전하게 기능하는 데 꼭 필요하다. 인간은 인정이 필요하며 인정을 받기 위해 스트로크를 교환하며, 긍정적 스크로크는 애정과 칭찬을 말로 표현하거나 만져 주거나 표정이나 몸짓으로 표현하는 것, 경청해 주는 것과 같은 것으로 가장 바람직한 것이다. 아동에게는 조건적인 긍정적 스트로크(예 : 말을 잘 들으면 과자 사줄게)와 무조건적인 긍정적 스트로크(예 : 어쨌든 나는 너를 사랑해)가 모두 필요하다. 관심부족, 걷어차기, 미워하기 등과 같은 부정적 스트로크는 'You're not OK'의 메시지를 보낸다. 유지 스트로크(중간단계)는 말하는 사람에게 인정을 해줌으로써 교류는 유지하되 긍정적이지도 부정적이지도 않다.

(7) 시간 구성

사람들은 스트로크(쓰다듬기)를 받기 위해 철수, 의례, 소일, 활동, 게임, 친밀성과 같은 방법으로 시간을 구성한다.

① 철수(회피) : 신체적, 혹은 심리적으로 타인과 멀리하고 대인관계를 떠나 혼자서 보내는 것

② 의례 : 유지하기 스트로크를 하는 것(서로의 존재를 인정하지만 누구와

TIP

도 친밀하지는 않게 정형화된 시간을 보낼 수 있음)

③ 소일 : 일종의 잡담시간

④ 활동 : 두 사람 이상의 사람들이 '일'을 하는 것으로 해석, 즉 함께 사업을 하거나 '함께 주말계획을 짜는 것' 등

⑤ 게임 : 겉으로 하는 행동과는 달리 속에 숨은 의도와 동기를 갖고 교류하는 사람들에게서 볼 수 있는 시간구조의 한 방법

⑥ 친밀성 : 서로 신뢰롭고 애정 어린 관계 속에서 솔직하고 개방적인 태도로 생각, 감정, 경험 등을 함께 나누는 방법

(8) 결정 및 재결정

초기 결정은 바뀔 수 없는 것이 아니다. 따라서 초기 결정을 바꾸려면 초기 결정을 했던 아동기 장면으로 돌아가서 그때 느꼈던 감정을 그대로 느끼고 경험해서 아동자아상태에서 새로운 결정을 하도록 해야 한다. 재결정을 하게 되면 새로운 행동을 연습할 수 있도록 실험을 계획해야 한다.

2. 현실치료에 근거한 집단상담

1) 기본 원리

미국의 William Glasser에 의해 개발된 현실치료(Reality Therapy)는 현재 시점을 중요하게 생각하고 사람들의 생각과 행동에 변화를 유도하여 더 나은 삶을 살 수 있도록 돕는 상담기법이다. 사람들이 타인에게 해가 되지 않으면서 자신의 행복 수준을 향상시키고 욕구(needs)를 충족시키도록 돕는 것이 현실치료의 본질이다. 현실치료는 선택이론에 기초하여 자신의 욕구충족을 위한 방법을 배우고, 자신의 행동 선택에 대한 책임을 지며, 자신의 삶을 효율적

TIP

> 현실치료는 선택이론에 기초하여 자신의 욕구충족을 위한 방법을 배우고, 자신의 행동 선택에 대한 책임을 지며, 자신의 삶을 효율적으로 통제하도록 도움을 주는 것이다

> 현실치료는 과거나 미래보다 현실을 중요시하고 전이 및 역전이의 필요성을 인정치 않으며 내담자의 무의식과 꿈의 해석보다는 그의 의식 세계에서의 현실 지각을 중요시하고, 자기 욕구 충족을 위한 행동의 효과성을 냉철하게 자기 평가하면서 자기 욕구를 충족하는 새롭고 합당한 방법을 찾도록 상담자가 교육적인 도움을 주는 과정이다.

으로 통제하도록 도움을 주는 것이다(김인자, 2008).

현실치료의 첫 번째 기본 원리는 인간은 욕구와 바람을 충족시키려고 동기화된다. 인간의 욕구는 모든 사람들에게 공통적인 것이며, 바람은 개인적이고 독특한 것이다.

두 번째 원리는 인간은 자신이 원하는 것과 환경으로부터 얻고 있다고 지각하는 것 간의 차이(좌절) 때문에 특정한 행동을 하게 된다.

세 번째 원리는 행동하기, 사고하기, 느끼기, 생리적 기능으로 이루어진 인간의 행동은 목적이 있다. 즉, 사람이 원하는 것과 얻고 있다고 지각한 것 사이의 간격을 줄이고자 고안된 것이다.

네 번째 원리는 행동하기, 사고하기, 느끼기는 분리될 수 없는 행동의 양상들로서 내부로부터 생성되며, 대부분이 선택적이다.

마지막 기본 원리는 인간은 지각을 통해 세상을 본다. 지각에는 2가지 보편적인 수준이 있는데, 그것은 1차 수준과 2차 수준이다. 1차 수준의 지각은 사건이나 상황을 있는 그대로 본다. 높은 수준의 지각(2차 수준)은 그러한 사건이나 상황에 대해 가치를 부여한다.

현실치료는 다른 상담 방법과 비교해 볼 때 신경증적 행동, 정신병적 행동, 중독증적인 행동도 모두 자신의 욕구 충족을 위한 최선의 선택으로 간주하고 있다. 과거나 미래보다 현실을 중요시하고 전이 및 역전이의 필요성을 인정치 않으며 내담자의 무의식과 꿈의 해석보다는 그의 의식 세계에서의 현실 지각을 중요시하고, 자기 욕구 충족을 위한 행동의 효과성을 냉철하게 자기 평가하면서 자기 욕구를 충족하는 새롭고 합당한 방법을 찾도록 상담자가 교육적인 도움을 주는 과정이다.

TIP

2) 주요 개념

(1) 인간의 다섯 가지 기본 욕구

인간의 다섯 가지 기본 욕구 가운데 첫 번째 욕구는 소속감이다. 소속감의 욕구(belonging need)는 사랑하고 사랑받기, 사람들과 접촉하고 상호작용을 하고 관계 맺기를 의미한다. 두 번째 욕구는 능력/성취의 욕구(power need)로 성취감, 자신감, 자긍심을 느끼고 자신의 삶을 제어할 수 있다고 생각하기 등이 포함된다. 세 번째 욕구는 재미/즐거움 욕구(fun need)로 기쁨을 느끼고 웃고 놀며 인간의 삶을 즐길 수 있는 능력을 의미한다. 네 번째 욕구는 자유/독립의 욕구(freedom need)로 선택할 수 있는 능력, 과도하고 불필요한 한계와 구속 없이 살기를 의미한다. 마지막 생존의 욕구(survival need)는 건강, 음식, 공기, 거처, 안정감, 신체적 편안함 등과 같이 삶의 필수적 요소를 의미한다. 인간의 다섯 가지 기본 욕구 중 Glasser는 소속감의 욕구를 가장 기본적인 욕구로 보았다.

(2) 정신질환

인간의 다섯 가지 기본 욕구들을 충족시키는 데 실패하여 어떠한 요구를 과도하게 강조하고 어떠한 욕구는 무시하였기 때문에 정신질환이 생긴다고 보았다. 정신질환과 관련하여 인습적인 진단 용어 대신, 선택의 문제, 욕구충족의 어려움, 책임의 문제 등으로 개념화 하고 있다. 정서적 곤란의 일반적 증상으로는 외로움, 통제감 상실, 권태와 우울, 좌절이나 금지, 질병이나 박탈감 등이 있다.

➤ 정신질환과 관련하여 인습적인 진단 용어 대신, 선택의 문제, 욕구충족의 어려움, 책임의 문제 등으로 개념화 하고 있다.

(3) 정신건강

인간의 다섯 가지 기본 욕구를 성공적으로 충족시킨 사람을 정서적으로 건강한 사람으로 본다. 그러한 사람들은 책임감을 가지고 현명하게 사고와 강점, 그리고 행동을 선택한다. 나아가 정서적으로 건강한 사람들은 자신의 삶을 개

TIP

선하는 것뿐 아니라 다른 사람을 돕고 세상을 더 살기 좋은 곳으로 만들려고 노력한다.

(4) 전행동(Total Behavior)과 동기

전행동은 인간의 전반적인 기능이며, 현실치료자들은 모든 행동이 선택된 것이라고 믿고 있어, 사람들은 행위 및 사고와 같은 구성요소를 직접적으로 조절할 수 있고, 그것으로 감정 및 생리기능과 같은 구성요소를 간접적으로 통제할 수 있다.

(5) 좋은 세상(Quality World)

좋은 세상은 우리가 태어나자마자 곧 기억 속에 만들어지기 시작해서 일생동안 창조, 재창조하는 세계이다. 이 세계는 우리가 아는 어떤 다른 것보다도 우리의 기본 욕구 중 하나 또는 그 이상을 가장 잘 충족시켜 주고 앞으로 충족시켜 줄 수 있을 것으로 믿어지는 모든 사람, 장면, 사물에 대한 것이다. 여기에는 우리가 소유하고 있는 것, 소유하고자 하는 것, 심지어 소유할 수는 없지만 우리에게 매우 중요한 아름다운 저녁노을과 같은 것들도 포함되고 우리에게 즐거움을 주는 종교적인 면, 정치적인 면, 인간적 신념 등 신념체계도 포함된다. 좋은 세상 내에 아무도 없거나 만족스러운 방식으로 관계를 맺지 못할 때 내담자에게 문제가 발생하며, 심리/치료자는 내담자의 좋은 세상 안으로 들어가야 한다.

3) 집단상담자의 역할과 기능

> 현실주의에서 상담자의 인간적 자질은 공감적이고, 일관성이 있으며 힘이 있고 인간 본질에 대한 긍정적 견해를 가진 것으로 정의하였다.

내담자와 심리상담/상담자 사이에 충분한 관계형성이 되어야 효과적인 심리상담/치료가 가능하다. 현실주의에서 상담자의 인간적 자질은 공감적이고, 일관성이 있으며, 힘이 있고, 인간 본질에 대한 긍정적 견해를 가진 것으로 정의하였다. 또 전문가의 자질로는 역설적 감각, 재구성의 능력, 은유를 사용하는 능력, 윤리성과 문화적 민감성 등을 제시했다. 내담자는 치료자가 자신에게 충분한 관심이 있고, 수용하고, 현실 세계에서 자신의 욕구를 충족시키도록 돕는다는 사실을 알아야 하며, 함께 있는 것만으로도 좋은 경험이라고 느낄 수 있어야 한다. 그리하여 자신이 필요로 하는 어떤 사람들과 가까이 지내는 것, 혹은 지금 그런 사람이 아무도 없다면 새로운 사람들과 접촉하는 것을 선택하는 방법에 대한 모델로 삼게 된다.

4) 집단상담 목표

현실치료의 전반적인 목표는 내담자들로 하여금 자신의 행복세상에서 자신이 선택한 사람들과 만족스런 인간관계를 맺도록 내담자에게 선택이론을 가르쳐 현재의 행동방식보다 더 효과적인 행동방식을 하도록 하는 것이다. 환경을 통한 외부적 지원에 대한 기대를 포기하고 자율성을 갖게 함으로써 자신 스스로의 내면적 지원을 할 수 있는 능력을 향상시키고자 한다. 따라서 현실치료의 핵심은 말을 행동으로 옮김으로써 변화를 위한 계획을 발전시키고 내담자가 고안한 완전한 계획에 의존하는 것이다.

이를 위한 구체적인 상담 목표로는,

첫째, 내담자가 현재에 초점을 두고 책임질 수 있는 행동을 하게 한다. 이는 다른 사람의 욕구를 침해하거나 방해하지 않고 자신의 욕구를 충족시켜 나가는 것을 의미한다.

둘째, 성공적인 자아정체감을 개발하도록 하여 자신의 독특성에 대한 인식과 수용할 수 있는 심리적 능력을 확장하는 것이다.

TIP

> 현실치료의 전반적인 목표는 내담자들로 하여금 자신의 행복세상에서 자신이 선택한 사람들과 만족스런 인간관계를 맺도록 내담자에게 선택이론을 가르쳐 현재의 행동방식보다 더 효과적인 행동방식을 하도록 하는 것이다.

TIP

▶ 현실주의의 과정은 Want(바람), Direction & Doing(지시와 행동), Evaluation(평가), Plan(계획)이 포함된다.

5) 집단상담과정

현실주의의 과정은 Want(바람), Direction & Doing(지시와 행동), Evaluation(평가), Plan(계획)이 포함된다.

(1) Want(바람)

내담자가 바라는 것과 좋은 세상에 그려진 것들을 탐구하고, 바라지 않는 것은 무엇이며 바라지 않는데 가지게 된 것은 무엇인지에 초점을 맞춘다.

(2) Direction & Doing(지시와 행동)

현실주의는 내담자의 행위, 사고, 감정과 같은 전행동을 탐색하는 데 중점을 두고, 전행동의 목표와 영향에 관해 이야기하고 전행동의 특별한 면을 표현하도록 도우며 치료의 완성도를 높인다. 즉, 왜 그렇게 행동하는지가 아니고, 무엇을 하는지에 초점을 맞춘다.

(3) Evaluation(평가)

상담자는 내담자가 자신의 목표에 대한 결과를 평가하도록 한다. 옳고 그름을 판단하는 것이 아니라 그런 행동이나 지각된 것이 현실적인지와 타인이나 내담자에게 도움이 되는 것인지에 근거하여 이루어진다. 행동과 평가과정 모두 기본적으로 현재에 초점을 맞추고, 인간의 삶에서 긍정적이고 성공적인 측면을 강조한다.

(4) Plan(계획)

현실주의는 계획을 필수적인 것으로 보고 내담자가 장기적인 계획을 세우도록 격려한다. 장기적인 계획들은 단기적이고 현실적인 것들로 세분화할 수 있다.

TIP

> 현실주의의 실행에서 상담환경은 진실하고, 따뜻하고, 관심 어린 관계를 만들려는 노력과 함께 시작된다. 상담자는 외적 통제 행동을 사용하지 않으며, 내담자가 어떠한 방법으로 치료자를 통제하려고 한다면 상담자는 이를 외적 통제와 선택이론 간의 차이를 설명하는 기회로 이용한다.

6) 집단상담 기법

상담의 과정은 두 개의 개념으로 구성되어 있다. 즉, 변화에 도움이 되는 상담환경과 변화를 촉진시킬 수 있게 더욱 분명하게 고안된 상담절차로 구성되어 있다. 상담환경은 상담절차의 효과적인 사용을 위해 반드시 필수적이다. 어떤 변화가 일어나기 전에 안전하고, 우호적인 상담환경을 가꾸는 것이 필요하지만 변화의 사이클은 어느 부분에서 먼저 시작되어도 된다. 관계를 만든다는 것은 전문적인 관계를 만들고 유지하는 것을 의미한다. 이런 관계를 이루기 위한 방법들은 상담자 쪽에서 어떤 노력을 해야 하는데 그것이 바로 상담환경과 상담절차이다.

현실주의의 실행에서 상담환경은 진실하고, 따뜻하고, 관심 어린 관계를 만들려는 노력과 함께 시작된다. 상담자는 외적 통제 행동을 사용하지 않으며, 내담자가 어떠한 방법으로 치료자를 통제하려고 한다면 상담자는 이를 외적 통제와 선택이론 간의 차이를 설명하는 기회로 이용한다. 그 어떤 강요 없이, 자유로운 분위기 속에서 내담자는 창조적이 되고 새로운 행동이나 오랫동안 사용하지 않았던 과거의 성공적인 행동들을 시도하는데 자유로움을 느끼게 된다.

(1) 주의 기울이기(Use Attending Behaviors)

다른 상담에서와 같이 현실요법에서 유익하게 사용되는 주의를 기울이는 기술들, 즉 얼굴표정, 수용적 자세, 언어적/비언어적 행동, 바꾸어 말하기 등은 상담자와 내담자 간의 관계를 증진시키는 데 도움을 준다.

(2) ABs 법칙 실시하기(Practice the AB-CDEFG)

내담자와의 지속적인 우호관계를 형성해 나아가는 데 도움이 되는 지침이다.

① 항상 침착하고 예의 바를 것(Always Be Calm & Courteous) : 설령 내담자가 화를 내고 욕설을 퍼붓고 언짢게 대할지라도 상담자는 침착하고 동요되지 않는 모습을 보이면서 항상 친절하고 예의바르게 대해야 한다.

TIP

> 항상 진실할 것(Always Be Genuine) 상담자 자신이 정직하고 솔직하게 내담자를 대하는 것은 인간관계가 개방적이고 솔직할 때 정신적으로 건강해지고 삶이 보다 향상된다는 사실을 은연중에 내담자에게 가르쳐 줄 수 있다.

② 항상 신념을 가질 것(Always Be Determined) : 문제를 안고 있는 대부분의 내담자에게도 효율적이고 도움이 되는 행동선택이 가능하다는 것과 내담자가 효과적인 행동선택을 함으로써 좀 더 보람된 삶을 살아갈 수 있다는 것에 대해 상담자는 확신을 가져야 한다.

③ 항상 열성적일 것(Always Be Enthusiastic) : 상담자가 내담자를 만날 때 유쾌하고 긍정적인 상태를 유지해야 한다.

④ 항상 확고할 것(Always Be Firm) : 상담자들은 분명한 가치판단을 요구하고 강조한다. 결정적이고 확고한 계획이 세워지면 내담자의 어떠한 변명도 용납되어서는 안 된다. 확고함은 현실요법 지침과 절차를 효과적으로 적용하는 특성이 된다.

⑤ 항상 진실할 것(Always Be Genuine) : 상담자 자신이 정직하고 솔직하게 내담자를 대하는 것은 인간관계가 개방적이고 솔직할 때 정신적으로 건강해지고 삶이 보다 향상된다는 사실을 은연중에 내담자에게 가르쳐 줄 수 있다.

(3) 판단을 보류하기(Suspend Judgement)

내담자의 어떠한 행동도 내담자 자신의 욕구를 충족시키려는 최선의 선택으로 일단 보아야 한다는 것을 의미한다. 즉, 상담자는 판단하거나 비난하지 않고 내담자의 행동을 이해하여야 한다.

(4) 예상하지 않은 행동하기(Do the Unexpected)

상담자와 내담자 간의 우호적 환경을 조성하는 데 도움이 되는 지침은 때로는 예상치 않은 행동을 하는 것이다. 상담자는 내담자가 그의 또 다른 내적 바람을 보게 하여 잠시나마 고통을 제쳐 두도록 도와준다.

TIP

(5) 유머를 사용하기(Use Humor)

유머는 적당한 시기에 사용되어야 한다. 내담자와 상담자 양쪽 모두 웃고 학습하는 데 도움이 되어야 한다. 유머를 통해 '삶이 아름다울 수 있고', '희망이 있고', '웃음이 가장 좋은 약'이라는 것을 내담자에게 가르치는 것이다.

(6) 자기스럽게 상담하기(Be Yourself)

상담자가 자기의 인성에 맞게 진취적이면 진취적으로, 부드럽고 조용하면 조용하게, 가장 자기답게 상담하는 것이다.

(7) 자기 자신을 개방하기(Share Yourself)

상담자는 자신의 부족한 점도 보일 수 있어야 한다. 상담자의 내담자를 지지하고도 내담자에게 개방적인 태도는 내담자가 자기의 질적 세계로 상담자를 들어오게 할 수 있을 뿐 아니라 상담자에 대한 내담자의 신뢰를 증진시킬 수 있다.

(8) 은유적 표현에 귀 기울이기(Listen for Metaphors)

내담자가 이미 알고 있는 것을 더 많이 이해하도록 하고, 분명하게 알려지지 않았던 것에 대해 통찰력이 생기게 하고 심미적이고 정서적인 강도를 표현할 수 있게 하기 위한 것이다.

(9) 주제에 귀 기울이기(Listen for Themes)

상담자가 내담자의 이야기를 다시 반영시켜 주어 주제로부터 이탈되지 않게 효과적으로 방향을 설정해 나갈 수가 있다.

TIP

➤ 요약하기와 초점 맞추기 (Use Summaries and Focus)
상담자는 내담자가 하는 이야기들을 요약하여 진실로 원하는 것에 초점을 맞출 수 있도록 도와준다.

(10) 요약하기와 초점 맞추기(Use Summaries and Focus)

상담자는 내담자가 하는 이야기들을 요약하여 진실로 원하는 것에 초점을 맞출 수 있도록 도와준다.

(11) 자기선택에 대한 결과를 책임지게 하기(Allow Impose Consequences)

내담자의 바람직하지 않은 행동에 대해 책임을 지게 하는 기술이다.

(12) 침묵을 허용하기(Allow Silence)

내담자가 침묵하는 동안 자신의 생각을 모으고 내면의 심리적 사진과 지각을 명료하게 하고 문제 해결을 위한 계획을 세울 수 있도록 도와주고 내담자에게 선택에 대한 책임을 지게 하는 것이다.

(13) 윤리적이기(Be Ethical)

내담자 자신이나 타인의 안녕을 침해하는 것이 명백한 경우, 상담자는 합법적이고 적절한 행동을 취하거나 보호관찰기관이나 내담자의 위반활동을 감독할 권한이 있는 기관에 알려야 할 의무가 있다. 또한 상담사례 이외의 호의적인 행동을 허락하거나 상담자와 내담자 관계 이상의 친밀 관계 상황으로 발전시키는 것은 삼가야 한다.

TIP

3 인지, 정서, 행동에 근거한 집단상담

1) 기본 원리

미국의 Albert Ellis에 의해서 창시된 인지·정서·행동치료(Rational-Emotive Behavior Therapy : REBT)는 아주 다양한 인지, 정서 및 행동적 치료 방법을 포함한 포괄적인 성격변화 체계이다. REBT는 단지 절충적이거나 실용적인 방향의 상담심리(심리학적 처치)가 아니라 정신건강과 장애에 관한 분명한 이론에 토대를 두고 있다. REBT에서는 인간을 합리적이고 올바른 사고와 비합리적이고 올바르지 못한 사고를 둘 다 할 수 있는 가능성을 가졌다는 가정을 기초로 하고 있다. REBT에서는 "인간은 외부의 것에 의해 조건형성되었다기보다는 장애를 느끼도록 스스로를 조건 형성한다. 인간은 올바르지 않게 생각하고 쓸데없이 자신을 혼란시키는 생물학적·문화적인 경향을 가지고 있다. 인간은 스스로 혼란스러운 신념을 만들어 내고 그 혼란에 대하여 스스로 혼란된다는 점에서 독특하다. 인간은 자신의 인지, 정서, 행동과정을 변화시킬 수 있는 능력을 가지고 있다. 그들은 자신의 일상적인 양식과 다르게 반응할 수도 있고, 자기 마음을 뒤집어 놓지 않을 수도 있으며 자신을 단련시킴으로써 점차적으로 자신의 나머지 인생 동안은 최소한의 혼란과 상태만을 가지고 살아갈 수 있게 된다."고 하였다.

> REBT에서는 인간을 합리적이고 올바른 사고와 비합리적이고 올바르지 못한 사고를 둘 다 할 수 있는 가능성을 가졌다는 가정을 기초로 하고 있다.

Ellis는 인간은 자기 대화, 자기 평가, 자기 유기적이라고 결론지었으며, 단순한 선호(사랑, 인정, 성공에 대한 욕망)들을 없어서는 안 될 필수 불가결한 요구로 잘못 생각할 때 정서적, 행동적 장애를 겪게 된다고 하였다. Ellis는 인간은 성장이나 실현 경향을 가지고 태어났으나, 타고난 올바르지 못한 사고와 학습한 자기 패배적 양식 때문에 성장지향성이 방해를 받는다고 했다.

> Ellis는 인간은 자기 대화, 자기 평가, 자기 유기적이라고 결론지었으며, 단순한 선호(사랑, 인정, 성공에 대한 욕망)들을 없어서는 안 될 필수 불가결한 요구로 잘못 생각할 때 정서적, 행동적 장애를 겪게 된다고 하였다.

성격에 관련된 인지·정서·행동적 치료의 기본명제를 Ellis는 다음과 같이 제시하고 있다.

TIP

첫째, 인간은 합리적일 수 있음과 마찬가지로 비합리적일 수 있는 가능성을 가지고 태어났다. 둘째, 많은 경우에 있어서 인간이 비합리적으로 생각하고, 자기 파괴적 습관을 가지고, 비현실적 욕망을 지니고, 또한 인내하지 못하는 경향이 인간 자신의 문화와 가족에 의하여 더욱더 악화되고 있다. 셋째, 인간은 지각하고 생각하고 느끼고 행동하는 것을 동시에 모두 할 수 있다. 그래서 인간은 동시에 인지적이고 정서적이며 운동적이다.

Ellis는 생각하고 믿고 판단하고 평가하는 것과 같은 인지과정이 인간의 정서, 행동 또는 성격과 어떻게 관련되어 있는가에 관한 많은 임상적 관찰결과를 발표하였다. Ellis에 의하면 인간의 정서는 세 가지로 분류하여 생각할 수 있는데, 첫째는 고통이나 온정과 같이 순수하게 감각적인 것이며, 둘째는 온정을 느낄 때 쾌감을 지니는 것과 같이 감각적 수준에서 평가하는 것이며, 셋째는 사람을 사랑하는 것과 같이 인지적이면서 동시에 감각적인 것이다. 그는 앞의 두 가지를 느낌 내지 감정(feeling)이라 부르고 뒤의 인지적·정서적 과정을 가리켜서 정서(emotion)라고 구별하였다.

인간의 정서는 주로 사고의 한 형식이며 또한 사고의 산물이다. 정서는 인간이 내면적으로 혼자 소리 없이 말하고 있는 혼자만의 대화 내지 독백의 형태로 존재하고, 바로 '내가 나와 하는 마음속의 대화'에 의해 정서가 여러 갈래로 분류된다. 정서를 이해하기 위하여 먼저 생각하여야 할 것은 자기 대화가 없는 정서란 존재할 수 있다 하더라도 오래 지속될 수 없다는 점이다. 강한 정서에는 반드시 자기 대화 내지 자기 독백 등의 형태로 된 사고과정이 강력하게 적용하고 있다.

Ellis는 특별히 인간의 비합리적 사고방식에 관심을 보였다. 인간에게는 일반적으로 빠지기 쉬운 비합리적 사고가 있기 때문에 합리적으로 사고하는 삶의 철학을 확립할 것을 강조하였다. 만약에 우리가 명백하고 합리적인 삶의 철학을 형성하고 발전시켜 나가지 못하면 비논리적이고 비합리적인 사고의 희생물이 될 것이라고 경고하였다. 비합리성, 비논리성, 비현실성을 극복하고 합리적이고 논리적이며 현실적인 삶의 가치관을 확립하는 것이 상담과 심리치료의 목적이라고 생각하였다.

TIP

▸ 인지·정서·행동주의는 인간이 합리적이고 올바른 사고와 비합리적이고 올바르지 못한 사고를 할 수 있는 가능성을 모두 가지고 태어난다는 가정에 기초한다.

▸ 성격의 심리학적 측면은 슬픔, 유감, 성가심, 좌절감과는 구별되는 정서적 혼란이 비합리적인 신념에서 유발된다고 보았다.

2) 주요 개념

인지·정서·행동주의는 인간이 합리적이고 올바른 사고와 비합리적이고 올바르지 못한 사고를 할 수 있는 가능성을 모두 가지고 태어난다는 가정에 기초한다. 사람은 자기 보존, 행복, 사고와 언어, 사랑, 다른 사람들과의 대화, 성장과 자기실현 등의 경향을 가지고 있다. 그들은 자기 파괴, 사고 회피, 게으름, 실수의 끝없는 반복, 미신, 인내심 없음, 완벽주의와 자기비난, 성장 잠재력의 실현 회피 등의 경향도 가지고 있다.

인지·정서·행동주의는 인간이 실수를 할 수 있다는 것을 인정하고 계속 실수를 하면서고 더 평화롭게 사는 것을 배우는 창조물로서의 자신을 수용하도록 돕는다.

(1) 성격의 세 가지 측면

Ellis는 성격의 형성을 설명하는 세 가지 측면을 생리적, 사회적, 심리학적 측면으로 설명하였다.

성격의 생리적 측면은 인간에게는 사용되지 않은 거대한 성장 자원이 있으며, 자신의 사회적 운명과 개인적 운명을 변화시킬 수 있는 능력이 있다고 하였다. 인간은 비합리적으로 생각하고 스스로에게 해를 끼치려는 예외적으로 강력한 선천적 경향성도 가지고 있다고 본다. 즉, 인간은 생득적이며 후천적인 자기 파괴방식으로 자기 자신을 파괴한다.

성격의 사회적 측면은 인간은 사회 집단 내에서 양육되며, 인생의 대부분을 타인에게 인상을 남기려 하고 타인의 기대에 맞춰 살고, 타인의 수행을 능가하려고 노력한다. 타인의 승인받고자 하는 욕망이 충족되지 않을 때 신경증이 생긴다.

성격의 심리학적 측면은 슬픔, 유감, 성가심, 좌절감과는 구별되는 정서적 혼란이 비합리적인 신념에서 유발된다고 보았다. 일단 개인이 비합리적인 사고를 통해 불안과 우울을 경험하게 되면, 자신이 스스로 불안하고 우울한 것에 대해 불안해하고 우울해 할 것이다. 그리하여 악순환을 경험하게 되는 것이다.

TIP

➤ 자기지향
정서적으로 건강한 사람은 다른 사람의 행동이나 지지를 좋아할 수는 있으나 그런 지지를 매번 요구하는 것은 아니다. 그들은 자신의 삶에 책임을 느끼며 자신의 문제를 독립적으로 해결 할 수 있다.

(2) 합리적 가치/태도

Ellis는 사람들이 명확히 유연하게 그리고 과학적으로 생각하도록 조력하는 것을 강조한다(Bernard, 1991; 노안영, 2011).

① 자기관심 : 자기 자신에게 관심이 있고 진실하며 타인을 위하여 자기 자신을 과학적으로 희생시키지 않는다.

② 사회적 관심 : 건강한 사람은 소외된 실존을 택하지 않고 사회에서 다른 사람과 효과적으로 어울려 사는 데에 관심을 갖는다.

③ 자기지향 : 정서적으로 건강한 사람은 다른 사람의 행동이나 지지를 좋아할 수는 있으나 그런 지지를 매번 요구하는 것은 아니다. 그들은 자신의 삶에 책임을 느끼며 자신의 문제를 독립적으로 해결할 수 있다.

④ 큰 좌절감에 대한 인내 : 성숙한 인간은 모든 인간이 실수를 하며, 완전할 수 없다는 것을 알고 자신과 타인의 실수를 인정한다.

⑤ 유연성 : 건강한 사람은 사고가 유연하며, 변화에 개방적이다. 무수히 다양한 사람들의 생각을 허용하고 수용 가능한 것으로 본다. 또한 자기의 의견을 고집하지 않으며, 자신과 타인에게 편협하고 엄격한 규칙을 적용하지 않는다.

⑥ 불확실성의 수용 : 정서적으로 성숙한 사람은 인간이 무한한 가능성과 기회를 가진 세계에 살고 있다는 것을 인정하나 어떤 절대적인 확실성은 있지 않다는 것을 인정한다.

⑦ 창조적 일에 대한 실행 : 건강한 사람은 자신을 둘러싸고 있는 일상적인 일뿐만 아니라 최소한 한두 가지 정도의 창조적인 일에 관심을 갖고 몰두한다.

⑧ 과학적 사고 : 성숙한 사람은 객관적이고 이성적이다.

⑨ 자기수용 : 건강한 사람은 자기가 살아 있다는 것 자체를 기뻐하며, 끊임없이 삶을 즐기고 행복과 기쁨을 창조할 수 있는 능력이 자기에게 있다고 믿는다.

TIP

⑩ 모험하기 : 정서적으로 건강한 사람은 모험을 할 수 있다. 그는 자신이 인생에서 진정으로 원하는 것이 무엇인가를 곰곰이 생각해 보고 모험을 시도하며 인생을 개척한다.

⑪ 장기적인 만족 추구 : 건강한 사람은 순간적인 쾌락을 추구하기보다는 미래지향적인 쾌락을 추구한다.

⑫ 비이상주의 : 성숙하고 정서적으로 건강한 사람은 이 세상에서 자신이 얻고자 하는 모든 것을 다 얻을 수 없으며, 모든 고난을 완전히 회피할 수 없다는 사실을 인식한다.

⑬ 정서적 장애에 대한 자기 책임 : 건강한 사람은 다른 사람이나 사회를 비난함으로써 자신을 방어하기보다는 자기 파멸적인 혼란을 느끼는 자신에게 책임이 있다고 생각한다.

(3) 당위주의

비합리적 신념에 의해 야기된 부적절한 감정이나 역기능적 행동은 다시 또 다른 생각을 촉발하는 악순환을 되풀이하게 한다. 비합리적인 신념의 뿌리를 이루고 있는 것을 세 가지 당위성으로 구분한다.

> 비합리적 신념에 의해 야기된 부적절한 감정이나 역기능적 행동은 다시 또 다른 생각을 촉발하는 악순환을 되풀이하게 한다.

① 자신에 대한 당위성 : '나는 훌륭한 사람이어야 한다', '나는 실수해서 안 된다' 등 자신에 대해 당위성을 강조한다.

② 타인에 대한 당위성 : '자식이니까 내 말을 들어야 한다', '부모니까 나를 사랑해야 한다' 등 자신과 밀접하게 관계있는 사람들에게 당위적인 행동을 기대하는 것이다.

③ 조건에 대한 당위성 : 나의 가정은 항상 사랑으로 가득 차 있어야 한다. '나의 방은 항상 깨끗해야 한다' 등 우리에게 주어진 조건에 대해 당위성을 기대하는 것이다.

당위성이 이루어지지 않을 때 자기파멸적 생각이나 자기파멸적 비관 또는 부적절한 행동을 한다.

TIP

3) 집단상담자의 역할과 기능

Ellis에 의하면 REBT의 심리상담/치료자는 대부분의 다른 심리상담/치료자와는 다른 역할을 한다고 하였으며, 대개는 교육을 강조하는 설득 방법을 사용한다.

① 내담자에게 많은 장애 행동을 유발하는 기본적인 비합리적인 사고를 찾아내도록 격려함.
② 내담자에게 자신의 생각이 타당한지를 확인하도록 함.
③ 내담자에게 자신이 가진 사고의 비논리적 속성을 보여줌.
④ 유머를 사용해 내담자가 가진 사고의 비합리성에 직면시킴.
⑤ 논리적 분석을 통해 내담자의 비합리적 신념을 최소화.
⑥ 내담자의 신념이 얼마나 비생산적이며, 어떻게 정서적·행동적 장애를 일으키는지 보여줌.
⑦ 비합리적 사고를 경험적 토대를 가진, 더 합리적인 사고로 대처할 수 있는 방법을 설명.
⑧ 사고에 과학적 접근을 적용하는 방법을 가르쳐서 그들이 관찰할 수 있도록 하고 자기 파괴적 방식으로 느끼고 행동하게 만드는 현재나 미래의 비합리적 사고와 비논리적 추론을 최소화할 수 있게 함.
⑨ 인지적·정서적·행동적 기법을 사용해서 내담자가 직접 자신의 감정을 처리하도록 도와 장애에 대항해서 행동하도록 함.

REBT의 완전한 수용, 혹은 관용이라는 개념은 인간중심치료의 무조건적 긍정적 관심과 아주 비슷한 개념으로 보고 있으나 인간적 온정이나 공감적 이해는 중히 여기지 않는다.

REBT 집단상담자들은 불완전한 존재로서의 내담자를 받아들이며, 다양한 객관적 기법인 교수, 독서기법, 행동수정을 사용하며, 무조건적인 수용을 가르치고 모델링시키는 역할을 하는 것이다. 합리정서행동 심리상담/치료자들은 종종 자신의 신념이나 가치관을 노출시키는 데 개방적이고 직접적인 방법을 사용한다. 또한 REBT 집단상담가는 열심히 일하고 행동적 숙제를 열심히 이행함으로써 정서 장애와 행동 장애를 만드는 비합리적 사고를 최소화할 수 있음을 내담자에게 적극적으로 가르친다.

4) 집단상담 목표

인지·정서·행동치료의 목표는 내담자의 비합리적 신념을 합리적 신념으로 바꾸어 수용할 수 있는 합리적 결과를 갖게 하는 것이다. 상담자는 내담자가 정서적 장애를 최소화하고 자기 파괴 행동을 감소시키며, 보다 행복한 삶을 영위하도록 조력한다.

합리적-정서적 접근의 중요한 치료나 상담목적은 내담자의 자기 파괴적 신념들을 줄이고 내담자가 보다 합리적이고 현실적이며 관대한 신념과 인생관을 갖게 하여 더욱 융통성 있고 생산적인 삶을 살아가도록 내담자를 돕는 것이다. 그래서 REBT는 내담자의 외적 증상의 제거에 일차적인 목적을 두지 않고 내담자가 가진 근본적인 신념 또는 가치체계를 검토하도록 함으로써 증상은 물론 근본적인 성격 및 인생관의 변화를 촉진시키는 데 그 목적이 있다. 또한 그렇게 함으로써 내담자가 자신의 부적절한 정서를 적절한 정서로 바꾸도록 하는 데 있다.

TIP

➤ 인지·정서·행동치료의 목표는 내담자의 비합리적 신념을 합리적 신념으로 바꾸어 수용할 수 있는 합리적 결과를 갖게 하는 것이다. 상담자는 내담자가 정서적 장애를 최소화하고 자기 파괴 행동을 감소시키며, 보다 행복한 삶을 영위하도록 조력한다.

5) 집단상담과정

REBT에서 상담과정은 ABCDEF(A : 활성화된 선행사건, B : 신념, C : 신념에서 비롯된 결과, D : 비합리적 신념 논박, E : 효과, F : 새로운 감정이나 행동)의 과정이다. 내담자에게 ABC의 관계를 설명하고 B에 있어서의 비합리적 신념(iB)을 논박(D)하고 그를 통해 인지적 재구성(cE)을 하도록 돕는 과정으로 구성된다. 이 과정을 살펴보면 먼저 상담자는 내담자가 비합리적이라는

➤ REBT에서 상담과정은 ABCDEF(A : 활성화된 선행사건, B : 신념, C : 신념에서 비롯된 결과, D : 비합리적 신념 논박, E : 효과, F : 새로운 감정이나 행동)의 과정이다. 내담자에게 ABC의 관계를 설명하고 B에 있어서의 비합리적 신념(iB)을 논박(D)하고 그를 통해 인지적 재구성(cE)을 하도록 돕는 과정으로 구성된다.

TIP

것을 깨우쳐 주고 그가 어떻게 왜 그렇게 되었는가를 도와줌으로써 그의 비합리적 관념들과 그의 정서적 혼란의 관계를 설명한다. 즉 상담자는 내담자가 자신, 타인, 조건에 대한 당위적인 비합리적 신념을 가지고 있음을 보여준다.

둘째, REBT에서의 내담자가 계속 비논리적으로 생각하기 때문에 장애가 계속된다는 것을 내담자에게 보여줌으로써 이 점을 이해하게 한다. 즉 지금의 상태를 만들어 낸 원인은 그가 현재 가지고 있는 비논리적 사고이며 초기 사건의 계속적 영향이 아니라는 것을 알게 한다.

셋째, 내담자가 그의 생각을 변경하고 그의 비합리적 사고를 포기하게 한다. REBT에서는 비논리적 사고가 뿌리깊이 박혀 있는 것이기 때문에 내담자 혼자서는 이것을 변화시킬 수 없다고 본다.

넷째, 내담자의 특정한 비논리적 관념을 다루는 것을 넘어서 더욱 합리적인 철학을 찾아 제시하여 줌으로써 내담자로 하여금 비합리적 신념의 희생자가 되는 것을 막도록 한다. 그리하여 내담자는 합리적 인생철학을 얻게 되고 그에 따라 부정적이고 혼란된 자기 패배적 행동이 사라진다.

6) 집단상담 기법

(1) 인지기법

내담자의 생각 중 비합리적인 생각과 그것에 근거한 내담자의 언어를 찾아서 이를 합리적 생각과 언어로 바꾸는 것이다. 논박은 상담과정 중 비합리적인 생각과 언어를 확인한 후 이를 합리적인 생각 언어로 재구성하기 위해 사용되는 기술이다.

논박의 첫째 단계는 확인된 비합리적 생각과 언어에 대해 규정하여 다시 진술하도록 하는 것이다. 둘째 단계는 규정하여 재구성한 생각이나 언어가 합리적인가를 묻고 답하는 것이다. 셋째 단계는 비합리적 생각이나 그 생각에 근거한 언어를 내담자가 하고자 하는 일에 도움이 되는 생각이나 언어로 대치하도록 하는 것이다. 논박을 보다 효과적으로 하기 위해서 인지 과제나 독서법을 사용하기도 한다.

(2) 정서기법

① 인지, 정서, 심상 : 내담자로 하여금 습관적으로 부적절한 느낌이 든 장면을 생생하게 상상하도록 한 후 부적절한 느낌을 적절한 느낌으로 바꾸어 상상하면서 부적절한 행동을 적절한 행동으로 바꾸어 보는 것이다.

② 역할연기 : 장면과 관련된 불쾌감의 밑바탕이 되는 비합리적 생각을 알도록하는 데 초점을 둔다.

③ 수치공격 연습 : 행동에 대해 주위 사람이 어떻게 생각할지에 대한 두려움 때문에 하고 싶은 행동을 하지 못하는 행동에 대해 실제로 행동을 해보도록 하는 기술로 그 결과 주위 사람들이 내담자가 생각한 것보다는 관심이 없음을 알 수 있게 해준다,

④ 무조건적 수용 : 내담자의 어떤 말이나 행동을 무조건적으로 수용하는 기술이다.

이외의 기법들로 본보기, 유머, 부정적 심상법, 개인의 성격과 다르게 행동하기, 미래 상상하기, 꼬리표 달기, 합리적 역할 반전, 정서적 긴장 언어 사용 등이 있다.

(3) 행동기법

내담자가 이전보다 효과적으로 수행하도록 할 뿐 아니라 인지 변화를 이루도록 조력한다. 인지·정서·행동치료는 인지적 행동치료의 한 형태로 대부분의 행동기법을 거의 그대로 사용한다. 조작적 조건형성, 자기관리 체계적 둔감화, 자기표현, 이완, 강화와 처벌 등을 사용하는 것이다.

인지·정서·행동치료 상담자가 내담자가 오랫동안 느끼지 못하고 자기 파괴적인 행동이나 언어를 찾아 비합리적 신념을 가지고 있음을 인지시켜 준다.

TIP

➤ 인지, 정서, 심상
내담자로 하여금 습관적으로 부적절한 느낌이 든 장면을 생생하게 상상하도록 한 후 부적절한 느낌을 적절한 느낌으로 바꾸어 상상하면서 부적절한 행동을 적절한 행동으로 바꾸어 보는 것이다.

TIP

상담자는 내담자로 하여금 자신이 가지고 있는 신념이 자신에게 도움이 되는가, 아니면 파괴적인가를 인지기법, 정서기법, 행동치료를 사용하여 논박하고 내담자의 신념을 바꾼다. 우리가 지금 사용하고 있는 정서, 행동이 과연 합리적인가 비합리적인가를 우리는 자신에게 끊임없이 묻고 질문하며, 자신을 관찰하고 자신의 비합리적인 신념을 찾아 논박하여 바꾸는 노력이 필요하다.

요약

✓ 교류분석은 인간관계를 분석하는 것으로 인간행동의 이면에 숨겨져서 그 행동에 동기를 부여하는 숨겨진 배경들과 그 배경들이 나타내는 과정들을 분석한다.

✓ 부모자아상태(P)는 어렸을 때 부모가 한 것과 유사한 방식으로 느끼고 말하며 행동한다.

✓ 어른자아상태(A)는 정보의 조정자, 교사, 평가자 역할을 하는 부분이다.

✓ 어린이자아상태(C)는 인간개체 내에서 자연히 나타나는 모든 충동과 감정들, 그리고 그의 생의 초기에 경험하는 사태들에서 느끼게 된 감정들과 그러한 감정에 대한 그의 반응양식들로 구성된다.

✓ 자극의 욕구는 일차적인 욕구로 일종의 인정의 욕구이다.

✓ 구조의 욕구는 한 개인이 필요로 하는 인정자극을 받을 가능성을 높이기 위해 그의 생활을 조직하고자 하는 욕구이다.

✓ 자세의 욕구는 개인이 전 생애를 통해서 어떤 확고한 삶의 자세를 갖고자 하는 욕구이다.

✓ 자기긍정-타인긍정(I'm OK-You're OK) : 자기긍정과 타인긍정은 교류분석 목표로 하는 이상적인 태도이다. 이 태도는 사람이 성장하는 과정에서 필연적으로 도달하는 상태가 아니고, 평생을 두고 스스로 인생체험 특히 인생고를 통하여 인생의 진실에 개안하려는 끊임없는 자기 수련에 의하여 획득되는 것이다.

✓ 자기부정-타인긍정(I'm not OK-You're OK) : 자기부정과 타인긍정은 자기 자신을 비하하거나 열등감에 젖어 번민하고 우울해 하는 사람이 취하는 태도이다. 타인에 비해 자신이 무능하다고 생각하고 타인의 행동을 모방하고 생각을 따르는 행동을 한다.

✓ 자기긍정-타인부정(I'm OK-You're not OK) : 자기긍정과 타인부정 입장에선 사람은 자신만이 옳다고 주장하고 다른 사람을 멸시하거나 동기를 의심하는 사람이다. 따라서 자신의 행동에 자신감은 있으나 스스로에 대해서 객관적이지 못하다.

✓ 자기부정-타인부정(I'm not OK-You're not OK) : 자기부정-타인부정에서 인생은 무가치하고 아무런 좋은 일이 없다고 느끼는 허무주의적인 태도이다. 이런 사람은 타인과의 접촉을 거부하고 교류하려고 노력하지도 않고 폐쇄적이다.

✓ 교류분석에서 집단상담자의 진정한 임무는 '집단구성원 자신의 힘'을 발견하도록 하는 것이다.

✓ TA상담은 자율성을 갖게 하며, 자율성이란 과거의 경험이 자신의 성격에 어떤 영향을 미쳤는가에 상관없이 현재 자신의 행동과 생활양식을 보다 적절한 것으로 다시 선택하고 결정하는 것을 의미한다.

✓ 교류분석 상담의 과정은 계약, 구조분석, 교류패턴분석, 게임분석, 각본분석, 재결단의 여섯 가지 단계를 거치게 된다.

✓ 현실치료(Reality Therapy)는 현재 시점을 중요하게 생각하고 사람들의 생각과 행동에 변화를 유도하여 더 나은 삶을 살 수 있도록 돕는 상담기법이다.

✓ 현실치료는 선택이론에 기초하여 자신의 욕구충족을 위한 방법을 배우고, 자신의 행동 선택에 대한 책임을 지며, 자신의 삶을 효율적으로 통제하도록 도움을 주는 것이다

✓ 현실치료는 다른 상담 방법과 비교해 볼 때 신경증적 행동, 정신병적 행동, 중독증적인 행동도 모두 자신의 욕구 충족을 위한 최선의 선택으로 간주한다.

✓ 소속감의 욕구(belonging need)는 사랑하고 사랑받기, 사람들과 접촉하고 상호작용을 하고 관계 맺기를 의미한다.

✓ 능력/성취의 욕구(power need)로 성취감, 자신감, 자긍심을 느끼고 자신의 삶을 제어할 수 있다고 생각하기 등이 포함된다.

✓ 재미/즐거움 욕구(fun need)로 기쁨을 느끼고 웃고 놀며 인간의 삶을 즐길 수 있는 능력을 의미한다.

✓ 자유/독립의 욕구(freedom need)로 선택할 수 있는 능력, 과도하고 불필요한 한계와 구속 없이 살기를 의미한다.

✓ 생존의 욕구(survival need)는 건강, 음식, 공기, 거처, 안정감, 신체적 편안함 등과 같이 삶의 필수적 요소를 의미한다.

✓ 전행동은 인간의 전반적인 기능이며, 현실치료자들은 모든 행동이 선택된 것이라고 믿고 있으며, 사람들은 행위 및 사고와 같은 구성요소를 직접적으로 조절할 수 있고, 그것으로 감정 및 생리기능과 같은 구성요소를 간접적으로 통제할 수 있다.

✓ 현실치료에서 치료자의 인간적 자질을 공감적이고 일관성이 있으며, 힘이 있고 인간 본질에 대한 긍정적 견해를 가진 것으로 정의하였다.

✓ 현실치료의 전반적인 목표는 내담자들로 하여금 자신의 행복세상에서 자신이 선택한 사람들과 만족스런 인간관계를 맺도록 내담자에게 선택이론을 가르쳐 현재의 행동방식보다 더 효과적인 행동방식을 하도록 하는 것이다.

✓ 현실치료의 핵심은 말을 행동으로 옮김으로써 변화를 위한 계획을 발전시키고 내담자가 고안한 완전한 계획에 의존하는 것이다.

✓ 현실치료의 과정은 Want(바람), Direction & Doing(지시와 행동), Evaluation(평가), Plan(계획)이 포함된다.

- ✓ 현실주의의 실행에서 상담환경은 진실하고, 따뜻하고, 관심 어린 관계를 만들려는 노력과 함께 시작된다. 상담자는 외적 통제 행동을 사용하지 않으며, 내담자가 어떠한 방법으로 치료자를 통제하려고 한다면 상담자는 이를 외적 통제와 선택이론 간의 차이를 설명하는 기회로 이용한다.

- ✓ 인지·정서·행동(Rational-Emotive Behavior Therapy : REBT)은 다양한 인지, 정서 및 행동적 치료 방법을 포함한 포괄적인 성격변화 체계이다.

- ✓ REBT에서는 인간을 합리적이고 올바른 사고와 비합리적이고 올바르지 못한 사고를 둘 다 할 수 있는 가능성을 가졌다는 가정을 기초로 하고 있다.

- ✓ 성격의 생리적 측면은 인간에게는 사용되지 않은 거대한 성장 자원이 있으며, 자신의 사회적 운명과 개인적 운명을 변화시킬 수 있는 능력이 있다고 하였다. 인간은 비합리적으로 생각하고 스스로에게 해를 끼치려는 예외적으로 강력한 선천적 경향성도 가지고 있다고 본다. 즉, 인간은 생득적이며 후천적인 자기 파괴 방식으로 자기 자신을 파괴한다.

- ✓ 성격의 사회적 측면은 인간은 사회 집단 내에서 양육되며, 인생의 대부분을 타인에게 인상을 남기려 하고 타인의 기대에 맞춰 살고, 타인의 수행을 능가하려고 노력한다. 타인의 승인받고자 하는 욕망이 충족되지 않을 때 신경증이 생긴다.

- ✓ 성격의 심리학적 측면은 슬픔, 유감, 성가심, 좌절감과는 구별되는 정서적 혼란이 비합리적인 신념에서 유발된다고 보았다. 개인이 일단 비합리적인 사고를 통해 불안과 우울을 경험하게 되면, 자신이 스스로 불안하고 우울한 것에 대해 불안해하고 우울해 할 것이다. 그리하여 악순환을 경험하게 되는 것이다.

- ✓ REBT의 심리상담/치료자는 대부분의 다른 심리상담/치료자와는 다른 역할을 한다고 하였으며, 대개는 교육을 강조하는 설득 방법을 사용한다.

- ✓ REBT의 완전한 수용, 혹은 관용이라는 개념은 인간중심치료의 무조건적 긍정적 관심과 아주 비슷한 개념으로 보고 있으나 인간적 온정이나 공감적 이해는 중히 여기지 않는다.

- ✓ 인지·정서·행동치료의 목표는 내담자의 비합리적 신념을 합리적 신념으로 바꾸어 수용할 수 있는 합리적 결과를 갖게 하는 것이다. 상담자는 내담자가 정서적 장애를 최소화하고 자기 파괴 행동을 감소시키며, 보다 행복한 삶을 영위하도록 조력한다.

- ✓ REBT에서 상담과정은 ABCDE(A : 선행사건, B : 신념, C : 결과, D : 논박, E : 효과)의 과정이다. 내담자에게 ABC의 관계를 설명하고 B에 있어서의 비합리적 신념(iB)을 논박(D)하고 그를 통해 인지적 재구성(cE)을 하도록 돕는 과정으로 구성된다.

✓ 논박의 첫 단계는 확인된 비합리적 생각과 언어에 대해 규정하여 다시 진술하도록 하는 것이다. 둘째 단계는 규정하여 재구성한 생각이나 언어가 합리적인가를 묻고 답하는 것이다. 셋째 단계는 비합리적 생각이나 그 생각에 근거한 언어를 내담자가 하고자 하는 일에 도움이 되는 생각이나 언어로 대치하도록 하는 것이다.

✓ 정서기법으로는 인지/정서/심상, 역할연기, 수치공격 연습, 무조건적 수용의 기법이 있다.

✓ 인지·정서·행동치료 상담자가 내담자가 오랫동안 느끼지 못하고 자기 파괴적인 행동이나 언어를 찾아 비합리적 신념을 가지고 있음을 인지시켜 준다.

- 교류분석에 대해서 설명해 보시오.
- 교류분석에서 집단상담자의 역할에 대해서 설명해 보시오.
- 교류분석 상담의 과정에 대해서 설명해 보시오.
- 교류분석에서 스트로크(쓰다듬기)에 대해서 설명해 보시오.
- 현실치료의 기본 원리에 대해서 설명해 보시오.
- 현실치료에서의 집단상담자와 내담자와의 관계에 대해서 설명해 보시오.
- 현실치료의 집단상담 목표에 대해서 설명해 보시오.
- 현실치료에 실행 시 상담환경에 대해서 간단히 설명해 보시오.
- 현실치료의 ABs법칙을 실시하기(Practice the AB-CDEFG)에 대해서 설명해 보시오.
- REBT 심리치료에 대해서 설명해 보시오.
- REBT의 합리적 가치/태도에 대해서 세 가지만 설명해 보시오.
- REBT에서 집단상담자/심리치료자의 역할에 대해서 설명해 보시오.
- REBT에서 상담과정인 ABCDE(A : 선행사건, B : 신념, C : 결과, D : 논박, E : 효과)의 과정에 대해서 자세히 설명해 보시오.
- REBT에서의 인지적 기법인 논박에 대해서 설명해 보시오.
- REBT에서의 행동 기법에 대해서 설명해 보시오.

Part 04

집단상담의 실제

Chapter 10

집단상담의 슈퍼비전

1 집단상담 슈퍼비전의 개념 및 필요성

수년간의 개인상담 경력이 있는 상담자들도 집단상담을 진행하는 것에 어려움을 호소하는 경우를 종종 보게 된다. 이는 개인상담과정과 달리 집단상담 시 상담자가 집단의 역동을 주도해 가야 한다는 부담감을 갖기 때문인 것으로 보인다. 특히, 초심 집단상담자는 이론적으로 이러한 부담감이 적절하지 않음을 알고 있다 하더라도 쉽게 벗어나지 못하며 슈퍼바이저의 조력을 필요로 하게 된다.

Bernard와 Goodyear(1992)는 집단상담 슈퍼비전이란 임상적인 이해를 넓히기 위한 목적으로 슈퍼바이저가 슈퍼바이지의 내담자에 대한 서비스 수준을 감독하는 활동이라고 정의했다. 또한 Jhonston(1985)은 집단상담 슈퍼비전을, 슈퍼바이저들이 상담수련생의 전문적 발달을 돕는 과정이라 정의하였다.

일반적으로 슈퍼비전이란 전문적인 상담자가 되고자 하는 슈퍼바이지가 적절한 직업적 행동을 습득할 수 있도록 슈퍼바이저가 조력하는 지속적인 교육과정(유영권 외, 2013)이라고 할 수 있으며, 상담에서 슈퍼비전은 유능한 상담자로서의 능력을 개발하기 위한 필수적인 요소이다(Altfeld & Bernard, 1997; Bahrick·Russell & Salmi, 1991; Bernard & Goodyear, 1992; Conyne, 1997; Kline, 2003; Wilson Rapin & Haley-Banez, 2004). 따라서 슈퍼비전은 상담의 효과 및 내담자 보호를 위한 상담활동의 중요한 요소로 자리 잡아 가고 있다. 또한 슈퍼비전은 상담자 교육에서 중심적인 역할을 차지하고 있으며, 상담자의 성장과 발전을 촉

TIP

➤ 집단상담 슈퍼비전이란 임상적인 이해를 넓히기 위한 목적으로 슈퍼바이저가 슈퍼바이지의 내담자에 대한 서비스 수준을 감독하는 활동이라고 정의했다.

TIP

➢ 슈퍼비전은 상담자들로 하여금 상담의 실제에서 자신의 강점을 정확하게 파악하고 한계를 극복할 수 있게 하는 학습 관계다.

진하는 동시에 임상적 관점에서 자율성을 얻는 것을 돕는다(권경인, 2010).

슈퍼비전은 상담자들로 하여금 상담의 실제에서 자신의 강점을 정확하게 파악하고 한계를 극복할 수 있게 하는 학습 관계다. 슈퍼비전에는 최소한 네 가지의 서로 다른 모형이 있다. 첫째는 교수활동으로서의 슈퍼비전이다. 이 모형의 주된 목표는 상담기술의 습득이다. 둘째는 상담활동으로서의 슈퍼비전이다. 이 모형의 주된 목표는 상담자의 개인적 성장과 자기통찰이다. 셋째는 행정으로서의 슈퍼비전이다. 이 모형의 주된 목표는 기관의 행정과 상담사례의 관리다. 넷째는 이 세 가지 모형 각각의 측면을 모두 포함하고 있으면서도, 그 초점은 상담 기관 속에서 상담자의 생존에 두고 있는 것이다. 이 모형의 주된 목표는 기관 내의 권력과 영향력, 그리고 시정의 정책을 이해하는 것이다. 경험이 있든 없든 간에 모든 상담자들은 다양한 기관에서 이 네 가지 슈퍼비전 모형으로부터 유익한 도움을 얻을 수 있다(노안영·송현종, 2006).

집단상담의 경우 역시 위의 네 가지 모형이 적용되며, 집단상담의 슈퍼비전은 초심 집단상담자가 집단을 운영하면서 겪게 되는 다양한 어려움을 해결하기 위해 도움을 구할 수 있는 가장 중요한 창구가 된다. 즉, 집단운영의 미숙으로 인한 여러 가지 문제에 직면하게 되었을 때, 또는 몇몇 집단원들과 대립관계를 가지며 집단 응집력 형성에 위기를 맞았을 때 등 초보상담자 스스로 해결할 수 없는 문제들의 해결책을 마련하고, 상담실무능력을 안전하고 효과적으로 향상시키는 바람직한 훈련을 제공하므로 이를 위해 슈퍼비전은 반드시 필요한 과정이라 할 수 있다.

그간 집단상담이 활성화되어 집단상담에 대한 요구가 커져 가고, 집단상담 슈퍼비전과 관련된 탐색이 시도되어 왔다. 하지만 슈퍼비전과 관련된 많은 문헌들과 연구는 주로 개인상담의 맥락 위주로 이루어졌다. 개인상담을 토대로 한 연구나 문헌들을 일방적으로 집단상담에 적용하는 것은 제한점을 가질 수밖에 없다. 집단상담은 개인상담과는 구별되는 뚜렷한 특징들이 있기 때문이다. 집단상담과정은 주제와 상호작용 모두에 대한 것이기 때문에 개인상담보다 더 복잡하며(ASGW, 1998; Conyne, 1999; Corey, 2004; Yalom, 1995) 상호작용과 다양성 및 복잡성 때문에 구조와 과정을 서술하는데 좀 더 주의를 기울여야 한다(DeLucia-Waack, 2002; Stockton, 1996; 권경인, 2010). 효과적인 집단상담 슈퍼비전을 위해서는 개인 차원뿐만 아니라 상호작용의 차원, 집단 전체 차원까지 함께 고려해야 하며(Donigian & Malinati, 1997; Kiline, 2003; Rubel & Okech, 2006) 개별적인 집단원의 특성뿐만 아니라 집단원 사이의 역동을 이해해야 한다(이미선, 2008). 즉, 집단상담자는 이에 대한 이해와 개입방식을 알고 있어야 하므로 개인상담보다 훨씬 다양한 과제를 감당해야 한다(권경인, 2007). 더불어 집단상담 슈퍼바이저는 집단원들의 문제, 집단원 간의 갈등, 전이와 역전이, 집단의 발달단계, 집단원의 목표 및 집단 전체의 목표, 개입에 대한 평가 등이 포함된(Borders, 1991; Christensen & Kline, 2001; Delucia, Bowman & Bowman, 1989; Delucia-Waack, 1999; 권경인, 2010) 슈퍼비전을 위한 지식과 기술을 갖추고 있어야 한다.

슈퍼비전은 집단상담의 성장과 발달을 위해, 그리고 집단의 효과적인 진행을 위해 필요한 작업임에도 불구하고 집단상담 슈퍼비전 모델에 대한 탐색은 많이 미흡한 상태이다(정성란 외, 2013). 이는 집단상담 슈퍼비전의 발전에 한계로 작용하고 있으며, 앞으로 보다 나은 집단상담 슈퍼비전이 제공되기 위해서는 다양한 형태의 집단 특성에 맞는 슈퍼비전 모형의 개발 및 활용을 위한 노력이 필요하다.

TIP

➤ 슈퍼비전은 집단상담의 성장과 발달을 위해, 그리고 집단의 효과적인 진행을 위해 필요한 작업임에도 불구하고 집단상담 슈퍼비전 모델에 대한 탐색은 아직 많이 미흡한 상태이다.

2) 집단상담 슈퍼비전 모델

(1) 일반 슈퍼비전 모델

앞서말한 바와 같이 그동안의 상담 슈퍼비전 모델은 대부분 개인상담에 초점을 맞추어 연구되어 왔으며, 집단상담 슈퍼비전은 기본적으로 개인상담 슈퍼비전 모델을 바탕으로 이루어진 경우가 많다. 따라서 집단상담 슈퍼비전 모델을 살펴보기 전에 슈퍼비전 모델의 기본이 되는 개인상담 슈퍼비전 모델을 살펴보고자 한다.

다음 [그림 10-1]은 일반적인 슈퍼비전 모델을 도표화한 것으로, 이를 정리하면 슈퍼비전 모델은 세 범주로 나누어진다. 첫 번째는 심리치료 이론에 기

TIP

초한 모델로 구성되었다. 그리고 다른 두 범주의 모델은 슈퍼비전을 위해 구체적으로 발전되었다. Holloway(2002)가 제안하였듯이 슈퍼비전을 위해 발전된 모델들은 일반적으로 발달적 또는 사회적 역할들 중 하나로 분류될 수 있다(유영권·방기연, 2008). 세 가지 모델 모두 집단상담 슈퍼비전에 적용이 가능한 이론으로 슈퍼바이저가 선택적으로 활용할 수 있다.

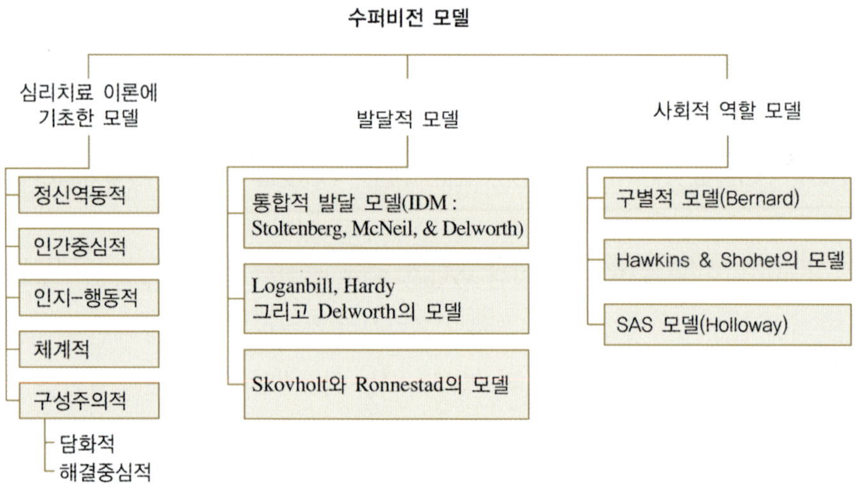

그림 10-1 슈퍼비전의 모델 : 개념도

▷▶ 출처 : 유영권·방기연(2008), p.111.

첫째, 심리치료 모델은 정신분석, 내담자 중심 상담, 행동치료, Gestalt 이론과 같은 기존의 상담 이론에 기반을 둔 슈퍼비전 이론이다(Rice, 1980). 둘째, 발달 모델은 상담 이론에 근거한 것이 아닌 상담자의 발달 수준에 따라 다르게 나타나는 상담자의 특성을 연구한 것이다. 곧 초보 수준의 상담자가 전문가로 성장해 나가는 발달단계에 주목하여 각 단계에 알맞은 슈퍼비전을 제공해야 한다는 이론이다(Hogan, 1964; Stoltenberg, 1981; 김계현, 1992). 셋째, 사회적 역할 모델은 슈퍼바이저와 슈퍼바이지 사이의 역할 관계를 분석하고 이에 따라 슈퍼비전 교육내용을 구성해야 한다(강은희, 2004)는 것을 강조하고 있다.

TIP

(2) 집단상담 슈퍼비전 모델

개인상담 슈퍼비전 모델과는 달리 집단상담 슈퍼비전만을 위해 개발된 이론은 Okech와 Rubel(2006)의 집단상담 슈퍼비전 모델(Supervision of Group Work model : SGW model)을 들 수 있다. SGW 모델은 개념화, 개인화와 개입기술, 이와 유사한 자각의 범위, 지식 및 다양성 능력에 필요한 기술들을 강조한다. Bernard(1979)의 모델에 근거한 SGW 집단상담 슈퍼비전 모델은 집단상담 슈퍼비전의 특수성을 위해 발전되었다(이미선·권경인, 2009). 집단상담 슈퍼비전에서는 개인상담에서 발휘할 수 있는 기술과 개념화 영역뿐만 아니라 집단 전체로서의 차원, 일대일 관계, 그리고 하위조직에서 발생하는 문제에 대한 이해와 개입능력을 개발하는 개인 등에 대한 학습이 필요하다. 집단상담자가 집단에서 한 집단원의 개인적인 문제에 과도하게 몰입하는 것은 집단 기능에 이롭지 못하다(Donigian & Malnati, 1997; Kline, 2003; Ward, 1985). 그런데 이런 일은 집단 내에서 흔히 발생하며 이때 슈퍼바이저는 집단 전체로 시각을 넓히도록 지도해야 한다. SGW 모델에서는 이 점에도 주목하고 있다.

또, SGW 모델은 집단상담 슈퍼비전에 있어 역할, 초점, 상호작용 수준이라는 세 가지 요소에 대해 강조한다. SGW 모델의 첫 번째 요소는 슈퍼바이저의 역할로 교사(teacher), 상담사(counselor, facilitator), 자문가(consultant)로서의 역할을 포함하고 있다. 두 번째 요소는 기술에 대한 것으로 개입 기술(intervention skills)과 개념화 기술(conceptualization skills), 개인화 기술(personalization skills)에 대한 것이다. 세 번째 요소는 상호작용 수준으로 개인적(individual), 대인간(interpersonal subsystem), 전체 집단(group-as-a-system) 차원의 집단상담자의 기술 역량을 강조한다.

SGW 모델은 역할, 초점, 상호작용 수준 이 세 가지 요소를 각각 하나의 차원으로 접근하여 이해하고자 하는데 이를 구체적으로 살펴보면 다음과 같다.

첫 번째 슈퍼바이저의 역할은 기존의 차원 모델과 유사한 의미를 담고 있다. 교사(teacher)로서의 역할은 슈퍼바이지의 부족한 부분이 무엇인지 정확하게 파악하고 관심을 유도하며, 꼭 필요한 정보를 제공할 수 있어야 한다. 상담

> ▸ 집단상담 슈퍼비전에서는 개인상담에서 발휘할 수 있는 기술과 개념화 영역뿐만 아니라 집단 전체로서의 차원, 일대일 관계, 그리고 하위조직에서 발생하는 문제에 대한 이해와 개입능력을 개발하는 개인 등에 대한 학습이 필요하다.

TIP

가(counselor, facilitator)로서의 역할은 슈퍼바이지가 상담이나 슈퍼비전 과정에서 심리적인 요구를 스스로 탐색하고 통찰해 나가는 것을 촉진한다. 자문가(consultant)로서의 역할은 초점 있는 슈퍼비전을 통해 슈퍼바이지를 고무시키고 문제 해결을 위한 정보나 도움을 주어야 한다(김현정, 2012).

두 번째, 기술의 초점 차원에서 개입 기술(intervention skills)은 상담과정에서 관찰 가능하고 목적 있는 슈퍼바이지의 행동을 의미한다. 개인상담과 집단상담은 개입기술에 있어서는 질문하기, 재진술, 직면, 감정반영, 도전하기, 지지하기 등 유사한 측면이 있다(Yalom & Miles,1973). 하지만 집단의 상호작용 측면을 다루는 데 있어서는 제한점이 있다. 피드백의 제공, 집단원 간의 의사소통을 명확하게 하기, 경계 설정, 과정 관찰 등에 대한 기술은 집단상담을 위한 독특한 기술이다. 슈퍼바이저는 슈퍼바이지가 이러한 기술을 잘 사용할 수 있도록 지원해야 할 뿐만 아니라 문화적으로 적절한 대안을 만들어 낼 수 있도록 도울 수 있어야 한다(정성란 외, 2013). 개념화 기술(conceptualization skills)은 상담 회기 중의 개입방법이나 과정에 대한 정보를 체계화하는 과정을 말하는 것으로 집단상담자들은 개인 차원에서뿐만 아니라 대인 간 차원에서, 또 전체 집단 차원에서 개념화 기술을 가지는 것이 무엇보다 필요하며, 이는 슈퍼비전에서 다루어져야 한다. 개인화 기술(Personalization Skill)은 Bernard(1979)의 모델에서도 진술된 바 있듯이 집단상담 회기 중에 집단원을 적절하게 활용하고 구분할 수 있는 능력을 말한다(김현정, 2012). 집단상담자가 효과적인 집단 중재를 위해서 집단원 또는 집단원 간의 상호작용, 집단 전체에 대한 상담자 자신의 정서적 반응을 자각하는 것은 중요하다. 이와 더불어 집단상담 슈퍼바이저는 슈퍼바이지들이 집단원의 호소를 확인하고 개인화 하는 기술을 향상시켜야 한다.

마지막으로 상호작용 차원에 개인적인(individual) 수준의 상호작용으로 집단에서 한 명의 집단원에게 초점을 맞춘 경우를 말한다. 개인 수준의 초점은 필수적이며, 집단 상호작용의 다른 수준에까지 영향을 미친다. 슈퍼바이저는 슈퍼바이지가 개인적 수준의 집단원의 행동을 이해하는 것을 돕는다. 대인관계적인(interpersonal subsystem) 수준은 대인 간 또는 하위 집단 차원의 상호작용으로 집단원 간, 집단상담자와 집단 내의 하위 집단 간 또는 협동 집단상담자 간에 발생하는 상호작용 등을 모두 포함한다(정성란 외, 2013). 슈퍼바이지들은 집단 내 상호작용을 이해하고, 조성하며, 관리하는 등 집단을 효과적으로 중재할 수 있어야 하며, 슈퍼바이저들은 이를 돕는 것이 중요하다. 전체로서의 집단(group-as-a-system) 수준은 집단 전체를 조망하는 집단상담자의 능력을 키우는 단계로 집단상담자는 집단 전체가 경험하는 것에 대해 이해하고 설명이 가능해야 한다. 그러므로 슈퍼비전은 집단의 전체적인 과정을 집단상담자가 메타인지 하도록 도와야 한다.

Rubel과 Okech(2006)의 SGW 집단상담 슈퍼비전 모델과 개인상담 슈퍼비전 모델의 차이점은 집단상담 슈퍼비전이 집단원에 대한 개입방법, 개념화, 개인화 기술과 더불어, 초심집단상담자가 다루기 어려운 대인관계 수준이나 집단 전체적인 관점에서 볼 수 있는 기술도 간과해서는 안 된다는 것을 강조한 것이다. 이 모델은 집단상담 슈퍼비전에 대해 슈퍼바이저의 역할과 기술차원, 상호작용 수준 등의 요소를 정의하고, 이 과정을 통해 바람직한 집단상담 슈퍼비전 관계를 정립할 수 있는 방향을 제시하였다. 집단상담 슈퍼비전 모델의 3차원 형태는 [그림 10-2]와 같다.

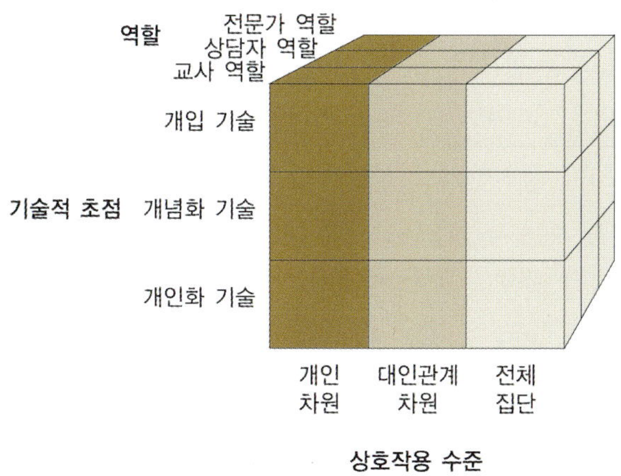

그림 10-2 집단 작업을 위한 슈퍼비전 모델

▷▶ 출처 : Rubel & Okech(2006). p.116 ; 정성란 외, 2013, 재인용.

TIP

➤ 슈퍼바이지들은 집단 내 상호작용을 이해하고, 조성하며, 관리하는 등 집단을 효과적으로 중재할 수 있어야 하며 슈퍼바이저들은 이를 돕는 것이 중요하다.

TIP

> 슈퍼바이저는 상이한 발달단계에 있는 슈퍼바이지들에게 알맞은 슈퍼비전 기법들을 주의 깊게 선별하여 적용해야 하며 상담 과정이나 소속기관에서 요구하는 과제를 충족시키기 위한 새로운 기술들을 배우도록 조력해야한다.

> 초심상담자는 자신이 상담과정을 이해하고 있는지, 적절한 방법으로 상담 기술을 수행하는지에 대해서 걱정한다. 이들은 내담자와 같이 있는 상담 장면에서 내담자의 말에 주의를 기울여서 내담자를 이해하려고도 하지만 그것보다 더 상담자로서 내담자에게 어떻게 반응해야 하는지를 더 많이 생각한다.

3) 상담자의 발달수준에 따른 슈퍼비전

김계현(1992)은 교육단계 모델을 통해 상담자의 발달단계를 고려하여 슈퍼비전을 하는 것이 슈퍼비전 성과에 긍정적인 영향을 미친다는 연구 결과를 밝혔다.

슈퍼바이저는 상이한 발달단계에 있는 슈퍼바이지들에게 알맞은 슈퍼비전 기법들을 주의 깊게 선별하여 적용해야 하며 상담과정이나 소속 기관에서 요구하는 과제를 충족시키기 위한 새로운 기술들을 배우도록 조력해야 한다. 그러나 새로운 기술을 배우는 것은 슈퍼바이지의 동기수준에 의해 좌우된다. 즉, 슈퍼바이지들이 같은 학습 여건에서 동기화되지 않으므로 슈퍼바이저는 각 슈퍼바이지를 '가장' 효과적으로 동기화시킬 수 있는 적절한 상담지도 기법들을 찾아내어 슈퍼바이지의 전문적인 자신감과 자율성이 증대되도록 지도해야 한다(Bradley, & Boyd, 1989).

(1) 초심상담자 슈퍼비전

연구들에서 밝혀진 바로는 개인상담과 집단상담 모두 상담자의 발달단계가 낮을수록 슈퍼비전에 대한 요구가 높았다. 이는 누구나 짐작할 수 있는 결과로 슈퍼비전이 가장 필요로 하는 시기는 상담자 발달단계 중 초심상담자 단계라고 할 수 있다.

김신애(2008)가 정리한 초심상담자의 특징은 다음과 같다.

첫째, 초심상담자는 자신과 내담자에 대한 알아차림(self and other awareness)이 부족하고, 상담 회기 중에 내담자에게 주의를 기울이기보다는 자신의 상담수행에 더 신경을 쓰는 경향이 있다.

둘째, 초심상담자는 자신이 상담과정을 이해하고 있는지, 적절한 방법으로 상담 기술을 수행하는지에 대해서 걱정한다. 이들은 내담자와 같이 있는 상담 장면에서 내담자의 말에 주의를 기울여서 내담자를 이해하려고도 하지만, 그것보다 더 상담자로서 내담자에게 어떻게 반응해야 하는지를 더 많이 생각한다.

TIP

셋째, 상담 회기 중에 적절한 상담 기술 스키마(Schema)를 탐색하면서, 자신이 배웠던 기술을 잘 수행하고 있는지에 더 관심을 두는 편이다.

넷째, 자신이 개념화한 내담자의 모습과 일치하는 방향으로 해석하려고 노력하고, 이러한 노력은 내담자나 내담자의 관점을 진정으로 이해하는 데 사용될 상담자의 에너지를 소진시키기도 한다.

다섯째, 초심상담자는 높은 수준의 불안을 경험한다(Dodge, 1982). 초심상담자는 변화하려는 욕구와 변화를 두려워하는 마음을 가지고 슈퍼비전 관계를 시작하게 된다. 새로운 상담 기술의 습득과 자신의 내적 성장을 슈퍼비전을 통해 기대하지만, 성인 학습자로서 지금까지 배웠던 것에 새로운 것을 받아들이는 것이 쉽지만은 않다(권두승·조아미, 2010). 이들은 상담자로서 무엇을 해야 할지 모르기 때문에 자신감이 부족하고, 자신의 상담 수행에 대한 슈퍼바이저 혹은 내담자로부터 부정적인 평가를 받을까 불안해하기도 한다. 이런 수행 불안을 경험하기 때문에 내담자를 공감하거나 내담자의 감정적 경험을 반영해 주기 어렵다(Heppner & Roehlke, 1984; Reising & Daniels, 1983). 초기의 혼란과 불안은 실습생이 경험을 쌓아 감에 따라 점차 줄어들지만, 내담자를 알아차리기보다 상담자 자신에게 주의를 기울이는 경향은 어느 정도 지속된다.

여섯째, 초기에 갖는 자신의 상담 수행에 대한 부정적 평가는 후에 자신감이 쌓여지면서 나아지고, 자신감은 상담기술 사용과 상담과정 이해로 생기게 된다.

일곱째, 자신감이 있어도, 초심상담자는 한참동안 자신의 상담 수행에 더 많은 주의를 기울여서 내담자에 대한 통찰이 잘 일어나지 않는 편이다(Hill, Charles, & Reed, 1981).

여덟째, 초심상담자는 대부분 슈퍼바이저에게 많이 의존하기 때문에 자율성이 낮다(Stotenberg, 1981). 초심상남자가 슈퍼바이저에게 너무 의존하게 되면, 자신만의 상담 계획이나 상담 수행을 하지 않고, 슈퍼바이저의 의견을 항상 따르게 되는 어려움이 생기기도 한다.

TIP

> 슈퍼바이저는 이러한 초심상담자에게 심리적 지지와 상담 관련 지식을 제공해 줄 필요가 있다.

그러므로 슈퍼바이저는 이러한 초심상담자에게 심리적 지지와 상담 관련 지식을 제공해 줄 필요가 있다. 또한 평가적인 피드백을 제공해야 하고 슈퍼바이지의 성장을 촉진하기 위해 모델링과 교육을 제공해야 하며, 무엇보다 초심상담자를 대상으로 하는 슈퍼비전에서는 관계 형성에 주력해야 한다(유영권 외, 2013). 슈퍼비전은 초심상담자가 심리적 지지 및 상담 수행과 직접 관련된 정보와 조언, 내담자와의 관계에 대한 도움을 받을 수 있는 좋은 기회이다.

(2) 초심상담자와 숙련상담자의 차이 비교

초심상담자와 숙련상담자를 비교한 Skovholt, Ronnestad와 Jennings(1997)의 연구에 의하면 초심상담자들은 긍정적인 관계의 역사를 가지고 있는 내담자와만 좋은 관계를 맺을 수 있는 반면 전문가들은 부정적인 관계의 역사를 가진 내담자와도 좋은 관계를 맺을 수 있다고 하였다. 즉, 쉬운 수행에 대해서는 초심상담자와 전문가의 차이가 없을 수 있지만 어려운 수행에 대해서는 분명한 차이가 있다는 것이다. 또한 심흥섭(1998)에 따르면 한국의 슈퍼바이저들은 상담자의 경력에 따라 상담자들의 사례개념화 능력 정도가 다르다고 제안하였으며, 사례개념화를 상담자 발달 수준을 평가하는 한 준거로 지적했다. 즉, 사례개념화는 상담경력이 쌓일수록 점차 더 숙달되어 가고 상담자로서의 전체적인 발달과정을 통해 향상되어 가는 중요한 영역이라는 것이다. 상담 경력이 쌓일수록 내담자 및 상담사례에 대한 단편적 이해보다는 핵심문제에 대한 설명에 주의를 기울이고 이러한 이해를 기초로 하여 세워질 수 있는 상담 전략에 보다 초점을 맞추게 된다는 연구 결과도 그 맥을 같이 한다(이윤주, 2001)

> 초보상담자와 숙련상담자는 언어적 반응에서도 차이를 나타낸다. 초심상담자들은 제한적이고 정형화된 구문을 자주 사용하는 반면, 숙련된 상담자들은 다양한 형태의 구문을 사용하며 내담자 여러 가지 반응에 대해 융통성 있게 대처한다.

상담자의 경력 수준이 높을수록 상담자의 자기효능감이 높아지고 상태 불안이 낮아지며 상담자가 지각하는 상담협력관계는 높아진다고 하였다. 초보상담자와 숙련상담자는 언어적 반응에서도 차이를 나타낸다. 초심상담자들은 제한적이고 정형화된 구문을 사용하는 반면, 숙련된 상담자들은 다양한 형태의 구문을 사용하며 내담자의 여러 가지 반응에 대해 융통성 있게 대처한다

TIP

(Tracey·Hayes·Malone & Herman, 1988).

여러 연구 결과들에 따르면 초심상담자와 숙련상담자는 다양한 측면에서 유의한 차이를 보이고 있다. 이를 표로 정리하면 <표 10-1>과 같다.

표 10-1 초보상담자와 숙련상담자의 차이

구 분	초보상담자	숙련상담자
Hale & Stoltenberg(1988)	내담자보다 자신의 상담 수행에 관심	내담자에게 관심
Skovholt & Rønnestad, Jennings(1997)	긍정적인 관계의 내담자하고만 좋은 상담관계	부정적인 관계의 내담자와도 좋은 상담관계
심흥섭(1998)	사례개념화 수준이 낮음	사례개념화 수준이 높음
Kivligham(2010)	지식구조가 공격 중재에 집중, 단순한 선행	중재 방법의 복잡성 수준 높음
문수정(1999) 개인상담 슈퍼비전 교육내용 요구분석	교육내용 요구가 높음 특히 상담 구조화에 대한 요구 높음	전반적 교육내용 요구가 낮아짐 특히 내담자와의 관계형성 요구 높음
이미선(2008) 집단상담 슈퍼비전 교육내용 요구분석	교육내용 요구가 높음 상담계획 및 구조화 하위 영역의 요구 높음	교육내용 요구도 낮음 집단 역동, 상호작용 및 의사소통 영역에 대한 요구 높음

▹▸ 출처 : 김현정(2013).

(3) 슈퍼바이지의 발달단계를 고려한 슈퍼비전

① 의존성-자율성의 변화

슈퍼바이지들은 상담사로서 교육을 받는 기간이 짧거나 실습 초기에는 전문가로서 자신의 판단에 대하여 자신감이 부족하고 슈퍼바이저, 즉 상급 전문가에게 의존하려는 경향이 높지만 경력이 쌓임에 따라서 자신감과 자율성이 향상되는 면을 보인다. 그렇다면 슈퍼바이지의 자신감, 의존성-자율성의 발달 수준을 고려할 때 슈퍼비전은 어떻게 달라져야 하는가? 이에 대한 가설은 자신감이 낮고 의존성이 높은 슈퍼바이지에게는 좀 더 지지적이고, 친절하며, 시범과 가르침 위주의 슈퍼비전이 효과가 높을 것으로 보고 있다. 반면에 자신감이 향상되고 자율성이 높아

TIP

➤ 사례개념화에 활용되는 가설 범주의 수, 가설적 개념의 복잡성, 가설 형성에 드는 시간, 사례개념화 요소 목록 등을 조사하여 이들이 상담 경력에 따라서 변화하는지를 검토하기 위한 연구들이 많이 수행되었으나 그 연구 결과는 일관성이 부족하다.

진 슈퍼바이지에게는 도전, 실험, 자율적 판단 등을 강조하는 슈퍼비전을 권유하고 있다(유영권 외, 2013).

② 인지적 기술의 발달

사례개념화에 활용되는 가설 범주의 수, 가설적 개념의 복잡성, 가설 형성에 드는 시간, 사례개념화 요소 목록 등을 조사하여 이들이 상담 경력에 따라서 변화하는지를 검토하기 위한 연구들이 많이 수행되었으나 그 연구 결과는 일관성이 부족하다(최한나, 2005). 상담경력이 많아짐에 따라 사례개념화의 역량, 즉 인지적 기술은 향상되는 것으로 보이지만, 구체적으로 어떤 인지적 과정이 어떻게 달라지는지에 대해서는 연구들 간에 상반된 결과를 보여 주기 때문이다. 연구 결과의 비일관성은 상담교육 실제에 혼란을 제공할 가능성이 있다. 예를 들면, 경력에 따라서 사례개념화 범주의 수가 증가하는 슈퍼바이지가 있는가 하면 그렇지 않은 슈퍼바이지도 있으므로 사례개념화 부분을 교육하는 전략을 선택할 때 슈퍼바이저는 슈퍼바이지 개인별로 차별화된 접근을 시도해야 할 것이다.

③ 다양한 주제에 걸친 상담자의 발달 연구

상담자의 발달에 관한 초기의 이론과 연구들은 주로 상담학을 전공하는 대학원생 수준에 집중되어 있었으나, 최근에 이를수록 상담자의 발달을 전생애적으로 보기 시작하며 따라서 숙련된 상위급 상담자의 변화 양상에도 관심을 두고 있다는 점도 중요한 동향 변화다(최한나, 2005). 연구 결과들을 개관해 보면, 초보상담자, 즉 상담을 배우기 시작하였거나 1년 이내인 경우는 숙련된 상담자들과 비교하였을 때 그 차이가 분명하게 드러난다. 그러나 상담자들의 수준을 3단계 정도로 나누는 경우에는 중간급이나 초급이나 상위급과 차이가 분명하게 드러나지 않는다는 점에 주목해야 할 것이다. 다시 말해서 상담자의 역량이나 어떤 상담자 속성이 변화하고 발달하는 것은 분명해 보이지만, 그것으로부터 세 개 이상의 단계를 발견하기는 어렵다고 보는 것이 타당하다. 따라서 슈퍼비전에서 주안점은 슈퍼바이지의 종합적인 발달단계를 평가하는 것과 더불어 개인별로 세부영역에 따른 발달수준을 파악하는 것이 포함되어야 한다. 이를 위한 평가도구가 소수 번안되거나 개발되어 있고, 연구가 진행되고 있으나 아직은 부족한 상태이다. 다음은 슈퍼바이지의 세부 발달 영역을 평가할 수 있는 기준의 예가 소개된다.

(4) 상담자 발달수준을 고려한 슈퍼비전 교육내용

심흥섭(1998)은 그의 연구를 통해 한국의 슈퍼바이저들이 상담자의 발달수준을 평가하는 데 사용하는 준거개념을 밝힌 바 있다. 여기에는 상담대화 기술, 사례이해, 알아차리기, 상담계획, 인간적·윤리적 태도가 포함된다. 이 개념들은 주로 상담자의 심리적 요인보다는 상담의 기술적 요인과 관련된 개념으로서, 상담자로서 학습하여야 할 학습내용이라고 볼 수 있다. 그러므로 슈퍼바이저는 이와 같은 항목들에 대한 슈퍼바이지의 발달수준을 파악하여 상담자로서 강점 영역과 보완이 필요한 영역을 알아낼 수 있으며, 집단상담자로 균형 있는 발달을 돕기 위해 어떠한 훈련에 초점을 맞추어야 할지를 결정할 수 있게 된다.

다음은 그의 연구에서 상담자 발달수준의 준거개념으로 나타난 다섯 가지 영역의 교육내용을 제시한 것이다.

TIP

➤ 슈퍼바이저는 이와 같은 항목들에 대한 슈퍼바이지의 발달수준을 파악하여 상담자로서 강점 영역과 보완이 필요한 영역을 알아낼 수 있으며, 집단상담자로 균형 있는 발달을 돕기 위해 어떠한 훈련에 초점을 맞추어야 할지를 결정할 수 있게 된다.

① 의사소통기술

대화를 이끌어 나가는 데 기본이 되는 의사소통기술(경청, 요약, 반영, 구체화, 질문, 공감)로서 개입기술과 구분된다. 내담자가 말로 표현하는 내용을 정확하게 알아듣고 이해한다. 내담자에게 상담자의 의사를 효과적으로 표현한다. 내담자의 비음성 언어(얼굴표정, 시선, 자세, 동작)의 특징을 관찰하고 억양, 목소리의 변화를 감지한다.

② 사례이해

내담자가 호소하는 문제, 상담받고자 하는 이유를 파악한다. 내담자의 핵심문제, 결점, 강점, 사회적·심리적 자원에 대한 평가를 포함한다. 내담자의 감정양식, 표현양식, 대응양식, 대인관계 양식을 파악한다. 내담

TIP

▶ 사례이해에 기초하여 상담자가 다룰 수 있는 합리적인 상담목표를 세우고 이를 합의한다. 체계적이며 상담목표에 적합한 상담계획을 수립하고 상담계획에 따라 적절한 상담방법을 선택한다. 내담자의 변화를 촉진시키고 증폭시키고자 하는 상담자의 의도가 담긴 대화를 포함한다. 각종 처치 및 개입기술(해석, 직면, 빈 의자 기법, 긴장이완훈련 등) 등이 이 영역에 해당한다.

자의 문제와 역동을 이해하고, 이를 이론적 틀에 근거해서 파악한다.

③ 알아차리기

내담자 말의 내용뿐만 아니라 의미(핵심 메시지)까지 이해한다. 내담자나 상담자의 내부에서 일어나는 감정, 생각, 의도, 의문, 기타 감각 등을 알아차린다. 내담자–상담자 사이에 일어나는 상호작용 과정을 보고 그 의미를 이해한다. 내담자의 비음성 언어의 특징이 의미하는 바를 안다.

④ 상담계획(상담 목표 설정, 전략, 개입기술 등)

사례이해에 기초하여 상담자가 다룰 수 있는 합리적인 상담목표를 세우고 이를 합의한다. 체계적이며 상담목표에 적합한 상담계획을 수립하고 상담계획에 따라 적절한 상담방법을 선택한다. 내담자의 변화를 촉진시키고 증폭시키고자 하는 상담자의 의도가 담긴 대화를 포함한다. 각종 처치 및 개입기술(해석, 직면, 빈 의자 기법, 긴장이완훈련 등) 등이 이 영역에 해당한다.

⑤ 상담자의 인간적·윤리적 태도

내담자를 한 인간으로 존중하고 사랑하며 수용하는 태도를 말한다. 상담자의 솔직성, 자신감, 내담자에 대한 인내심을 포함하고 인간에 대해 긍정적인 시각을 갖는 것, 상담자 자신에 대한 객관적인 이해, 가치판단의 보류, 윤리적인 태도, 상담에 대한 신념 등도 이 영역에 해당한다.

(5) 상담자 발달수준과 슈퍼비전 만족도

상담자의 발달수준과 교육내용 만족도 사이에는 높은 상관이 있는 것으로 나타났다(송승화·정남운, 2005). 이는 슈퍼비전에 대한 요구는 초심 슈퍼바이지가 더 높지만 만족도는 상담경력이 많은 슈퍼바이지에 비해 떨어진다는 것이다. 슈퍼비전이 상담과정의 모든 어려움을 해결해 줄 것이라는 마술적 기대에 비해 슈퍼바이지 자신의 준비도나 이해도는 아직 부족한 상태이므로 슈퍼비전에 대한 만족도가 경력자에 비해 덜 할 수 있다. 반면, 상담자의 발달수준이 높아질수록 슈퍼비전에서 다루어지는 교육내용을 풍부하게 이해하게 되고, 슈퍼바이저에게 일방적으로 의존하기보다 상담에 대한 안정된 동기와 자신감으로 슈퍼비전 환경을 적극적으로 조직하며, 부정적인 슈퍼비전 경험으로부터 영향을 덜 받기 때문인 것으로 보았다.

이처럼 상담수련생의 발달 수준에 따라 슈퍼비전에 대한 만족도는 차이를 나타내는데, 여기에 영향을 미치는 요소들 또한 다르게 나타나기도 한다. 상담수련생의 발달수준이 높을수록 구체적이고 구조화된 과업지향적인 슈퍼비전 방식보다는 슈퍼비전과 상담에서의 과정적 이슈에 주목하고 자신의 상담스타일을 개발하도록 돕는 자발적인 분위기의 대인간 민감도 방식을 선호했다(왕은자, 2001). 이로써 슈퍼바이지들은 자신의 발달 수준을 반영하는 슈퍼비전을 원하는 것을 알 수 있고, 슈퍼바이저는 이러한 요구에 민감하게 반응해야 함을 짐작할 수 있다.

4) 집단상담 슈퍼비전의 요구분석

(1) 집단상담 슈퍼비전 교육내용의 중요도에 대한 분석

슈퍼비전에 대한 슈퍼바이저와 슈퍼바이지의 인식은 차이를 보이는데, 슈퍼바이저들은 직접적으로 지식을 전달하기보다는 슈퍼바이지가 자율성을 가지고 스스로 상담과정에 대해 지각해 나가기를 바라는 반면, 슈퍼바이지들은 구체적이고 직접적인 해결책을 제시받고 싶어 하며, 이러한 경우에 효과적인 슈퍼비전이 이루어진 것으로 지각하는 경향이 있다. 집단상담 슈퍼비전의 교육내용은 집단상담자에게 필요한 능력으로, 개념화, 상호작용 및 의사소통, 집단역동, 개입기술, 상담계획 및 구조화, 집단상담자 등 이렇게 여섯 가지 영역으로 나눌 수 있다. 이를 토대로 집단상담 슈퍼비전 교육내용의 중요도에 대한 슈퍼바이저와 슈퍼바이지의 인식 차이를 살펴보면, 첫 번째, 초보상담자의 슈퍼비전에서 슈퍼바이저는 집단 전체 과정을 중시하는 개념화와 집단역동 영역을 중시하며, 슈퍼바이지는 구체적인 내용을 담은 상담계획 및 구조화를

TIP

➤ 슈퍼비전에 대한 슈퍼바이저와 슈퍼바이지의 인식은 차이를 보이는데, 슈퍼바이저들은 직접적으로 지식을 전달하기 보다는 슈퍼바이지가 자율성을 가지고 스스로 상담 과정에 대해 지각해 나가기를 바라는 반면, 슈퍼바이지들은 구체적이고 직접적인 해결책을 제시 받고 싶어 하며, 이러한 경우에 효과적인 슈퍼비전이 이루어진 것으로 지각하는 경향이 있다.

TIP

중요하게 여긴다. 그러므로 슈퍼비전을 계획할 때 이 영역의 교육내용에 대해 두 사람 간의 합의 과정이 필요하다. 두 번째, 상담경력이 많은 슈퍼바이지는 집단상담 슈퍼비전 교육내용의 중요도에 있어서 슈퍼바이저와 인식의 일치성이 높고 경력이 적은 슈퍼바이지는 일치성이 낮게 나타난다.

이러한 결과를 좀 더 자세히 살펴보기 위해 집단상담 슈퍼비전 교육내용의 여섯 가지 영역에서 슈퍼바이저와 슈퍼바이지 간에 우선순위를 제시하면 <표 10-2>와 같다.

표 10-2 집단상담 슈퍼비전 교육내용 영역별 우선순위

순위	슈퍼바이저	슈퍼바이지
1	집단역동	개념화
2	개념화	상호작용 및 의사소통
3	상호작용 및 의사소통	집단역동
4	집단상담자	상담계획 및 구조화
5	개입기술	집단상담자
6	상담계획 및 구조화	개입기술

▷▶ 출처 : 김현정(2012).

(2) 집단상담 슈퍼비전에 대한 집단상담자들의 요구

상담자의 발달수준에 따라 요구되는 슈퍼비전 교육내용의 중점영역이 달라지지만 정성란 외(2013)가 제시한 집단상담 슈퍼비전에 대한 집단상담자들의 공통적인 요구는 다음과 같다.

첫째, 집단상담 슈퍼비전에서 다루고 싶은 부분으로는 전이와 역전이, 저항, 상담기법, 적절한 개입, 직면, 공감, 알아차리기, 감정 다루기, 지금-여기, 목표설정, 문제이해, 집단원 이해, 상담자 이해, 상호작용 촉진, 갈등해결, 의사소통 기술, 역동, 분위기 조성, 초기관계 형성, 전체적인 과정, 구조화 등의 영역으로 나누어 볼 수 있다. 이 중에 집단 안에서 일어나는 역동에 대해 파악하고 다루기에 관한 것이 많았으며, 저항을 다루는 기법, 전체적으로 흐름을 다

루는 기술이나 기법에 대해서도 슈퍼비전에서 다루고 싶다는 요구가 많았다.

둘째, 집단상담 운영 시 겪는 어려움으로는 저항, 침묵, 지나치게 주도적인 집단원, 상담 기법, 적절한 개입, 직면, 유머, 상담자의 두려움, 상호작용 촉진 방법, 의사소통 방법, 갈등 해결, 역동, 전체적인 구조화, 첫 회기의 어색함, 시간관리, 다양성 다루기, 아동·청소년 집단, 구조화 집단, 상담자 이해 등의 영역으로 나타났다. 특히, 집단상담자들은 스스로 집단상담을 잘 운영하고 있는지에 대한 의문과 두려움으로 어려움을 느끼고 있었다. 그리고 집단 안에서 갈등과 침묵, 저항에 대한 적절한 대처 방법이나 기술적인 면에 대한 어려움을 느끼고 있는 것으로 나타났다.

셋째, 집단상담 슈퍼비전을 통해 향상시키고 싶은 상담자의 능력으로는 저항에 대한 처리, 개입 능력, 효과적인 직면, 경청과 공감 능력, 감정 표현, 내담자 스스로 통찰할 수 있도록 하는 능력, 지금-여기, 목표 설정, 내담자의 핵심 문제 파악 능력, 집단원을 이해하며 민감하게 대처하는 능력, 집단과 개인 이해, 집단 응집력과 세심함, 의사소통 기술, 자연스러움, 집단의 흐름을 파악하고 통찰하는 능력, 상담자에 대한 이해와 자세 등을 향상시키고 싶다고 하였다.

넷째, 슈퍼바이저에게 바라는 점은 역전이, 상담 기술, 직면, 지금-여기, 목표 전략, 상담자 이해, 상호작용 방법, 역동, 자연스러운 흐름, 집단 전체 파악, 구체적이고 정확한 문제해결 방법, 객관적 시각, 슈퍼바이지의 강점과 단점에 대한 피드백, 저렴한 비용 등이었다. 특히, 슈퍼바이저의 성향에 대해 바라는 점이 많았으며, 공감과 격려를 잘하는 슈퍼바이저를 원하는 것으로 나타났다.

다섯째, 집단상담 슈퍼비전을 받을 때 아쉬웠던 점으로는 시간 부족, 구체적인 설명 부족, 자료 부족, 슈퍼바이저와의 갈등, 불충분한 사례 개념, 슈퍼비전의 체계 부분, 집단의 전체적인 부분을 다루지 못한 것, 능력을 향상시킬 수 있는 구체적인 피드백의 부족 등으로 드러났다.

TIP

> 집단상담 슈퍼비전을 받을 때 아쉬웠던 점으로는 시간 부족, 구체적인 설명 부족, 자료 부족, 슈퍼바이저와의 갈등, 불충분한 사례 개념, 슈퍼비전의 체계 부분, 집단의 전체적인 부분을 다루지 못한 것, 능력을 향상시킬 수 있는 구체적인 피드백의 부족 등으로 드러났다.

(3) 집단상담 경력 수준에 따른 슈퍼비전 교육내용 영역별 교육 요구도 비교

앞서 언급한 바와 같이 슈퍼바이저와 슈퍼바이지 간에 슈퍼비전에 대한 관

TIP

점과 요구에 차이가 있듯이 상담자의 경력에 따라서도 슈퍼비전에서 기대하는 바에 차이를 보인다. 집단상담 경력 수준에 따라 초심, 중간, 숙련집단상담자들이 기대하는 집단상담 슈퍼비전 요구의 우선순위를 제시하면 <표 10-3>과 같다.

슈퍼바이지들은 발달수준에 관계없이 '집단역동'에 대한 피드백을 우선적으로 원하는 경우가 많은데, 이는 집단의 역동이 집단상담자 스스로 집단의 성과를 평가할 때 가장 두드러지게 느껴지는 요소이기 때문일 것이다. 또한 초심상담자와 중간 이상의 경력을 가진 집단상담자들 간의 눈에 띄는 차이점은 상담계획 및 구조화에 대한 것이다. 초심 집단상담자들을 비구조화된 집단에서 보다 구조화된 집단에서 좋은 수행을 보고하는데, 구조화된 집단에서는 상담자로서 보다 집단을 통제해 나갈 수 있을 것이라는 안도감이 작용한 결과로 해석된다. 반면에, 집단상담자로서 숙련될수록 비구조화된 상황에서도 집단원 간의 역동이 자연스럽게 생성되어 가는 것에 여유를 가지고 대처해 나갈 수 있다는 자신감이 있으므로 상담계획과 구조화에 대한 피드백을 덜 원하게 된다. 또한 숙련된 집단상담자들은 집단원 간의 상호작용이나 의사소통과 같은 집단의 과정에 관심을 크게 기울이는 것도 특징적이라 할 수 있다.

표 10-3 집단상담 경력수준에 따른 슈퍼비전 교육내용 영역별 순위

(단위 : %)

순위	초심	중간	숙련
1	집단역동(56.42)	집단역동(49.69)	집단역동(43.03)
2	개입기술(52.92)	개념화(44.16)	개입기술(37.56)
3	상담계획 및 구조화(49.33)	개입기술(43.65)	상호작용 및 의사소통 (37.32)
4	집단상담자(49.21)	집단상담자(42.77)	개념화(35.37)
5	상호작용 및 의사소통 (48.24)	상호작용 및 의사소통 (41.65)	집단상담자(34.83)
6	개념화(48.19)	상담계획 및 구조화(38.46)	상담계획 및 구조화(32.83)

▷▶ 출처 : 이미선·권경인(2009).

5) 집단상담 슈퍼비전 사례보고서

집단상담 슈퍼비전이 이루어지기 위해서는 슈퍼바이저와 슈퍼바이지가 공유할 수 있는 정보가 필요하다. 따라서 슈퍼바이지는 사례보고서를 작성하게 되는데 슈퍼비전을 위한 사례 기록은 슈퍼비전을 위해서 뿐아니라 상담의 효율성과 상담자의 전문성을 높이기 위한 활동이며, 초심상담자들에게는 더욱 중요한 정보로 활용 가치가 높다고 할 수 있다.

사례기록은 사례에 대한 올바른 기억과 이해를 가능하게 하고, 상담자의 역량을 제고하며, 상담 관련 연구를 위한 자료로 활용될 수 있다. 더불어 상담 의뢰 시 전문가 간의 정보 교환을 위해서도 중요하며, 전문가 보호를 위해서도 필요하다(김창대, 2004).

여러 차례 언급한 바와 같이 슈퍼비전 관련 많은 연구들이 개인상담에 대부분 치중되어 있고, 마찬가지로 사례보고서와 관련해서도 집단상담 영역에서 슈퍼비전 사례보고서에 대한 탐색은 미진한 상태이다. 효과적인 집단상담 슈퍼비전을 위해서는 집단상담과정 및 내용에 대한 체계적인 기술(description)이 중요하고, 이를 위한 구조화된 틀이 제시될 필요가 있다.

집단상담 슈퍼비전의 사례보고서는 첫째, 집단구성원 전체, 즉 집단상담자, 집단상담자와 집단원들, 집단원들 간의 상호작용이 제시되어야 한다. 둘째, 집단원의 호소문제, 집단원들 간의 갈등, 저항, 전이와 역전이, 집단의 발달단계, 집단의 목표, 집단원의 개인적인 목표, 상담자의 개입 등이 기록되어야 한다 (Christensen & Kline, 2001; DeLucia-Waack, 1999).

DeLucia-Waack(2002)은 집단상담 슈퍼비전을 위해 상담자들이 사용할 수 있는 집단상담 회기 기록지를 작성하였다. 이는 <표 10-4>와 같다.

TIP

➤ 슈퍼비전을 위한 사례 기록은 상담의 효율성과 상담자의 전문성을 높이기 위한 활동이며, 초심상담자들에게는 더욱 중요한 정보로 활용 가치가 높다고 할 수 있다.

TIP

표 10-4 집단상담 회기 기록지

▶ 집단과정 기록

• 날짜 :	• 회기 :	• 집단 리더 :
• 참석인원 :	• 사전 통보 후 결석한 집단원 :	• 무단결석한 집단원 :

• 회기주제
- 내용 :
- 과정 :

• 집단에 대한 기록
- 도입 :
- 작업 :
- 종결 :

• 집단원에 대한 기록
- 집단원 A :
- 집단원 B :
- 집단원 C :

▶ 집단 회기 진행

• 집단에 대한 의견
- 의견 :
- 과정 :
- 특별한 집단원 :
- 슈퍼비전 중 논의되어야 할 것 :

• 개입전략 평가
- 실행 기능 :
- 주요 기여 :
- 보살핌 :
- 감정 자극 :

* 위의 네 가지 각각에 대해 작업된 것은 무엇인가?
* 작업하지 않은 것은?(그리고 다음 회기에 무엇을 다르게 작업할 것인가?)

• 치료적 요인에 관련된 결정적 사건

집단에서 이번 중에 일어난 가장 중요한 사건 3가지를 간략하게 묘사해 보기. 그리고 이를 치료적 요인에 근거하여 어떻게 설명할지 적어보기

①
②
③

• 역전이-특수한 집단원 대하기

당신이 생각나는 집단원에 대해 느끼는 감정을 간략하게 묘사해 보기. 당신이 그 집단원을 대하는 행동은 어떠한가? 당신의 행동은 어떤 것에 근거하는가? 당신의 반응은 집단원이 집단 안에서 하고 있는 무언가에 근거하는가? 아니면 당신과 다른 사람의 관계에 근거하는가? 앞으로 그 집단원에 반응하기 위해 무엇을 할 수 있는가?

①
②
③

TIP

- 특정한 사건이나 집단 주제 다루기-사건에 대해 간략하게 묘사하기

사건의 결과로 인해 당신에게서 나타나는 감정, 다른 상황에서 당신에게 남아 있는 것, 행동이 무엇에 근거하고 있는지, 이 사건에 관련된 당시의 행동이나 이슈는 무엇인지, 향후 상호작용에서 당신이 무엇을 다르게 할 수 있는지 적어 보기

- 테이프 전시-테이프의 20분가량의 분량을 선택하고 다음 양식을 따라서 전시하기
  - 리더의 진술
  - 집단원의 진술
  - 종결
  - 가능한 대답, 반응

▷▶ 출처 : DeLucia-Waack(2002); 정성란 외(2013). 재인용.

국내에서는 권경인(2010)이 집단상담 슈퍼비전의 사례보고서에 포함되어야 하는 주요 요소들이 무엇인지를 탐색하고, 이에 대한 전문가적 합의를 거쳐 집단상담 슈퍼비전 사례보고서 모형을 개발하였다. 그중 집단상담 슈퍼비전 사례보고서 요약형을 제시하였다. 사례보고서는 9개의 주요 범주와 30개의 주요 요소로 구성되어 있으며, 9개의 주요 범주는 집단 소개, 집단 프로그램, 집단상담 목표, 집단원, 집단과정, 집단역동, 집단상담 평가, 슈퍼비전에서 도움을 받고자 하는 것, 축어록 부분이다. 이는 <표 10-5>에서 제시하였다.

표 10-5 집단상담 슈퍼비전 사례보고서 모형(요약형 : 성인)

주요범주	주요 요소
집단소개	• 집단상담 접근 방식 • 집단상담 전략 • 집단 운영 방법과 형태
집단 프로그램	• 집단 프로그램 소개 • 프로그램 목적
집단상담 목표	• 집단상담 전체의 목표
집단원	• 집단원에 대한 진술, 집단에서의 모습과 특징 • 집단원 개별 목표
집단과정	• 참석자 • 금주 주제(회기 주제) • 회기 평가 및 개선안 • 치료적 요인 • 중대 사건 • 효과적 개입

TIP

	• 회기에서 다뤄졌던 주제(내용 쟁점, 과정 쟁점) • 집단원의 저항 및 대응 • 역전이
집단역동	• 리더와 집단원 간의 역동을 글로 기술 • 협동 집단상담자와 집단원 간의 역동 • 집단원 간 역동 • 회기별 집단과정의 역동 양상 • 집단원들의 상호작용
집단상담 평가	• 집단에 대한 집단상담자의 평가 • 집단에 대한 집단원들의 평가 • 개인별 변화(집단원별 사전·사후) • 집단상담 성과 • 개입 전략 평가
슈퍼비전에서 도움받고자 하는 것	• 진행 시 리더가 겪었던 어려움 • 슈퍼비전을 통해서 얻고자 하는 것
축어록	• 축어록

▷▶ 출처 : 권경인(2010).

복잡한 과정과 내용이 담긴 집단상담 슈퍼비전 사례보고서를 통해서 얻는 유익은 여러 가지이다. 먼저 집단상담자들에게 슈퍼비전 이전에 집단에서 무엇이 일어나고 있는지를 생각하는 데 도움이 되는 틀(framework)로 활용될 수 있으며, 집단의 진행, 역동, 집단원의 행동에 대한 정보를 조직화하는 데도 도움이 된다. 또한 슈퍼비전에서 보아야 할 중요한 것이 무엇인지를 결정할 수 있도록 도우며, 초심 집단상담자들에게는 집단상담과 관련하여 주요 주제들에 대한 정보를 제공하기도 한다(DeLucia-Waack, 2002).

> 집단상담 슈퍼비전은 개인상담 슈퍼비전에 비해 덜 정착되어 있고 활성화 되지 못한 상태이다. 집단상담자들의 전문적인 성장과 교육을 위해서는 집단상담 슈퍼비전 모델의 개발이 계속 되어야 하며, 집단 참여자의 특성에 따라 집단의 목표에 따라서 보다 세분화된 슈퍼비전을 제공할 수 있어야 한다.

아직 우리나라에서 집단상담 슈퍼비전은 개인상담 슈퍼비전에 비해 덜 정착되어 있고 활성화되지 못한 상태이다. 집단상담자들의 전문적인 성장과 교육을 위해서는 집단상담 슈퍼비전 모델의 개발이 계속 되어야 하며, 집단참여자의 특성에 따라 집단의 목표에 따라서 보다 세분화된 슈퍼비전을 제공할 수 있어야 한다. 이를 위해 집단상담 슈퍼바이저와 슈퍼바이지 모두의 노력이 절실히 필요하다고 하겠다.

요약

✓ Bernard와 Goodyear(1992)는 집단상담 슈퍼비전이란 임상적인 이해를 넓히기 위한 목적으로 슈퍼바이저가 슈퍼바이지의 내담자에 대한 서비스 수준을 감독하는 활동이라고 정의했다. 또한 Jhonston(1985)은 집단상담 슈퍼비전을, 슈퍼바이저들이 상담수련생의 전문적 발달을 돕는 과정이라 정의하였다.

✓ 집단상담과정은 주제와 상호작용 모두에 대한 것이기 때문에 개인상담보다 더 복잡하며 상호작용과 다양성 및 복잡성 때문에 구조와 과정을 서술하는데 좀 더 주의를 기울여야 한다. 효과적인 집단상담 슈퍼비전을 위해서는 개인 차원뿐만 아니라 상호작용의 차원, 집단 전체 차원까지 함께 고려해야 하며 개별적인 집단원의 특성뿐만 아니라 집단원 사이의 역동을 이해해야 한다.

✓ 개인상담 슈퍼비전 모델과는 구별되게 집단상담 슈퍼비전만을 위해 개발된 이론으로는 Okech와 Rubel(2006)의 집단상담 슈퍼비전 모델(Supervision of Group Work model : SGW model)을 들 수 있다. SGW 모델은 개념화, 개인화와 개입기술, 이와 유사한 자각의 범위, 지식 및 다양성 능력에 필요한 기술들을 강조한다.

✓ SGW 모델은 집단상담 슈퍼비전에 있어 역할, 초점, 상호작용 수준이라는 세 가지 요소에 대해 강조한다. SGW 모델의 첫 번째 요소는 슈퍼바이저의 역할로 교사(teacher), 상담사(counselor, facilitator), 자문가(consultant)로서의 역할을 포함하고 있다. 두 번째 요소는 기술에 대한 것으로 개입 기술(intervention skills)과 개념화 기술(conceptualization skills), 개인화 기술(personalization skills)에 대한 것이다. 세 번째 요소는 상호작용 수준으로 개인적(individual), 대인간(interpersonal subsystem), 전체 집단(group-as-a-system) 차원의 집단상담자의 기술 역량을 강조한다.

✓ 집단상담 슈퍼비전의 교육내용은 집단상담자에게 필요한 능력으로, 개념화, 상호작용 및 의사소통, 집단역동, 개입기술, 상담계획 및 구조화, 집단상담자 등 여섯 가지 영역으로 나눌 수 있다. 초보상담자의 슈퍼비전에서 슈퍼바이저는 집단 전체 과정을 중시하는 개념화와 집단역동 영역을 중시하며, 슈퍼바이지는 구체적인 내용을 담은 상담계획 및 구조화를 중요하게 여긴다. 그러므로 슈퍼비전을 계획할 때 이 영역의 교육내용에 대해 두 사람 간의 합의과정이 필요하다.

✓ 슈퍼비전을 위한 사례 기록은 상담의 효율성과 상담자의 전문성을 높이기 위한 활동이며, 초심상담자들에게는 더욱 중요한 정보로 활용 가치가 높다고 할 수 있다. 사례기록은 사례에 대한 올바른 기억과 이해를 가능하게 하고, 상담자의 역량을 제고하며, 상담 관련 연구를 위한 자료로 활용될 수 있다.

연습문제

- 집단상담의 슈퍼비전의 정의 및 목표에 대하여 기술하시오.

- Okech와 Rubel(2006)의 집단상담 슈퍼비전 모델에 대해 설명하시오.

- 슈퍼비전에 대한 초심 집단상담자와 숙련된 집단상담자의 기대 차이를 논하시오.

- 집단상담 슈퍼비전에서 다루어야 할 교육내용을 기술하시오.

- 집단상담 사례기록의 중요성에 대해 논하시오.

Chapter 11 집단상담 프로그램

집단상담은 집단 문화가 익숙하고 그를 즐기는 우리나라 정서에 그 어떤 유형의 상담보다 사람들에게 쉽게 선택될 수 있는 상담 유형이 아닌가 생각된다. 또한 개인상담과 달리 집단상담은 병리적인 관점으로 보여지기보다는 교육적인 측면, 혹은 예방적 측면으로 인식되는 경우가 대부분이기에 선택의 상황에 있는 내담자 스스로에게 있어 주변에 대한 부담이 덜한 방식의 선택이 될 수 있다.

그러나 이러한 요인은 첫 선택의 상황에서 보다 많은 영향을 줄 수 있는 것이지 그것만으로 집단상담의 선호가 높다고 판단하는 것은 아니다. 근본적으로 집단상담은 다른 어떤 상담 유형과는 다른 나름의 독특한 회복적 요소가 있기에 보다 많은 사람들이 집단상담 프로그램을 개발하고 연구하며 이에 대한 직접적인 참여가 증가하는 것이라고 생각한다.

이에 대한 근거로 권경인(2007)은 우리나라 대가들을 통해 집단상담만의 독특한 치료적 요인을 설명하였다. 그 요인의 첫째가 삶의 보편성이 주는 힘이요, 둘째는 다양한 진실, 많은 진실을 한꺼번에 볼 수 있는 점이며, 셋째는 상담자 혼자보다는 여러 사람이 함께 해주는 피드백이나 직면이 훨씬 강렬하고 효과적인 힘이 있다는 것이다. 넷째, 집단을 통해 소속감과 연대감을 갖게 되는 것이며, 다섯째 여러 사람이 힘을 합쳐 누군가를 돕는 경험을 제공하게 된다는 것이다. 또한 획기적인 변화의 경험을 제공하고, 마지막으로 조직을 활성화 하는데 집단상담이 최고의 수단임을 말해주고 있다.

한편 최근 집단상담은 많은 영역에서 쉽게 접할 수 있다. 심리정서적 측면에 대한 사회적 관심이 증가함에 따라 상담을 제공하는 기관 역시 증가하고

TIP

➤ 개인상담과 달리 집단상담은 병리적인 관점으로 보여지기보다는 교육적인 측면, 혹은 예방적 측면으로 인식되는 경우가 대부분이기에 선택의 상황에 있는 내담자 스스로에게 있어 주변에 대한 부담이 덜한 방식의 선택이 될 수 있다.

TIP

있기 때문이다. 지역 내 복지관, 건강가정지원센터, 정신건강센터, 청소년상담복지센터, 학교 내 위클래스, 위센터 등이 바로 대표적인 예이다. 각 기관에서는 연령에 따른 호소 문제에 따라 그에 맞는 치료적 개입 혹은 예방적 차원의 집단상담 프로그램들을 개발하여 운영해 오고 있다.

따라서 이 장에서는 먼저 구조화된 집단상담 프로그램을 운영하기 위해 사전 프로그램을 개발하기 위한 과정에 대해 간략히 살펴보고, 청소년을 중심으로 최근에 가장 두드러지는 이슈와 관련한 주제를 중심으로 실제 저자가 청소년상담복지센터에서 운영해 보았던 구조화된 집단상담 프로그램을 제시해 보고자 한다.

1 ◦ 집단상담 프로그램 개발

➢ 집단상담 프로그램은 대상 및 문제의 성격에 따라 특정 목적을 성취하기 위해 과학적으로 기획과 설계를 하게 된다. 즉, 문제 유형에 따라 목적 및 목표를 적절하게 설정하고, 그 목표를 달성하기 위해 체계적인 활동 구성의 원리에 의거하여 구체적인 내용과 활동을 구성한다.

집단상담 프로그램은 대상 및 문제의 성격에 따라 특정 목적을 성취하기 위해 과학적으로 기획과 설계를 하게 된다. 즉, 문제 유형에 따라 목적 및 목표를 적절하게 설정하고, 그 목표를 달성하기 위해 체계적인 활동 구성의 원리에 의거하여 구체적인 내용과 활동을 구성한다.

AACA(American Association of Counseling and Development,1990)에 따른 집단상담 프로그램 개발과정의 세부 활동을 살펴보면 다음과 같다.

1) 개발하고자 하는 프로그램 철학의 수립

프로그램의 대상 집단, 학교, 기관, 지역사회의 요구 및 기대를 파악하고 프로그램이 추구하는 이상과 비전을 수립하는 한편, 프로그램의 의무를 기술한다.

TIP

▶ 학교의 경우, 학생, 부모, 교사, 행정가, 지역사회지도자 등을 주요 대상으로 하는 한편, 기관의 경우 지역사회주민, 정부기관, 종교단체, 산업체 및 특수 환경에 있는 특수집단을 대상으로 한다.

2) 프로그램이 실시되는 장소에 따라 대상 집단 파악

학교의 경우, 학생, 부모, 교사, 행정가, 지역사회지도자 등을 주요 대상으로 하는 한편, 기관의 경우 지역사회주민, 정부기관, 종교단체, 산업체 및 특수 환경에 있는 특수집단을 대상으로 한다.

3) 프로그램 개발을 위한 기초자료의 준비

프로그램 주제와 관련된 문헌, 주요 문제점들, 현재의 추세 및 동향, 대상 집단의 발달적 욕구, 관련된 법적·윤리적 문제들에 관한 지식과 정보를 갖추어야 한다.

4) 대상 집단의 요구조사

대상 집단의 대표자들과의 자문 및 면담을 통한 사전요구조사를 통해 설문조사를 실시, 결과분석을 통해 대상 집단의 요구들 가운데 우선순위를 정하여 기초자료를 활용한다.

5) 프로그램의 계획 및 실시와 관련된 자원의 확보

프로그램의 모델이 될 수 있는 기존 문헌의 검토, 프로그램이 실시될 수 있는 시설이나 자원능력 및 제한점의 파악, 프로그램을 실시하는 인력의 확보, 프로그램 개발 및 실시에 따른 예산의 파악, 프로그램 개발실시와 관련된 시간 계획, 프로그램을 보완하는 자원의 확보 등이 포함된다.

TIP

6) 프로그램의 설계

프로그램의 세부적인 절차 및 진행과정의 확정, 프로그램의 실시방법을 개발한다.

7) 프로그램의 실시

프로그램 실시를 위한 실시자 교육 및 구성, 프로그램의 홍보가 포함된다.

8) 프로그램 효과의 평가

평가 기준의 마련, 프로그램에 대한 피드백과 의견을 제공하는 위원회의 구성, 프로그램 평가방법의 결정, 프로그램 평가의 전체적인 조정 및 평가 자료의 활용 등을 포괄한다.

9) 프로그램의 개선

프로그램의 수혜 대상인 개인과 집단의 파악 및 의뢰, 지원할 수 있는 자원의 파악, 프로그램의 목적이나 목표 진술문의 수정 및 준비, 프로그램의 본격적인 실시 등이 포함된다.

10) 프로그램 개발을 위한 자문 및 협력

프로그램 개발에 대한 자문과 협조 및 조력과정이 포함된다.

TIP

또한 Corey(2010)도 집단상담 프로그램 개발 시 다음과 같은 질문이 사전에 반드시 필요함을 언급하고 있다

- 프로그램을 운영하려는 집단은 어떤 집단인가?
- 집단을 혼자 또는 공동지도자와 이끌 것인가?
- 고려해야 할 특별한 사항은 무엇인가?
- 집단의 특수한 목표는 무엇인가?
- 어떤 구조와 형식으로 진행할 것인가?
- 어떤 종류의 구성원을 선별할 것인가?
- 어떤 종류의 오리엔테이션을 할 것인가?
- 이 집단을 최대한 활용하도록 돕기 위해서 집단원들에게 어떤 종류의 지침을 줄 것인가?
- 기본 규칙과 집단 규범으로 확립할 것은 무엇인가?
- 집단의 과정과 결과를 평가하기 위해 어떤 평가 절차를 사용할 수 있는가?

2 청소년을 위한 집단상담 프로그램

청소년에게 있어 집단상담은 다른 어느 연령 대상에 비해 보다 효과적인 상담 유형일 것이다. Akos와 Hamm, Mack, Dunaway(2007)는 청소년 초기 동안 또래 집단 관계의 발달적인 중요성을 제시하였고, 집단 작용이 또래 간의 걱정거리를 공유하면서 집단원에게 얼마나 유용한 자원을 제공하는지를 설명하였다. 또한 집단상담은 청소년들의 모든 힘과 갈등을 연결시킬 수 있는 이상적인 현상으로 집단경험을 통해 그들 자신에 대해 얼마나 가치 있는 존재인지, 그들의 믿음과 관계 및 선택에 대해 배우는 세상에 대해 적응해 가는 과정이다(Corey, 2010/2012). 따라서 이 시기의 대상자를 중심을 한 집단상담은 건강한 성장과 발달을 도모하는데 매우 효과적이며 유용할 수 있다.

➤ 집단상담은 청소년들의 모든 힘과 갈등을 연결시킬 수 있는 이상적인 현상으로 집단경험을 통해 그들 자신에 대해 얼마나 가치 있는 존재인지, 그들의 믿음과 관계 및 선택에 대해 배우는 세상에 대해 적응해 가는 과정이다.

TIP

다음은 국가청소년위원회(2006)에서 개발한 해결중심, 인지행동 이론을 바탕으로 구성된 집단상담과 호소 문제 중심의 집단상담 프로그램을 예시로 제시해 보고자 한다.

1) 위기청소년을 위한 해결중심 집단상담(국가청소년위원회, 2006)

(1) 집단상담의 목적

본 프로그램은 청소년 보호시설 등 위기청소년들을 대상으로 활동중심적인 방법을 활용하여 심리적 개입을 실시하고, 이를 통해 그들이 처한 환경으로 인해 약화되었던 삶에 살아가는 힘을 북돋아 주고 레질리언스를 강화하는 것을 목적으로 한다.

첫째, 집단 리더와 집단원으로부터 인정, 지지, 칭찬을 통해 자아존중감이 향상된다.

둘째, 신뢰를 바탕으로 자신의 감정과 생각을 서로 교환하고, 타인의 관점 및 관계 속에서 나를 발견하여 적용하는 기회를 가짐으로써 대인관계 능력을 향상시킬 수 있다.

(2) 집단의 구성 및 운영 내용

① 대상 : 보호시설 및 위기 상황에 노출되어 있는 청소년으로 5~8명으로 구성된다.

② 형태 : 1회기 90분으로 진행되며 총 6회기로 운영한다. 매 회기 해결중심적 모델을 적용한 기본 구조로 운영한다.

해결중심적 주요 구조	프로그램 적용 구조
• 변화 발견 단계 "무엇이 좋아졌습니까?" "무엇이 달라졌습니까?"	• 칭찬과 감사의 시간 프로그램 진행 상반기 : 개별 발표 프로그램 진행 후반기 : 옆 사람이 발표

• 변화 확장단계	• 활동 진행단계 리더는 주로 구조화된 활동 진행을 하나 내담자의 틀, 상황, 자세에 따라 내담자 중심으로 적절히 활동 내용 변화 • 척도질문하기 :변화, 의지 측정
• 휴 식 내담자 휴식 상담자는 내담자를 내보낸 후 메시지 작성	• 휴 식 집단 성원 휴식 리더는 다른 장소에서 성원에 대한 메시지 작성
• 메시지 주기 칭찬, 과제 주기 상담내용 중 나온 내용을 근거로 과제 제시	• 메시지 주기 칭찬, 과제 주기 프로그램 진행의 구조화를 위해 매 회기목표에 맞는 과제 설정, 제시

③ 내용

- 1회기 : 집단원 간 친밀감 형성하기, 프로그램 및 자기소개, 관계형성을 위한 Ice breaking
- 2회기 : 자기 인식 및 목표 설정하기, 강점·장점 등 자신의 가치 발견하기
- 3회기 : 자신의 감정과 느낌을 알고 표현하기, 타인과의 의사소통 과정 경험하기
- 4회기 : 관계 속에서 나 이해하기, 긍정적 자아상 구축하기
- 5회기 : 자신의 변화된 것 인식하기, 자신의 자원 확인하기, 새롭게 발견한 해결책 인식하기
- 6회기 : 변화 인정하기, 새로운 각오 다지기

(2) 위기청소년을 위한 인지행동 집단상담(국가청소년위원회, 2006)

① 집단상담의 목적

본 프로그램은 청소년 보호시설에 입소 또는 거주하는 청소년들의 심리적 성장을 도모하기 위해 다양한 인지적, 정서적, 행동적 변화를 도모하고자 한다.

첫째, 왜곡된 인지과정으로 인한 자신의 부정적 평가를 발견·수정하여 자존감을 향상시킨다.

둘째, 자신의 신념에 근거를 둔 대인관계의 문제를 확인하고 수정하는 것을 목표로 한다.

TIP

▸ 청소년 보호시설에 입소 또는 거주하는 청소년들의 심리적 성장을 도모하기 위해 다양한 인지적, 정서적, 행동적 변화를 도모하고자 한다.

TIP

② 집단의 구성 및 운영 내용

- 대상 : 보호시설 및 위기 상황에 노출되어 있는 청소년으로 구성된다.
- 형태 : 집단구성원의 특성에 따라 융통성 있게 진행하면서 핵심적인 내용을 전달할 수 있는 모듈식 접근 방식이 특징이다. 전체는 10회기로 구성되어 있으며, 다섯 소단위로 나뉘어져 소단위 내에서의 프로그램은 서로 다른 회기에 사용될 수 있다. 각 회기에는 네 개씩의 모듈이 있으며, 이는 각각 20~30분 분량이다.
- 내용
  - 1회기 : 진행자 및 참가자 소개를 통한 라포 형성, 인지행동치료에 대한 설명을 한다. '기대갖기' 활동을 통해 프로그램에 대한 기대를 갖는다.
  - 2회기 : '도식'을 이해하기 위한 준비작업을 한다. '도식'의 개념을 이해한다.
  - 3회기 : 낮은 자존감의 도식과 편집적 도식에 대해 설명하고 이해한다. 예를 들어 두 가지 도식을 적용시킬 수 있다.
  - 4회기 : '자동적 사고'의 존재를 알고 관찰할 수 있다. 흔히 가지고 있는 인지 오류들을 알게 된다.
  - 5회기 : 자신이 가지고 있는 인지적 왜곡들을 알고 적용할 수 있다. 오류들을 수정해 나간다.
  - 6회기 : 자신의 인지적 왜곡을 구체적으로 수정해 나간다. 자신에게 맞는 기법을 확인한다.
  - 7회기 : 핵심믿음에 대한 탐색을 한다. 초기의 부적응적 도식 형성과정에 대해 이해한다.
  - 8회기 : 대인관계에서의 부정적 도식 확인하기. 대인관계에 작용하는 자신의 요인 발견하기
  - 9회기 : 단기 목표, 장기 목표를 세우고 걸림돌과 디딤돌을 확인한다. 서로를 격려하고 칭찬하여 효과의 지속성을 높인다.
  - 10회기 : 마무리 및 종결의식. 재발에 대해 예상하고 대처방안을 숙지한다.

TIP

(3) 인터넷 중독 청소년을 위한 치료 집단상담

① 인터넷 중독 청소년을 위한 집단상담 선행연구

인터넷 중독 상담 프로그램은 대부분 집단상담 형태로 구성되어 있으며, 인지행동, 해결중심, 동기강화적 접근 등의 다양한 이론을 토대로 프로그램이 개발·운영되고 있다.

최근 프로그램 개발 관련 연구자료를 살펴보았을 때, 인지행동적 이론 기반 프로그램은 보편적으로 게임행동인식 및 생활패턴점검과 자기통제력 증진, 시간관리와 관련된 활동요소로 구성되어 있으며, 이후 인지왜곡수정, 목표설정, 위험상황대처 및 재발방지 등과 관련한 활동 내용들도 기재되어 있음을 확인할 수 있다.

한편, 동기강화치료 기반 프로그램도 인지행동적 이론 기반과 유사하게 게임문제인식 및 정서적 각성, 자기효능감, 스트레스 관리 등과 같은 내용이 포함되어 있었다. 해결중심치료 프로그램에서는 협상 및 협동, 강점·자원 찾기, 해결지향적 질문, 긍정 피드백, 목표 점수 척도화 등의 활동 내용이 포함되어 있다.

② 집단상담의 목표

본 집단상담은 인터넷 중독으로 인해 일상생활 및 학교생활에 어려움이 있는 청소년들을 중심으로 자기 탐색의 시간을 갖고 인터넷 중독으로 인해 발생되고 있는 문제를 집단 내 서로의 모습을 통해 자신을 확인하고 스스로 변화에 대한 동기를 찾아 긍정적인 생활 패턴 변화를 도모하고자 하는 것이다.

첫째, 있는 그대로의 자신의 생활 및 타인과의 관계를 살펴본다.

둘째, 변화를 위한 동기화 및 자존감을 향상시킨다.

셋째, 자기조절능력을 향상시킨다.

넷째, 삶에 대한 목표 및 진로에 대한 비전을 갖는다.

> 인터넷 중독으로 인해 일상생활 및 학교생활에 어려움이 있는 청소년들을 중심으로 자기 탐색의 시간을 갖고 인터넷 중독으로 인해 발생되고 있는 문제를 집단 내 서로의 모습을 통해 자신을 확인하고 스스로 변화에 대한 동기를 찾아 긍정적인 생활 패턴 변화를 도모하고자 하는 것이다.

TIP

③ 집단의 구성 및 운영 내용

- 대상 : 인터넷 이용습관 진단척도를 통해 잠재적 위험 및 고위험군에 해당되며 보호자와 인터넷 사용 문제로 갈등을 경험하고 있는 청소년 8~10명으로 구성된다.
- 형태 : 1회기 90분으로 진행되며 총 6회기로 일주일에 1회기씩 운영한다. 회기별 인터넷사용기록일지를 작성한다.
- 지도자 : 주 진행 1명, 보조 진행 1명
- 내용
  - 1회기 : Iec breaking을 통해 집단에 대한 흥미를 유발하고 참여 동기를 강화시킨다. 집단의 목표 및 취지를 설명하며 규칙을 알려준다. 집단원 상호간 소개의 시간을 갖고 친밀감을 형성한다. 인터넷 이용습관 진단지 작성을 통해 현재 자신의 사용 수준을 확인한다.
  - 2회기 : 최근에 자신의 감정을 탐색하여 살펴본다. 현재까지의 인터넷 사용에 대한 역사를 살펴본다. 인터넷 사용으로 인한 가족과의 역기능적인 상황 및 자신의 현 모습을 살펴보며 변화 동기를 갖는다.
  - 3회기 : 인터넷과 관련된 요소들을 살펴본다. 인터넷 사용에 대한 순기능과 역기능을 살펴본다. 앞으로 인터넷 사용과 관련한 자신의 활용 계획을 세워본다.
  - 4회기 : 자신의 가치로움에 대해 탐색하고 우선순위를 정해 본다. 자기대화법을 통해 인터넷 사용에 있어 자기절제훈련을 실시한다.
  - 5회기 : 타인의 성공경험을 통해 자신의 긍정적 변화를 꿈꾼다. 구체적인 진로를 탐색해 본다.
  - 6회기 : 자신의 미래에 대한 생각을 통해 목표 의식을 고취시킨다. 전체적인 활동에 대한 나눔 작업을 통해 마무리한다.

④ 집단의 성과

2012년 교육과학기술부와 여성가족부가 공동으로 실시하는 전수조사를 통해 인터넷 중독 치료 개입을 원하는 청소년들을 중심으로 본 집단상담을 운영

TIP

하였으며, 이에 대한 효과를 사전·후 인터넷 이용습관 진단지를 통해 변화도를 확인하였다. 인터넷 이용습관 진단 문항은 총 20문항으로 1요인은 일상생활장애, 2요인 금단, 3요인 가상적 대인관계 지향성, 4요인 일탈행동, 5요인 내성과 관련한 요인들로 구성되어 있다.

점수가 높을수록 그 요인에 해당하는 문제가 있음을 의미하며, 점수가 낮을수록 긍정적인 변화를 보이고 있음을 의미한다. 분석 결과 집단상담에 참여한 학생들에게 사전·후에 실시한 각 요인별 점수를 비교했을 때 모든 요인이 큰 변화의 폭은 아니지만 조금씩 낮아졌음을 확인할 수 있었으며, 특히 가장 큰 변화의 폭을 나타낸 요인은 1요인으로 일상생활에 있어 변화도가 가장 높게 나타나 참여한 청소년들에게 있어 문제에 대한 인식을 갖고 변화고자 하는 노력하고 있음을 확인할 수 있었다.

⑤ 인터넷 중독 청소년을 위한 치료 집단상담 매뉴얼 '행복한 꿈꾸기'

다음은 실제 청소년 상담기관에서 인터넷 중독 청소년을 대상으로 집단상담을 운영하기 위해 기획·구성한 집단상담 지도자용 매뉴얼과 집단상담 신청서 양식, 회기마다 필요한 학생용 워크시트 양식이다.

TIP

집단상담 지도자용 매뉴얼

1회기 : 내가 누군지 알아?

목 표	- 전체 프로그램에 대한 흥미를 유발하고, 참여 동기를 강화시킨다. - 자신에 대한 표현의 기회를 갖고 자신과 타인의 생각, 성격의 차이를 발견하고 수용하여 친밀감을 형성한다.
준비물	- 필기도구, 접수면접 평가지, K-척도, 활동지
진행단계	**진행내용 및 절차**
주요활동	◆ 마음을 여는 게임(ICE BREAKING) - 당신의 이웃을 사랑하십니까? ◆ 프로그램에 대한 소개 및 아름다운 약속 알려주기 - 프로그램에 대한 소개 : 집단을 하게 된 이유와 앞으로의 과정에 대해 설명하기 - 비밀보장의 원칙 : 집단에서 언급되었던 내용들은 외부에 절대 발설하지 않기 - 상호존중의 원칙 : 다른 사람들의 이야기를 잘 들어주며, 서로의 이야기에 비난하거나, 비판하지 않는다. - 적극적 참여 원칙 : 매 회기 프로그램에 적극적으로 참여한다. ◆ 나는 누구일까요?(자기 소개하기) - 둥글게 서로 바라볼 수 있도록 좌석을 배치한다. - 프로그램을 간단히 소개한다. - 활동지를 나누어 주고 표시된 항목을 기재하게 한다. - 모두 적은 후에 네 쪽으로 접어서 상자에 집어넣는다. - 차례대로 한 사람씩 나와 통 속의 종이를 꺼내 펼쳐 읽는데, 끝까지 모두 읽은 후에 다 같이 주인공을 찾아낸다. - 주인공이 밝혀지면, 주인공이 나와서 간단한 자기소개를 한다. - 자신과 구성원의 발표를 들으며 느낀 점을 나눈다. - 활동지는 집단 장소 한쪽 벽면에 붙여 방명록 기능을 할 수 있도록 한다. ※ 활동지에 들어가는 내용 보고 싶은 것, 듣고 싶은 말, 하고 싶은 말, 내 손으로 잘하는 것 내 마음이 가장 따뜻함을 느낄 때, 내 발로 가장 자주 가는 곳 ◆ 접수 면접지 및 자가진단 검사지 작성한 후 느낌 나누기 - 접수 면접지, 자가진단 검사지를 직접 작성하여 지도자에게 제출하며 오늘 활동에 대한 느낌을 나눈다.
비 고	◆ 과제 제시 : 매일 인터넷사용 기록일지 작성

TIP

2회기 : ‘나’와 ‘인터넷’

목 표	- 나에 대해 자연스럽게 살펴보면서, 지금까지 인터넷 사용 정도를 탐색해보기 - 인터넷 사용에 따른 가족과의 역기능적인 상황을 보며, 변화를 탐색한다.
준비물	A4색지, 리본 끈, 풀, 가위, 활동지, 전지 2장, 색연필, 테이프
진행단계	진행내용 및 절차
주요활동	◈ 나는 요즘 무엇을 하나요? - 색지와 리본 끈을 각 구성원에게 나누어 준다. - 요즘 생활에서 주로 무엇을 하는지 ‘생각 모으기’ 형태로 다섯 가지 이상 적어 보도록 한다. - 리본 끈 길이를 이용하여 자신이 비중을 많이 두는 활동들을 나타낸다. - 각 모둠 구성원이 발표하며 이에 대한 내용을 나눈다. ◈ 나의 인터넷 사용 History - 제시한 용지를 활용하여 본인의 인터넷 사용에 대한 곡선 그래프를 작성하도록 한다(유아기 / 아동기 / 청소년기 - 학년 구분을 통한 곡선 그래프 작성). - 당시 본인의 기분 및 주변 사람들의 반응들을 적어 보도록 한다(시기별 인터넷 사용 유형을 적어 보도록 한다). - 다 작성한 후에 본인의 History에 대한 이야기를 나눌 수 있도록 한다. ◈ 부모 신체 본뜨기 - 부모 그림을 신체 본뜨기로 그려 나타낸다. - 평소 인터넷 사용과 관련하여 부모의 반응이 어떠했는지 나타내도록 한다. - 활동 전지를 벽면에 붙이고 이에 대한 느낌을 나누어 본다. - 이후, 이 상황에 대한 변화를 위해 어떤 노력을 해야 할지 생각을 나눈다(부모의 바람이 무엇일지, 필요한 것은 무엇인지 적어 본다). ◈ 인터넷과 연결지어 ‘나’를 표현해요(선택가능) - 준비된 감정카드(인터넷과 관련된 어휘 목록)를 집단에 나열하여 모둠원이 살펴보도록 한다. - 본인과 연관지어 표현할 수 있는 감정카드를 세 장씩 선택하도록 한다. - 선택한 카드에 대해 ‘나’와 연관시켜 문장을 만들어 완성하도록 한다. - 이후, 내용에 대해 모둠원간 함께 내용을 나눈다. ※ 전체 활동에 대한 느낌을 나눈다.
비 고	◈ 과제 제시 : 매일 인터넷사용 기록일지 작성

TIP

3회기 : 나와 인터넷은 무슨 사이?

목 표	- 인터넷과 관련된 요소들을 살펴보고 이것이 나의 생활에 어떠한 순기능과 역기능이 있는지 구체적으로 탐색하고 논의한다.
준비물	포스트잇, 필기도구, 전지, 활동지 등
진행단계	진행내용 및 절차
주요활동	◆ 인터넷 하면 생각나는 것(생각 모으기) - 전지와 포스트잇을 집단 앞에 준비한다. - 인터넷 하면 생각나는 것들을 포스트잇에 적어 전지에 붙이도록 한다. - 생각 모으기 활동이 마무리된 후에는 유목화 하여 분류작업을 한다. ◆ 결정 저울로 비교하기 - PPT와 활동지를 활용하여 진행한다. - 우선, '내가 인터넷을 하는 이유', '내가 인터넷을 줄여야 하는 이유'를 개별적으로 적는다. - 이후, 자연스럽게 찬반토론을 위해 패널을 '찬성', '반대'로 나누어 진행한다. ※ 예시) · 신체적 이유 : 예) 인터넷을 해야 잠이 잘 온다. · 행동적 이유 : 예) 집에 오면 습관적으로 하게 된다. · 감정적 이유 : 예) 기분 전환이 된다. · 사회적 이유 : 예) 친구들이 모두 그 게임을 한다. · 신체적 이유 : 예) 눈이 건조하고 나빠졌다. · 행동적 이유 : 예) 돈이 많이 든다. 내 의도대로 조절이 안 된다. · 감정적 이유 : 예) 조절하지 못하는 내 자신이 싫어진다. · 사회적 이유 : 예) 인터넷 때문에 친구나 가족과 멀어졌다. ◆ 나에 대한 약속 다짐문 - 지금까지의 인터넷사용 일지를 확인해 보며 본인의 사용 정도에 대해 앞으로의 약속 다짐문을 작성한다(단, 실제적으로 실천할 수 있는 계획으로, 현재 사용량에 비해 줄일 수 있는 방향으로, 한 주를 기준으로 매일이 아닌, 인터넷 휴일을 하루라도 정할 수 있도록).
비 고	◆ 시작 전 지난 회기에 대한 내용을 간단히 정리해 준다. 인터넷사용 기록지에 대한 내용을 확인해 본다. 매주 인터넷사용 기록일지를 작성한다.

TIP

4회기 : 내 인생의 소중한 보석을 찾아라.

<table>
<tr><td>목 표</td><td>- 내 인생의 가치로움이 무엇인지 확인하고 우선순위를 정해 본다.
- 자기대화법을 통해 인터넷 사용에 있어 자기절제훈련을 실시한다.</td></tr>
<tr><td>준비물</td><td>- 가치관 경매 목록표, 화폐, 필기도구</td></tr>
<tr><td>진행단계</td><td>진행내용 및 절차</td></tr>
<tr><td>주요활동</td><td>◈ 나에게 가치로운 보석을 찾아라..!!
- 여러 다양한 가치관 목록이 적혀 있는 목록표를 제시한다.
- 각자 가지고 있는 가치 목록 중 자신이 가장 중요하다고 생각하는 가치부터 의미 부여를 하여 제시된 금액에서 배분을 하여 1~5순위를 정해 놓는다.
- 경매자가 경매를 실시하여 자신에게 가장 의미가 있는 가치를 구입하도록 한다.
- 단, 제시된 모든 액수를 '올인'할 수는 없으며 최대 제한 금액을 제시한다.
- 인터넷 사용이 자신의 가치 추구에 미친 영향이 무엇인지 서로 이야기를 나눈다.

◈ 내 인생은 나의 것(시간관리사)
- 내 인생에서 중요한 것에 대해 확인해 보고 중요한 우선순위 요인들에 대해 알아보도록 한다.
- 잠깐! 참! 좋아!' 자기대화법을 소개하고 하루의 계획을 세워본다.

* 잠깐! 참! 좋아!(자기대화) 예시문
- 실천하기로 한 행동 : 집에 오면 게임을 하기 전에 내 할 일(숙제, 시험공부 등)부터 하겠다.
- 상황 : 시험이 내일인데 친구가 새로 산 게임 CD를 갖고 왔다. 함께 30분만 하고 공부하자고 했는데 하다 보니 1시간이 흘렀다.

잠깐 ! 지금 뭐 하고 있지? <현재 진행되는 게임행동을 인식>
'게임을 계속 하고 있지'
참 ! 할 일이 뭐지? <본래의 실천 목표행동의 재확인>
'시험 공부부터 하기로 했지!'
좋아 ! 시작하자. <행동 실천의 다짐 표현>
'자신 있는 과목부터 책을 펴자!'

※ 전체 활동에 대한 느낌을 나눈다.</td></tr>
<tr><td>비 고</td><td>◈ 시작 전 지난 회기에 대한 내용을 간단히 정리해 준다.
인터넷사용 기록지와 약속 다짐문 실천에 대한 내용을 확인해 본다.
매주 인터넷사용 기록일지를 작성한다.</td></tr>
</table>

TIP

5회기 : 행복한 꿈꾸기

목 표	- 타인의 성공경험을 통해 자신의 긍정적 변화를 꿈꾼다. - 구체적인 진로를 탐색해 본다.
준비물	특성단어카드, 간이형 진로탐색검사지
진행단계	진행내용 및 절차
주요활동	◈ 나는 할 수 있어! - 작성한 약속다짐문과 잠깐! 참! 좋아! 자기대화법 기록지를 보도록 한다. - 처음의 기록과 현재의 기록지를 보며 자신의 변화에 대해 이야기하도록 한다. - 꿈을 위해 도전하여 목표를 이룬 인물들에 대한 동영상을 시청하도록 한다. - 약간의 변화도 격려하여 꿈에 대한 의지를 북돋아 주도록 한다. ◈ 성공적인 변화자들의 특성을 나와 연결지어 보아요. - 성공적인 변화자들의 특성들에 대해 나열하고 자신과 관련 있는 특성을 3개 선택해 보도록 한다. - 3개 선택한 단어를 중심으로 문장을 만들어 자신의 이야기를 만든다. 공감적인 / 적극적인 / 유쾌한 / 끈질긴 재능 있는 / 배려하는 / 굽힐 줄 모르는 / 애정 있는 겸손한 / 포기하지 않는 / 이해심 있는 / 인내심 있는 도전하는 / 다정다감한 / 수용적인 / 유연한 ◈ 간이형 진로탐색검사 - 간이형 진로탐색검사지를 활용하여 자신의 진로유형을 확인해 본다. - PPT를 활용하여 자신의 진로 유형을 확인해 보고 자신이 원하는 직업군과 어떤지 확인해 본다. - 구체적으로 자신의 미래에 대해 생각해 본다. ※ 전체 활동에 대한 느낌을 나눈다.
비 고	◈ 시작 전 지난 회기에 대한 내용을 간단히 정리해 준다. 인터넷사용 기록지와 약속 다짐문 실천에 대한 내용을 확인해 본다. 매주 인터넷사용 기록일지를 작성한다.

공감적인	적극적인	유쾌한	끈질긴
재능 있는	배려하는	굽힐 줄 모르는	애정 있는
겸손한	포기하지 않는	이해심 있는	인내심 있는
도전하는	다정다감한	수용적인	유연한

TIP

6회기 : 기대한다. 미래야~

목 표	- 꿈에 대한 생각을 통한 목표의식 신장 - 전체 활동에 대한 나눔 작업을 통해 전체적인 마무리를 실시한다.
준비물	활동지, 명함, 유성매직, 손 코팅지, 가위 등
진행단계	진행내용 및 절차
주요활동	◈ 미래야~ 내가 간다(명함 만들기) - 자신이 원하는 직업과 꿈에 대해서 생각해보고, 15년 후 자신의 미래에 대해 생각해보도록 한다. - 명함을 만들도록 하고 지도자가 완성된 명함을 갖고 직접 나누어 준다. ◈ 나는야.. 인터넷 예방 홍보 대사! - 동영상 광고를 보여주고 홍보 문구를 만들어 보도록 한다. - 모둠별로 나누어 발표를 해 본다. ◈ 지금 나는.. 어떤 사람일까? - 내가 과거에 했던 중요한 것, 내가 미래에 하고 싶은 것, 내가 즐겁게 하는 것 내가 잘하는 것, 성공했던 경험 등등 활동지에 내용을 적고 서로 이야기를 나눈다. - 집단 시작 전과 후의 자신의 모습에 대해서도 구체적으로 비교해 보도록 한다. ◈ 자가진단 검사지 작성 한 후 전체 활동 느낌 나누기 - 추후 자가진단 검사지를 직접 작성하여 지도자에게 제출하며 오늘 활동에 대한 느낌을 나눈다.
비 고	◈ 시작 전 전회기에 대한 내용을 간단히 정리해 준다. 인터넷사용 기록지와 약속 다짐문 실천에 대한 내용을 확인해 본다.

TIP

학생용-워크시트

집단상담 신청서

신 청 일 자		집단지도자	

성 명		생년월일		나 이	세
학 교		학 년		성 별	남 여
현주소				종 교	
연락처		e-mail			

◉ 가족사항에 대해 적어 주십시오.

성명	관계	연령	학력	직업	동거여부	자신과의 친밀도
					예 아니오	1 2 3 4 5
					예 아니오	1 2 3 4 5
					예 아니오	1 2 3 4 5
					예 아니오	1 2 3 4 5
					예 아니오	1 2 3 4 5

※ 자신과의 친밀도 : 1: 매우 나쁨, 2: 나쁨, 3: 보통, 4: 좋음, 5: 매우 좋음

◉ 요즘 내가 가장 관심이 많이 가는 것은 무엇인가요?

____

____

◉ 인터넷을 처음 사용한 시기는 언제입니까?

____

____

TIP

◉ 인터넷을 하게 되는 이유는 무엇인가요?
① 혼자 있는 시간이 많아서 ② 스트레스를 풀기 위해서
③ 친구들과 함께하기 위해서 ④ 기타( )

◉ 부모님과 대화를 나누는 시간이 하루 평균 얼마나 되시나요?
① 30분 이내 ② 1시간 이내 ③ 1시간~2시간
④ 2시간~ 시간 ⑤ 3시간 이상

◉ 본인이 소지하고 있는 것은 무엇인가요?
① 핸드폰 ② PSP ③ 닌텐도 ④ PMP/PDP

◉ 인터넷을 대신해 자신이 좋아하는 여가의 종류를 순서대로 쓰세요.
① ② ③ ④ ⑤

◉ 내가 본 나의 모습은 어떤가요?(구체적으로 기술하시오.)
ex) 나는 밝고 대범하여 친구들과 어울리기를 좋아하고 운동을 즐겨 한다.

◉ 당신은 인터넷에서 만난 친구를 실제 친구보다 더 좋아하나요?
① 매우 그렇다. ② 그렇다. ③ 보통이다.
④ 그렇지 않다. ⑤ 매우 그렇지 않다.

TIP

2)인터넷 이용습관 진단척도〈청소년용 B유형〉

번호		내용	전혀 그렇지 않다	때때로 그렇다	자주 그렇다	항상 그렇다	소계
1 요인	1	인터넷을 너무 많이 해서 손목이 뻐근하다.	①	②	③	④	
	2	인터넷을 너무 많이 해서 두통이 있다.	①	②	③	④	
	3	인터넷을 하고 싶다는 생각에 수업에 집중하기 어렵다.	①	②	③	④	
	4	인터넷을 하느라 지금 해야 할 일을 나중으로 미룬다.	①	②	③	④	
	5	인터넷을 많이 해서 부모님이 자주 화를 내신다.	①	②	③	④	
	6	인터넷을 하느라 허리나 목이 아프다.	①	②	③	④	
2 요인	7	인터넷을 하다가 못하게 되면 불안하고 답답하다.	①	②	③	④	
	8	만약 인터넷을 다시 할 수 없게 된다면 견디기 힘들 것이다.	①	②	③	④	
	9	인터넷을 하지 못하면 불안하다.	①	②	③	④	
	10	인터넷을 못하면 하루가 무의미하고 지루해진다.	①	②	③	④	
3 요인	11	학교 친구보다 인터넷에서 만난 친구들과 더 친밀하다고 느낀다.	①	②	③	④	
	12	인터넷에 접속하면 나를 이해해주는 사람들이 있어 외롭지 않아 더 좋다.	①	②	③	④	
	13	인터넷에서 만난 사람들이 이야기가 더 잘 통한다.	①	②	③	④	
	14	인터넷을 하면 기운이 난다.	①	②	③	④	
4 요인	15	가족에게 인터넷 사용 시간을 속인다.	①	②	③	④	
	16	PC방에 가기 위해서 부모님께 거짓말을 해서 돈을 받은 적이 있다.	①	②	③	④	
5 요인	17	인터넷을 한 번 시작하면 생각했던 것보다 오랜 시간을 하게 된다.	①	②	③	④	
	18	"이제 그만해야지"하면서도 인터넷을 계속하게 된다.	①	②	③	④	
	19	인터넷을 하는 시간을 줄이려고 하지만 잘 안 된다.	①	②	③	④	
	20	인터넷을 안 하겠다고 마음먹고도 다시 하게 된다.	①	②	③	④	
전체 합계							

2) 한국정보화진흥원 인터넷중독대응센터 자료.

번호		내용	예	아니오
L	21	오늘 해야 할 일을 내일로 미루는 때가 가끔 있다.	①	②
	22	기분이 좋지 않을 때는 짜증이 나기도 한다.	①	②
	23	가끔 화를 낸다.	①	②
	24	게임(또는 놀이)에서 지기보다는 이기고 싶다.	①	②
	25	매일 신문의 사설을 읽는다.	①	②

번호		* 좌우 문자 및 기호를 비교하여 서로 같은 것을 고르시오.				
D	26	① 6562-6762	② 7234-7324	③ 9376-9336	④ 4923-4923	⑤ 3927-3921
	27	① 71256-71756	② 43724-42237	③ 91734-91734	④ 45278-45872	⑤ 15895-25895
	28	① 348117-348116	② 421953-241953	③ 234832-239842	④ 239158-329185	⑤ 294717-294717
	29	① 6809257-6802957	② 2819271-2819271	③ 9092591-9029591	④ 1947291-9147294	⑤ 8214898-8412898
	30	① 2081471-2018471	② 2148998-2148998	③ 8542825-8541852	④ 1386844-1386834	⑤ 5585852-5581852

※ L(Lie)-척도 : 긍정적 편파반응 척도, D(Distraction)-척도 : 집중도 척도.

TIP

1회기

나는 누구일까요?

TIP

2회기

나의 인터넷 사용 History

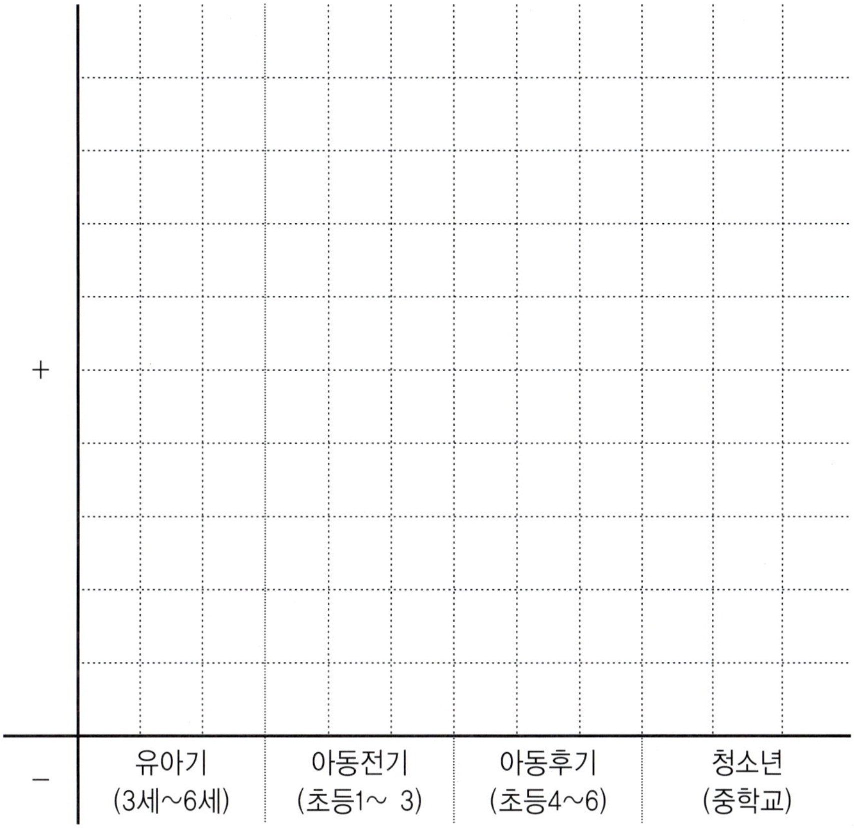

* 내가 인터넷을 처음 했을 때가 언제였지? 그때 무엇을 했지? 시간은 얼마나 했더라? 그럼, 지금은??
* 인터넷할 때 기분은 어땠지? 그리고 가족 및 주변 사람들의 반응은 어땠었나??

TIP

◉ 나의 인터넷 사용 기록일지 작성하기

한 주 동안 인터넷 T·O-day 날짜를 표기하고 사용 기록을 적성해 봐요~

( )월( )일~( )월( )일

	monday	tuesday	wednesday	thursday	friday	saturday	Sunday
06:00~07:00							
07:00~08:00							
08:00~09:00							
09:00~10:00							
10:00~11:00							
11:00~12:00							
12:00~13:00							
13:00~14:00							
14:00~15:00							
15:00~16:00							
16:00~17:00							
17:00~18:00							
18:00~19:00							
19:00~20:00							
21:00~22:00							
22:00~23:00							
23:00~24:00							
24:00~01:00							
01:00~02:00							
02:00~03:00							
03:00~04:00							
04:00~05:00							
05:00~06:00							
06:00~07:00							

TIP

3회기

결정 저울로 비교하기

항 목	내가 인터넷을 하는 이유	내가 인터넷을 줄여야 하는 이유
예시	• 신체적 이유 : 인터넷을 해야 잠이 잘 온다. • 행동적 이유 : 집에 오면 습관적으로 하게 된다. • 감정적 이유 : 기분 전환이 된다. • 사회적 이유 : 친구들이 모두 그 게임을 한다.	• 신체적 이유 : 눈이 건조하고 나빠졌다. • 행동적 이유 : 돈이 많이 든다. 내 의도대로 조절이 안 된다. • 감정적 이유 : 조절하지 못하는 내 자신이 싫어진다. • 사회적 이유 : 인터넷 때문에 친구나 가족과 멀어졌다.
	• • • •	• • • •

TIP

4회기

가치관 경매

항 목	나의 할당금액	나의 최고 입찰액	최고 낙찰
만족스러운 결혼(결혼)			
원하는 것을 할 수 있는 자유(개인적 자율성)			
나라의 운명을 좌우할 수 있는 기회(권력)			
친구의 존경과 사랑(사랑, 우정, 시인)			
삶을 긍정적으로 볼 수 있는 완전한 자신감(정서적 안녕)			
행복한 가족관계(가정)			
세상에서 가장 매력적인 사람으로 인정받음(용모)			
병 없이 오래 사는 것(건강)			
개인전용의 완벽한 독서실(지식)			
만족스러운 종교적 신앙(종교)			
전적으로 즐길 수 있는 한달간의 휴가(쾌락)			
일생 동안의 경제적 안정(안정)			
편견 없는 세상(정의)			
질병과 궁핍을 제거하는 기회(애타심)			
국제적 명성과 인기(인기.시인. 명성)			
삶의 의미에 대한 이해(지혜)			
부정과 속임이 없는 세상(정직)			
직장에서의 자유(직업적 자율성)			
진정한 사랑의 관계(사랑)			
선택한 직업에서의 성공(직업적 성취)			

TIP

내가 가치 있다고 생각하는 다섯 가지

1. 나는 ______________________________을(를) 가치 있다고 생각한다.
2. 나는 ______________________________을(를) 가치 있다고 생각한다.
3. 나는 ______________________________을(를) 가치 있다고 생각한다.
4. 나는 ______________________________을(를) 가치 있다고 생각한다.
5. 나는 ______________________________을(를) 가치 있다고 생각한다.

TIP

나에 대한 약속 다짐문

※ 우선, 나는 하루에 ________분· 시간 게임을 줄이겠습니다.

인터넷 T · O-day(Turn off-day)이란 ?

인터넷 T · O-day는 일주일 중 오늘 하루는 컴퓨터를 끄는 날로 정해서 스스로 실천하는 프로그램입니다.

인터넷 T · O-day(Turn off-day) 프로그램을 통해서 스스로 인터넷 사용조절 능력을 키워 건강하고 유익한 생활패턴을 익힐 수 있도록 하는 것입니다.

인터넷 T · O-day(Turn off-day) 정하기

- 나의 T · O-day는 무슨 요일로 할까요?

월	화	수	목	금	토	일

- 나의 T · O-day를(   ) 요일로 정한 이유는?

우리들의 약속

인터넷 T · O-day(Turn off-day)을 잘 지켰을 때와 지키지 못했을 때 예상되는 결과와 책임 행동을 미리 정해 보자.

	인터넷 T · O-day을 잘 지켰을 때	인터넷 T · O-day을 잘 지키지 못했을 때
결과		
보상 또는 벌		

서명 : ________________(사인)

TIP

5회기

변화를 꿈꾸는 나

▶ 성공적인 변화를 꿈꾸는 자들의 특성

공감적인, 적극적인, 유쾌한, 끈질긴, 재능 있는, 배려하는, 굽힐 줄 모르는, 애정 있는, 겸손한, 포기하지 않는, 이해심 있는, 인내심 있는, 도전하는, 다정다감한, 수용적인, 유연한

TIP

5회기

진로탐색검사

다음 문항을 읽고 자신의 생각이나 경험과 일치하는 것이면 ○로, 다르면 ×로 표시하시오.

• 철봉이나 헬스기구를 가지고 노는 것을 더 좋아한다.( ) • 무엇을 만들거나 기계를 만지는 일이 더 재미있다.( ) • 야외에서 하는 옥외활동을 매우 좋아한다.( ) • 부속품을 조립하여 복잡한 기계를 만드는 것을 좋아한다.( ) • 설계도를 만드는 일을 좋아한다.( ) • 집안에 기계가 고장나면 내가 직접 고칠 수 있다.( ) • 텔레비전이나 가전제품이 고장나면 고치기 위해 뜯어 보기도 한다.( ) • 망치나 드라이버, 드릴 등 공구를 잘 다루는 편이다.( ) • 과학상자, 모형라디오 등을 맞추거나 만들기를 잘한다.( ) • 무엇을 만들고 고치는 데 소질이 있다.( ) R	• 친구 사귀는 것을 좋아한다.( ) • 처음 보는 사람과도 쉽게 친해진다.( ) • 따뜻하고 정이 많은 사람이라는 이야기를 듣는다.( ) • 어려움에 처한 사람들을 잘 도와주는 편이다.( ) • 가난하고 병든 불쌍한 사람들을 돕는 일을 좋아한다.( ) • 보호시설에 있는 아이들을 위해 자원봉사를 한다.( ) • 다른 사람에 대한 배려심이 많다는 이야기를 듣는다.( ) • 어려움을 말하는 사람에게는 심하게 못하겠다.( ) • 친구들의 고민을 자주 들어주는 편이다.( ) • 주위 사람들의 마음을 잘 이해하는 편이다.( ) S
• 무엇이든 조용히 관찰하고 생각해보는 경향이 있다.( ) • 여러 가지 일들에 대해서 분석해보고 이해해 보는 것이 재미있다.( ) • 무엇을 보든지 오랫동안 자세히 관찰하는 습관이 있다.( ) • 과학과 관련된 책을 많이 읽는 편이다.( ) • 혼자 하루 종일 생각에 몰두할 때도 자주 있다.( ) • 공부를 깊이 해보고 싶은 생각이 자주 든다.( ) • 문제가 생기면 그 원인이 무엇인지 꼭 알고 싶어 한다.( ) • 어려운 수학문제를 잘 풀었다.( ) • 자연에 대한 호기심이 많은 편이다.( ) • 바위나 돌에 대한 관심이 많았다.( ) I	• 나에게는 사람들을 이끌어 가는 리더십이 있다.( ) • 다른 사람들과 생각이 달라도 나의 주장을 끝까지 한다.( ) • 적극적이고 주장을 잘해서 모임에서 주도적인 위치를 가질 때가 많다.( ) • 많은 친구들과 함께 하는 활동을 기획하고 친구들을 끌고 갈 때가 많다.( ) • 많은 사람들을 관리하고 책임지는 일을 맡는다.( ) • 유능하고 능력 있는 임원으로 활동을 잘했다.( ) • 학교 회의 시간에 사회자로 회의를 잘 이끌어 갔었다.( ) • 많은 친구들 앞에서 나의 생각을 분명하게 말할 수 있다.( ) • 말을 짜임새 있게 잘한다는 이야기를 자주 듣는다.( ) • 나의 꿈은 국회의원이었다. E

TIP

- 나는 상상력이 풍부한 사람이다.(　　)
- 성격이 까다롭다는 이야기를 간혹 듣는다.(　　)
- 감정이 풍부해서 조그만 일에도 쉽게 감동을 받는다.(　　)
- 음악회나 미술관에 자주 가는 편이다.(　　)
- 혼자서 영화나 비디오를 여러 편 보기도 한다.(　　)
- 가끔 노래의 가사나 작곡, 시나리오 등을 써 보기도 했다.(　　)
- 미술대회에서 그림을 그려 상을 받기도 하였다.(　　)
- 음악, 미술, 또는 무용에 소질이 있다는 이야기를 들은 적이 있다.(　　)
- 미술이나 음악에 비해 남들보다 쉽게 이해하는 편이다.(　　)
- 다른 사람에 비해 노래를 잘한다.(　　)

A

- 일을 할 때는 내 마음대로 하기보다는 정해진 방법이나 순서대로 한다.(　　)
- 정해진 규칙대로 하기를 좋아한다.(　　)
- 무엇이든지 정리정돈을 잘한다.(　　)
- 매사에 정확하게 하는 것을 중요하게 생각한다.(　　)
- 맺고 끊음이 정확하다는 얘기를 자주 듣는다.(　　)
- 서류정리든 노트정리든 정리하는 일은 자신이 있다.(　　)
- 숫자나 돈 계산이 틀리면 몇 번이고 확인하여 꼭 맞춘다.(　　)
- 과제나 준비물을 항상 준비하는 편이다.(　　)
- 약속한 것은 꼭 지킨다.(　　)
- 공책을 깨끗하게 정리한다.(　　)

C

척 도	실습중시형 (R)	학습흥미형 (I)	감성중시형 (A)	관계협동형 (S)	자신만만형 (E)	성실노력형 (C)
원점수						

요 약

✓ 우리나라 대가들을 통해 집단상담만의 독특한 치료적 요인을 살펴보았을 때, 첫째가 삶의 보편성이 주는 힘이요, 둘째는 다양한 진실, 많은 진실을 한꺼번에 볼 수 있는 점이며, 셋째는 상담자 혼자보다는 여러 사람이 함께 해주는 피드백이나 직면이 훨씬 강렬하고 효과적인 힘이 있다는 것이다. 넷째, 집단을 통해 소속감과 연대감을 갖게 되며, 다섯째는 여러 사람이 힘을 합쳐 누군가를 돕는 경험을 제공하게 된다는 것이다. 또한 획기적인 변화의 경험을 제공하고 마지막으로 조직을 활성화하는데 집단상담이 최고의 수단임을 말해주고 있다.

✓ AACA(American Association of Counseling and Development, 1990)에 따른 집단상담 프로그램 개발 과정으로는 개발하고자 하는 프로그램 철학을 수립하고 프로그램이 실시되는 장소에 따라 대상 집단을 파악하며 프로그램 개발을 위한 기초자료를 준비하는 것이다. 그리고 대상 집단에 대한 요구조사를 실시하고 프로그램 계획 및 실시와 관련된 자원을 확보하여 구체적인 설계를 하고 본격적인 프로그램을 실시하는 것이다. 실시 이후에는 그에 따른 평가와 향후 개선점을 찾고 개발에 대한 자문과 협조 및 조력의 과정을 포함하게 된다.

✓ Corey(2010)는 집단상담 프로그램 개발 시 집단의 성격, 집단 리더 수, 특별한 고려사항, 특수한 목표, 구조와 형식, 구성원에 대한 선별기준, 오리엔테이션의 방식, 집단규범, 프로그램의 평가 절차 등에 대해 사전에 생각해 보는 과정이 필요함을 언급하고 있다.

- 프로그램 개발 과정에 대해 서술해 보시오.

- 최근 이슈화되고 있는 사회문제를 중심으로 집단상담 프로그램 개발을 위한 초안을 작성해 보시오.

부 록

01 ▸▹ 한국상담학회 윤리강령

02 ▸▹ 한국상담심리학회 윤리강령

03 ▸▹ 집단상담자들의 윤리적 지침
(ASGW 1989년 개정판,
집단지도 전문가 협회)

부록

한국상담학회 윤리강령

한국상담학회는 교육적, 학문적, 전문적 조직체이다. 상담자는 각 개인의 가치, 잠재력 및 고유성을 존중하며, 다양한 조력활동을 통하여 내담자의 전인적 발달을 촉진한다. 상담자는 내담자의 신체적, 정신적, 사회적, 영적 안녕을 유지·증진하는 데 헌신한다. 이러한 역할을 수행하는 과정에서 상담자는 내담자의 복지를 가장 우선시한다. 상담자는 내담자와의 관계에서 의사소통의 자유를 갖되, 그에 대한 책임을 지며 내담자의 성장과 사회공익을 위하여 최선을 다한다. 이를 위해 상담자는 다음의 윤리규준을 준수한다(장성화·김순자·윤향숙·박지현·황윤미, 2012; www.counselors.or.kr).

1. 전문적 태도

가. 전문적 능력

(1) 상담자는 상담에 대한 이론적 지식, 전문적 실습, 교수, 상담활동, 연구를 통해 전문성을 발달시키기 위해 지속적으로 노력해야 한다.

(2) 상담자는 자신의 능력 및 기법의 한계를 인식하고, 전문적 기준에 위배되는 활동을 하지 않는다. 만일, 자신의 개인 문제 및 능력의 한계 때문에 도움을 주지 못하리라고 판단될 경우에는 내담자에게 동의를 구한 후, 다른 동료 전문가 및 관련 기관에 의뢰한다.

(3) 상담자는 자신의 활동분야에 있어서 최신의 과학적이고 전문적인 정보와 지식을 유지하기 위해 지속적인 교육과 연수에 참여한다.

(4) 상담자는 윤리적 책임이나 전문적 상담 실시에 대해 의문이 생길 때 다른 상담자나 관련 전문가들에게 자문을 구하는 절차를 따른다.

(5) 상담자는 정기적으로 전문가로서의 능력과 효율성에 대해 자기반성과 자기평가가 해야 하며, 필요한 경우 자신의 효율성을 증진시키기 위해 지도감독을 받아야 한다.

나. 충실성

(1) 상담자는 내담자를 보다 효과적으로 도울 수 있는 방법에 관하여 꾸준히 연구 노력하고, 내담자의 성장촉진과 문제의 해결 및 예방을 위하여 최선을 다한다.

(2) 상담자는 자신의 능력 한계나 개인적인 문제로 내담자를 적절하게 도와줄 수 없을 때에는 상담을 시작해서는 안 되며, 다른 전문가에게 의뢰하는 등의 적절한 방법으로 내담자를 돕는다.

(3) 상담자는 자신의 질병, 사고, 이동, 또는 내담자의 질병, 사고, 이동이나 재정적 한계 등과 같은 요인에 의해 상담을 중단할 경우, 이에 대한 적절한 조치를 취해야 한다.

(4) 상담자는 상담을 종결하는 데 있어서 어떤 이유보다도 우선적으로 내담자의 관점과 요구에 대해 고려해야 하며, 내담자가 다른 전문가를 필요로 할 경우에는 적절한 과정을 통해 의뢰한다.

(5) 상담자는 자신의 기술이나 자료가 다른 사람들에 의해 오용될 가능성이 있거나, 개선의 여지가 없는 활동에 참여해서는 안 되며, 이런 일이 일어난 경우에는 이를 시정하여야 한다.

2 • 정보의 보호

가. 비밀보장

(1) 상담자는 사생활과 비밀유지에 대한 내담자의 권리를 최대한 존중해야 할 의무가 있다.
(2) 상담자는 내담자에 대한 상담 기록 및 보관을 윤리 규준에 따라 시행한다. 또한 상담자는 상담내용의 녹음 및 기록에 관해 내담자의 동의를 구해야 한다.
(3) 상담자는 내담자가 기록에 대한 열람이나 복사를 요구할 경우, 그 기록이 내담자에게 잘못 이해될 가능성이 없고 내담자에게 해가 되지 않으면 응하는 것이 원칙이다. 다만 여러 명의 내담자를 상담하는 경우, 다른 내담자와 관련된 사적인 정보는 제외하고 열람하거나 복사하도록 한다.
(4) 상담자는 상담과 관련된 기록을 보관하고 처리하는 데 있어서 비밀을 유지해야 하며, 이를 타인에게 공개할 때에는 내담자의 직접적인 동의를 구해야 한다.
(5) 상담자는 내담자 개인 및 사회에 임박한 위험이 있다고 판단되는 등의 비밀보호의 예외가 존재하는 경우를 제외하고는, 내담자의 서면 동의 없이는 제삼의 개인이나 단체에게 상담기록을 공개하거나 전달해서는 안 된다.

나. 집단 및 가족상담의 비밀보장

(1) 상담자는 특정 집단을 대상으로 집단상담을 시작할 때 비밀보장의 중요성과 한계를 명확하게 설명한다.
(2) 상담자는 가족상담을 할 때 각 개인의 비밀보장에 대한 권리와 그 비밀보장을 유지해야 할 의무와 관련해 참여한 모든 사람으로부터 동의를 구하고 그 동의 사항을 문서에 기록한다.
(3) 상담자는 자발적인 동의 능력이 불가능하거나 미성년인 내담자를 상담할 때, 부모나 보호자가 참여할 수 있음을 알린다.

다. 전자 정보의 비밀보장

(1) 상담자는 컴퓨터를 사용한 자료 보관의 장점과 한계를 알아야 한다.

(2) 상담자는 내담자의 기록이 전자 정보의 형태로 보존되어 제삼자가 내담자의 동의 없이 접근할 가능성이 있을 때, 적절한 방법을 통해 내담자의 신상이 드러나지 않도록 조치를 취한다.

(3) 상담자는 컴퓨터, 이메일, 팩시밀리, 전화, 음성메일, 자동응답기 그리고 다른 전자 테크놀로지를 사용해 정보를 전송할 때는 비밀이 유지될 수 있도록 사전에 주의를 기울인다.

라. 비밀보장의 한계

(1) 상담자는 상담 시작 전이나 상담과정 중 내담자에게 비밀보장의 한계를 수시로 알리고 비밀보장이 불이행되는 상황에 대해 주지시킨다.

(2) 상담자는 아래와 같은 내담자 개인 및 사회에 임박한 위험이 있다고 판단될 때 매우 조심스러운 고려 후에, 내담자에 관한 정보를 적정한 전문가, 혹은 사회 당국에 제공할 수 있다.

① 내담자의 생명이나 사회의 안전을 위협하는 경우

② 내담자가 감염성이 있는 치명적인 질병이 있다는 확실한 정보를 가졌을 경우

③ 내담자가 심각한 학대를 당하고 있을 경우

④ 법적으로 정보의 공개가 요구되는 경우

(3) 상담자는 만약 내담자에 대한 상담이 여러 전문가로 구성된 집단에 의한 지속적인 관찰을 포함하고 있다면, 그러한 집단의 존재와 구성을 내담자에게 알릴 의무가 있다.

(4) 상담자는 내담자의 사적인 정보의 공개가 요구할 때 오직 기본적인 정보만을 공개한다. 더 많은 사항을 공개하기 위해서는 사적인 정보의 공개에 앞서 내담자에게 알리고 동의를 얻어야 한다.

(5) 상담자는 비밀보장의 예외 및 한계에 관한 타당성이 의심될 때에는 다른 전문가나 지도감독자 및 우리 학회 윤리위원회의 자문을 구한다.

3. 내담자의 복지

가. 내담자 권리 보호

(1) 상담자의 최우선적 책임은 내담자의 존엄성을 존중하고 내담자의 복지를 증진시키는 것이다.

(2) 상담자는 상담활동의 과정에서 소속 기관 및 비전문가와의 갈등이 있을 경우, 내담자의 복지를 우선적으로 고려하고 자신이 소속된 전문적 집단의 이익은 부차적인 것으로 간주한다.

(3) 상담자는 내담자에게 전문적인 도움을 주는 것이 어렵다고 판단되면 상담자는 상담관계를 시작하지 말아야 하며, 이미 시작된 상담관계인 경우는 즉시 종결하여야 한다. 이 경우 상담자는 내담자에게 적절한 다른 대안을 제시해 주어야 한다.

(4) 상담자는 내담자의 잠재력을 개발하여 건강한 삶을 영위하도록 도움을 주며, 어떤 방식으로도 해를 끼치지 않는다.

(5) 상담자는 상담관계에서 오는 친밀성과 책임감을 인식하고, 전문가로서의 개인적 욕구충족을 위해서 내담자를 희생시켜서는 안 되며, 내담자로 하여금 의존적인 상담관계를 형성하지 않도록 노력하여야 한다.

나. 내담자 다양성 존중

(1) 상담자는 모든 인간의 기본적인 권리, 존엄성, 가치를 존중하며 연령이나 성별, 인종, 종교, 성적 선호, 장애 등의 어떤 이유로든 내담자를 차별하지 않는다.

(2) 상담자는 내담자의 발달단계와 문화에 적합한 방식으로 정보를 전달한다.

(3) 상담자가 사용하는 언어를 내담자가 이해하는 데 어려움이 있을 때는 내담자가 명확하게 이해할 수 있도록 통역자나 번역자를 배치하여 필요한 서비스를 제공한다.

(4) 상담자는 자신의 고유한 가치, 태도, 신념, 행위가 사회에서 어떻게 적용되는지를 인식하고 내담자에게 자신의 가치를 강요하지 않는다.

(5) 상담자는 훈련이나 수련감독 실천에 다문화/다양성 역량 배양을 위한 내용을 적극적으로 포함시키고 수련생들이 이에 대한 인식, 지식, 기술을 습득할 수 있도록 적극적으로 훈련시킨다.

4 상담관계

가. 다중관계

(1) 상담자는 내담자와의 친밀한 관계를 인식하고, 내담자에 대한 존중감을 유지하며 내담자를 이용하여 상담자 개인의 필요를 충족하고자 하는 활동 및 행동을 하지 않는다.
(2) 상담자는 상담 전에 상담관계에 영향을 줄 수 있는 상담의 목표, 기술, 규칙, 한계 등에 관해서 내담자에게 알려 주어야 한다.
(3) 상담자는 객관성과 전문적인 판단에 영향을 미칠 수 있는 다중 관계를 피해야 한다. 단 내담자의 복지를 위해 상담자와 내담자가 사전 동의를 한 경우와 그에 대한 자문이나 감독이 병행될 때는, 상담관계를 맺을 수도 있다.
(4) 상담자는 특별한 경우를 제외하고는, 내담자와 상담실 밖에서 사적인 관계를 맺지 않는다.
(5) 상담자는 내담자와의 관계에서 상담료 이외의 어떠한 금전적, 물질적 거래관계도 맺지 않는다.

나. 성적 관계

(1) 상담자는 내담자와 어떤 형태의 성적 관계를 갖지 않는다.
(2) 상담자는 내담자와 성적 관계를 맺었거나 유지하는 경우 상담 관계를 형성하지 않는다.
(3) 상담자는 상담관계가 종결된 이후에도 최소 2년 내에는 내담자와 성적 관계를 맺지 않는다.

(4) 상담자는 상담 종결 이후 2년이 지난 후에 내담자와 성적 관계를 맺게 되는 경우에도 이 관계가 착취적이 아니라는 것을 철저하게 검증할 책임이 있다.
(5) 상담자는 성적 유인, 신체적 접근 또는 성적인 성격을 지닌 성적 위협에 관여하지 않는다. 이를 알게 되거나 듣게 되었을 때 묵과하지 않고 적절한 조치를 취한다.

5 사회적 책임

가. 사회관계

(1) 상담자는 사회윤리 및 자신이 속한 지역사회의 도덕적 기준을 존중하며, 사회공익과 자신이 종사하는 전문직의 올바른 이익을 위하여 최선을 다한다.
(2) 상담자는 경제적 이득이 없는 경우라 하더라도 전문적 활동에 헌신함으로써 사회에 봉사한다.
(3) 상담자가 되기 위해 교육을 받고 수련하는 우리 학회 회원에게는 교육비 책정에 있어서 특별한 배려를 한다.
(4) 상담자는 내담자의 재정 상태를 고려하여 상담료를 적정 수준으로 정하여야 한다. 정해진 상담료가 내담자의 재정 상태에 비추어 적정 수준을 벗어날 경우에는, 가능한 비용으로 적합한 상담 서비스를 받을 수 있도록 내담자를 돕는다.
(5) 상담자는 수련생에게 적절한 훈련과 지도감독을 제공하고, 수련생이 이 과정을 책임있고 유능하게 수행할 수 있도록 돕는다.

나. 고용 기관과의 관계

(1) 상담자는 자신이 재직하고 있는 상담기관의 설립 목적에 기여할 수 있는 활동을 할 책임이 있다.
(2) 상담자는 자신의 전문적 활동이 재직하고 있는 상담기관의 목적과 모순되고, 직무수행에서 갈등이 해소되지 않을 때는 상담기관과의 관계를 종결해야 한다.

(3) 상담자는 자신이 재직하고 있는 상담기관의 관리자 및 동료들과의 관계를 통해서 상담업무, 비밀보장, 기록된 정보의 보관과 처리, 업무분장, 책임에 대해 상호간의 동의를 구해야 한다.

(4) 상담자는 자신이 재직하고 있는 상담기관의 고용주에게 해를 끼칠 수 있는 상황 혹은 기관의 효율성에 제한을 줄 수 있는 상황에 대해 미리 통보를 하여야 한다.

(5) 상담기관에 재직 중인 상담자는 해당 기관의 상담 활동에 적극적으로 종사하고 있지 않다면, 자신의 이름이 상업적인 광고나 홍보에 사용되지 않도록 해야 한다.

다. 상담기관 운영

(1) 상담기관 운영자는 상담 기관에 소속된 상담자의 증명서나 자격증은 그 중 최고 수준의 것으로 하고, 자격증의 유형, 주소, 연락처, 직무시간, 상담의 유형과 종류, 그와 관련된 다른 정보 등이 정확하게 기록된 목록을 작성해 두어야 한다.

(2) 상담기관 운영자는 자신과 현재 종사하고 있는 직원의 발전에 책임 의식을 가져야 하고, 직원들에게 상담 기관의 목표와 상담 프로그램에 대해 알려주어야 한다.

(3) 상담기관 운영자는 고용, 승진, 인사, 연수 및 지도감독 시에 연령, 성별, 문화, 장애, 인종, 종교, 혹은 사회경제적 지위 등을 이유로 차별하지 않는다.

(4) 상담기관 운영자는 상담기관을 홍보하고자 할 때 일반인들에게 해당 상담기관의 전문적 활동, 상담 분야, 관련 자격 등을 정확하게 알려주어야 한다.

(5) 상담기관 운영자는 내담자나 교육생을 모집하기 위해 개인상담소를 고용이나 기관가입의 장소로 이용하지 않는다.

라. 타 전문직과의 관계

(1) 상담자는 상호 합의한 경우를 제외하고는 타 전문가로부터 도움을 받고 있는 내담자를 대상으로 상담을 하지 않는다. 다만, 공동으로 도움을 줄 경우에는 타 전문가와의 관계와 조건에 관하여 분명히 할 필요가 있다.

(2) 상담자는 자신이 아는 전문·비전문가의 윤리적 행동에 관하여 중대한 의문을 발견했을 경우, 그러한 상황을 시정하려는 노력을 할 책임이 있다.

(3) 상담자는 자신의 전문적 자격이 타 전문분야에서 오용되는 것에 적절하게 대처하며, 자신의 이익을 위해 타 전문직을 손상시키는 언어 및 행동을 삼간다.
(4) 상담자는 자신의 상담 접근 방식과 차이가 있는 다른 전문가의 접근 방식 및 전통과 관례를 존중한다.
(5) 상담자는 상담 전문가로서의 자신의 관점, 가치, 경험과 다른 학문 분야에 종사하는 동료의 관점, 가치, 경험을 활용하여 내담자의 복지에 영향을 미칠 수 있는 결정에 참여하고 기여한다.

6. 상담연구

가. 연구 책임

(1) 상담연구자는 연구의 결과가 상담의 이론과 실제에 바람직한 기여를 하도록 노력해야 하고, 연구로 인한 문제에 대해 책임을 져야 한다.
(2) 상담자는 연구 참여자를 대상으로 하는 연구를 수행할 때 윤리규정, 법, 기관 규정, 과학적 기준에 합당한 방식으로 연구를 계획, 설계, 실행, 보고한다.
(3) 상담자는 윤리적인 연구수행에 대한 궁극적인 책임이 연구책임자에게 있다는 것을 인식하고 연구 활동에 참여하는 모든 사람이 윤리적 책임을 공유하며 각자의 행동에 대해 책임을 진다는 사실을 주지시킨다.
(4) 상담자는 연구 참여 때문에 연구 참여자의 삶에 혼란이 초래되는 것을 피하기 위해 합당한 사전 조치를 취한다.
(5) 상담자는 연구 목적에 적합하다면 문화적인 고려를 통해 연구 절차를 구체화 하도록 한다.

나. 연구 참여자의 권리

(1) 상담자는 피험자에게 연구의 필요성을 포함하여 연구에 관한 전반적인 사항에 대해 상세히 설명하여 동의를 얻어야 하며, 그들이 자발적으로 연구에 참여하도록 해야 한다.
(2) 상담자는 내담자를 포함시키는 연구를 수행할 때 사전 동의 절차에서 내담자가 연구 활동에 참여할 것인지에 대해 자유롭게 선택할 수 있다는 점을 명확하게 한다.
(3) 상담자는 연구 과정에서 연구 참여자에 대해 획득한 정보를 비밀로 유지한다.
(4) 상담자는 자료가 수집된 후 연구에 대해 참여자들이 가질 수 있는 오해를 해소하기위해 연구의 특성을 명확하게 설명한다.
(5) 상담자는 학술 프로젝트나 연구가 완료되면 합당한 기간 내에 연구 참여자의 신분을 확인할 수 있는 자료나 정보가 포함된 오디오, 비디오, 인쇄물과 같은 기록이나 문서를 파기하는 조치를 취한다.

다. 연구결과의 보고

(1) 연구결과를 발표할 때에는 그 결과와 관련된 모든 정보를 정확하게 서술해야 하며, 객관적이고 공정한 발표가 되게 하고, 연구결과가 다른 상담자의 연구를 위한 자료가 될 수 있도록 해야 한다.
(2) 상담자는 출판된 연구에서 중대한 오류를 발견하면, 정오표나 다른 적절한 출판 수단을 통해 그 오류를 수정하는 합당한 조치를 취한다.
(3) 상담자는 모든 연구 참여자의 신분을 보호하고 복지를 위해 자료를 각색·변형하고 결과에 대한 논의가 연구 참여자에게 해를 끼치지 않도록 합당한 조치를 취한다.
(4) 상담자는 다른 사람의 저작을 자신의 것처럼 표절하지 않는다.
(5) 상담자는 공동 저자, 감사의 글, 각주 달기 등의 적절한 방법을 통해 연구에 상당한 기여를 한 사람들에게 그런 기여에 합당하게 공로를 인정하고 표시한다.

7 심리검사

가. 일반 사항

(1) 상담자는 내담자의 환경(사회적, 문화적, 상황적 특성 등)과 개별적 특성을 고려한 후, 내담자를 조력하기 위한 목적에 적합한 심리검사를 선택해야 한다.

(2) 심리검사를 실시할 때에는 자격이 있는 사람이 표준화된 절차에 따라 실시해야 하며, 그 과정을 경시해서는 안 된다.

(3) 상담자는 검사 채점과 해석을 수기로 하건, 컴퓨터를 사용하건, 혹은 다른 서비스를 사용하건 상관없이 내담자의 요구에 적합한 검사 도구를 적용, 채점, 해석, 활용한다.

(4) 상담자는 검사 전에 검사의 특성과 목적, 잠재적인 결과 수령자의 구체적인 결과의 사용에 대해 설명한다. 이 때 상담자는 내담자의 개인적·문화적 상황, 내담자의 결과 이해 정도, 결과가 내담자에게 미치는 영향을 고려한다.

(5) 상담자는 피검자의 복지, 명확한 이해, 검사 결과를 누가 수령할 것인지에 대한 결정에서 사전 합의를 고려한다.

나. 검사 도구 선정과 실시 조건

(1) 상담자가 검사 도구를 선정할 때 도구의 타당도, 신뢰도, 실용도, 객관도, 심리측정의 한계를 신중하게 고려한다.

(2) 상담자는 제삼자에게 내담자에 대한 검사를 의뢰할 때, 적절한 검사도구가 사용될 수 있도록 내담자에 대한 구체적인 의뢰 문제와 충분한 객관적인 자료를 제공한다.

(3) 상담자는 문화적으로 다양한 집단을 위한 검사 도구를 선정할 경우, 그러한 내담자 집단에게 적절한 심리측정 특성이 결여된 검사 도구를 사용하지 않도록 합당한 노력을 한다.

(4) 상담자는 검사도구의 표준화 과정에서 설정된 동일한 조건하에서 검사를 실시한다.

(5) 상담자는 기술적 또는 다른 전자적 방법들이 검사 실시에 사용될 때, 실시 프로그램이 잘 기능하고 있는지 그리고 정확한 결과를 제공하는지에 대해 점검한다.

다. 검사 채점 및 해석

(1) 상담자는 개인 또는 집단검사 결과 발표에 정확하고 적절한 해석을 포함시킨다.

(2) 상담자는 검사 결과를 보고할 때, 검사 상황이나 피검사자의 규준 부적합으로 인한 타당도 및 신뢰도와 관련하여 발생하는 제한점을 명확히 한다.

(3) 상담자는 연령, 피부색, 문화, 장애, 민족, 성, 인종, 언어 선호, 종교, 영성, 성적 지향, 사회경제적 지위가 검사 실시와 해석에 영향을 미친다는 것을 인식하고, 내담자와 관련된 다른 요인들을 고려하여 적절하게 검사 결과를 해석한다.

(4) 상담자는 기술적인 자료가 불충분한 검사 도구의 경우 그 결과를 해석할 때 주의해야 한다. 그러한 도구를 사용하는 특정한 목적을 내담자에게 명확히 알린다.

(5) 상담자는 내담자에게 심리검사 결과의 수치만을 알리거나 제삼자에게 알리는 등 검사결과가 잘못 통지되지 않도록 해야 한다.

라. 정신장애 진단

(1) 상담자는 정신장애에 대해 적절한 진단을 하도록 특별하고 세심한 주의를 기울인다.

(2) 상담자는 치료의 초점, 치료 유형, 추수상담 권유 등의 내담자 보살핌을 결정하기 위해 사용되는 개인상담을 포함한 검사 기술을 신중하게 선택하고 합당하게 사용한다.

(3) 상담자는 정신장애를 진단할 때는 내담자의 문제를 규정하는 방식에 문화가 영향을 미친다는 것을 인식하고 내담자의 사회경제적·문화적 경험을 고려한다.

(4) 상담자는 어떤 개인이나 집단들에 대해 오진을 내리고 정신병리화 하는 역사적·사회적 편견과 오류에 대해 충분히 이해하고 이러한 편견과 오류가 발생하지 않도록 특별한 주의를 기울인다.

(5) 상담자는 심리검사의 결과가 내담자나 다른 사람들에게 해를 끼칠 수 있다고 판단되면 진단이나 보고를 해서는 안 된다.

8 윤리문제 해결

가. 윤리위원회와의 협력

(1) 상담자는 본 윤리강령 및 시행세칙을 숙지하고 이를 실천할 의무가 있다.

(2) 상담자는 본 학회의 윤리강령뿐만 아니라 상담관련 타 전문기관의 윤리 규준에 대해서도 충분히 이해하고 있어야 한다. 상담자에게 주어진 윤리적 책임에 대한 지식의 결여와 이해 부족이 상담자의 비윤리적 행위에 대한 면책사유가 되지 않는다.

나. 윤리 위반

(1) 상담자가 윤리적인 문제에서 의구심을 유발하는 근거가 있을 때, 윤리위원회는 본 윤리강령 및 시행세칙에 따라 적절한 조치를 취할 수 있다.

(2) 상담자는 윤리강령을 위반한 것으로 지목되는 사람에 대해 윤리위원회의 조사, 요청, 소송절차에 협력한다. 또한 자신이 연루된 사안의 조사에도 적극 협력해야 한다. 아울러 윤리문제에 대한 불만접수로부터 불만사항 처리가 완료될 때 까지 본 학회와 윤리위원회에 협력하지 않는 것 자체가 본 윤리강령의 위반이며, 위반 시 징계 등 상응하는 조치를 취할 수 있다.

(3) 상담자는 윤리적 책임이 법, 규정, 또는 다른 법적 권위자와 갈등이 생기면 본 학회윤리규정에 따른다는 것을 알리고 갈등을 해결하기 위한 조치를 취한다. 만약 갈등이 그러한 방법으로 해결되지 않으면, 법, 규정, 다른 법적 권위자의 요구 사항을 따른다.

(4) 상담자는 명백한 윤리강령 위반이 비공식적인 방법으로 해결되지 않거나, 그 방법이 부적절하다면 윤리위원회에 위임한다.

(5) 상담자는 그 주장이 그릇됨을 증명할 수 있는 사실을 무모하게 경시하거나 계획적으로 무시해서 생긴 윤리적 제소를 시작, 참여, 조장하지 않는다.

9 회원의 의무

본 학회의 정회원, 준회원 및 평생회원은 본 학회 회원의 자격을 부여 받기 이전이라 할지라도 본 윤리강령을 준수할 의무가 있다.

부 칙

(1) 본 윤리강령은 2002년 8월 17일부터 시행한다.

(2) 본 개정 윤리강령은 2008년 8월 19일부터 시행한다.

(3) 본 개정 윤리강령은 2011년 12월 25일부터 시행한다.

부록 한국상담심리학회 윤리강령

한국상담심리학회는 학회 회원들이 모든 인간의 존엄성과 가치를 존중하고 다양한 조력활동을 통해, 인간 개개인의 잠재력과 독창성을 신장하여 저마다 자기를 실현하는 건전한 삶을 살도록 돕는 데 헌신한다. 본 학회에서 인증한 상담심리사(1급, 2급)는 전문적 지식과 기술을 개발하고 전문가로서의 능력과 자질을 향상시키며, 상담심리사의 역할을 하는 데 있어서 내담자의 복지를 최우선 순위에 둔다. 상담심리사는 전문적인 상담 활동을 통해 내담자의 개인적인 성장과 사회 공익에 기여하는데 최선을 다하고 상담심리사로서 자신의 행동에 책임을 진다. 이를 위하여 본 학회에서 인증한 상담심리사는 다음과 같은 윤리 강령을 숙지하고 준수할 것을 다짐한다(장성화·김순자·윤향숙·박지현·황윤미, 2012; www.krcpa.miraeis.com).

1. 전문가로서의 태도

가. 전문적 능력

(1) 상담심리사는 자기 자신의 교육과 수련, 경험 등에 의해 준비된 범위 안에서 전문적인 서비스와 교육을 제공한다. 상담심리사는 자신의 능력의 한계를 인정하고 교육이나 훈련, 경험을 통해 자격이 주어진 상담활동만을 한다.

(2) 상담심리사는 자신이 가진 능력 이상의 것을 주장하거나 암시해서는 안 되며, 타인에 의해 능력이나 자격이 오도되었을 때에는 수정해야 할 의무가 있다.

(3) 상담심리사는 자신의 활동분야에 있어서 최신의 과학적이고 전문적인 정보와 지식을 유지하기 위해 지속적인 교육과 연수의 필요성을 인식하고 참여한다.
(4) 상담심리사는 정기적으로 전문인으로서의 능력과 효율성에 대한 자기반성이나 평가가 있어야 하며, 필요한 경우 자신의 효율성을 증진시키기 위해 지도감독을 받을 책무가 있다.
(5) 상담심리사는 윤리강령과 시행세칙을 준수할 책임이 있다.
(6) 상담기관에 상담심리사를 고용할 때는 전문적인 능력을 갖춘 이를 선발해야 한다.

나. 성실성

(1) 상담심리사는 자신의 신념체계, 가치, 제한점 등이 상담에 미칠 영향력을 자각하고, 내담자에게 상담의 목표, 기법, 한계점, 위험성, 상담의 이점, 자신의 강점과 제한점, 심리검사와 보고서의 목적과 용도, 상담료, 상담료 지불방법 등을 명확히 알린다.
(2) 상담심리사는 개인의 이익을 위해 상담전문직의 가치와 권위를 훼손하는 행동을 해서는 안 된다.
(3) 상담심리사는 능력의 한계나 개인적인 문제로 내담자를 적절하게 도와줄 수 없을 때에는 상담을 시작해서는 안 되며, 다른 상담심리사나 정신건강 전문가에게 의뢰하는 등 내담자를 도와줄 수 있는 방법을 강구한다.
(4) 상담심리사는 자신의 질병, 죽음, 이동, 또는 내담자의 이동이나 재정적 한계 등과 같은 요인에 의해 상담이 중단될 경우, 이에 대한 적절한 조치를 취해야 한다.
(5) 상담을 종결하는데 있어서 어떤 이유보다도 우선적으로 내담자의 관점과 요구에 대해 논의해야 하며, 내담자가 다른 전문가를 필요로 할 경우에는 적절한 과정을 거쳐서 의뢰한다.
(6) 상담심리사는 내담자나 학생, 연구 참여자, 동료들이 피해를 입지 않도록 적절한 조치를 취한다.
(7) 상담심리사는 자신의 기술이나 자료가 다른 사람들에 의해 오용될 가능성이 있거나, 개선의 여지가 없는 활동에 참여해서는 안 되며, 이런 일이 일어난 경우에는 이를 바로잡거나 최소화하는 조치를 취한다.

다. 상담심리사 교육과 연수

(1) 상담심리사 교육은 학술적인 연구와 지도 감독하의 실습을 통합하는 과정으로 설정되어야 하며, 교육 프로그램은 교육생들이 상담기술, 지식, 자기이해를 넓힐 수 있는 방향으로 설정되어야 한다.

(2) 상담심리사 교육에 들어가기 전에 교육 프로그램의 내용, 기본적인 기술개발, 진로 전망에 대해 알려 준다.

(3) 교육 프로그램은 개인과 사회를 위하는 상담의 이상적 가치를 교육생들에게 고무해야 하며, 따라서 재정적 보상이나 손실보다는 직업애와 인간애에 더 가치를 두도록 한다.

(4) 교육생들에게 다양한 이론적 입장을 제시하여, 교육생들이 이 이론들의 비교를 통해서, 스스로 자신의 입장을 선택할 수 있도록 한다.

(5) 교육 프로그램은 학회의 최근 관련 지침과 보조를 맞추어 진행되어야 한다.

(6) 상담심리사 교육에서는 교육생들에 대한 지속적인 평가를 통해, 장래의 상담활동을 수행하는데 장애가 될 수도 있는, 교육생들의 한계를 알아내야 한다. 지도 교육하는 상담심리사는 교육생들이 상담자로서 성장할 수 있도록 도와주는 한편, 교육 프로그램을 통해서 바람직한 상담활동을 할 수 없는 사람을 가려낼 수 있어야 한다.

(7) 상담심리사는 상담심리사 교육과 훈련프로그램을 전문적으로 실시하고, 윤리적인 역할 모델이 되어 교육생들이 윤리적 책임과 윤리강령을 잘 인식하도록 돕는다.

(8) 상담심리사는 상담 성과나 훈련 프로그램을 홍보하기 위해 내담자 또는 수련생과의 관계를 이용하지 않는다.

(9) 상담심리사가 교육목적으로 저술한 교재는 교육과 연수과정에 채택할 수 있다.

라. 자격증명서

(1) 본 학회에서 인증한 상담심리사는 자신의 자격을 일반 대중에게 알릴 수 있다.

(2) 상담심리사는 자격증에 명시된 것 이상으로 자신의 자격을 과장하지 않는다.

(3) 상담이나 혹은 정신건강 분야에 관련된 석사학위를 가지고 있으나 박사학위는 그 이외의 분야에서 취득한 상담심리사는 그들의 상담활동에서 '박사'라는 말을 사용하지

않으며, 그 상담활동이나 지위와 관련하여 박사학위를 가진 상담심리사인 것처럼 대중에게 알리지 않는다.

2 사회적 책임

가. 사회와의 관계

(1) 상담심리사는 사회의 윤리와 도덕기준을 존중하고, 사회공익과 자신이 종사하는 전문직의 바람직한 이익을 위해 최선을 다한다.
(2) 상담심리사는 경제적 이득이 없는 경우에도 자신의 전문적 활동에 헌신함으로서 사회에 공헌한다.
(3) 상담비용을 책정할 때 상담심리사들은 내담자의 재정상태와 지역성을 고려하여야 한다. 책정된 상담료가 내담자에게 적절하지 않을 때에는, 가능한 비용에 적합한 서비스를 받을 수 있는 방법을 찾아 줌으로써 내담자를 돕는다.
(4) 상담 전문가가 되기 위해 수련하는 학회 회원에게는 상담료나 교육비 책정에 있어서 특별한 배려를 한다.

나. 고용 기관과의 관계

(1) 상담심리사는 자신이 종사하는 기관의 목적과 방침에 공헌할 수 있는 활동을 할 책임이 있다. 만일 자신의 전문적 활동이 기관의 목적과 모순되고, 직무수행에서 갈등이 해소되지 않을 때에는 기관과의 관계를 종결해야 한다.
(2) 상담심리사는 근무기관의 관리자 및 동료들과의 관계를 통해서 상담업무, 비밀보장, 공적 자료와 개인자료의 구별, 기록된 정보의 보관과 처분, 업무량, 책임에 대한 상호간의 동의가 이루어져야 한다. 이러한 동의는 구체적이어야 하며, 관련된 모든 사람이 알고 있어야 한다.

(3) 상담심리사는 그의 고용주에게 손해를 끼칠 수 있는 상황이나, 기관의 효율성에 제한을 줄 수 있는 상황에 대해 미리 경고를 해주어야 한다.
(4) 상담심리사의 인사배치는 내담자의 권리와 복지를 보장하고 증진시킬 수 있도록 해야 한다.
(5) 상담심리사는 수련생에게 적절한 훈련과 지도감독을 제공하고, 수련생이 이 과정을 책임 있고 유능하게 수행할 수 있도록 도와야 하며, 만일 기관의 정책과 실제가 이런 의무의 수행을 막는다면, 가능한 범위에서 그 상황을 바로잡도록 노력한다.

다. 상담 기관 운영자

(1) 상담기관 운영자는 다음 목록을 작성해 두어야 한다. 기관에 소속된 상담심리사의 증명서나 자격증은 그 중 최고 수준의 것으로 하고, 자격증의 유형, 주소, 연락처, 직무시간, 상담의 유형과 종류, 그와 관련된 다른 정보 등이 정확하게 기록되어야 한다.
(2) 상담기관 운영자는 자신과 현재 종사하고 있는 직원의 발전에 책임이 있다.
(3) 상담기관 운영자는 직원들에게 기관의 목표와 상담 프로그램에 대해 알려주어야 한다.
(4) 상담기관 운영자는 고용, 승진, 인사, 연수 및 지도 시에 나이, 문화, 장애, 성, 인종, 종교, 혹은 사회경제적 지위 등을 이유로 어떤 차별적인 행동을 해서는 안 된다.
(5) 상담기관 운영자는 직원이나 학생, 수련생, 동료 등을 교육, 감독하거나 평가 시에 착취하는 관계를 가져서는 안 된다.
(6) 상담심리사가 개업상담가로서 상담을 홍보하고자 할 때는 일반인들에게 상담의 전문적 활동, 전문지식, 활용할 수 있는 상담 기술 등을 정확하게 알려주어야 한다.
(7) 기관에 재직 중인 상담심리사는 상담개업 활동에 적극적으로 종사하고 있지 않다면, 자신의 이름이 상업 광고에 사용되도록 해서는 안 된다.
(8) 상담심리사는 다른 상담심리사나 정신건강 전문가와 협력체제를 맺을 수 있는데, 이럴 때 기관의 특수성을 분명히 인지하고 있어야 한다.
(9) 상담심리사는 자신의 개업활동에 대해 내담자에게 신뢰감을 주기 위해 학회나 연구단체의 회원임을 거론하는 것은 비윤리적이다.

(10) 내담자나 교육생을 모집하기 위해, 개인상담소를 고용이나 기관 가입의 장소로 이용해서는 안 된다.

라. 다른 전문직과의 관계

(1) 상담심리사는 자신의 방식과 다른 전문적 상담 접근을 존중해야 한다. 상담심리사는 함께 일하는 다른 전문적 집단의 전통과 실제를 알고 이해해야 한다.
(2) 공적인 자리에서 개인 의견을 말할 경우, 상담심리사는 그것이 자기 자신의 관점에서 나온 것이고, 모든 상담심리사의 견해를 대변하는 것이 아님을 분명히 해야 한다.
(3) 내담자가 다른 정신건강 전문가의 서비스를 받고 있음을 알게 되면, 내담자의 동의하에 상담 사실을 그 전문가에게 알리고, 긍정적이고 협력적인 치료관계를 맺도록 노력한다.
(4) 상담심리사는 다른 전문가로부터 의뢰비용을 받으면 안 된다.

마. 자문

(1) 자문이란 개인, 집단, 사회단체가 전문적인 조력자의 도움이 필요하여 요청한 자발적인 관계를 말하는데, 상담심리사는 자문을 요청한 내담자나 기관의 문제 혹은 잠재된 문제를 규명하고 해결하는 데 도움을 준다.
(2) 상담심리사와 내담자는 문제 규명, 목표 변경, 상담 성과에 서로의 이해와 동의를 구해야 한다.
(3) 상담심리사는 자신이 자문에 참여하는 개인 또는 기관에게 도움을 주는데 필요한, 충분한 자질과 능력을 갖추었는지를 합리적인 방법으로 명시해야 한다.
(4) 자문을 할 때 개인이나 기관의 가치관을 바꾸는데 도움을 주고자 한다면 상담심리사 자신의 가치관, 지식, 기술, 한계성이나 욕구에 대한 깊은 자각이 있어야 하고, 자문의 초점은 문제를 가진 사람이 아니라 풀어 나가야 할 문제 자체에 두어야 한다.
(5) 자문 관계는 내담자가 스스로 성장해 나가도록 격려하고 고양하는 것이어야 한다. 상담심리사는 이러한 역할을 일관성 있게 유지해야 하고, 내담자가 스스로의 의사결정자가 되도록 도와주어야 한다.

(6) 상담활동에서 자문의 활용에 대해 홍보할 때는 학회의 윤리강령을 성실하게 준수해야 한다.

바. 홍보

(1) 상담심리사는, 전문가로서의 자신의 자격과 상담활동에 대해 대중에게 홍보하거나 설명할 수 있으나, 그 내용은 정확해야 하며, 오해를 일으킬 수 있거나 거짓된 내용이어서는 안 된다.
(2) 상담심리사는 상담 수주를 위해 강연, 출판물, 라디오, TV, 혹은 다른 매체의 홍보에 대해 보수를 지급해서는 안 된다.
(3) 내담자의 추천을 통해서 새로운 내담자의 신뢰를 얻고자 할 때에는, 상황이 특수한 상태이거나, 취약한 상태인 내담자에게는 추천을 의뢰해서는 안 된다.
(4) 상담심리사는 출판업자, 언론인, 혹은 스폰서 등이 상담의 실제나 전문적인 활동과 관련된 잘못된 진술을 하는 경우 이를 시정하고 방지하도록 노력한다.
(5) 상담심리사가 워크숍이나 훈련프로그램을 홍보할 때는 소비자의 선택을 위해서 적절한 정보를 제공하고 정확하게 홍보해야 한다.

3 인간권리와 존엄성에 대한 존중

가. 내담자 복지

(1) 상담심리사의 일차적 책임은 내담자의 복리를 증진하고 존엄성을 존중하는 것이다.
(2) 상담심리사는 내담자의 잠재력을 개발하여 건강한 삶을 영위하도록 도움을 주며, 어떤 방식으로도 해를 끼치지 않는다. 상담심리사는 내담자로 하여금 의존적인 상담관계를 형성하지 않도록 노력하여야 한다.
(3) 상담심리사는 상담관계에서 오는 친밀성과 책임감을 인식하고, 상담심리사의 개인적 욕구충족을 위해서 내담자를 희생시켜서는 안 된다.

(4) 상담심리사는 내담자의 가족이 내담자의 삶에 중요하다는 것을 인식하고, 필요하다면 가족의 이해와 참여를 얻기 위해 노력한다.

(5) 상담심리사는 직업 문제와 관련하여 내담자의 능력, 일반적인 기질, 흥미, 적성, 욕구, 환경 등을 고려하면서 내담자와 함께 노력하지만, 내담자의 일자리를 찾아 주거나 근무처를 정해 줄 의무가 있는 것은 아니다.

나. 다양성 존중

(1) 상담심리사는 모든 인간의 기본적인 권리, 존엄성, 가치를 존중하며 연령이나 성별, 인종, 종교, 성적인 선호, 장애 등을 이유로 내담자를 차별하지 않는다.

(2) 상담심리사는 내담자의 다양한 문화적 배경을 이해하려고 적극적으로 시도해야 하며, 상담심리사 자신의 고유한 문화적 정체성이 상담과정에 어떤 영향을 주는지를 인식해야 한다.

(3) 상담심리사는 자신의 고유한 가치, 태도, 신념, 행위를 인식하여 그것이 어떻게 다양한 사회에서 적용되는지를 깨닫고 있어야 하고, 내담자에게 자신의 가치를 강요하지 않는다.

다. 내담자의 권리

(1) 내담자는 비밀유지를 기대할 권리가 있고 자신의 사례기록에 대한 정보를 가질 권리가 있으며, 상담 계획에 참여할 권리, 어떤 서비스에 대해서는 거절할 권리, 그런 거절에 따른 결과에 대해 조언을 받을 권리 등이 있다.

(2) 상담심리사는 내담자에게 상담에 참여 여부를 선택할 자유와 어떤 전문가와 상담할 것인가를 결정할 자유를 주어야 한다. 내담자의 선택을 제한하는 제한점은 내담자에게 모두 설명해야 한다.

(3) 미성년자 혹은 자발적인 동의를 할 수 없는 사람이 내담자일 경우, 상담심리사는 이런 내담자의 최상의 복지를 염두에 두고 행동한다.

4 상담관계

가. 이중 관계

(1) 상담심리사는 객관성과 전문적인 판단에 영향을 미칠 수 있는 이중 관계는 피해야 한다. 가까운 친구나 친인척 등을 내담자로 받아들이면 이중 관계가 되어 전문적 상담의 성과를 기대할 수 없으므로, 다른 전문가에게 의뢰하여 도움을 준다.

(2) 상담심리사는 상담 할 때에 내담자와 상담 이외의 다른 관계가 있다면, 특히 자신이 내담자의 상사이거나 지도교수 혹은 평가를 해야 하는 입장에 놓인 경우라면 그 내담자를 다른 전문가에게 의뢰한다. 그러나 다른 대안이 불가능하고, 내담자의 상황을 판단해 볼 때 상담관계 형성이 가능하다고 여겨지면 상담관계를 유지할 수도 있다.

(3) 상담심리사는 특별한 경우를 제외하고는, 내담자와 상담실 밖에서 사적인 관계를 유지하지 않도록 한다.

(4) 상담심리사는 내담자와의 관계에서 상담료 이외의 어떠한 금전적, 물질적 거래관계도 맺어서는 안 된다.

나. 성적 관계

(1) 상담심리사는 내담자와 어떠한 종류이든 성적관계는 피해야 한다.

(2) 상담심리사는 이전에 성적인 관계를 가졌던 사람을 내담자로 받아들이지 않는다.

(3) 상담심리사는 상담관계가 종결된 이후 최소 2년 내에는 내담자와 성적 관계를 맺지 않는다. 상담 종결 이후 2년이 지난 후에 내담자와 성적 관계를 맺게 되는 경우에도 상담심리사는 이 관계가 착취적인 특성이 없다는 것을 철저하게 검증해야 한다.

다. 여러 명의 내담자와의 관계

(1) 상담심리사가 서로 관계를 맺고 있는 둘 혹은 그 이상의 내담자들(예 : 남편과 아내, 부모와 자녀)에게 상담을 제공할 것을 동의할 경우, 상담심리사는 누가 내담자이며 각 사람과 어떠한 관계를 맺게 될지 그 특성에 대해 명확히 하고 상담을 시작해야 한다.

(2) 만약 그러한 관계가 상담심리사로 하여금 잠재적으로 상충되는 역할을 수행하도록 요구한다면, 상담심리사는 그 역할에 대해서 명확히 하거나, 조정하거나, 그 역할로부터 벗어나도록 한다.

5. 정보의 보호

가. 사생활과 비밀보호

(1) 상담심리사는 사생활과 비밀유지에 대한 내담자의 권리를 최대한 존중해야 할 의무가 있다.

(2) 내담자의 사생활 보호에 대한 권리는 내담자나 내담자가 위임한 법적 대리인에 의해 유예될 수 있다.

(3) 상담심리사는 내담자의 사생활 침해를 최소화하기 위해서 문서 및 구두상의 보고나 자문 등에서 실제 의사소통된 정보만을 포함시킨다.

(4) 상담심리사는 고용인, 지도감독자, 사무보조원, 그리고 자원봉사자들을 포함한 직원들에게도 내담자의 사생활과 비밀이 보호되도록 주지시켜야 한다.

나. 기록

(1) 법, 규제 혹은 제도적 절차에 따라, 상담심리사는 내담자에게 전문적인 서비스를 제공하기 위해서 반드시 기록을 보존한다.

(2) 상담심리사는 녹음 및 기록에 관해 내담자의 동의를 구한다.

(3) 상담심리사는 면접기록, 심리검사자료, 편지, 녹음·녹화 테잎, 기타 문서기록 등 상담과 관련된 기록들이 내담자를 위해 보존된다는 것을 인식하며, 상담기록의 안전과 비밀보호에 책임진다.

(4) 상담기관이나 연구단체는 상담기록 및 보관에 관한 규정을 작성해야 하며, 그렇지 않을 경우 상담기록은 상담심리사가 속해있는 기관이나 연구단체의 기록으로 간주한

다. 상담심리사는 내담자가 기록에 대한 열람이나 복사를 요구할 경우, 그 기록이 내담자에게 잘못 이해될 가능성이 없고 내담자에게 해가 되지 않으면 응하는 것이 원칙이다. 단, 여러 명의 내담자를 상담하는 경우, 다른 내담자와 관련된 사적인 정보는 제외하고 열람하도록 한다.

(5) 상담심리사는 기록과 자료에 대한 비밀보호가 자신의 죽음, 능력상실, 자격박탈 등의 경우에도 보호될 수 있도록 미리 계획을 세운다.

(6) 상담심리사는 상담과 관련된 기록을 보관하고 처리하는데 있어서 비밀을 보호해야 하며, 이를 타인에게 공개할 때에는 내담자의 직접적인 동의가 있을 때에만 가능하다.

(7) 상담심리사는 다음에 정한 바와 같이 비밀보호의 예외가 존재하는 경우를 제외하고는, 내담자의 서면 동의 없이는 제 삼의 개인, 단체에게 상담기록을 밝히거나 전달하지 않는다.

다. 비밀보호의 한계

(1) 내담자의 생명이나 사회의 안전을 위협하는 경우가 발생한 경우에 한하여 내담자의 동의 없이도 내담자에 대한 정보를 관련 전문인이나 사회에 알릴 수 있다. 이런 경우 상담 시작 전에 이러한 비밀보호의 한계를 알려준다.

(2) 내담자가 감염성이 있는 치명적인 질병이 있다는 확실한 정보를 가졌을 때, 상담심리사는, 그 질병에 위험한 수준으로 노출되어 있는 제 삼자(내담자와 관계 맺고 있는)에게 그러한 정보를 공개할 수 있다. 상담심리사는 제 삼자에게 이러한 정보를 공개하기 전에, 내담자가 자신의 질병에 대해서 그 사람에게 알렸는지, 아니면 조만간에 알릴 의도가 있는지를 확인한다.

(3) 법적으로 정보의 공개가 요구될 때에는 비밀보호의 원칙에서 예외이지만, 법원이 내담자의 허락 없이 사적인 정보를 밝힐 것을 요구할 경우, 상담심리사는 내담자와의 관계를 해칠 수 있기 때문에 정보를 요구하지 말 것을 법원에 요청한다.

(4) 상황들이 사적인 정보의 공개를 요구할 때 오직 기본적인 정보만을 밝힌다. 더 많은 사항을 밝히기 위해서는 사적인 정보의 공개에 앞서 내담자에게 알린다.

(5) 만약 내담자의 상담이 여러 전문가로 구성된 팀에 의한 지속적인 관찰을 포함하고 있다면, 팀의 존재와 구성을 내담자에게 알린다.
(6) 상담이 시작될 때와 상담과정 중 필요한 때에, 상담심리사는 내담자에게 비밀 보호의 한계를 알리고 비밀 보호가 불이행되는 상황에 대해 인식시킨다.
(7) 비밀보호의 예외 및 한계에 관한 타당성이 의심될 때에 상담심리사는 동료 전문가의 자문을 구한다.

라. 집단상담과 가족상담

(1) 집단상담에서 상담심리사는 비밀보호의 중요성을 설명하고, 집단에서의 비밀보호와 관련된 어려움들을 토론한다. 집단구성원들에게 비밀보호가 완벽하게는 보장될 수 없음을 알린다.
(2) 가족상담에서 한 가족 구성원에 대한 정보는, 허락 없이는 다른 구성원에게 공개될 수 없다. 상담심리사는 각 가족 구성원의 사생활에 대한 권리를 보호한다.
(3) 자발적인 언행이 불가능하거나 미성년인 내담자를 상담할 때, 상담의 과정에서 필요하면, 부모나 보호자가 참여할 수 있음을 알린다. 그러나 상담심리사는 내담자의 이익을 위해 최선을 다한다.

마. 기타 목적을 위한 내담자 정보의 사용

(1) 교육이나 연구 또는 출판을 목적으로 상담관계로부터 얻어진 자료를 사용할 때에는 내담자의 동의를 구해야 하며, 각 개인의 익명성이 보장되도록 자료 변형 및 신상 정보의 삭제와 같은 적절한 조치를 취하여 내담자의 신상에 피해를 주지 않도록 한다.
(2) 다른 전문가의 자문을 구할 경우, 상담심리사는 사전에 내담자의 동의를 구해야 하며, 적절한 조치를 통해 내담자의 사생활과 비밀을 보호하도록 노력한다.

바. 전자 정보의 비밀보호

(1) 컴퓨터를 사용하면 광범위하게 자료를 보관하고 조사·분석할 수 있지만, 정보를 관리하는데 한계가 있다는 사실을 알아야 한다.

(2) 내담자의 기록이 전자 정보 형태로 보존되어 제3자가 내담자의 동의 없이 접근할 수 있을 때, 상담심리사는 적절한 방법을 통해 내담자의 신상이 드러나지 않도록 조치를 취한다.

6 。상담연구

가. 연구계획

(1) 상담심리사는 윤리적 기준에 따라 과학적인 방법으로 연구를 계획하고 수행한다.
(2) 상담심리사는 연구가 잘못될 가능성을 최소화하도록 연구를 계획한다.
(3) 연구를 계획할 때, 상담심리사는 윤리강령에 따라 하자가 없도록 한다. 만약 윤리적 쟁점 이 명확하지 않다면, 상담심리사는 윤리위원회나 동료의 자문 등을 통해 쟁점을 해결한다.
(4) 상담심리사는 최선을 다해 연구 대상자의 권리와 복지를 보호하기 위한 적절한 조치를 취해야 한다.
(5) 상담심리사는 국가의 법과 기준 및 전문적 기준을 준수하는 태도로 연구를 수행한다.

나. 책임

(1) 상담심리사는 연구가 진행되는 동안 연구 대상자의 복지에 대한 책임이 있으며, 연구 대상자를 심리적, 신체적, 사회적 불편이나 위험으로부터 보호해야 한다.
(2) 상담심리사는 자기 자신 혹은 자기 감독 하에 수행된 연구의 윤리적 행위에 대해서 책임이 있다.
(3) 연구자와 연구 보조자는, 훈련받고 준비된 과제만을 수행해야 한다.
(4) 연구를 수행하는데 있어서, 필요에 따라 숙련된 연구자의 자문을 구한다.

다. 연구 대상자의 참여 및 동의

(1) 연구에의 참여는 자발적이어야 한다. 비자발적인 참여는 그것이 연구 대상자에게 전혀 해로운 영향을 끼치지 않거나, 관찰연구가 필요한 경우에만 가능하다.

(2) 상담심리사는 연구 대상자를 구하기 위하여 부적절한 유인가를 제공하지 말아야 한다.

(3) 상담심리사는 연구 대상자가 이해할 수 있는 언어를 사용하여 연구의 목적, 절차 및 기대되는 효과를 설명한 후에 연구 동의를 받아야 한다.

(4) 상담심리사는 모든 형태의 촬영이나 녹음에 대해서 사전에 연구 대상자의 동의를 받아야 한다.

(5) 상담심리사는 정보를 숨기거나 사실과 다르게 알리는 것이 연구와 관찰에 필요한 경우를 제외하고는, 모든 연구 대상자에게 연구의 목적 및 특성에 대해 사실대로 알려야 한다. 연구의 특성상 사실과 다르게 보고한 경우에는 연구가 끝난 뒤 가능한 한 빨리 사실 그대로를 알려 주어야 한다.

(6) 상담심리사는 연구 대상자의 참여에 영향을 줄 수 있는 물리적 위험, 불편함, 불쾌한 정서적 경험 등에 관하여 반드시 사전에 알려주어야 한다.

라. 연구결과 및 보고

(1) 상담심리사는 연구 대상자의 요구가 있을 경우, 연구 대상자에게 연구의 결과나 결론 등을 제공한다.

(2) 상담심리사는 연구 결과를 출판할 경우에 자료를 위조하거나 결과를 왜곡해서는 안 된다.

(3) 출판된 자신의 자료에서 중대한 오류가 발견된 경우, 상담심리사는 그러한 오류에 대해 수정, 철회, 정정하여야 한다.

(4) 상담심리사는 타 연구의 결과나 자료의 일부, 혹은 기본적인 내용에 대해서 아무리 자주 인용된다 할지라도 자신의 것으로 보고해서는 안 된다.

(5) 상담심리사는 자신이 수행한 연구 및 기여한 연구에 대해서만 책임과 공로를 갖는다. 연구에 많은 공헌을 한 자는 공동 연구자로 하거나, 공인을 해주거나, 각주를 통해 밝히거나, 혹은 다른 적절한 수단을 통하여 그 공헌에 맞게 인정해 주어야 한다.

(6) 전문적이고 과학적인 가치가 있는 것으로 판명된 연구결과는 다른 상담심리사들과 상호 교환해야 하며, 연구결과가 연구소의 프로그램, 상담활동, 기존 관심과 일치하지 않는다는 이유로 철회되어서는 안 된다.

(7) 상담심리사는 자신의 연구를 제 3자가 반복하기 원하고, 그만한 자격이 있으면, 연구자료를 충분히 이용하도록 할 의무가 있다. 단 연구 대상자의 정보를 보호해야 한다.

(8) 상담심리사는, 이미 다른 논문이나 출판물에 전체, 혹은 일부분이 수록된 원고를 전 출판사의 승인이나 인가 없이 이중발표하지 않는다.

7 심리검사

가. 기본 사항

(1) 교육 및 심리 평가의 주된 목적은, 객관적이면서 해석이 용이한 평가도구를 제공하는 데 있다.

(2) 상담심리사는 교육 및 심리 평가 방법을 활용하여, 내담자의 복리와 이익을 추구하여야 한다.

(3) 상담심리사는 평가결과와 해석을 오용해서는 안 되고, 다른 사람들이 평가도구를 개발하고, 출판 또는 사용함에 있어서 정보를 오용하지 않도록 적절한 조치를 한다.

(4) 상담심리사는, 검사결과에 따른 상담심리사들의 해석 및 권유의 근거에 대한, 내담자들의 알 권리를 존중한다.

(5) 상담심리사는 규정된 전문적 관계 안에서만 평가, 진단, 서비스, 혹은 개입을 한다.

(6) 상담심리사의 평가, 추천, 보고, 그리고 심리적 진단이나 평가 진술은 적절한 증거 제공이 가능한 정보와 기술에 바탕을 둔다.

나. 검사를 사용하고 해석하는 능력

(1) 상담심리사는 자신의 능력의 한계를 알고, 훈련받은 검사와 평가만을 수행해야 한다.

또한 상담심리사는 지도감독자로부터, 적합한 심리검사 도구를 제대로 이용하는지의 여부를 평가받아야 한다.

(2) 컴퓨터를 이용한 검사를 활용하는 상담심리사는 원 평가 도구에 대해 훈련받아야 한다.

(3) 수기로 하든지, 컴퓨터를 사용하든지, 상담심리사는 평가 도구의 채점, 해석과 사용, 응용에 대한 책임이 있다.

(4) 상담심리사는 타당도와 신뢰도, 검사에 대한 연구 및 검사지의 개발과 사용에 관한 지침 등 교육·심리적 측정에 대해 철저하게 이해하고 있어야 한다.

(5) 상담심리사는 평가 도구나 방법에 대해 언급할 때, 정확한 정보를 제공하고 오해가 없도록 해야 한다. 지능지수나 점수 등이 근거 없는 의미를 내포하지 않도록 특별한 노력을 기울여야 한다.

(6) 상담심리사는 심리 평가를 무자격자에게 맡겨서는 안 된다.

다. 사전 동의

(1) 평가 전에 내담자의 동의를 미리 얻지 않았다면, 상담심리사는 그 평가의 특성과 목적, 그리고 결과의 구체적인 사용에 대해 내담자가 이해할 수 있는 말로 설명해야 한다. 채점이나 해석이 상담심리사나 보조원에 의해서 되든지, 아니면 컴퓨터나 기타 외부 서비스 기관에 의해서 이루어지든지, 상담심리사는 내담자에게 적절한 설명을 하도록 조치를 취해야 한다.

(2) 내담자의 복지, 이해 능력, 그리고 사전 동의에 따라 검사 결과의 수령인을 결정짓는다. 상담심리사는 어떤 개인, 혹은 집단 검사결과를 제공할 때 정확하고 적절한 해석을 함께 제공하여야 한다.

라. 유능한 전문가에게 정보 공개하기

(1) 상담심리사는 검사 결과나 해석을 포함한 평가 결과를 오용해서는 안 되며, 다른 사람들의 오용을 막기 위한 적절한 조치를 취한다.

(2) 상담심리사는 특별한 경우를 제외하고는, 내담자나 내담자가 위임한 법적 대리인의 동의가 있을 경우에만 그 내담자의 신분이 드러날 만한 자료(예를 들면, 계약서, 상담

이나 인터뷰 기록, 혹은 설문지)를 공개한다. 그와 같은 자료는 그 자료를 해석할 만한 능력이 있다고 상담심리사가 인정하는 전문가에게만 공개되어야 한다.

마. 검사의 선택

(1) 상담심리사는 심리검사를 선택할 때 타당도, 신뢰도, 검사의 적절성, 제한점 등을 신중히 고려한다.

(2) 상담심리사는 다문화 집단을 위한 검사를 선택할 때, 사회화된 행동과 인지 양식을 고려하지 않은 부적절한 검사를 피할 수 있도록 주의한다.

바. 검사 시행의 조건

(1) 상담심리사는 표준화된 조건과 동일한 조건에서 검사를 시행한다. 검사가 표준화된 조건에서 시행되지 않거나, 검사 시간에 비정상적인 행동이 발생할 경우, 그러한 내용을 기록해야 하고, 그 검사 결과는 무효 처리하거나 타당성을 의심할 수 있다.

(2) 상담심리사는 컴퓨터나 다른 전자식 방법을 사용하였을 때, 시행 프로그램이 내담자에게 정확한 결과를 적절히 제공하도록 보장할 책임이 있다.

(3) 인사, 생활지도, 상담활동에 주로 활용되는 검사결과가 유의미하기 위해서는 검사내용에 대한 선수지도나 내용을 언급하면 안 된다. 그러므로 검사지를 안전하게 보호하는 것도 상담심리사의 책임이다.

사. 검사 점수화와 해석, 진단

(1) 상담심리사는 검사 시행과 해석에 있어서 나이, 인종, 문화, 장애, 민족, 성, 종교, 성적 기호, 그리고 사회경제적 지위의 영향을 고려하고, 다른 관련 요인들과 통합 비교하여 검사 결과를 해석한다.

(2) 상담심리사는 기술적 자료가 불충분한 평가 도구의 경우 그 결과를 해석할 때 신중해야 한다. 그러한 도구를 사용하는 특정한 목적을 내담자에게 명백히 알려 주어야 한다.

(3) 정신 장애를 진단하기 위해서 상담심리사는 특별한 관심을 가져야한다. 내담자에 대한 치료 장소, 치료 유형, 또는 후속조치를 결정하기 위한 개인 면담 및 평가방법을 주의 깊게 선택하고 사용한다.

(4) 상담심리사는 내담자의 문제를 정의할 때, 내담자가 속한 문화의 영향을 받는다는 것을 인지한다. 내담자의 정신 장애를 진단할 때 사회경제적 및 문화적 경험을 고려해야 한다.

아. 검사의 안전성

(1) 상담심리사는 공인된 검사 또는 일부를 발행자의 허가 없이 사용, 재발행, 수정하지 않는다.

(2) 상담심리사는 시대에 뒤진 자료나 검사 결과를 사용하지 않는다. 다른 사람이 쓸모없는 측정이나 검사 자료를 사용하지 않도록 상담심리사는 도와준다.

8 윤리문제 해결

가. 윤리위원회와 협력

(1) 상담심리사는 본 윤리강령 및 적용 가능한 타 윤리강령을 숙지해야 할 의무가 있다. 윤리적 기준에 대해 모르고 있거나, 잘못 이해하고 있다는 사실이 비윤리적 행위에 대한 근거가 되지는 못한다.

(2) 상담심리사는 윤리강령의 시행 과정을 돕는다. 상담심리사는 윤리강령을 위반한 것으로 지목되는 사람들에 대해 윤리 위원회의 조사, 요청, 소송절차에 협력한다.

나. 위반

(1) 상담심리사가 윤리적으로 행동하는지에 대한 의구심을 유발하는 근거가 있을 때, 윤리 위원회는 적절한 조치를 취할 수 있다.

(2) 특정 상황이나 조치가 윤리강령에 위반되는지 불분명할 경우, 상담심리사는 윤리강령에 대해 지식이 있는 다른 상담심리사, 해당 권위자 및 윤리위원회의 자문을 구한다.
(3) 소속 기관 및 단체와 본 윤리강령 간에 갈등이 있을 경우, 상담심리사는 갈등의 본질을 명확히 하고, 소속 기관 및 단체에 윤리강령을 알려서 이를 준수하는 방향으로 해결책을 찾도록 한다.
(4) 다른 상담심리사의 윤리위반에 대해 비공식적인 해결이 가장 적절한 개입으로 여겨질 경우에는, 당사자에게 보고하여 해결하려는 시도를 한다.
(5) 명백한 윤리강령 위반이 비공식적인 방법으로 해결되지 않거나, 그 방법이 부적절하다면 윤리위원회에 위임한다.

9 회원의 의무

본 학회의 정회원, 준회원 및 종신회원은 상담심리사 자격을 취득하기 이전이라할지라도 예비상담심리사로서 본 윤리강령을 준수할 의무가 있다.

부 칙

(1) 본 윤리강령은 2003년 5월 17일부터 시행한다.
(2) 본 윤리강령은 학회 명칭과 상담전문가 명칭을 변경함에 따라 해당되는 용어를 수정하여 2004년 4월 17일자부터 시행한다.
(3) 본 개정 윤리강령은 2009년 11월 21일부터 시행한다.

부록

집단상담자들의 윤리적 지침
(ASGW 1989년 개정판, 집단지도 전문가 협회)

1953년 미국심리학회(APA)가 처음으로 윤리강령을 제정한 이래, 1960년에 전국사회사업가협회(National Association of Social Workers : NASW), 그리고 1961년 미국상담학회(ACA)가 처음으로 제정하였다. 그 후 미국상담발달협회(The American Association for Counseling and Development : AACD)의 윤리적 규범에 대한 회원들의 기본적인 책임을 준수하고 있다. 이는 집단상담전문가협회(Asscciation for specialists in Group Work : ASGW)는 회원들의 윤리적 행동을 적절한 행동기준으로 제시하고 있으며, 규범은 집단상담전 문가들의 윤리적인 행동과 지침은 16장으로 구성되어 있다(강진령, 2005; 김춘경, 2003; ASGW, 1998).

1 。오리엔테이션과 정보제공

집단상담자는 기존에 있던 집단이나 새로 구성된 집단에 관해 가능한 한 많은 정보를 제공함으로써 예비 집단 또는 새 집단구성원을 적절히 준비시켜야 한다. 그리고 오리엔테이션은 입회절차, 집단상담자의 자격, 집단구성원과 집단상담자 간의 역할기대, 집단목표, 집단경험 확인, 서비스 제공, 집단구성원의 심리적 기능, 집단구성원의 약물 사용, 집단구성원위 상담 혹은 심리치료, 집단상담료 등의 영역과 관련된 정보는 제공한다.

1) 집단상담자는 입회 절차, 집단경험의 시간, 집단 참여 기대, 상담료의 지불방법(장소), 종료 절차 등은 집단의 본질과 목적 그리고 집단원의 성숙 수준에 맞게 설명한다.
2) 구체적 집단의 본질과 목적에 관련된, 집단상담자는 유인물, 집단상담자의 자격과 제공할 수 있는 집단 서비스의 정보가 담긴 진술문을 준비한다.
3) 집단상담자는 집단구성원과 집단상담자 간의 역할 기대, 권리와 책임에 대해 자세히 알려준다.
4) 집단상담자는 집단 목표가 누구(집단상담가, 기관, 부모 등)의 목표이며, 집단 목표에 영향을 미치거나 또는 목표를 결정하는 집단원의 역할에 대해 가능한 간결하게 설명한다.
5) 집단상담자는 집단경험으로 인해 생길지 모르는 삶의 변화와 그 속에 잠재된 위험성을 집단원과 함께 탐색해 보고, 이러한 위험가능성들에 직면할 수 있도록 그들의 상태를 탐색한다.
6) 집단상담자는 집단에서 경험할 특별한 절차나 실험적 절차를 집단구성원에게 알려준다.
7) 집단상담자는 집단상담을 통해 제공되어 질 수 있는 서비스와 제공될 수 없는 서비스에 대한 가능한 현실적으로 설명한다.
8) 집단상담자는 심리적 기능을 증진시킬 필요성과 집단구성원들끼리 서로 함께 참여하는 것의 중요성을 강조한다. 그리고 집단상담자는 예비 집단구성원에게 집단의 기능에 영향을 끼칠 수 있는 약물 중독 및 치료를 받은 경험이 있는지 살펴보고, 집단구성원들 간에 알코올이나 약물사용을 금하고 집단모임 전에 집단구성원이 신체적 혹은 감정적 상태에 영향을 미칠 수 있는 알코올 및 약물 사용을 금지시킨다.
9) 집단상담자는 집단구성원들이 상담 혹은 심리치료를 받은 적이 있는지 알아본다. 그리고 집단구성원이 이미 다른 상담전문가와 상담관계가 있다면 집단상담자는 예비 집단구성원에게 자신이 집단에 참여하게 된 것을 상담관계에 있는 상담전문가에게 알리도록 충고한다.
10) 집단상담료를 정할 때 집단상담자는 집단구성원의 재정상태와 사는 장소를 등을 고려해야 한다.

2 집단구성원 선별

집단상담자는 예비 집단구성원을 선발할 때, 집단구성원의 욕구와 목표가 가능한 집단목표와 일치되고 집단절차에 방해가 되지 않으며, 집단 경험에 의해 그들 복지가 위태롭지 않을 집단원을 선발한다. 미국집단상담전문가협회에서 제시하고 있는 선발과정은 다음과 같다.

1) 개별 인터뷰이다.
2) 예비 집단구성원의 집단 면접이다.
3) 집단구성원을 몇 명씩 묶어서 면접을 한다.
4) 예비 집단구성원의 설문지에 응답한다.

3 비밀보장

집단상담자는 비밀보장의 정의와 중요성, 비밀보장의 시행에 있어서 어려움들을 분명히 정의함으로써 집단구성원을 보호한다.

1) 집단상담자는 비밀보장과 비밀보장의 한계를 정함으로써 집단구성원들을 보호하기 위한 조치를 취해야 한다.
2) 집단상담자는 비밀보장의 중요성을 강조하고 집단 참여자의 자기개방에 관한 비밀규정을 정한다. 그리고 비밀보장 유지의 중요성은 집단 시작 전에 강조하고 집단과정 중에도 여러 차례 강조해야 한다.
3) 집단상담자는 집단진행 환경에서 비밀보장과 비밀보장 수행에서의 어려움들을 집단원들에게 인식시켜야 한다. 이는 상담자가 집단구성원의 인식을 증가시키기 위해 비밀 누설의 가능성을 줄이는 것을 돕기 위해 어떻게 비밀이 악의 없이 누설될 수 있는가로 예로 들어 줄 수 있다.

4) 집단상담자는 다만 자신은 비밀을 보장하고 그것에 책임질 수 있지만, 집단구성원들이 비밀을 보장할 것이라는 것은 책임질 수 없다.
5) 집단상담자는 집단원들에게 녹화된 테이프가 어떻게 활용되는지를 알리고 사전 동의를 얻은 후 집단과정을 비디오 촬영 및 녹음을 할 수 있다.
6) 집단상담자는 미성년자와 상담을 할 때 비밀보장의 한계를 구체적으로 설명한다.
7) 강제 집단 참여자인 경우 집단상담가는 자신에게 요구되는 보고절차를 구성원에게 알린다.
8) 집단상담가는 집단구성원에 대해 여러 방식으로 기록된 것의 보관 혹은 처리과정에서 비밀을 유지한다.
9) 집단상담 강의를 할 때는 집단상담 사례에 대한 집단구성원의 익명성을 보장한다.

4 자발적·비자발적 참여

집단상담가는 자발적인지 비자발적인지 구성원에게 알려준다.

1) 집단상담가는 자발적, 비자발적 집단구성원 모두에게 동의절차를 보장하기 위한 조치를 취한다.
2) 집단상담가는 미성년자와 집단상담을 진행할 경우에는 자신이 속한 기관의 절차를 따라야 한다.
3) 비자발적 집단에서 집단구성원들의 협력을 얻고, 집단에 자발적으로 참석하도록 하기 위해 모든 시도를 해야 한다.
4) 집단상담가는 단지 집단회기에 참가만 했지 정해진 집단 기대를 충족시키기 못한 집단구성원들이 집단치료를 받아들였다고 확증해서는 안 된다.

5 집단 떠나기

집단구성원이 효과적인 방식으로 상담을 종결하기 위해 준비해야 한다.

1) 조기에 집단을 떠나려는 집단원에 관한 절차는 사전 인터뷰 때나 집단시작 전, 또는 집단 첫 세션에서 모든 집단구성원과 상담자가 함께 논의해야 한다.
2) 법률적으로 의뢰된 집단상담의 경우는 집단상담가는 집단구성원에게 때 이른 자기-종결로 인해 생길 수 있는 결과를 알려준다.
3) 집단상담가와 집단구성원은 집단 경험이 개인에게 생산적인지 혹은 비생산적인지의 정도를 협동하여 결정하도록 한다.
4) 만약 설정된 상담시간에 만족하지 못하는 것이 확인이 된다면 집단구성원은 집단상담을 취소할 권리가 있다.
5) 집단구성원은 집단을 떠날 수 있는 권리를 가지고 있다. 그러나 그만둘 것을 결정하기 전에 상담사와 집단원들에게 알려야 한다.
6) 집단을 떠나기 전, 집단상담가는 집단구성원에게 그 이유를 대해 논의하도록 한다.

6 강제와 압력

집단상담가는 신체적 위협, 협박, 강제, 그리고 부당한 동료의 압력으로부터 집단구성원의 권리를 보호한다.

1) 집단의 일부인 치료 압력과 치료적이지 못한 부당한 압력과의 구별은 필수적이다.
2) 집단의 목적은 참여자 스스로 해답을 찾도록 돕는 것이지 집단이 옳다고 생각하는 것을 행하도록 압력을 가하는 것이 아니다.
3) 집단상담가는 참여자들이 선택하지 않겠다고 분명히 밝힌 방향으로 집단구성원을 강제로 변화시키기 않도록 주의를 기울여야 한다.

4) 집단상담가는 어떤 집단구성원이 그들의 뜻과 다른 집단구성원들을 설득시키기 위해 부당한 압력 혹은 시도를 사용하는 것을 중재할 책임이 있다.
5) 집단상담가는 어떤 집단구성원이 다른 집단구성원이나 자신에게 해가 될 수 있는 물리적 방법으로 공격성을 나타내려 할 때 중재해야 한다.
6) 집단상담가는 한 집단구성원이 다른 집단구성원에게 부적절하게 맞서거나 욕설을 할 때 중재해야 한다.

7 상담사의 주입

집단상담가는 자신의 가치와 욕구, 그리고 그들의 중재가 미치는 잠재적 영향에 관한 인식을 발전시킨다.

1) 집단상담가는 자신의 가치를 부여하는 것을 피해야 하지만, 그것들을 감추는 것이 집단구성원에게 문제를 만드는 경우에는 자신의 신념, 결심, 욕구, 가치를 노출하는 것이 적절하다.
2) 집단상담에서 어떤 집단은 함축적 가치가 있고, 예비 집단구성원에게 집단에 참여하기 전에 이러한 것을 명확히 해야 한다.
3) 집단상담가의 개인적이고 전문적 욕구를 위해 집단구성원을 희생시켜서는 안 된다.
4) 집단상담가는 그들 자신의 치료를 위해 집단을 이용해서는 안 된다.
5) 집단상담가는 그들 자신의 가치기준과 가정들을 알고 있으며, 그것들을 다문화적 환경에 어떻게 적용시켜야 하는지를 알아야 한다.
6) 집단상담가는 구성원에 대한 개인적 반응이 어떻게 집단과정을 방해하는지와 그들의 역전이를 모니터하는 방법에 인식을 증가시키는 조치를 취해야 한다.

8 공정한 치료

집단상담가는 모든 구성원들을 개별적이면서도 공평하게 치료하기 위해 상당한 노력을 기울여야 한다.

1) 집단상담가는 집단구성원들 간의 문화적, 인종적, 종교적, 생활주기, 연령, 성별 등을 인식하고 존중해야 한다.
2) 집단상담가는 집단구성원 개인에 대한 자신의 행동을 계속 의식하고 특정한 집단구성원의 편애나 불공평으로 어떤 다른 집단구성원을 제외시키거나 희생시킬 수 있는 잠재적 악영향에 특별히 주의를 기울인다.
3) 집단상담가는 침묵을 지키는 집단구성원이 참여하도록 격려하고, 비언어적 의사전달을 인정하며 어떤 집단구성원에 의해 산만해지거나 독점되는 것을 저지시킴으로써 모든 집단구성원들이 집단상담시간에 공평하게 참여하도록 한다.
4) 만약 하나의 큰 집단상담을 계획하고 있다면, 집단상담가는 집단회기를 위해 공동지도자자로서의 자격을 갖춘 상담전문가의 도움을 생각해 볼 수 있다.

9 이중관계

집단상담가는 집단에 충분히 참여할 수 있는 집단구성원의 능력을 위태롭게 하는 것과 집단상담가는 객관성과 전문적 판단을 손상시킬 수 있는 집단구성원과의 이중관계를 피해야 한다.

1) 집단상담가는 집단이 지속되는 동안, 집단구성원과 개인적, 혹은 사회적 접촉을 발전시키기 위해 집단지도자로서의 전문적 역할과 힘을 남용해서는 안 된다.
2) 집단상담가는 집단 진행 중이나 종료 후에 집단상담가 자신의 이익을 위해 집단구성원과의 전문적 관계를 오용해서는 안 된다.
3) 집단상담가와 집단구성원 간의 성적 애무는 비윤리적이다.

4) 집단상담가들은 집단구성원들의 전문적 서비스를 교환해서는 안 된다.
5) 집단상담사는 집단구성원 안에 가족, 친척, 동료 등을 자신의 집단구성원으로서 받아들이면 안 된다.
6) 집단상담가는 집단구성원들이 집단 밖에서 친밀한 관계를 갖는 것에 대한 잠재적 악영향에 대해 집단구성원들과 토론을 해야 한다.

10 기법의 활용

집단상담가는 기법 활용에 대한 훈련을 받지 않았거나, 혹은 중재에 익숙한 집단상담사의 감독 없이 기법을 사용해서는 안 된다.

1) 집단상담가는 자신의 상담실제를 안내해 주는 이론적 입장을 분명히 말할 수 있어야 하고, 중재를 위한 이론적 근거를 제공해야 한다.
2) 집단상담가는 중재의 유형에 따라 기법의 잠재적 영향에 상응하는 훈련을 받는다.
3) 집단상담가는 문화적, 인종적 집단의 독특한 욕구에 맞게 그들의 기법들을 수정할 필요가 있음을 인식해야 한다.
4) 집단상담가는 집단구성원들이 집단 내에서 배운 것을 일상생활로 옮기는 것을 도와야 한다.

11 목표개발

집단상담가는 집단구성원들이 그들의 개인적 목표를 개발할 수 있도록 모든 노력을 기울여야 한다.

1) 집단상담가는 집단구성원들이 자신의 목표를 구체화하는 것을 돕기 위해 그들의 기술들을 사용해야 한다. 그 결과 집단에 참석한 다른 사람들이 그 목표의 특성을 이해할

수 있어야 한다.

2) 집단과정 동안 집단상담가는 집단원들의 개인적 목표가 어느 정도 달성되었는지를 평가하도록 도와야 하고 적절한 때에 목표를 수정하도록 해야 한다.
3) 집단상담가는 특정한 집단 맥락 내에서 목표가 충족될 수 있는 정도를 명확히 알 수 있도록 도와야 한다.

12 자문

집단상담가는 집단구성원에게 회기 중간에 자문하는 것에 대한 방침을 마련하고 설명해야 한다.

1) 집단상담가들은 집단구성원들이 그 집단에서 가장 잘 다루어져야 하는 집단과 관련된 문제들을 다루는 것을 회피하기 위한 수단으로 회기 중간에 자문하지 않도록 특별한 주의를 기울여야 한다.
2) 만일 회기 자문에서 논의된 문제가 현재 집단상담과 관련이 있다면 그 문제를 집단에 가져오도록 집단구성원들을 격려해야 한다.
3) 집단상담가는 윤리적 문제와 집단지도자로서의 효율적인 기능을 방해하는 어려움들에 직면했을 때 자문을 구하거나 감독을 받아야 한다.
4) 집단상담가들은 자신의 전문적 판단과 상담에 악영향을 미칠 수 있는 자신의 개인적 문제나 갈등들을 해결하기 위한 적절한 전문적 도움을 구해야 한다.
5) 집단상담가들은 전문적 조언과 교육적 목적을 위해서만 집단 사례들을 논의해야 한다.
6) 집단상담가들은 자문이 비밀로 유지될지 공개될지에 관한 방침들을 집단구성원에게 알려야 한다.

13 집단종료

집단참가 목적에 근거해서 집단상담가는 가장 효과적인 시기에 집단을 종료한다.

1) 집단상담가는 집단구성원 각자의 진전을 항상 인식하고 집단에서의 그들의 경험들을 탐구하고 재평가할 수 있도록 집단구성원들을 정기적으로 초대해야 한다.
2) 적절한 시간에 집단구성원들이 적시에 집단으로부터 독립하도록 장려하는 것은 집단상담가의 책임이다.

14 평가와 추후

집단상담가는 지속적 평가와 그들 집단의 추후 절차를 마련하기 위해 할 수 있는 모든 노력을 해야 한다.

1) 집단상담가는 집단의 지속적 평가의 중요성을 인식하고 그리고 집단구성원들이 자신의 진전을 평가할 때 도움을 준다.
2) 집단상담가는 지속적 평가뿐만 아니라 마지막 회기에서 전체적으로 집단경험에 대해 평가해야 한다.
3) 집단상담가는 자신의 행동을 검토하고 그들이 집단에서 모델링한 것이 무엇인지를 알아야 한다.
4) 집단상담에서 추후절차는 개인적 연락, 전화연락, 서면연락의 형태로 이루어질 수 있다.
5) 추후모임은 다음의 정도를 결정하기 위해 개인들, 집단들, 혹은 둘 다 모일 수 있다.
   첫째, 집단구성원들은 그들 목표를 달성했다.
   둘째, 집단구성원에게 긍정적 혹은 부정적 영향을 미쳤다.
   셋째, 집단구성원은 어떤 위탁으로부터 도움을 받을 수 있었다.
   넷째, 장래집단의 수정을 위한 정보, 만일 추후모임이 없다면, 그러한 연락을 필요로 하거나 요구하는 회원들의 개인적 추후모임을 위해 이용 가능한 조치를 취한다.

15 위탁

특별한 구성원의 욕구가 주어진 집단유형 내에서 충족될 수 없다면 집단상담가는 다른 적절한 전문가를 소개한다.

1) 집단상담가는 전문적 위탁에 관련해서 집단구성원들을 돕기 위해 지역사회의 자원들을 알고 있어야 한다.
2) 집단상담가는 집단구성원들이 필요하다면 전문적 도움을 더 많이 받을 수 있도록 도와야 한다.

16 전문성 발달

집단상담가는 전문적 성정이 그들의 경력을 통해 계속적으로 진행되는 발달적 과정이라는 것을 인식해야 한다.

1) 집단상담가들은 교육적 활동, 임상경험, 전문적 발전 활동들에 참여함으로서 자신의 지식과 기술 능력을 유지시키고 향상시켜야 한다.
2) 집단상담가는 연구 결과와 집단 적용에서의 새로운 발전에 뒤지지 않고 따라가야 한다.

집단상담 프로그램 신청서

No. ________

참가자		성별	
생년월일		휴대전화	
학교 및 학년		전화	
신청자 (참가자와의 관계)		휴대전화	
참석프로그램			
참석 동기			
주소			
e-mail			

상기 본인은 다음과 같은 집단상담 프로그램을 신청합니다.

20 년 월 일

신청자 :

○○○○상담지원센터

집단상담 프로그램 평가지

No. ______

집단명 :　　　　　　　　리더자 :　　　　　　　　보조리더자 :

평가일 :　　　　　　　　평가자 :　　　　　　　　집단상담기간 :

*집단상담 리더자의 행동특성이 나타난 정도에 따라 '1점 전혀 그렇지 않다', '5점 보통이다', '10점 매우 그렇다' 사이의 적당한 번호에 V표 해 주세요.

내용구분	평가정도										
집단상담 리더자는 상대방의 시선을 마주치며 전적으로 관심을 기울이는 자세를 취한다(관심기울이기).	0	1	2	3	4	5	6	7	8	9	10
집단상담 리더자는 상대방의 행동을 관찰하고 그 이면에 흐르는 느낌을 정확히 반영한다(느낌반영하기)	0	1	2	3	4	5	6	7	8	9	10
집단상담 리더자는 상대방의 입장에서 상대방의 경험과 느낌을 정확히 읽고 반응한다(공감하기).	0	1	2	3	4	5	6	7	8	9	10
집단상담 리더자는 자신의 느낌이나 경험을 솔직하게 집단에 드러낸다(자기노출).	0	1	2	3	4	5	6	7	8	9	10
집단상담 리더자는 자신을 있는 그대로의 모습으로 받아들인다(수용성).	0	1	2	3	4	5	6	7	8	9	10
집단상담 리더자는 상대방의 행동에 대한 자신의 느낌이나 경험을 상대방에게 솔직하게 말해 준다(피드백 주기).	0	1	2	3	4	5	6	7	8	9	10
집단상담 리더자는 타 집단원의 피드백을 방어하지 않고 기꺼이 받아들인다(피드백 받기).	0	1	2	3	4	5	6	7	8	9	10
집단상담 리더자는 상대방의 행동이 말과 일치하지 않거나 말의 앞뒤가 모순될 때 이를 직접적으로 솔직하게 지적해 준다(맞닥뜨리기).	0	1	2	3	4	5	6	7	8	9	10
집단상담 리더자는 느낌, 말, 그리고 행동이 일치했다(진실성)	0	1	2	3	4	5	6	7	8	9	10

- 집단상담 리더자의 성장을 위해서 꼭 개선했으면 하는 행동이나 개인적으로 부탁하고 싶은 말이 있다면 솔직하게 작성하여 주시기 바랍니다.

(____

____

____

____

______________________________________)

집단상담 프로그램 소감문

No. ____

- 집단상담 프로그램에 참여하면서 느낀 점에 대하여 작성하여 주세요.

상담센터 확인증

No. ______

1. 일 시: 20　　년　　월　　일(　시 ~　　시)
2. 학 교: ____________ 학교　반　번
3. 이 름:
4. 상담유형:(　　　)
   ① 자원 ② 담임 ③ 상담교사 ④ 학부모 ⑤ 정기
   ⑥ 친구 ⑦ 목사님 ⑧ 애인 ⑨ 친척 ⑩ 기타
5. 참석횟수:
6. 프로그램:
7. 상담내용(주된 회기):

8. 상담자(리더) 의견:

9. 추후지도

10. 비고

집단상담 녹음, 녹화 및 녹취 동의서 No. ______

집단상담이 진행되는 필요에 따라 녹음, 녹화, 그리고 녹취가 될 수 있습니다. 집단구성원으로 참가한 당신은 녹음, 녹화, 녹취에 있어서 선택의 여지가 있습니다. 아래의 내용을 읽은 후 당신의 생각에 V표 해주시면 됩니다.

하나, 집단상담자(　　　　　)와 집단구성원(　　　　　)는 집단상담이 진행되는 과정 중 상담받는 장면을 집단상담자가 기록, 녹음, 녹화, 그리고 녹취하는데 동의합니다. 이는 집단구성원들의 문제해결에 적극적으로 도움을 주기 위함과 집단상담자의 전문성 증진을 위하여 슈퍼바이저에게 슈퍼비전 받는 용도로 사용하며, 그 외의 어떠한 용도로 활용될 경우에는 집단구성원의 허락과 동의를 구합니다.

_ _ _ _ _ _ _ _ _네, 동의합니다. / ______________아니오, 동의하지 않습니다.

하나, 집단상담자는 상담 받는 장면을 녹음, 녹화, 그리고 녹취할 수 있습니다. 집단구성원인 저는 집단상담의 내용 등이 집단상담자의 전문성을 증진시키기 위해 받는 슈퍼비전(공개사례)의 목적으로 이용하는 것을 허락합니다. 다만, 슈퍼비전(공개사례) 후에는 녹음, 녹화, 그리고 녹취 부분의 내용이 지워질 것도 알고 있습니다. 집단상담 장면을 녹화한 테이프가 그 이외의 용도로 활용될 경우에 다시 저에게 허락과 동의를 구하셔야 하는 것도 알고 있습니다.

______________네, 동의합니다. / ______________아니오, 동의하지 않습니다.
* 이 문제는 제가 직접 저의 집단상단자와 논의해 보겠습니다.

____________(서명)
____________(서명)

____________저는 집단상담자와 상의한 후에 녹음, 녹화, 그리고 녹취를 할 수 있도록 허락하겠습니다.

____________(서명)
____________(서명)

집단상담·심리검사·개인상담 확인증

No. ________

성　　명 : ______________
학　　교 : ______________
생년월일 : ______________
기　　간 : ______________

위의 학생은 ______상담센터에서

___년 ___월 ___일부터

___년 ___월 ___일 까지 총 ___회기의

집단상담·심리검사·개인상담을 받았음을 증명합니다.

20__년 __월 __일

○○○○상담지원센터

강기호, 차호원(1987). 집단상담의 이론과 기술. 서울: 교보문고.

강봉규(1999). 상담의 이론과 실제. 교육출판사.

강은희(2004). 슈퍼비전 스타일에 따른 슈퍼바이저의 기능 및 과업 수행 분석. 광운대학교 교육대학원 석사학위논문.

강진령(2005). 집단상담의 실제. 서울: 학지사.

강진령(2010). 집단상담의 실제. 서울: 학지사.

강진령(2011). 집단상담의 실제. 서울: 학지사.

국가청소년위원회(2006). 청소년의 위기를 기회로 만들어 가는 인지행동 집단프로그램. 서울: 국가청소년위원회.

권경인(2007). 한국 집단상담 대가의 발달과정 분석. 서울대학교 대학원 박사학위논문.

권경인(2010). 집단상담 슈퍼비전 사례기록 모형 개발. 상담학연구, 11(1), 153-169.

권두승, 조아미(2010). 성인학습 및 상담. 서울: 교육과학사.

김계현(1992). 상담교육방법으로서의 개인 슈퍼비전 모델에 관한 복수 사례연구. 한국 심리학회지: 상담과 심리치료, 4(1), 19-53.

김계현, 김동일, 김봉환, 김창대, 김혜숙, 남상인, 천성문(2009). 학교상담과 생활지도. 서울: 학지사.

김려옥(1973). 집단경험 학습을 통한 중학생의 심성개발. 상담과 지도, 8, 44-70.

김려옥(1982). 심성계발 프로그램 I (교육신서 106). 서울: 배영사.

김려옥(1985). 심성계발 프로그램 II (교육신서 107). 서울: 배영사.

김병구, 김동일, 김동민, 고영삼, 엄나래(2008). 청소년 인터넷중독 자가진단 척도 고도화 연구. 서울: 한국정보문화진흥원.

김승국 외(1998). 행동장애와 심리치료. 서울: 교육사회학.

김신애(2008). 초심상담자의 신경증 정도에 따라 지각한 소집단 슈퍼비전 경험 차이. 성균관대학교 대학원 석사학위논문.

김영봉, 권순희, 장성화, 황인호, 김옥진, 유홍위(2011). 생활지도와 상담. 경기: 서현사.

김용주(1973). 교원의 인성변화를 모색하는 경험학습의 이론 및 실험연구. 학생지도, 15, 서울특별시 교육연구원.

김용주(1975). 집단방법에 의한 상담에서의 과정과 기술. 서울시 카운슬러협회(편), 학교카운슬링의 실제, 156-194.

김원경(1986). 감수성 훈련은 왜 필요한가. 서울: 중앙교육 진흥연구소.

김윤오(1974). 상담에 있어서 소집단 방법의 활용. 서울시 카운슬러협회 회보, 7집.

김인자(2008). 현실요법과 선택이론 : 생활심리시리즈 10. 서울: 한국심리상담연구소.
김정자(1975). 집단상담에 의한 열등감의 해소. 동아대학교 교육대학원, 석사학위논문.
김정희(1990). 초보상담에서 부딪치는 문제들. 한양대학교 대학생활연구소, 제18권, 107-122.
김진숙, 김창대, 박애선, 유동수, 전종국, 천성문(역)(2012). 집단상담과정과 실제. 서울: 교보문고.
김진용, 김정원, 권선옥(2000). 유아, 부모, 교사를 위한 부모교육. 경기: 창지사.
김창대(2004). 사례기록 및 관리. 서울대학교 교육학과 세미나자료.
김창대, 김형수, 신을진, 이상희, 최한나(2011). 상담 및 심리교육 프로그램 개발과 평가. 서울: 학지사.
김청자, 정진선(2006). 생활지도와 상담. 서울: 태영출판사.
김춘경 외 공저(2004). 아동 집단상담 프로그램. 서울: 학지사.
김춘경, 이수연, 최웅용, 홍종관(2006). 상담 및 심리치료의 이해. 서울: 학지사.
김충기(1998). 교육심리와 생활지도. 서울: 동문사.
김충기, 김현옥 역(1991). 상담과 심리치료의 원리와 실제. 서울: 성원사.
김행수, 배미화, 유동수(2009). 한알 집단상담. 서울: 학지사.
김현정(2012). 집단사담 슈퍼비전 교육내용의 중요도에 대한 슈퍼바이저와 슈퍼바이지의 인식 비교 - 초보집단상담자의 슈퍼비전 중심으로-. 서울대학교 대학원 석사학위논문.
김형태(2008). 집단상담의 이론과 실제. 서울: 동문사.
노안영 외 역(2001). Lundin. R. 애들러 상담 이론. 서울: 학지사.
노안영(2010). 상담심리학의 이론과 실제. 서울: 학지사.
노안영(2011). 집단상담의 이론과 실제. 서울: 학지사.
노안영, 송현종(2006). 상담실습자를 위한 상담의 원리와 기술. 서울: 학지사.
마리안 슈나이더 코리(2000). 집단상담과정과 실제. 서울: 시그마프레스.
문수정(1999). 상담슈퍼비전 교육내용 요구분석 - 상담자의 경력수준을 중심으로-. 서울대학교 대학원 석사학위논문.
문수정, 김계현(2000). 상담슈퍼비전 교육내용 요구분석 - 상담자의 경력수준을 중심으로-. 한국심리학회지: 상담 및 심리치료, 12(1), 1-18.
박경애(1999). 인지행동 치료의 실제. 서울: 학지사.
박경애(2007). 상담의 주요 이론과 실제. 서울: 교육아카데미.
박성수, 김창대, 이숙영(2000). 상담심리학. 서울: 한국방송대학교 출판부.
박성연 외(2003). 자녀와의 진정한 만남을 위한 부모교육. 서울: 교육과학사.
백운학(1983). 얼굴표정에 의한 정서장애아의 정서인지 연구. 대구대학교 대학원 박사학위논문.

설기문(1998). 한국집단상담운동의 발전과정과 전망. 집단상담연구, 제1권, 7-33.
손은숙(2001). 집단상담자 교육의 실태 및 요구. 계명대학교 교육대학원 석사학위논문.
송승화, 정남운(2005). 슈퍼비전 교육내용 요구도와 실태, 만족도 연구: 숙련과정에 있는 상담자를 중심으로-. 한국심리학회지: 상담 및 심리치료, 17(2), 317-334.
심흥섭(1998). 상담자 발달수준 평가에 관한 연구. 숙명여자대학교 대학원 박사학위논문.
양승봉(1979). 새인간교육. 서울: 대영사.
연미희·김진숙(2009). 부모교육이론과 실제. 서울: 동문사.
오영준(1997). TA 스트로크 상담기법이 아동의 자기충족감과 인간관계 개선이 미치는 효과. 한국교원대학교 대학원 석사학위논문.
왕은자(2001). 소집단 슈퍼비전 만족도에 영향을 미치는 변인연구. 서울대학교 대학원 석사학위논문.
우애령(1994). 현실요법을 적용한 집단사회사업 프로그램 개발. 연세대학교 대학원 박사학위논문.
우재현(1995). 자아실현의 욕구. 대구: 우신출판사.
유난영(2005). 자기보고식 성장상담자 집단의 특성에 관한 연구. 덕성여자대학교 교육대학원 석사학위논문.
유영권, 김계현, 김미경, 문영주, 손은정, 손진희, 심흥섭, 연문희, 천성문, 최익현, 최한나, 최해림(2013). 상담 슈퍼비전의 이론과 실제. 한국상담학회 상담학 총서, 13. 서울: 학지사.
유영권, 방기연(2008). 상담수퍼비전의 기초. 서울: 시그마프레스.
윤관현, 이장호, 최송미(2006). 집단상담 원리와 실제. 서울: 법문사.
윤흥섭, 이형득(1980). 자기성장을 위한 학습 프로그램. 계명대학교 학생생활연구소, 제5집, 1-46.
이규미(2001). 외톨이 청소년의 심리사회적 특성에 관한 연구. 한국 상담 및 심리치료학회. 한국심리학회지, 13(1), 147-162.
이규성(1974). 집단상담을 통한 학습습관의 변화에 관한 실험연구. 성균관대학교 대학원 석사학위논문.
이미선(2009). 집단상담자 경력에 따른 집단상담 슈퍼비전 교육내용 요구분석. 광운대학교 대학원 석사학위논문.
이미선, 권경인(2009). 집단상담자 경력에 따른 집단상담 슈퍼비전 교육내용 요구분석. 상담학연구, 10(2), 911-931
이상로, 이형득(1971). 행동변화를 위한 소집단활동으로서의 encounter운동. 경북대학교 학생지도연구소, 4(1), 30-46.
이성진(1978). 80년대의 청소년. 상담과 지도, 제12호, 한국카운슬러협회.

이숙영(2003). 국내 집단상담 프로그램 개발의 현황 및 효과적인 프로그램 개발 관련요인. **상담학연구**, 4(1), 53-67.

이승은, 정남운(2003). 초심상담자의 소집단 슈퍼비전 경험에 관한 연구. **한국심리학회지: 상담 및 심리치료**, 15(3), 441-460.

이시용, 정환금, 허승희, 홍종관(2003). **초등학교 생활지도와 상담**. 서울: 교육과학사.

이원구(1983). **아동심성계발을 위한 프로그램**(교육신서). 서울: 배영사.

이윤주(2001). 상담 사례개념화 요소목록 개발 및 슈퍼비전에서 중요하게 지각되는 사례개념화요소 분석. **한국심리학회지: 상담 및 심리치료**, 13(1), 79-93.

이은순, 손향숙(1983). 대학에서의 집단상담 및 집단지도의 실태조사. 이화여대 학생생활연구소, 제19권, 47-70.

이장호(2005). **상담심리학**(4판). 서울: 박영사.

이장호, 김정희(1992). **집단상담의 원리와 실제**. 서울: 법문사.

이장호, 정남운, 조성호(2000). **상담심리학의 기초**. 서울:학문사.

이장호, 정남운, 조성호(2005). **상담심리학의 기초**. 서울: 학지사.

이현림(2008). **상담 이론과 실제**. 서울: 양서원.

이현림, 김순미, 천미숙(2007). **집단상담의 이론과 실제**. 경기: 양서원.

이현림, 김순미, 천미숙(2009). **집단상담의 이론과 실제**. 경기: 양서원.

이형득(1979). **집단상담의 실제**. 서울: 중앙적성출판사.

이형득(1983). **집단상담의 실제**. 서울: 중앙적성출판사.

이형득(1995). **집단상담의 실제**. 서울: 중앙적성출판사.

이형득, 김성희, 설기문, 김창대, 김정희(2002). **집단상담**. 서울: 중앙적성출판사.

이형득, 김성희, 설기문, 김창대, 김정희(2007). **집단상담**. 서울: 중앙적성출판사.

장성화, 김순자, 윤향숙, 박지현, 황윤미(2011). **상담 이론과 실제**. 경기: 정민사.

장성화, 구승신, 정옥희, 이주연, 신성철, 정희정(2012). **청소년 심리 및 상담**. 경기: 정민사.

장재홍(2008). **청소년 게임과몰입 집단상담 프로그램 매뉴얼**. 서울: 한국게임산업진흥원.

장혁표(1999). 상담에서의 윤리적 문제-상담자 자질, 비밀보장, 이중역할관계를 중심으로. **교사교육연구**, 제38권, 1-15.

장혁표(2000). **집단상담의 이론적 접근**. 서울: 중앙적성출판사.

정성란, 고기홍, 김정희, 권경인, 이윤주, 이지연, 천성문(2013). **집단상담**. 한국상담학회 상담학 총서 4, 서울: 학지사.

조현춘·조현재 역(2004). 심리 상담과 치료의 이론과 실제. 서울: 시그마프레스.

천성문, 박명숙, 박순득, 박원모, 이영순, 전은주, 정봉희(2006). 상담심리학의 이론과 실제. 서울: 학지사

천성문, 박순득, 박원모, 박명순, 이영순, 전은주, 정봉희(2009). 상담심리학의 이론과 실제. 서울: 학지사.

천성문, 박순득, 배정우, 박원모, 김정남, 이영순(2008). 상담심리학의 이론과 실제. 서울: 학지사.

최한나(2005). 상담자 발달 연구의 동향과 과제. 상담학연구, 6(3), 713-727.

최해림, 홍수현(2001). 상담초기단계에서 상담자의 자기효능감 및 상태불안이 상담협력관계에 미치는 영향. 한국심리학회지: 상담 및 심리치료, 13(1).

한국청소년상담복지개발원(2012). 인터넷중독 청소년 개인상담 프로토콜 연구. 서울: 여성가족부.

한국청소년상담원(2010). 인터넷중독 상담전문가 양성 심화과정. 서울: 한국청소년상담원.

한국카운슬러협회(1985). 변천하는 사회, 성장하는 청소년(한국카운슬러협회 20년사). 서울: 한국카운슬러협회.

한기태 역(1990). 상담과 심리요법의 이론과 실제. 서울: 성광문화사.

한상철, 이수연, 임순선, 류수현, 김우철(2012). 청소년 심리 및 상담. 경기: 정민사.

한숙자(2004). 전문상담학개론. 서울: 창지사.

홍경자(1988). 실존주의적 상담사례보고. 전남대학교 학생생활연구소, 제20권, 25-37.

홍경자 역(1993). 현실요법. 서울: 중앙적성출판사.

Ackerman, N. W. (1958). *The Psychodynamics of Family Life : Diagonosis and Treatment of Family Relationships*. New York: Basic Books.

AGPA Committee on history (1971). A Brief history of the American Group Psychotherapy Association 1943-1968, *International Journal of Group Psychotherapy*, Volumn XXI, Number 4.

Akos, P., Hamm, J. v., Mack, S. G., & Dunaway, M. (2007). Utilizing the developmental influence of peers in middle school groups. *Journal for Specialists in Group Work*, 32(1), 51-60.

Allen, R. D. (1931). A group guidance curriculum in the senior high school. *Education*, 52, 189-194.

Altfeld, D. A., & Bernard, H. S. (1997). An experiential group model for group psychotherapy supervision. In C. E. Watkin, Jr. (Ed.), *Handbook of Psychotherapy Supervision* (pp. 381-399). New York: John Wiley & Sons.

American Association of Counseling and Development (1990). *Professional Counselor.*

approach to therapy and counseling, Chichister, UK: Wiley.

ASGW. (1989). *Ethical guidelines for group counselors.*

Association for Specialists in Group Work. (1998). Association for Specialists in Group Work best practice standards. *The Journal for specialists in Group Work*, 23. 237 244.

Atieno Okech, J. E., & Rubel, D. (2007). Diversity competent group work supervision: An application of the supervision of group work model(SGW). *The Journal for Specialists in Group Work*, 32(3), 245-266.

Bach, G. R. (1967). Marathon group dynamics: Ⅱ. Dimensions of helpfulness : Therapeutic aggression. *Psychological Reports*, 20, 1147-1158, Southern Universities Press.

Bahrick, A. S., Russell, R. K., & Salmi, S. W. (1991). The effects of role induction on trainees' perceptions of supervision. *Journal of Counseling & Development*, 69(5), 434-438.

Bales, R. F. (1950). *Interaction process analysis: A method for the study of small groups.* Cambridge, Mass.: Addison Wesley Publishing Company.

Bales, R. F. (1970). *Personality and interpersonal behavior.* New York: Holt, Rinehart, and Winston.

Bandura, A. (1997). *Social learning theory.* Englewood Cliffs, NJ: Prentice-Hall.

Bates, M. M., & Johnson, C. D. (1972). *Group Leadership: a manual for group counseling leaders.* Danver, Colorado: Love Publishing Co.

Bell, J. E. (1961). Family Group Therapy. *Public Health Monograph*, No.64. Washington: U.S. Government Printing Office.

Benne, K. D., & Sheats, P. (1948), Functional roles of group members. *Journal of Social Issues*, 2, 42-47.

Bernard, J. M. (1979). supervisory training: A discrimination model. *Counselor Education and Supervisory*, 19, 60-68.

Bernard, J. M., Goodyear, R. K. (1992). *Fundamentals of clinical supervision.* Needham Heights, MA: Allyn & Bacon.

Bernard, M. E. (1991). *Staying rational in an inrrational world: Ellis and rational emotive therapy*. New York: A Lyle Stuart Book.

Berne, E. (1961). *Trnasactional analysis in psychotherapy*. New York: Grove Press.

Berne, E. (1961). *What do you say after you say hello?: The psychology of human destiny*. New York: Grove Press.

Bion, W. R. (1948). Experiences in groups. *Human Relations*, vols. I-IV, 1948-1951

Borders, L. D. (1991). A systematic approach to peer group supervision. *Journal of Counseling & Development*, 69(3), 248-252.

Boy, A. V., & Pine, G. J. (1999). *A person-centered foundations for counseling psychotherapy* (2nd ed.). Springfield, IL: Thomas.

Bozarth, J. D., & Brodley, B. T. (1986). *Client-centered psychotherapy: A statement Person-Centered Review*, I(3), 262-271.

Bradley, L. J., & Boyd, J. D. (1989). *Couselor Supercision: Principles, Process and Practice*. Munice IN: Accelerated Development INC.

Brammer, L. M., & MacDonald, G. (1996). *The helping relationship: Process and skills* (6the ed.). Boston: Allyn & Bacon.

Brammer, L. M., Shostrom, E. L., & Abrego, P. J. (1989). *Therapeutic psychology: Fundamentals of counseling and psychotherapy* (5th ed.). Englewood Cliffs, NJ: Prentice-Hall.

Buber, M. (1965). *Between man and man*. New York: Collier Books.

Bugental, J. F. T. (1987). *The art of psychotherapist*. New York: Norton.

Bugental, J. F. T. (1990). *Intimate journeys*. San Francisco, CA: Jossey-Bass.

Christensen, T. M., & Kline, W. B. (2001). Anxiety as a condition for learning in group supervision. *Journal for Specialists in Group Work*, 26(4), 385-396.

Claiborn, C. D., Goodyear, R. K., & Horner, P. A. (2002). Feedback. In J. C. Norcross (Ed.), *Psychotherapy relationships that work: Therapist contributions and responsiveness to patients* (pp. 217-233). New York: Oxford University Press.

Clara E. Hill. (2013). **상담의 기술 탐색-통찰-실행의 과정**. 서울: 학지사.

Clinbell, J. H. (1992). **성장그룹**. 이종헌 역, 서울: 대한예수교 장로회 총회 출판국. (원전은 1977년에 출판)

Cohn, B., Combs, C. F., Cibian, E. J., & Sniffen, A. M. (1973). Group Counseling: An Oriientation In J. L. Lee, C. J., Pulvino (eds.), *Group Counseling: Theory, Research and Practice*. Waschingtion. D. C.: PGA Press.

Comer D. R. (1995). A model of social loafing in real work groups. *Human Relations*, 48, 647-667.

Conyne, R. K. (1999). *Group Dynamics: Theory. Research, and Practice.*

Conyne, R. K. (1997). A developing framework for processing experiences and events in group work. *Journal for Specialists in Group Work*, 22(3), 167-174.

Corey, G. (1995). *Theory and practice of group counseling* (4th ed.). Pacific Grove, CA: Brooks/ Cole.

Corey, G. (2000). *The theory and practice of group counseling* (5th ed.). Pacific Grove, CA: Brooks/Cole Publishing Company.

Corey, G. (2004). *The theory and practice of group counseling* (6th ed.). New York: Brooks= Cole.

Corey, G. (2008) *The theory and practice of group counseling* (7th ed.). Pacific Grove, CA: Brooks/Cole.

Corey, G., & Corey, M. (2010). *I never knew I had a choice* (9th ed.). Belmont, CA: Brooks/ Cole, Cengage Learning.

Corey, G., & Corey, M. S. (1977). *Groups: Process and practice*. Monterey, C.A: Brooks/Cole.

Corey, G., & Corey, M. S. (2006). *Groups: Process and practice* (7th ed). Monterey, C.A: Brooks/Cole.

Corey, M. S., & Corey, G. (2000). **집단상담: 과정과 실제**. 김명권, 김창대, 박애선, 전종국, 천성문 옮김. 서울: 시그마프레스.

Corey, M. S., & Corey, G. (2002). *Groups: Process and practice* (6th ed.). Belmont, CA: Wadsworth.

Corey, M. S., Corey, M., & Callanan, P. (2002). *Groups: Process and practice* (6th ed.). Belmont, CA:Wadsworth.

Corrigan, J. D., & Schmidt, L. D. (1983). Development and Validation of Revisions in the Counselor Rating Form. *Journal of Counseling Psychology*, 30, 1, 64-75.

DeLucia Waack, J. L. (1999). Supervision for counselors working with eating disorders groups: Countertransference issues related to body image, food, and weight. *Journal of Counseling & Development*, 77(4), 379-388.

Delucia, J. L., Bowman, V. E., & Bowman, R. L. (1989). The use of parallel process in supervision and group counseling to facilitate counselor and client growth. *Journal for Specialists in Group Work*, 14(4), 232-238.

DeLucia-Waack, J. L. (2002). A written guide for planning and processing group sessions in anticipation of supervision. *Journal for Specialists in Group Work*, 27(4), 341-357.

Deurzen-smith, E, van(1988). *Existential counseling in practice*. London: Sage.

Deurzen-smith, E. van(1990). *Existential therapy*. London, England: Society for Existential Analysis Publications.

Deurzen-smith, E. van(1998). Paradox and passion in psychotherspy: An existential

Dodge, J. (1982). Reducing Supervisee Anxiety: A Cognitive Behavioral Approach. *Counselor Education and Supervision*, 22(1), 55-60.

Donigian, J., & Malnati, R. (1997). *Systemic group therapy: A triadic model*. Pacific Grove, CA: Brooks/Cole.

Dyer, W., & Vriend, J. (1980). *Group counseling for perosonal mastery*. New York: Sovereign Books.

Egan, G. (1994). *The skilled belper* (5th ed.). Monterey, CA: Brooks/Cole.

Ellis, A. (1962). *Reason and emotion in psychotherapy*. Secaucus: The Citadel Press.

Ellis, A. (1973). *Humanistic psychotherapy*. New York: McGraw-Hill Book Company.

Ellis, A. (1975). *How to live with a neurotic*. Hollywood: Wilshire Book Company.

Foreman, M. (1967). T-Groups: their implications for counselor supervision and preparation. *Counselor Education and Supervision*, 7, 48-53.

Frankl, V. E. (1959). *From death camp to existenialism*. Boston: Beacon Prsss.

Frankl, V. E. (1988). *The will to meaning: Foundations and applications of logotherapy*. New York: Meridian Printing.

Gazda, G. (1989). *Group counseling: A developmental approach*. Boston: Allyn & Bacon.

Gazda, G. M. (1975). *Group psychotherapy and group counseling : Definition and heritage*. Charles Thomas.

Gazda, G. M., Duncan, T. A., & Meadows, M. F. (1967). Counseling and Group Procedures: report of a survery. *Counselor Education and Supervision*, 6, 305-310.

George, R. L., & Cristiani, T. S. (1981). *Theory, Methods, and processes of Counseling and Psychotherapy*. Englewood Cliffs, NJ: Prentice-Hall.

Gerald Corey, Marianne Schneider Corey, Patrick Callanan, J. Michael Russell(2005). 김춘경, 최웅용 역. 집단상담기법. 서울: 시그마프레스.

Gibb, J. R. (1961). Defensive Communication. *The Journal of Communication*, vol.11, No.3, 141-148.

Gladding, S. T. (2003). *Group work: A counseling specialty* (4th ed.). New York, NY: Merrill.

Glasser, W. (1965). *Reality therapy: A new approach to psychiatry*. New York: Harper & Row.

Glasser, W. (1998). *Choice theory: A new psychology of personal freedom*. New York: HarperCollins.

Group Workers. Jounal for specialists in group work, 31.

Haferkamp, B. E. (1994). Using assessment in counseling supervision: Individual differences in self-monitoring. *Measurement and Evaluation in Counseling and Development*, 27, 316-324.

Hale, K. K., & Stoltenberg, C. D. (1988). The effects of self-awareness and evaluation apprehension on counselor trainee anxiety. *The Clinical Supervisor*, 6(1), 49-70.

Hansen, et al. (1976). *Group counseling: Theory and process*. Chicago: Rand McNally College Publishing Co.

Hansen, J. C., Warner, R. W., & Smith, E. J(1980). *Group counseling: Theory and process* (2nd ed.). Chicago, IL: Rand McNally College Publishing Company.

Hansen, J. D., Warner, R. W., & Smith, E. M. (1976). *Group counseling: theory and process*. Chicago: Rand McNally College Publishing company.

Heppner, P. P., & Roehlke, H. J. (1984). Differences among supervisees at different levels of training: Implications for a developmental model of supervision. *Journal of Counseling Psychology*, 31(1), 76.

Hill, C. E., Charles, D., & Reed, K. G. (1981). A longitudinal analysis of changes in counseling skills during doctoral training in counseling psychology. *Journal of Counseling Psychology*, 1981, 28, 428-436.

Hogan, R. A. (1964). Issues and approaches in supervision. *Psychotherapy: Theory, Research & Practice*, 1(3), 139.

Holloway, E. L. (2002). Supervision: A way of teaching and learning. In S. D. Brown & R. W. Lent (Eds.), *Handbook of Couseling Psychology* (2nd ed., pp. 177-214). New York: Wiley.

Holloway, E. L., & Johnston, R. (1985). *Group supervision: A systems approach*. Thousand Oaks, CA: Sage.

Howard, J. (1970). *Please Touch*. Dell Publishing Co., Inc.

Hutch Haney·Jacqueline Leibsohn 지음. 주은선, 주은지 옮김(2009). 15가지 집단상담기술. 서울: 시그마프레스.

Jacobs, E. E., Harvill. R. L., & Masoon, R. L. (1994). *Group counseling: Strategies and skills* (2nd ed.). Pacific Grove, CA: Brooks/Cole.

Janine M. Bernard, Rodney K. Goodyear(2008). 상담 슈퍼비전의 기초. 서울: 시그마프레스.

Janis, I. L. (1971). Groupthink. *Psychology Today Magazine* 5 (November 1971), Sussex Publishers, 43-84.

Johnson, D. W., & Johnson, F. P. (1982). *Joining together: Group theory and group skills* (2nd ed.). Englewood Cliffs, NJ: Prentice-Hall.

Karau, S. J., & Williams, K. D. (1993). Social loafing: A meta-analytic review and theoretical integration. *Journal of Personality and Social Psychology*, 45, 681-706.

Karau, S. J., & Williams, K. D. (1997). The effects of group cohesiveness on social loafing and social compensation. *Group Dynamics: Theory, Research, & Practice*, 1, 156-168.

Kivlingham, D. M., Jr, & D. Martin Kivligham III. (2010). Are Group Leader Knowledge Structure Related to Member Satisfaction with the Leader?. *Small Group Research*, 13. 218-233.

Kline,W. (2003). *Interactive Group Counseling and Therapy*. Upper Saddle River, NJ: Merrill/ Prentice Hall.

Kottler, J. A. (2001). *Learning group leadership: An experiertial approach*. Boston, MA: Allyn and Bacon.

Kottler, J. A., & Forester-Miller, H. (1998). Personal and social change in the lives of group leaders. *Journal for Specialists in Group Work*, volumn 23, No.4, 338-349.

Lckes. W. J., & Barnes, R. D. (1977). The role of sex and self-monitoring in unstructured dyadic interactions. *Journal of Personality and Social Psychology*, 35, 313-330.

Levin, L. S., & Shepherd, I. L. (1974). The role of the therapist in Gestalt Threapy. *The Counseling Psychologist,* 4, 27-30.

Lewin, K. (1948). *Resolving social conflicts : selected papers on group dynamics* [1935-1946], New York: Harper & Row.

Liden, R. C., Wayne, S. J., Jaworski, R. A., & Bennett, N. (2004). Social loafing: Afield investigation. *Journal of Management*, 30, 285-304.

Lifton, W. M. (1972). *Groups: facilitating individual growth and societal change.* New York: Wiley.

Mahler, C. A. (1969). *Group counseling in the schools.* Boston: Houghton Mifflin.

May, R. (1983). The discovery of being: Writing in existential psychology. New York: Norton.

May, R. (Ed.). (1961). The emergence of existential psychology, In R. May (Ed.), *Existential psychology* (pp. 11-51). New york: Random House.

McKown, H. C. (1934). *Homeroom guidance.* New York: McGraw-Hill.

Mullan, H. (1978). An existential group psychotherapy. In H. Mullan & M. Rosebaum (Eds.), *Group psychotherapy: Theory and practice* (2nd ed.). New York: Free Press.

Mulvey P. W., & Klein, H. J. (1998). The impact of perceived loafing and collective efficacy on group goal processes and group performance. *Organizational Behavior and Human Decision Processes*, 74, 62-87.

Muro, J. J., & Kottman, T. (1995). *Guidance and counseling in the elementary and middle schools: A practical approach.* Madison, WI: Brown & Benchmark Publishers.

Myrick, R. (2002). *Developmental guidance and counseling* (4th ed.). Minneapolis, MN: Educational Media Corporation.

Napier. R. W., & Gershenfeld. M. K. (1973). *Groups: theory and experience.* Boston: Houghton Mifflin Company.

Natiello, P. (1987). The person-centered approach: From theory to practice. *Persona-centered Review*, 2(2), 203-216.

Ohlsen, M. M. (1977). *Group counseling* (2nd ed.). New York: Holt, Rinehart & Winston.

Passons, W. R. (1975). *Gestalt approaches in counseling.* New York: Holt, Rinehart & Winston.

Patterson, C. H. (1973). *Theories of counseling and psychotherapies* (2nd ed.). New York: harper & Row.

Perls, F. (1970). Four lectures. In J. Fagan I. L. Shepherd (Eds), *Gestalt therapy now*. New York: Harper & Row(Colophon).

Perls, F. (1973). *The Gestalt Approach and Eye Witness to Therapy*. Palto Alto, C.A: Science and Behavior Books.

Perls, F. S. (1969). *Gestalt therapy verbatim*. New York: Real People Press.

Pietrofesa, J. J., Hoffman, A., & Splete, H. H. (1984). *Counseling : An introduction*. Boston : Houghton Mifflin.

Polster, E. (1987). *Every person's life is worth a novel*. New York: W. W. Norton Company.

Polster, E., & Polster, M. (1974). *Gestalt therapy intergrated*. Toronto: Vintage Book Edition.

Powdermaker, B., & Frank, J. D. (1953). *Group psychotherapy*. Cambridge, Mass.: Harvard University Press.

Rainwater, J. (1979). *You're in charge! A guide to becoming your own therapist*. Los Angeles: Guide of Tutors Press.

Raymond, G. M. (2007). **행동수정**(안병환, 윤치연, 이영순, 이효신, 천성문 역). 서울: 시그마프레스(원저 2001 출판).

Reising, G. N., & Daniels, M. H. (1983). A study of Hogan's model of counselor development and supervision. *Journal of Counseling Psychology*, 30(2), 235.

Rice, L. N. (1980). A client-centered approach to the supervision of psychotherapy. Psychotherapy supervision. *Theory, research and practice,* 136-147.

Rieken, H. W., & Homans, G. C. (1954). Psychological aspects of social structure. In G. Lindzey (ed.), *Handbook of social psychology* (Vol. 2). Reading, Mass: Addison-Wesley. 786-832.

Rogers, C. (1961). *On becoming a person*. Boston: Houghton Mifflin.

Rogers, C. (1970). *Carl Rogers on encounter groups*. New York: Harper & Row.

Rogers, C. (1977). *Carl Rogers on personal power: Inner strength and its revolutionary impact*. New York: Delacorte Press.

Rogers, C. (1986). Client-centered therapy. In I. L. Kutash & A. Wolf (Eds.), *Psychotherapist's Casebook* (pp. 197-208). San Francisco: Jossey-Bass.

Rogers, C. R. (1951). *Client-centered therapy: Its current practice, implications, and theory*. Boston:Houghton Miffilin Company.

Rogers, C. R. (1971). Facilitating Encounter Groups. *American Journal of Nursing*, 71(2), 275-279.

Rubel, D., & Atieno Okech, J. E. (2006). The supervision of group work model: Adapting the discrimination model for supervision of group workers. *The Journal for Specialists in Group Work*, 31(2), 113-134.

Ruesch, J., & Bateson, G. (1951). *Communication : the social matrix of psychiatry*. New York: Norton.

Satir, V. (1964). *Conjoint Family Therapy : A Guide to Theory and Techniques*. Palo Alto, CA: Science and Behavior Books.

Schoenwolf, G. (1998). The scapegoat and the holy cow in group therapy. *Journal of Contemporary Psychotherapy*, 28(3), 277.

Schutz, W. (1973b). Encounter. In R. Corsini (Ed.), *Current psychotherapies*. Itasca, IL: F. E. Peacock.

Schutz, W. C. (1967). *Joy; expanding human awareness*. Grove Press.

Shaffer, J. B. P., & Galinsky, M. D. (1989). *Models of group therapy*. Prentice Hall.

Shertzer, B., & Stone, S. C. (1974). *Fundamentals of guidance*. Boston: Houghton Mifflin.

Skovholt, T. M., & Ronnsetadm, M. H. (1995). Themes in therapist and counselor developmen. *Journal of Counseling and Development*, 70. 505-515.

Skovholt, T. M., Rønnestad, M. H., & Jennings, L. (1997). Searching for expertise in counseling, psychotherapy, and professional psychology. *Educational Psychology Review*, 9(4), 361-369.

Smith, K. K., & Berg, D. N. (1995). A Paradoxical approach to teaching group dynamics: First thoughts, first findings. *Journal of Applied Behavioral Science*, 31(4), 398-414.

Snyder, M. (1979). Self-monitoring processes. In Berkowitz (ed.), *Advances in Experimental Social Psychology* (vol.12: pp.85-128). New York: Academic Press.

Snyder, M., & Monson, T. C. (1975). Persons, situations and control of social behavior. *Journal of Personality and Social Psychology*, 32, 637-644.

Snyder, M., & Swann, W. B. Jr. (1976). When actions reflect attitudes: The politics of impression management. *Journal of Personality and Social Psychology*, 34, 1034-1042.

Stockton, R. (1996). *Development aspects of group work(Motion Picture)*. Alexandria, VA; Association for Specialists in Group Work.

Stoltenberg, C. (1981). Approaching supervision from a developmental perspective: The counselor complexity model. *Journal of Counseling Psychology*, 28(1), 59-65.

Tracey, T. J., Hayes, K. A., Malone, J., & Herman. B. (1988). Changes in counselor response as a function of experience. *Journal of Counseling Psychology*, 35, 119-126.

Trotzer, J. (2006). *The counselor and the group: Integrating theory, training, and practice* (4th ed.). philadelphia: Taylor & France.

Ward, D. E. (1985). Levels of group activity: A model for improving the effectiveness of group work. *Journal of Counseling & Development*, 64(1), 59-64.

Ward, D. E., & Litchy, M. (2004). The Effective Use of Processing in Groups. *Handbook of Group Counseling and Psychotherapy*, Chapter 8, 104-119

Wilson, F. R., Rapin, L. S., & Haley-Banez, L. (2004). How teaching group work can be guided by foundational documents: Best practice guidelines, diversity principles, training standards. *The Journal for Specialists in Group Work*, 29(1), 19-30.

Yalom, I. D. (1985). The theory and practice of groups: More than a matter of cultural awareness. *Journal of Specialists in Group Work*, 18(2), 67-79.

Yalom, I. D. (1995). *The theory and practice of group psychotherapy* (4th ed.). New York: Basic Books.

Yalom, I. D. (1980). *Existential psychotherapy*. New York: Basic Books.

Yalom, I., & Leszcz, M. (2005). *The theory and practice of group psychotherapy* (5th ed.). New York: Basic Books.

Yontef, G. M. (1995). Gestalt therapy. In A. S. Guman & S. B. Meisser (Eds.), *Essential psychotherapies: Theory and practice* (pp.261-303). New York: Guilford.

Zinker, J. (1978). *Creative process in Gestalt therapy*. New York: Random House(Vintage).

[용어색인]

[인명색인]

장성화(張星化)

어떻게 하면 가정이 행복할 수 있을까?라는 고민을 하다가 건국대학교 동 대학원 교육학과에서 교육심리학(박사)과 침례신학대학교 신학대학원에서 신학을 공부하게 되었다. 심리적 어려움을 갖는 대부분의 사람들을 살펴보면, 어린 시절의 기본습관들과 마음의 상처들이 많다는 것을 알게 되었다. 그래서 전북과학대학교 학생생활상담연구소와 교수학습지원센터장, 용인대학교 학생상담센터 상담원, 육군통신학교, 대전교도소 등을 역임하면서 상담 실무 경험을 쌓았고, 건국대학교 교육대학원, 배재대학교 교육대학원, 경북대학교 등 현장에서 상담 이론과 실제를 겸한 강의를 하였다. 현재는 공군사관학교 교수로 재직 중이며, 이전에 세계사이버대학 교수와 전북과학대학교 교수를 역임하였으며, 한국상담학회 1급 상담심리사, 한국진로코칭 1급 전문상담사, 한국상담심리치료학회 수련감독전문상담사, 대한기독교상담학회 수련감독전문상담사, 한국진로상담협회 수련감독진로상담전문가, 한국노인상담협회 수련감독노인상담전문가 등 다수의 자격증과 상담의 이론과 실제(정민사, 2011), 교육심리학의 이해(서현사, 2011), 쉽게 풀어 쓴 인간관계론(동문사, 2009), 수업심리학(학지사, 2010), 대안학교 학생들의 학교적응 관련변인들의 인과적 구조분석(열린교육학회), 다문화교육에 대한 교사와 부모의 인식(아동교육) 등의 많은 저서 및 논문이 있다.

김기복(金基福)

대전대학교 대학원 사회복지학과에서 석사 학위를 받고, 동 대학원 행정학과에서 석사 및 박사학위를 받았다. 30여년간 대전 대신 중·고등학교에서 교사로 근무하면서 청소년을 열정으로 지도하였고 청소년 선도 및 보호분야에 지대한 관심을 갖고 청소년상담실을 설립, 운영하였으며 법무부 범죄예방 대전지역 학교폭력 예방분과위원장, 대전지방검찰청 자녀안심운동 연합회 사무처장을 역임하였다. 이러한 경험을 기반으로 (사)온누리청소년문화재단을 설립하여 청소년 관련 사업을 활발히 전개하고 있다. 현재 대전대학교 겸임교수로 재직중이며, 대전서부경찰서 발전위원회 위원장 및 학교폭력 선도위원회 자문위원으로 활동하고 있다. 자격증으로는 사회복지사 1급, 심리상담사 1급, 청소년지도사 등이 있다. 수상경력으로는 사회공헌 유공으로 대통령 표창(1996), 법무부 장관 표창(1987), 체육청소년부장관 표창(1991), 검찰총장 표창(1985), 청소년선도보호위원회 위원장 표창(1998), 대전지방검찰청 감사장 표창(1984), 한국청소년연맹 훈장(1993, 1997, 2002) 등이 있다. 연구물로는 지방거버넌스 시대의 청소년정책에 관한 연구(대전대학교, 2003)가 있다.

구승신(具承信)

인간의 삶과 행복에 대한 관심으로 사회복지와 상담공부에 입문하게 되었다. 이화여자대학교 사회복지학과에서 학사, 석사, 박사 과정을 하였다. 석사 과정 중 인천 청소년상담센터에서 청소년과 학부모를 대상으로 개별상담, 집단상담, 심리검사, 부모교육 등을 하였고 인근 초, 중, 고등학교 및 군부대와 연계를 맺고 청소년 및 군인들을 대상으로 상담을 하게 되었다. 상담실무를 진행하면서 서울신학대학교, 세종대학교, 경희대학교 등에서 사회복지, 상담 이론과 실제를 겸한 강의를 하였다. 현재는 세계사이버대학교 교수로 재직 중이며, 이전에 부산가톨릭대학교 교수를 역임하였으며, 1급 사회복지사, 1급 청소년상담사, 2급 청소년지도사, 2급 평생교육사 등 다수의 자격증과 사회복지실천의 이해(파란마음, 2009), 청소년복지론(학지사, 2009), 군 병사들의 인터넷 중독 경향성과 군 생활 적응의 관계(한국군사회복지학회, 2011), 정신건강, 자아분화, 스트레스 대처방식이 대학생활 적응에 미치는 영향(한국교육포럼, 2011), 청소년의 자아정체감, 사회적 지지와 정신건강과의 관계(한국콘텐츠학회, 2011) 등의 많은 저서 및 논문이 있다.

이주연(李周姸)

숙명여자대학교 대학원 아동복지학과에서 아동·청소년복지 전공 문학박사학위를 받았으며, 석사과정부터 치료놀이(Theraplay) 공부를 하게 되었다. 미국치료놀이협회의 치료놀이 치료사 자격증을 취득하고 관계에 어려움을 가지고 있는 아동과 부모를 위해 상담을 해 오고 있다. 삼육의명대학 겸임교수, 김포대학 겸임교수, 숙명여대 강사 등의 강의경력과 양천아동상담센터, 인천지방법원 이혼소송 중에 있는 부모와 자녀들을 대상으로 치료놀이를 실시하면서 상담현장에서 활동하고 있다. 현재는 세계사이버대학교 교수로 재직 중이며, 미국치료놀이협회 치료놀이 치료사, 한국상담심리치료학회 수련감독전문상담사, 심리상담사, 다문화상담사 등 다수의 자격증을 보유하고 있다. 저서로는 유아발달(공동체), 아동복지의 이해(태영출판사), 가족과 젠더(태영출판사) 등이 있으며, 다문화가정 어머니의 문화적응 스트레스가 아동의 부적응에 미치는 영향(아시아아동복지연구), 감정노동자의 직무스트레스, 역할갈등, 자아탄력성 및 이직의도의 관계(한국보육학회지) 등 다수의 논문이 있다.

김민숙(金珉淑)

배재대학교 대학원에서 음악학 석사 및 동 대학원 상담심리학과에서 교육학 석사학위를 받았다. 대전 동산중학교 교사, 대전시 서구청소년상담실에서 상담교사를 역임하였고, 대전시 청소년사회적응서비스센터 운영위원으로 활동하였다. 현재는 대전광역시 서구청소년상담복지센터 총괄팀장 및 전북과학대학교 겸임 조교수로 재직 중이며, 충남지방경찰청 의경 심리검사 면접관, 대전·충남지방 병무청 소집해제심사위원, 대전둔산경찰서 학교폭력 선도위원회 자문위원, 학교폭력대책자치위원회 위원으로 위촉되어 경찰서 연계 청소년 대상 집단상담, 전·의경 대상 집단상담, 각급 학교 또래상담자 집단상담 및 교육 등 다양한 필드에서 집단상담가로 활동하고 있다. 자격증으로는 한국상담심리치료학회 심리상담사 1급, 중등학교 2급 정교사, 성폭력 전문상담사, 또래상담 전문지도자, 인터넷중독 전문상담사, 미술심리치료사 2급, ADHD 아동 부모 지도자, 아동청소년 자살예방 지도자, 부모교육 지도자 등이 있으며, 수상경력으로는 경찰청장상(2012), 대전지방 경찰청장상(2011), 국회의원 표창(2010), 한국청소년상담원장상(2010) 등이 있다. 연구물로는 상담교사의 공감만족, 직무만족도, 상담만족도가 심리적 안녕감에 미치는 영향(배재대학교, 2012)이 있으며, 교육 칼럼 '우리 아이가 학교에서 맞고 다녀요'(2011), '심각한 청소년 흡연문제 어떻게 해야 하나'(2011), '우리 아이는 성범죄의 위험에서 안전할까'(2010) 등을 기고하였다.

김소린(金소린)

사랑하는 딸의 성격을 이해하고 싶은 마음에 건축 공부를 중단하고 배재대학교 심리철학과에서 상담 공부를 시작하였다. 상담공부를 할수록 부족함을 느끼고 배움에 대한 목마름이 커져서 배재대학교 교육대학원 상담심리학과에 진학하여 심도 있는 공부를 하였다. 공부를 하는 동안 스스로의 생각과 행동에 변화가 있었고, 이에 따라 가족을 대하는 태도 또한 긍정적으로 바뀌어 갔다. 쌓은 지식과 경험을 바탕으로 청소년들에게 도움이 되고 싶어 대전시 교육청과 대전시 서구 청소년 복지센터 등에서 상담사로 봉사하고 있다. 또한 충남지방경찰청의경 면접관과 전의경 교육센터 심리상담사와 강사로 활동하고 있으며, 전북과학대학교에서 상담 이론과 실제 등을 강의하는 동시에 학생생활상담소에서 상담사로 활동 중이다. 수상경력으로 대전광역시 서구 의회의장상(2012)이 있으며, 한국상담학회 전문상담사 2급, 한국상담심리치료학회 심리상담사 1급, 한국심성교육개발원 미술심리상담사 2급, 대전지역사회 교육협의회 학교폭력 예방교육 지도사, 자살방지한국협회 자살방지 교육 강사 등 다수의 자격증이 있으며 청소년의 학습태도와 학교생활 만족도가 인터넷 중독에 미치는 영향이라는 주제의 논문이 있다.

김지현(金知賢)

대학교 4학년 때 대전광역시청소년상담실로 실습을 나갔다가 청소년상담에 관심을 갖게 되었고, 청소년이 건강하게 성장할 수 있도록 돕고 싶다는 생각으로 한남대학교 일반대학원 교육심리 및 상담(박사)을 공부하였으나 상담을 공부하면서 삶이 행복해지는 놀라운 경험을 하였다. 대덕구청소년수련관상담실, 충북청소년종합지원센터에서 상담에 대한 실무를 경험하였고, 공주영상대학, 대덕대학, 연암대학, 충청대학, 한남대학교, 건국대학교에서 교직과목 및 상담관련 과목을 강의하였다. 현재 우송정보대학 초빙교수로 재직 중이며, 청소년상담사 2급, 청소년지도사 1급, 중등 정교사 2급, 평생교육사 2급 등의 자격증과 또래상담전문지도자, 자살예방전문지도자, 부모교육지도자, 자살위기개입전문가, PREPARE/ENRICH 부부성장교육 강사, 인터넷중독전문상담사 등의 상담관련 자격을 취득하였다.

박미숙(朴美淑)

언제부터였던가 막연하게 혼자가 아닌 더불어 함께하는 삶에 대해 관심을 갖기 시작하면서 자연스레 충북대학교 아동복지학과에 입학하게 되었다. 이후 사회복지사로써 휴먼서비스를 제공하는 현장에서 외부적 환경 변화와 더불어 궁극적으로는 내적 변화를 통해 행복한 삶을 살아갈 수 있음을 느끼게 되면서 단국대학교 특수교육대학원에서 심리치료교육을 전공하게 되었다. 현재는 숙명여자대학교 대학원 교육학에서 상담 및 생활지도 박사 과정을 공부하고 있다. 약 7년 이상 청소년 및 부모를 대상으로 상담 실무를 쌓으며, 특히 인터넷중독과 관련해서는 개인·집단상담, 교육 등을 다년 간 실시하여 2010년에는 여성가족부 장관상을 수상하기도 하였다. 그 외에도 위기청소년과 관련한 ADHD 아동부모 프로그램 및 자살예방·사후개입, 자립 청소년을 위한 상담·교육 등을 현장에서 진행하고 있다. 또한 이러한 실무를 바탕으로 충청대학교와 건국대학교에서 상담 이론과 실제 및 발달심리 등과 관련한 강의를 하였다. 현재 한국상담학회, 한국상담심리학회 정회원이며, 사회복지사 1급, 임상심리사 2급, 청소년상담사 2급, 인터넷중독전문상담사 등의 자격을 갖고 현재 충청북도청소년종합지원센터 팀장으로 재직 중이다.

박지현(朴志現)

건국대학교에서 상담심리(박사)를 전공하였으며 청주YMCA, 충주시청소년상담복지센터, 충주종합사회복지관, 충북청소년상담복지센터에서 청소년, 학부모, 교사 및 상담지도자를 대상으로 상담 및 프로그램을 실시, 운영하였으며, 건국대학교, 서원대학교, 충북대학교 평생교육원, 충청대학, 한남대학교 평생교육원에서 교육학, 상담이론과 실제, 상담자격과정, 집단상담 등을 강의하였다. 현재는 청소년이 행복해야 가정이 행복하고, 가정이 행복해야 나라가 행복하다는 신념으로 청주청소년가족상담연구소를 운영하고 있으며, 서원대학교 교육학과 겸임교수로 재직 중에 있다. 자격증으로는 중등학교 2급 정교사, 청소년 상담사 2급, 또래상담 전문지도자, MBTI 일반강사, 청소년품성계발교수요원, 인터넷중독전문상담사, 부모교육적문지도자, 아동청소년자살예방지도자, 평생교육사 2급, 청소년 지도사 2급, Mental Health First Aid 등 다수의 자격(수료)증과 충북청소년백서(청주YMCA), 자녀의 힘을 북돋우는 부모교육 지침서(충북청소년상담지원센터, 2006), 청소년이 지각한 가정의 역기능과 청소년의 자아존중감과의 관계(건국대학교, 2005), 중학생이 지각한 부모양육태도와 자기주도적 학습력과의 관계(학습자중심교과교육연구, 2010),상담의 이론과 실제(정민사, 2011) 등의 논문 및 저서가 있다.

유소영(庾素英)

청소년기에 심각한 반항과 비행의 시간을 보낸 이들은 미래에 대한 꿈이나 희망을 상실하여 어두운 성인의 시간을 보내게 된다. 그 시절 그들에게 따뜻한 손길을 건네주는 누군가가 있었다면 그들의 미래는 보다 희망적이지 않았을까? 나는 이러한 생각에 뜻을 품고 한남대학교 사회과학대학 상담심리학과를 공부하게 되었다 틈틈이 대전청소년지원센터(현, 대전청소년상담복지센터)에서 전화상담과 두드림 자원봉사를 하고 경력을 쌓은 뒤 청소년 상담을 시작할 수 있었고, 그 후 대전서구청소년상담복지센터에서 본격적으로 상담사로 활동하게 되었다. 또한 전북과학대학교 학생상담실 상담사로 활동하여 청소년만이 아닌 대학생을 상대로 상담을 진행할 수 있었다. 한국상담학회 2급 전문상담사, 한국미술협회 2급 미술심리사, 성폭력전문상담사, 가정폭력, 인터넷중독 등 다수의 자격증을 소유하고 있다.

윤진아(尹珍兒)

대학교 때 청소년 문제와 상담에 많은 관심을 갖고 대덕구청소년수련관 상담실, 대전광역시청소년상담복지센터에서 상담 자원봉사를 시작으로 한남대학교 일반대학원 교육학과에서 교육심리 및 상담심리를 공부하게 되었다. 전북과학대학교 학생생활지원센터 상담원, 중부대학교 원격대학원 튜터로 활동했고, 현재는 대전서구청소년상담복지센터에서 상담원으로 재직 중이다. 사회복지사2급, 심리상담사2급, 아동상담사, 평생교육사2급, 성폭력전문상담원, 인터넷중독대응상담사, 학교폭력예방교육지도사 등 다수의 자격증과 연구물로는 부모의 양육태도 및 부모와의 애착이 청소년기 또래애착과 공격성에 미치는 영향(2010)이라는 주제의 논문이 있고, 교육칼럼 스스로 학교를 떠나는 청소년들(2010), 아무것도 하기 싫어요!－청소년무기력증(2010), 인터넷 중독 우리 아이는 어떤가요?(2010) 등을 기고하였다.

황윤미(黃尤美)

심리적으로 어려움을 겪고 있는 사람들에게 도움이 될 수 있는 방법을 찾던 중 상담을 선택하고, 건국대학교 동 대학원 교육학과에서 교육학 석사학위를 받고, 이어 건국대학교 대학원 교육학과에서 상담심리(박사수료)를 공부하였다. 건강가정지원센터, 신경정신과 부설 상담실에서 가족상담과 청소년심리상담을 주로 했으며, 현재는 건국대학교 학교상담센터 전임상담원으로 학교 상담에 전념하고 있다. 건국대학교, 배재대학교, 한영신학대학교, 세계사이버대학교 등에서 강의하였다. 한국상담학회 1급 전문상담사, 한국상담심리학회 1급 상담심리사, 한국상담전문가 연합회 1급 상담사, 한국진로상담협회 수련감독전문상담사 등의 자격증을 가지고 있으며, 상담이론과 실제(정민사, 2011), 정신건강, 자아분화, 스트레스 대처방식이 대학생활 적응에 미치는 영향(한국교육포럼, 2011), 대학생의 자아상태와 진로결정상태, 진로장벽과의 관계(교류분석학회, 2012), Krumboltz의 우연학습이론을 배경으로 한 과제접근기술, 진로정체감, 진로장벽, 진로성숙도 간의 관계(상담학연구, 2012), Rogers의 인간중심상담과 이야기 치료 이론 비교(한국상담심리치료학회지, 2012) 등의 저서와 논문이 있다.

저 자
인 지

집단상담

초판 1쇄 발행 / 2013년 8월 30일
초판 2쇄 발행 / 2019년 4월 25일

•

공저자 / 장성화·김기복·구승신·이주연
김민숙·김소린·김지현·박미숙
박지현·유소영·윤진아·황윤미
발행인 / 이 중 수
발행처 / **동 문 사**

•

서울특별시 서대문구 홍제동 137-8
Tel : 02)736-3718(대), 736-3710, 3720
Fax : 02)736-3719
등록번호 : 제9-17호
가격 : 20,000원

•

ISBN : 978-89-8251-597-2(93370)
E-mail : dong736@naver.com
www.dongmunsa.com